财税一本通系列丛书
丛书主编／周开君　彭骥鸣

2020年版

企业所得税一本通

李　欣　李　珺　章忠晖◎编著

中国税务出版社

图书在版编目（CIP）数据

企业所得税一本通/李欣，李珺，章忠晖编著.
--北京：中国税务出版社，2020.5
ISBN 978-7-5678-0952-9

Ⅰ.①企… Ⅱ.①李… ②李… ③章… Ⅲ.①企业所得税-税收管理-中国 Ⅳ.①F812.424

中国版本图书馆 CIP 数据核字（2020）第 053579 号

书　　名：企业所得税一本通
作　　者：李　欣　李　珺　章忠晖　编著
责任编辑：庞　博　张　敏　张　赛
责任校对：姚浩晴
技术设计：刘冬珂
出版发行：中国税务出版社
北京市丰台区广安路 9 号国投财富广场 1 号楼 11 层
邮政编码：100055
http：//www.taxation.cn
E-mail：swcb@taxation.cn
发行中心电话：（010）83362083/86/89
传真：（010）83362046/47/48/49
经　　销：各地新华书店
印　　刷：天津嘉恒印务有限公司
规　　格：787 毫米×1092 毫米　1/16
印　　张：29.75
字　　数：473000 字
版　　次：2020 年 5 月第 1 版　2020 年 5 月第 1 次印刷
书　　号：ISBN 978-7-5678-0952-9
定　　价：85.00 元

《财税一本通系列丛书》
编委会

丛书序言

税收是国家公共财政最主要的收入来源。马克思指出，“国家存在的经济体现就是捐税。”19世纪美国最高法院大法官霍尔姆斯认为，“税收是我们为文明社会付出的代价”。这说明税收不仅仅是经济问题，而且是事关国家治理的政治问题。税收政策的制定、执行、管理事关全体民众的切身利益，既要考虑社会正义与公平，也要考虑如何通过税收体制、税收法治和财政转移支付来完成社会正义的可能性。

党的十九届四中全会为坚持和完善中国特色社会主义制度、推进国家治理体系和治理能力现代化指明了前进方向，税务部门应认真贯彻落实党的十九届四中全会精神，深入贯彻新发展理念，胸怀“两个大局”，增强战略思维，把握科学方法，提升各项工作的前瞻性、系统性、创造性，进一步丰富完善形成坚强有力的党的领导制度体系、成熟完备的税收法治体系、优质便捷的税费服务体系、严密规范的税费征管体系、合作共赢的国际税收体系、高效清廉的队伍组织体系，着力提升政治引领能力、谋划创新能力、科技驱动能力、制度执行能力、协同共治能力和风险防范能力，不断推进新时代税收现代化建设，更好服务国家治理体系和治理能力现代化。

随着税收法定原则的进一步落实和新一轮税制改革持续深化，

税收工作者面临的任务将更为艰巨复杂，如何完善落实减税降费政策，优化税收营商环境，实现税收公平正义，都成为新时代的重大课题。鉴于此，为推动新时代税收现代化建设，为持续提升税收工作者的业务水平和工作技能，以及纳税人和缴费人的办税缴费能力，我们组织编写了《财税一本通系列丛书》。

本丛书主要以现行税种、办税事项或会计核算等不同角度为切入点，以基本原理分析为立足点，以实战应用为着力点，结合最新政策解读，对典型涉税案例进行分析，切实提升读者的实务操作能力。本丛书有三个鲜明特点：

一是内容全面。丛书除全面解析各税种的现行有效政策及实务操作外，还详细介绍了税种的出台背景、历史沿革、税制要素、计税原理等，使读者知其然，也知其所以然，一书在手，就能够全面了解各税种来龙去脉，轻松弄懂弄通各项税收政策及实务运用。

二是形式新颖。丛书根据税种各自特点，灵活确定最适合读者阅读和学习的编写形式。例如，《增值税一本通》通用性强，语言生动，通俗易懂，让该书有了“温度”。而《财产行为税一本通》涉及税种比较多，以法律法规条文为纲，以相关文件规定为目，提炼出关键要点作为知识索引，组织架构清晰，阐述合理规范，使人耳目一新。

三是贴近实际。丛书编写人员全部是来自税收工作一线的行家里手，他们不仅有扎实的理论功底，还有丰富的实践经验。其中，《个人所得税一本通》和《企业所得税一本通》均列举分析了100

余个典型实务操作案例，具有较强的实践性和可操作性。

根据编写计划，本丛书将陆续推出《增值税一本通》《财产行为税一本通》《个人所得税一本通》《企业所得税一本通》等一系列形式新、政策全、内容实、讲解透、实操强的实务类图书，同时将根据税收立法的最新进展和税收政策的重大调整，适时推出新选题，以便不断丰富丛书，力求将本丛书打造成税收实务类图书的精品工程。期盼本丛书能成为广大税务工作者的学习平台，也期盼广大读者能对本丛书的不足之处给予批评指正，以便我们做得更好。

周开君　彭骥鸣

2020 年 4 月

前　　言

企业所得税是对我国境内企业和其他取得收入的组织的生产经营所得和其他所得征收的一种所得税。在我国税制体系中，企业所得税是仅次于增值税的第二大税种。企业所得税与企业经营、会计核算、相关法律法规联系紧密，税收实务中对纳税人、税务人的政策水平和业务能力要求很高，必须核算规范、计税准确、申报及时、资料完整。

为了让广大税务干部全面、系统、简捷地学习和掌握企业所得税政策规定，帮助纳税人正确地理解和运用税法，有效维护自身合法权益，特别是享受减税降费税收红利，我们兼顾纳税人和税务人的业务需求，编写了《企业所得税一本通》。其基本特点是：

一是视角多元。税务与会计既相互联系又存在差异。这种关系在企业所得税中尤为突出。本书的编写突破传统税收书籍的单一税法角度，从企业所得税基本要素、税金计算、会计核算等多个视角，抽丝剥茧，用大量的实务案例全角度解读税法，答疑解惑。

二是内容全面。本书以企业所得税法规定为基础，融汇集成现行有效有关的企业所得税各项法律、法规和规范性文件。在内容上，既有企业所得税基本要素的全维解读，也有特殊行业企业所得税的特殊业务处理；既有企业涉税热点、重点、难点事项的综合讲解，也有境外抵免、国际税收的前沿研究；既有税务和会计的业务关联，也有企业所得税和其他税费种之间的政策交叉。

三是语言精准。本书体例新、内容实、案例多、适用广，语言通俗、简洁而又精准。承继财税一本通系列从书的写作风格，每一章节既是全书不可或缺的一部分，又是一个独立完整的篇章，既可随翻随读，也可循序渐进。

我们力求给广大读者奉献一本好理解、易操作的企业所得税政策指引，提供一个有广度、有深度的企业所得税实务学习工具，并籍此分享企业所得税理论研究和实践应用的最新成果。

本书由李欣、李珺、章忠晖编写，袁朝晖、韦怡、马静、区华芳、钱震亚审稿。由于准备时间仓促，书中难免有疏漏之处，恳请广大读者批评指正，以便再版时修正。

编　者

2020 年 4 月

目 录

1

纳税人与纳税义务

1.1 企业所得税中“企业”的范围

《企业所得税法》规定，在中华人民共和国境内，企业和其他取得收入的组织（以下统称企业）为企业所得税的纳税人，依法缴纳企业所得税。同时规定，依照中国法律、行政法规成立的个人独资企业、合伙企业不适用企业所得税法。

【案例 1-1-1】 境内 A 合伙企业由老王、小李和甲有限责任公司合伙成立，2019 年该合伙企业当年实现经营利润 300 万元，按照合伙协议约定，老王、小李和甲公司按照 3∶3∶4 的比例分配利润。A 公司 2019 年纳税调整 10 万元。

【问题】 老王、小李和甲公司应如何缴纳所得税？

【解析】 老王、小李应就来源于 A 合伙企业的生产经营所得，缴纳个人所得税；甲有限责任公司就来源于 A 合伙企业的生产经营所得，并入当期应纳税所得额，依法缴纳企业所得税。

《企业所得税法》中的企业，其概念范围却和通常所说的企业范畴不一致。通常认为，企业一般是指以盈利为目的，运用各种生产要素（土地、劳动力、资本、技术和企业家才能等），向市场提供商品或服务，实行自主经营、自负盈亏、独立核算的法人或其他社会经济组织，包括公司制企业、非公司制企业，以及其他以盈利为目的的各种社会经济组织。而《企业所得税法》中的企业，包括依照中国法律、行政法规在中国境内成立的企业、事业单位、社会团体以及其他取得收入的组织，却不包括个人独资企业和合伙企业。

在我国税法体系中，个人独资企业、合伙企业本身不是所得税的纳税主体，既不适用《企业所得税法》，也不适用个人所得税法，是所得税的“透明体”。其所得税的纳税义务，由投资人或合伙人承担。

《合伙企业法》规定，合伙企业的生产经营所得和其他所得，按照国家有关税收规定，由合伙人分别缴纳所得税。合伙人是单位或其他组织的，依法缴纳企业所得税，合伙人是个人的，按照“经营所得”依法缴纳个人所得税。

《个人所得税法》规定，个人独资企业投资人、合伙企业个人合伙人来源于境内注册的个人独资企业、合伙企业的生产经营所得，应依法缴纳个人所得税。

1.2　居民企业和非居民企业

企业所得税纳税人分为居民企业和非居民企业两类，税法针对两类纳税人采取不同征税方式，这不仅遵循国际税收管理的通行做法，也能更好地行使税收管辖权，维护国家税收权益。

> 第二条　企业分为居民企业和非居民企业。
>
> 本法所称居民企业，是指依法在中国境内成立，或者依照外国（地区）法律成立但实际管理机构在中国境内的企业。
>
> 本法所称非居民企业，是指依照外国（地区）法律成立且实际管理机构不在中国境内，但在中国境内设立机构、场所的，或者在中国境内未设立机构、场所，但有来源于中国境内所得的企业。
>
> ——《企业所得税法》

在《企业所得税法》中，纳税人划分为居民企业和非居民企业，一般采取收入来源地管辖权和居民管辖权相结合的方法，把企业分为居民企业和非居民企业，分别确定不同纳税义务。

1.2.1　居民企业的识别

居民企业的识别依据两个维度：

（1）在中国境内成立。在中国境内成立，就是在中国境内依据中国法律规定成立的企业，是指企业进行注册登记的法律依据是中国法律，与出资人是境内企业、境外企业、境内居民、境外居民的性质无关；也与企业的实际管理机构在中国境内或是中国境外无关。

【案例 1-2-1】 A 公司由境外居民（外籍个人）甲、境外居民企业乙公司投资成立中国公司，依据中国法律规定设立，但该企业实际管理机构在中国境外。

【问题】 A 公司是中国企业所得税居民企业纳税人吗？

【解析】 A 公司是中国企业所得税居民企业纳税人。只要是依据中国法律规定成立的，无论其机构（或实际管理机构）所在地在中国境内还是境外，都是中国企业所得税居民企业纳税人，依法承担企业所得税纳税义务。

（2）依据外国（地区）法律成立的企业，其实际管理机构是否在中国境内。

依据外国（地区）法律成立的企业，不仅包括企业，也包括其他取得收入的组织。构成中国企业所得税居民企业纳税人的“依据外国（地区）法律成立的企业”，另外增加了实际管理机构所在地的判定条件。当依据外国（地区）法律成立且实际管理机构在中国境内的，也是中国企业所得税居民企业纳税人。

> 第三条　企业所得税法第二条所称依照外国（地区）法律成立的企业，包括依照外国（地区）法律成立的企业和其他取得收入的组织。
>
> ——《企业所得税法实施条例》

依据外国（地区）法律成立的企业，在中国企业所得税纳税人判定中，如果依照外国（地区）法律成立，但其在中国境内没有设置机构场所，或虽然设置机构场所但不是实际管理机构的，就不是中国企业所得税居民企业纳税人，而是企业所得税非居民企业纳税人。

实际管理机构，是指对企业的生产经营、人员、账务、财产等实施实质性全面管理和控制的机构。对于实际管理机构的判断，应当遵循实质重于形式的原则。

> 第四条　企业所得税法第二条所称实际管理机构，是指对企业的生产经营、人员、账务、财产等实施实质性全面管理和控制的机构。
>
> ——《企业所得税法实施条例》

《国家税务总局关于境外注册中资控股企业依据实际管理机构标准认定为居民企业有关问题的通知》（国税发〔2009〕82号）规定，境外中资企业同时符合以下四个条件的，应判定其为实际管理机构在中国境内的居民企业（以下称非境内注册居民企业），并实施相应的税收管理，就其来源于中国境内、境外的所得征收企业所得税。

①企业负责实施日常生产经营管理运作的高层管理人员及其高层管理部门履行职责的场所主要位于中国境内；

②企业的财务决策（如借款、放款、融资、财务风险管理等）和人事决策（如任命、解聘和薪酬等）由位于中国境内的机构或人员决定，或需要得到位于中国境内的机构或人员批准；

③企业的主要财产、会计账簿、公司印章、董事会和股东会议纪要档案等位于或存放于中国境内；

④企业1/2（含1/2）以上有投票权的董事或高层管理人员经常居住于中国境内。

1.2.2　非居民企业的识别

中国企业所得税非居民企业纳税人需要同时具备两个条件：

（1）依照外国（地区）法律成立的；

（2）在中国境内设立了机构、场所，且实际管理机构不在中国境内；或者在中国境内未设立机构、场所，但有来源于中国境内的所得。

机构、场所，是指在中国境内从事生产经营活动的机构、场所。具体包括：

（1）管理机构、营业机构、办事机构；

（2）工厂、农场、开采自然资源的场所；

（3）提供劳务的场所；

（4）从事建筑、安装、装配、修理、勘探等工程作业的场所；

（5）其他从事生产经营活动的机构、场所。

非居民企业委托营业代理人在中国境内从事生产经营活动的，包括委托单位或者个人经常代其签订合同，或者储存、交付货物等，该营业代理人视为非居民企业在中国境内设立的机构、场所。

【案例1-2-2】 B公司由中国公民甲、中国企业乙公司以及外国企业丙公司共同出资在外国（地区）成立的公司，依照外国（地区）法律登记成立，其对企业的生产经营、人员、账务、财产等实施实质性全面管理和控制的机构设置在外国（地区），在中国境内设有分支机构从事境内业务。

【问题】 B公司是中国企业所得税居民企业纳税人吗？

【解析】 B公司依据外国（地区）法律成立，在中国境内设有机构、场所，但其实际管理机构不在中国境内，是中国企业所得税非居民企业纳税人。

1.2.3 企业所得税纳税人识别需注意的问题

企业所得税纳税人识别容易混淆的两个问题：

（1）与投资人无关。

判定企业是中国企业所得税居民企业纳税人还是非居民企业纳税人，和企业成立依照的法律、机构场所所在地、取得收入的来源地有关。但是却与企业的投资人无关，无论投资人是谁，只要符合居民企业、非居民企业判定条件的，就直接判定。

（2）与个人所得税纳税人判定差异较大。

个人所得税纳税人依法划分为居民个人和非居民个人，其判定按照三个维度进行：

（1）在中国境内有无住所？

有住所，就是居民个人纳税人。无住所，接着第二个维度判定。

（2）无住所个人一个纳税年度内是否在中国境内居住？

不居住，就是非居民个人纳税人。居住，接着第三个维度判定。

（3）无住所个人一个纳税年度内在中国境内居住是否满183天？

满183天，就是居民个人纳税人。不足183天，就是非居民个人纳税人。

从上述判定看，对于在中国境内无住所的个人，其纳税人身份的判定是按年度进行的，每个年度可能是不一样的结果。如：某外籍个人在中国境内无住所，2019年在中国境内居住了200天，2020年在中国境内居住了150天。则该无住所个人2019年是居民个人，2020年是非居民个人。

但是，对企业所得税纳税人来说，判定居民企业或是非居民企业是一个持续的判定，一般不会随着纳税年度的变化而变化。对于依照外国（地区）法律成立的企业，其实际管理机构所在地也基本稳定，不会今年在中国境内、明年在中国境外。

企业所得税纳税人分类见表 1-1。

表 1-1　　企业所得税纳税人分类一览表

<table>
<tr><th>成立地</th><th>依据法律</th><th colspan="2">单位或组织</th><th>纳税人类型</th></tr>
<tr><td>中国境内成立</td><td>依据中国法律</td><td colspan="2">除个人独资企业、合伙企业外的企业和组织</td><td rowspan="2">居民企业</td></tr>
<tr><td rowspan="3">中国境外成立</td><td rowspan="3">依照外国（地区）法律</td><td colspan="2">实际管理机构在中国</td></tr>
<tr><td rowspan="2">实际管理机构不在中国</td><td>设立机构场所</td><td>非居民企业</td></tr>
<tr><td>未设立机构场所</td><td>非居民企业</td></tr>
</table>

1.3　纳税义务和纳税地点

1.3.1　纳税义务

在中华人民共和国境内，企业就其取得的所得依法缴纳企业所得税。居民企业和非居民企业，在中国企业所得税法中，分别承担不同纳税义务。

居民企业应当就其来源于中国境内、境外的所得缴纳企业所得税。

非居民企业区别不同的情况，承担不同的纳税义务：

（1）在中国境内设立机构、场所的，应当就其所设机构、场所取得的来源于中国境内的所得，以及发生在中国境外但与其所设机构、场所有实际联系的所得，缴纳企业所得税。

（2）在中国境内未设立机构、场所的，或者虽设立机构、场所但取得的所得与其所设机构、场所没有实际联系的，应当就其来源于中国境内的所得缴纳企业所得税。

“所得”，包括销售货物所得、提供劳务所得、转让财产所得、股息红利等权益性投资所得、利息所得、租金所得、特许权使用费所得、接受捐赠所得和其他所得。具体如下：

①销售货物所得，是指企业销售商品、产品、原材料、包装物、低值易耗品以及其他存货取得的所得。

②提供劳务所得，是指企业从事建筑安装、修理修配、交通运输、仓储租赁、金融保险、邮电通信、咨询经纪、文化体育、科学研究、技术服务、教育培训、餐饮住宿、中介代理、卫生保健、社区服务、旅游、娱乐、加工以及其他劳务服务活动取得的所得。

③转让财产所得，是指企业转让固定资产、生物资产、无形资产、股权、债权等财产取得的所得。

④股息、红利等权益性投资收益，是指企业因权益性投资从被投资方取得的所得。

⑤利息所得，是指企业将资金提供他人使用但不构成权益性投资，或者因他人占用本企业资金取得的所得，包括存款利息、贷款利息、债券利息、欠款利息等所得。

⑥租金所得，是指企业提供固定资产、包装物或者其他资产的使用权取得的所得。

⑦特许权使用费所得，是指企业提供专利权、非专利技术、商标权、著作权以及其他特许权的使用权取得的所得。

⑧接受捐赠所得，是指企业接受的来自其他企业、组织或者个人无偿给予的货币性资产、非货币性资产。

⑨其他所得，是指除以上列举外的也应当缴纳企业所得税的其他所得，包括企业资产溢余所得、逾期未退包装物押金所得、确实无法偿付的应付款项、已作坏账损失处理后又收回的应收款项、债务重组所得、补贴所得、违约金所得、汇兑收益等。

"实际联系"，是指非居民企业在中国境内设立的机构、场所拥有据以取得所得的股权、债权，以及拥有、管理、控制据以取得所得的财产等。主要有以下两种关系：

①非居民企业取得的所得，是通过该机构、场所拥有的股权、债权而取得的。例如，非居民企业通过该机构、场所对其他企业进行股权、债权等权益性投资或者债权性投资而获得股息、红利或者利息收入，就可以认定为与该机构、场所有实际联系。

②非居民企业取得的所得，是通过该机构、场所拥有、管理和控制的财产取得的。例如，非居民企业将境内或者境外的房产对外出租收取的租金，

如果该房产是由该机构、场所拥有、管理或者控制的，那么就可以认定这笔租金收入与该机构、场所有实际联系。

具体见表1-2。

表1-2　　企业所得税纳税义务一览表

<table>
<tr><th>成立地</th><th>依据法律</th><th colspan="2">单位或组织</th><th>纳税人类型</th><th>纳税义务</th></tr>
<tr><td>中国境内成立</td><td>依据中国法律</td><td colspan="2">除个人独资企业、合伙企业外的企业和组织</td><td rowspan="2">居民企业</td><td rowspan="2">来源于中国境内、境外的所得</td></tr>
<tr><td rowspan="3">中国境外成立</td><td rowspan="3">依照外国（地区）法律</td><td colspan="2">实际管理机构在中国</td></tr>
<tr><td rowspan="2">实际管理机构不在中国</td><td>设立机构场所</td><td>非居民企业</td><td>来源于中国境内的所得
来源于中国境外但与其有实际联系的所得</td></tr>
<tr><td>未设立机构场所</td><td>非居民企业</td><td>来源于中国境内的所得</td></tr>
</table>

第三条　居民企业应当就其来源于中国境内、境外的所得缴纳企业所得税。

非居民企业在中国境内设立机构、场所的，应当就其所设机构、场所取得的来源于中国境内的所得，以及发生在中国境外但与其所设机构、场所有实际联系的所得，缴纳企业所得税。

非居民企业在中国境内未设立机构、场所的，或者虽设立机构、场所但取得的所得与其所设机构、场所没有实际联系的，应当就其来源于中国境内的所得缴纳企业所得税。

——《企业所得税法》

第六条　企业所得税法第三条所称所得，包括销售货物所得、提供劳务所得、转让财产所得、股息红利等权益性投资所得、利息所得、租金所得、特许权使用费所得、接受捐赠所得和其他所得。

第八条　企业所得税法第三条所称实际联系，是指非居民企业在中国境内设立的机构、场所拥有据以取得所得的股权、债权，以及拥有、管理、控制据以取得所得的财产等。

——《企业所得税法实施条例》

1.3.2　纳税地点

1.3.2.1　居民企业

除税收法律、行政法规另有规定外，居民企业以企业依照国家有关规定登记注册的住所地为纳税地点；但登记注册地在境外的，以实际管理机构所在地为纳税地点。居民企业在中国境内设立不具有法人资格的营业机构的，应当汇总计算并缴纳企业所得税。

1.3.2.2　非居民企业

（1）非居民企业以机构、场所所在地为纳税地点。非居民企业在中国境内设立两个或者两个以上机构、场所，符合国务院税务主管部门规定条件的，可以选择由其主要机构、场所汇总缴纳企业所得税。

汇总纳税的非居民企业应在汇总纳税的年度中持续符合下列所有条件：

①汇总纳税的各机构、场所已在所在地主管税务机关办理税务登记，并取得纳税人识别号；

②主要机构、场所设有完整的账簿、凭证，能够准确反映各机构、场所的收入、成本、费用和盈亏情况，且对其他各机构、场所的生产经营活动负有监督管理责任，汇总纳税的各机构、场所不得采用核定方式计算缴纳企业所得税；

③汇总纳税的各机构、场所能够依法准确计算本机构、场所的税款分摊额，并按要求向所在地主管税务机关办理纳税申报。

（2）非居民企业在中国境内未设立机构、场所的，取得来源于中国境内的所得；或者虽设立机构、场所，但取得与其所设机构、场所没有实际联系的来源于中国境内的所得，以扣缴义务人所在地为纳税地点。

1.3.3 境内所得和境外所得

居民企业和非居民企业，按照其依法承担的不同的纳税义务，依法计算并缴纳企业所得税。对于“所得”来说，具有两个重要的属性，一是“来源地”属性，二是“支付地”属性，来源地和支付地都有两个属性值——“境内”“境外”。每笔所得，可以按照“来源地”“支付地”属性，组合为“境内所得境内支付”“境内所得境外支付”“境外所得境内支付”“境外所得境外支付”四种情形，并按照不同的纳税主体情形，对四种类型的所得承担不一样的纳税义务。

《企业所得税法》规定，来源于境内、境外的所得，需要按照6个方面的原则确定：

（1）销售货物所得，按照交易活动发生地确定；

（2）提供劳务所得，按照劳务发生地确定；

（3）转让财产所得，不动产转让所得按照不动产所在地确定，动产转让所得按照转让动产的企业或者机构、场所所在地确定，权益性投资资产转让所得按照被投资企业所在地确定；

（4）股息、红利等权益性投资所得，按照分配所得的企业所在地确定；

（5）利息所得、租金所得、特许权使用费所得，按照负担、支付所得的企业或者机构、场所所在地确定，或者按照负担、支付所得的个人的住所地确定；

（6）其他所得，由国务院财政、税务主管部门确定。

其中，特别需要注意的是《企业所得税法》规定的企业取得“利息所得、租金所得、特许权使用费所得”，和《个人所得税法》中个人取得“利息所得、租金所得、特许权使用费所得”在境内、境外的判定上差异很大。企业取得这三项所得，是按照负担、支付人所在地确定来源地，其“来源地”和“支付地”属性一致。对于利息支付人是个人的，按照该个人的住所所在地确定，而不是按照该人的个人所得税纳税人身份来判定。而个人所得税中，租金所得、特许权使用费所得的来源地判定，是按照财产、特许权的使用地是否在中国境内判定。利息所得区别支付的判定：支付人是单位的，来源地按照支付利息的企事业单位、其他组织的机构场所所在地判定；支付人是个人的，来源地按照纳税人的分类识别来判定，即：支付人是居民个人的是来源于境内的所得，支付人是非居民个人的是来源于境外的所得。

第三条　除国务院财政、税务主管部门另有规定外，下列所得，不论支付地点是否在中国境内，均为来源于中国境内的所得：

（一）因任职、受雇、履约等在中国境内提供劳务取得的所得；

（二）将财产出租给承租人在中国境内使用而取得的所得；

（三）许可各种特许权在中国境内使用而取得的所得；

（四）转让中国境内的不动产等财产或者在中国境内转让其他财产取得的所得；

（五）从中国境内企业、事业单位、其他组织以及居民个人取得的利息、股息、红利所得。

——《个人所得税法实施条例》

2

税率与税率的适用

企业所得税实行比例税率，按照《企业所得税法》规定，企业所得税的税率可以分为法定税率和优惠税率两种情形。

2.1 法定税率

企业所得税的法定税率可分为一般税率和低税率，一般税率为25%，低税率为20%。

2.1.1 一般税率

企业所得税一般税率不仅适用于居民企业，也适用于部分非居民企业。

中国企业所得税居民企业纳税人，取得来源于中国境内、境外的所得缴纳企业所得税，按照25%的法定税率缴纳企业所得税。

中国企业所得税非居民企业纳税人，在中国境内设立机构、场所的，应当就其所设机构、场所取得的来源于中国境内的所得，以及发生在中国境外但与其所设机构、场所有实际联系的所得，按照25%的法定税率缴纳企业所得税。

【案例2-1-1】 A公司是依照外国（地区）法律成立的企业，实际管理机构不在中国境内。2019年在中国境内新设一处机构、场所从事业务活动。2019年该公司在中国境内机构场所取得如下所得：

①境内生产经营所得2000万元；

②在中国临近国家拓展业务取得经营所得1000万元。

【问题】 A公司中国境内新设的机构场所2019年该如何缴纳企业所得税？

【解析】 A公司2019年中国境内新设的机构场所为中国企业所得税非居民企业纳税人，依照中国《企业所得税法》规定，其取得的境内生产经营所得2000万元，以及在中国境外临近国家取得的与该机构场所有实际联系的生产经营所得1000万元，均需要按照25%的税率在中国缴纳企业所得税。

2.1.2 低税率

企业所得税20%的低税率，仅适用于部分中国企业所得税非居民企业纳税人。

非居民企业在中国境内未设立机构、场所的，或者虽设立机构、场所但取得的所得与其所设机构、场所没有实际联系的，应当就其来源于中国境内的所得，适用20%的低税率缴纳企业所得税。

【案例2-1-2】 B公司系一家外国企业，未在中国境内设立机构、场所，2019年B公司将2000万美元借贷给境内某公司8个月，境内某公司在偿还借款时，一并支付5%的利息。

【问题】 B公司取得的利息所得应当如何缴纳企业所得税？

【解析】 B公司是在中国境内没有设立机构、场所的非居民企业，其取得的境内支付的利息所得，依据《企业所得税法实施条例》的规定，按照负担、支付所得的企业或者机构、场所所在地确定为来源于境内的所得，应当按照20%的低税率，缴纳企业所得税（实际缴纳时，按照减按10%的税率执行）。

2.1.3 法定税率适用情形

按照《企业所得税法》及其实施条例的规定，企业所得税法定税率适用范围具体见表2-1。

表2-1 **企业所得税法定税率适用范围**

<table>
<tr><th>成立地</th><th>依据法律</th><th colspan="2">单位或组织</th><th>纳税人类型</th><th>纳税义务</th><th>税率</th></tr>
<tr><td>中国境内成立</td><td>依据中国法律</td><td colspan="2">除个人独资企业、合伙企业外的企业和组织</td><td rowspan="2">居民企业</td><td rowspan="2">来源于中国境内、境外的所得</td><td rowspan="2">25%</td></tr>
<tr><td rowspan="4">中国境外成立</td><td rowspan="4">依照外国（地区）法律</td><td colspan="2">实际管理机构在中国</td></tr>
<tr><td rowspan="3">实际管理机构不在中国</td><td rowspan="2">设立机构场所</td><td rowspan="2">非居民企业</td><td>来源于中国境内的所得
来源于中国境外但与其有实际联系的所得</td><td>25%</td></tr>
<tr><td>来源于境内的所得，且与其所设机构、场所没有实际联系的</td><td>20%</td></tr>
<tr><td>未设立机构场所</td><td>非居民企业</td><td>来源于中国境内的所得</td><td>20%</td></tr>
</table>

依据中国《企业所得税法》规定，非居民企业在中国境内设立机构、场所的，其取得的来源于境外且与其所设机构、场所有没有实际联系的所得，在中国没有企业所得税纳税义务。

2.2 优惠税率

税法规定，对于符合特定条件的企业，实行低于法定税率的优惠税率。企业所得税优惠税率主要有20%、15%、10%三种。

2.2.1 优惠税率：20%

《企业所得税法》规定，符合条件的小型微利企业，减按20%的税率征收企业所得税。自2015年起，符合条件的小型微利企业不仅享受20%的优惠税率政策，同时对其应纳税所得额还享受减计优惠政策。

2.2.1.1 小型微利企业优惠政策的变化

小型微利企业所得税优惠自2008年以来，经历了多次变化。2019年初，财政部、税务总局印发《关于实施小微企业普惠性税收减免政策的通知》（财税〔2019〕13号），对小型微利企业实施更大力度的减税优惠：

（1）调整小型微利企业认定标准

由原先的按照工业企业和其他企业两个大类分别认定，调整为统一认定。自2019年起，小型微利企业是指从事国家非限制和禁止行业，且同时符合年度应纳税所得额不超过300万元、从业人数不超过300人、资产总额不超过5000万元三个条件的企业。

小型微利企业是一个按年分别认定的优惠资质。按照现行税法规定，符合条件的小型微利企业标准包括四项：

①从事国家非限制和禁止行业。2013年，国家发改委发布了第21号令，对2011年的《产业结构调整指导目录（2011年本）》进行了修改并重新颁发，其中列举了限制类产业17个行业223项，淘汰类产业两大类413项（其

中：落后生产工艺装备 17 个行业 277 项，落后产品 12 个行业 136 项）。纳税人要享受小型微利企业所得税优惠，就不能从事《产业结构调整指导目录（2011 年本）（2013 年修正）》上限制类、淘汰类的产业或产品。

②年度应纳税所得额不超过 300 万元。应纳税所得额不是企业利润，是企业年度经营成果按照税法计算得出的企业所得税的计税依据。《企业所得税法》规定，企业每一纳税年度的收入总额，减除不征税收入、免税收入、各项扣除以及允许弥补的以前年度亏损后的余额，为应纳税所得额。企业在持续经营期间，按照每个纳税年度计算应纳税所得额，年度中间开业或者终止经营活动的，以其实际经营期作为一个纳税年度确定应纳税所得额。

③从业人数不超过 300 人。从业人数，包括与企业建立劳动关系的职工人数和企业接受的劳务派遣用工人数。所称从业人数和资产总额指标，应按企业全年的季度平均值确定。具体计算公式如下：

季度平均值=（季初值+季末值）÷2

全年季度平均值=全年各季度平均值之和÷4

年度中间开业或者终止经营活动的，以其实际经营期作为一个纳税年度确定。

④资产总额不超过 5000 万元。资产同样是动态的数据，也需要企业按季确定季度平均值，按年确定年度平均值。

（2）调整小型微利企业优惠标准

对小型微利企业年应纳税所得额的计算实行分段优惠政策，即：小型微利企业年应纳税所得额不超过 100 万元的部分，减按 25%计入应纳税所得额，按 20%的税率缴纳企业所得税；对年应纳税所得额超过 100 万元但不超过 300 万元的部分，减按 50%计入应纳税所得额，按 20%的税率缴纳企业所得税。

与 2018 年小型微利企业比较，其优惠政策变化见表 2-2。

表 2-2　　小型微利企业优惠政策变化比较（2018—2019）

项目	2018 年度	2019 年度
从事行业非限制或禁止行业	是	是
年应纳税所得额	不超过 100 万元	不超过 300 万元
从业人数	工业企业，不超过 100 人； 其他企业，不超过 80 人	统一不超过 300 人

续表

项目	2018 年度	2019 年度
资产总额	工业企业，不超过 3000 万元； 其他企业，不超过 1000 万元	统一不超过 5000 万元
优惠政策	所得减按 50%计入应纳税所得额，按 20%的税率缴纳	分段减计应纳税所得额，按 20%的税率缴纳
300 万元所得应纳税额	75 万元	25 万元

2.2.1.2 小型微利企业所得税优惠的计算

【案例 2-2-1】 某从事机械制造的公司，系增值税一般纳税人。2019 年度全年从业人数 210 人，年度资产总额平均 3000 万元。2020 年汇算清缴时，2019 年实现利润 200 万元，纳税调增 30 万元，调减 10 万元。

【问题】 该公司 2019 年能享受小型微利企业所得税优惠吗？请计算应纳企业所得税税额。

【解析】 该公司 2019 年是否符合小型微利企业需要同时判定四个条件。

(1) 是否符合从业行业规定。即是否从事国家禁止或限制的行业。该公司是机械制造企业，符合小型微利企业的行业要求。

(2) 年度应纳税所得额是否超过 300 万元。该公司 2019 年应纳税所得额=年度利润+纳税调增-纳税调减=200+30-10=220（万元），未超过 300 万元。

(3) 年度从业人数是否超过 300 人。该公司 2019 年度全年从业人数 210 人，未超过 300 人。

(4) 年度资产总额是否超过 5000 万元。该公司 2019 年度资产总额平均 3000 万元，未超过 5000 万元。

综上，该企业 2019 年度符合小型微利企业标准，应依法享受税收优惠。其税款计算如下：

该企业年度应纳税所得额 220 万元，其中 100 万元以下的部分减按 25%计入应纳税所得额，即 100×25%=25（万元）；超过 100 万元的部分减按 50%计入应纳税所得额，即：（220-100）×50%=60（万元）；减计优惠后，该企业 2019 年应纳税所得额=25+60=85（万元），按照 20%的优惠税率计税，应纳税：85×20%=17（万元）。

2.2.1.3 小型微利企业所得税优惠四个注意事项

（1）非居民企业不得享受小型微利企业所得税优惠

《国家税务总局关于非居民企业不享受小型微利企业所得税优惠政策问题的通知》（国税函〔2008〕650号）规定：企业所得税法第二十八条规定的小型微利企业是指企业的全部生产经营活动产生的所得均负有我国企业所得税纳税义务的企业。因此，仅就来源于我国所得负有我国纳税义务的非居民企业，不适用该条规定的对符合条件的小型微利企业减按20%税率征收企业所得税的政策。

非居民企业，是指依照外国（地区）法律成立且实际管理机构不在中国境内，但在中国境内设立机构、场所的，或者在中国境内未设立机构、场所，但有来源于中国境内所得的企业。

（2）核定征收纳税人也能享受小型微利企业所得税优惠

《国家税务总局关于修订企业所得税2个规范性文件的公告》（国家税务总局公告2016年第88号）修订了《国家税务总局关于企业所得税核定征收若干问题的通知》（国税函〔2009〕377号）第一条第（一）项，规定：享受《企业所得税法》及其实施条例和国务院规定的一项或几项企业所得税优惠政策的企业（不包括仅享受《企业所得税法》第二十六条规定免税收入优惠政策的企业、第二十八条规定的符合条件的小型微利企业）。小型微利企业无论是查账征收还是核定征收，只要不是从事国家限制和禁止的行业，且资产总额、从业人数、年度应纳税所得额符合小型微利企业认定标准，即可依法享受小型微利企业所得税优惠。《国家税务总局关于实施小型微利企业普惠性所得税减免政策有关问题的公告》（国家税务总局公告2019年第2号）规定，实行核定应纳所得税额征收的企业，根据小型微利企业所得税减免政策规定需要调减定额的，由主管税务机关按照程序调整，并及时将调整情况告知企业。

（3）小型微利企业所得税优惠是即时享受的税收优惠

《国家税务总局关于实施小型微利企业普惠性所得税减免政策有关问题的公告》（国家税务总局公告2019年第2号）规定，小型微利企业所得税统一实行按季度预缴。预缴企业所得税时，小型微利企业的资产总额、从业人数、年度应纳税所得额指标，暂按当年度截至本期申报所属期末的情况进行判断。其中，资产总额、从业人数指标比照财税〔2019〕13号文件第二条中“全年季度平均值”的计算公式，计算截至本期申报所属期末的季度平均值；年度应纳税所得额指标暂按截至本期申报所属期末不超过300万元的标准判断。原不符合小型微利企业条件的企业，在年度中间预缴企业所得税时，符合小型微利企业条件的，应按照截至本期申报所属期末累计情况计算享受小型微利企业所得税减免政策。当年度此前期间因不符合小型微利企业条件而多预缴的企业所得税税款，可在以后季度应预缴的企业所得税税款中抵减。即：预缴时累计实际利润或应纳税所得额，或者核定征收的企业所得税应纳税所得额不超过300万元的，可以在预缴申报的同时享受小型微利企业所得税优惠。年度汇算清缴或以后期间预缴申报时，企业出现不符合小型微利企业标准情形的，再按非小型微利企业汇缴或预缴企业所得税。

【案例2-2-2】 某从事机械制造的公司，系增值税一般纳税人。2019年度全年从业人数210人，年度资产总额平均3000万元。2020年汇算清缴时，2019年应纳税所得额210万元。该公司2020年一季度累计实现利润150万元，二季度累计实现利润200万元，三季度累计实现利润320万元，四季度累计实现利润280万元。2021年汇算清缴时，全年纳税调整后应纳税所得额290万元。假定公司2020年从业人数和资产总额和2019年一致。

【问题】 该公司2020年4个季度预缴申报及年度汇算清缴如何申报？

【解析】 该公司2020年一季度、二季度均符合小型微利企业标准，享受小型微利企业所得税优惠，应预缴申报税额：

一季度应预缴税额=（100×25%+50×50%）×20%=10（万元）

二季度应预缴税额=（100×25%+100×50%）×20%-10=5（万元）

该公司2020年三季度不符合小型微利企业标准，不享受小型微利企业所得税优惠应按截至三季度末累计情况计算税额：

三季度应预缴税额=320×25%-10-5=65（万元）

该公司2020年四季度符合小型微利企业标准，享受小型微利企业所得税优惠，应预缴申报税额：

四季度应预缴税额=（100×25%+180×50%）×20%-10-5-65=-57（万元）

四季度预缴申报前因不符合小型微利企业条件而多预缴的企业所得税税款，可在以后季度应预缴、或是年度汇算清缴的企业所得税税款中抵减或退还。汇算清缴应纳税额：

年度汇算清缴应补（退）税款=（100×25%+190×50%）×20%-10-5-65=-56（万元）

该公司全年应退多预缴的企业所得税 56 万元。

(4) 小型微利的科技型中小企业可叠加享受加计扣除和减征税款的双重优惠

《财政部　国家税务总局关于执行企业所得税优惠政策若干问题的通知》(财税〔2009〕69 号) 规定：除《企业所得税法》及其实施条例中规定的定期减免税和减低税率类的税收优惠。《企业所得税法》及其实施条例中规定的各项税收优惠，凡企业符合规定条件的，可以同时享受。小型微利企业如果同时满足《财政部　国家税务总局　科技部关于提高科技型中小企业研究开发费用税前加计扣除比例的通知》(财税〔2017〕34 号)、《科技部　财政部　国家税务总局关于印发〈科技型中小企业评价办法〉的通知》(国科发政〔2017〕115 号)，以及《国家税务总局关于提高科技型中小企业研究开发费用税前加计扣除比例有关问题的公告》(国家税务总局公告 2017 年第 18 号) 规定的“科技型中小企业”标准的，其年度“研发活动中实际发生的研发费用，未形成无形资产计入当期损益的，在按规定据实扣除的基础上，在 2017 年 1 月 1 日至 2019 年 12 月 31 日期间，再按照实际发生额的 75%在税前加计扣除；形成无形资产的，在上述期间按照无形资产成本的 175%在税前摊销”后，再对照执行小型微利企业优惠政策执行税率和应纳税所得额减计双重优惠。

2.2.2 优惠税率：15%

《企业所得税法》规定：国家需要重点扶持的高新技术企业，减按 15%的税率征收企业所得税。

2017 年，财政部、税务总局印发《关于将技术先进型服务企业所得税政策推广至全国实施的通知》(财税〔2017〕79 号)，自 2017 年 1 月 1 日起，在全国范围内对经认定的技术先进型服务企业，减按 15%的税率征收企业所得税。

2018 年，财政部、税务总局印发《关于将服务贸易创新发展试点地区技术先进型服务企业所得税政策推广至全国实施的通知》(财税〔2018〕44 号)，自 2018 年 1 月 1 日起，对经认定的技术先进型服务企业 (服务贸易类)，减按 15%的税率征收企业所得税。

2019年，财政部、税务总局、国家发展改革委、生态环境部印发《关于从事污染防治的第三方企业所得税政策问题的公告》（财政部　税务总局　国家发展改革委　生态环境部公告2019年第60号），自2019年1月1日起至2021年12月31日，对符合条件的从事污染防治的第三方企业（以下称第三方防治企业）减按15%的税率征收企业所得税。

2.2.2.1 高新技术企业优惠

（1）税法规定

《企业所得税法实施条例》规定，国家需要重点扶持的高新技术企业，是指拥有核心自主知识产权，并同时符合下列条件的企业：

①产品（服务）属于《国家重点支持的高新技术领域》规定的范围；

②研究开发费用占销售收入的比例不低于规定比例；

③高新技术产品（服务）收入占企业总收入的比例不低于规定比例；

④科技人员占企业职工总数的比例不低于规定比例；

⑤高新技术企业认定管理办法规定的其他条件。

《国家重点支持的高新技术领域》和高新技术企业认定管理办法由国务院科技、财政、税务主管部门商国务院有关部门制订，报国务院批准后公布施行。

《财政部　国家税务总局关于贯彻落实国务院关于实施企业所得税过渡优惠政策有关问题的通知》（财税〔2008〕21号）规定，经济特区和上海浦东新区内，在2008年1月1日（含）之后完成登记注册的国家需要重点扶持的高新技术企业，在经济特区和上海浦东新区内取得的所得，自取得第一笔生产经营收入所属纳税年度起，第一年至第二年免征企业所得税，第三年至第五年按照25%的法定税率减半征收企业所得税。

（2）资质认定

2016年，科学技术部、财政部、国家税务总局联合修订下发了《高新技术企业认定管理办法》（国科发火〔2016〕32号），规定：

认定高新技术企业须同时满足八个条件：

①企业申请认定时须注册成立一年以上。

“须注册成立一年以上”是指企业须注册成立365个日历天数以上；“当年”“最近一年”和“近一年”都是指企业申报前1个会计年度；“近三个会计年度”是指企业申报前的连续3个会计年度（不含申报年）；“申请认定前

一年内”是指申请前的365天之内（含申报年）。

②企业通过自主研发、受让、受赠、并购等方式，获得对其主要产品（服务）在技术上发挥核心支持作用的知识产权的所有权。

知识产权须在中国境内授权或审批审定，并在中国法律的有效保护期内。知识产权权属人应为申请企业。不具备知识产权的企业不能认定为高新技术企业。在高新技术企业认定中，对企业知识产权情况采用分类评价方式，其中：发明专利（含国防专利）、植物新品种、国家级农作物品种、国家新药、国家一级中药保护品种、集成电路布图设计专有权等按Ⅰ类评价，可以在专利期限内多次用于认定；实用新型专利、外观设计专利、软件著作权等（不含商标）按Ⅱ类评价，在申请高新技术企业时，仅限使用一次。在申请高新技术企业及高新技术企业资格存续期内，知识产权有多个权属人时，只能由一个权属人在申请时使用。

③对企业主要产品（服务）发挥核心支持作用的技术属于《国家重点支持的高新技术领域》规定的范围。

高新技术产品（服务）是指对其发挥核心支持作用的技术属于《国家重点支持的高新技术领域》规定范围的产品（服务）。2018年以来，国家重点支持的高新技术领域包括：电子信息技术、生物与新医药技术、航空航天技术、新材料技术、高技术服务业、资源与环境技术、新能源及节能技术、高新技术改造传统产业等八大领域。

主要产品（服务）是指高新技术产品（服务）中，拥有在技术上发挥核心支持作用的知识产权的所有权，且收入之和在企业同期高新技术产品（服务）收入中超过50%的产品（服务）。

④企业从事研发和相关技术创新活动的科技人员占企业当年职工总数的比例不低于10%。

企业科技人员占比是企业科技人员数与职工总数的比值。

科技人员是指直接从事研发和相关技术创新活动，以及专门从事上述活动的管理和提供直接技术服务的，累计实际工作时间在183天以上的人员，包括在职、兼职和临时聘用人员。企业职工总数包括企业在职、兼职和临时聘用人员。在职人员可以通过企业是否签订了劳动合同或缴纳社会保险费来鉴别；兼职、临时聘用人员全年须在企业累计工作183天以上。

企业当年职工总数、科技人员数均按照全年月平均数计算。

月平均数=（月初数+月末数）÷2

全年月平均数=全年各月平均数之和÷12

年度中间开业或者终止经营活动的，以其实际经营期作为一个纳税年度确定上述相关指标。

⑤企业近三个会计年度（实际经营期不满三年的按实际经营时间计算）的研究开发费用总额占同期销售收入总额的比例符合如下要求：

A. 最近一年销售收入小于5000万元（含）的企业，比例不低于5%；

B. 最近一年销售收入在5000万元至2亿元（含）的企业，比例不低于4%；

C. 最近一年销售收入在2亿元以上的企业，比例不低于3%。

其中，企业在中国境内发生的研究开发费用总额占全部研究开发费用总额的比例不低于60%。

高新技术产品（服务）收入包括技术转让收入、技术服务收入、接受委托研究开发收入。高新技术产品（服务）收入占比是指高新技术产品（服务）收入与同期总收入的比值。

总收入是指收入总额减去不征税收入。按照《企业所得税法》规定，即企业以货币形式和非货币形式取得的销售货物收入、提供劳务收入、转让财产收入、权益性投资收益、利息收入、租金收入、特许权使用费收入、接受捐赠收入以及其他收入，减去财政拨款、依法收取并纳入财政管理的行政事业性收费和政府性基金、国家规定的其他不征税收入。

⑥近一年高新技术产品（服务）收入占企业同期总收入的比例不低于60%。

企业研究开发费用占比是企业近三个会计年度的研究开发费用总额占同期销售收入总额的比值。

研究开发活动是指，为获得科学与技术（不包括社会科学、艺术或人文学）新知识，创造性运用科学技术新知识，或实质性改进技术、产品（服务）、工艺而持续进行的具有明确目标的活动。不包括企业对产品（服务）的常规性升级或对某项科研成果直接应用等活动（如直接采用新的材料、装置、产品、服务、工艺或知识等）。

研究开发费用的归集范围包括：人员人工费用、直接投入费用、折旧费用与长期待摊费用、无形资产摊销费用、设计费用、装备调试费用与试验费用、委托外部研究开发费用和其他费用（一般不得超过研究开发总费用的 20%）。

企业的研究开发费用是以单个研发活动为基本单位分别进行测度并加总计算，按照《企业年度研究开发费用结构明细表》设置高新技术企业认定专用研究开发费用辅助核算账目，提供相关凭证及明细表，依规核算并归集研发费用。

⑦企业创新能力评价应达到相应要求。

企业创新能力主要从知识产权、科技成果转化能力、研究开发组织管理水平、企业成长性等四项指标进行评价。

⑧企业申请认定前一年内未发生重大安全、重大质量事故或严重环境违法行为。

（3）优惠实现

《企业所得税优惠政策事项办理办法》（国家税务总局公告 2018 年第 23 号印发）规定，企业在 2017 年以后年度企业所得税汇算清缴中，自高新技术企业认定当年起，通过“自行判别、申报享受、相关资料留存备查办理方式，通过填报企业所得税纳税申报表，减按 15% 的税率征收企业所得税，同时，依法规定归集和留存相关资料备查。

需要留存备查的资料包括：

①高新技术企业资格证书；

②高新技术企业认定资料；

③知识产权相关材料；

④年度主要产品（服务）发挥核心支持作用的技术属于《国家重点支持的高新技术领域》规定范围的说明，高新技术产品（服务）及对应收入资料；

⑤年度职工和科技人员情况证明材料；

⑥当年和前两个会计年度研发费用总额及占同期销售收入比例、研发费用管理资料以及研发费用辅助账，研发费用结构明细表。

对经济特区和上海浦东新区内登记注册的国家需要重点扶持的高新技术企业，还需要同时留存备查：新办企业取得第一笔生产经营收入凭证（原始凭证及账务处理凭证）和区内区外所得的核算资料。

企业留存备查资料应从企业享受优惠事项当年的企业所得税汇算清缴期结束次日起保留 10 年。

《国家税务总局关于实施高新技术企业所得税优惠政策有关问题的公告》（国家税务总局公告 2017 年第 24 号）规定，企业的高新技术企业资格期满当年，在通过重新认定前，其企业所得税暂按15%的税率预缴，在年底前仍未取得高新技术企业资格的，应按规定补缴相应期间的税款。对取得高新技术企业资格且享受税收优惠的高新技术企业，税务部门如在日常管理过程中发现其在高新技术企业认定过程中或享受优惠期间不符合国科发火〔2016〕32号文件规定的认定条件的，应提请认定机构复核。复核后确认不符合认定条件的，由认定机构取消其高新技术企业资格，并通知税务机关追缴其证书有效期内自不符合认定条件年度起已享受的税收优惠。

《财政部 国家税务总局关于贯彻落实国务院关于实施企业所得税过渡优惠政策有关问题的通知》（财税〔2008〕21号）规定，经济特区和上海浦东新区内新设高新技术企业同时在经济特区和上海浦东新区以外的地区从事生产经营的，应当单独计算其在经济特区和上海浦东新区内取得的所得，并合理分摊企业的期间费用；没有单独计算的，不得享受企业所得税优惠。经济特区和上海浦东新区内新设高新技术企业在按照规定享受过渡性税收优惠期间，由于复审或抽查不合格而不再具有高新技术企业资格的，从其不再具有高新技术企业资格年度起，停止享受过渡性税收优惠；以后再次被认定为高新技术企业的，不得继续享受或者重新享受过渡性税收优惠。

《高新技术企业认定管理工作指引》（国科发火〔2016〕195号印发）规定，高新技术企业发生名称变更或与认定条件有关的重大变化（如分立、合并、重组以及经营业务发生变化等），应在发生之日起三个月内向认定机构报告，由认定机构负责审核企业是否仍符合高新技术企业条件。企业仅发生名称变更，不涉及重大变化，符合高新技术企业认定条件且公示无异议的，由认定机构重新核发认定证书，编号与有效期不变；有异议的或有重大变化的（无论名称变更与否），由认定机构核实处理，不符合认定条件的，自更名或条件变化年度起取消其高新技术企业资格。

2.2.2.2 技术先进型服务企业优惠

《财政部 国家税务总局关于将技术先进型服务企业所得税政策推广至全国实施的通知》（财税〔2017〕79号）规定，自2017年1月1日起，在全国范围内对经认定的技术先进型服务企业，减按15%的税率征收企业所得税。

（1）符合条件

享受企业所得税优惠政策的技术先进型服务企业必须同时符合以下条件：

①在中国境内（不包括港、澳、台地区）注册的法人企业；

②从事《技术先进型服务业务认定范围（试行）》中的一种或多种技术先进型服务业务，采用先进技术或具备较强的研发能力；

③具有大专以上学历的员工占企业职工总数的50%以上；

④从事《技术先进型服务业务认定范围（试行）》中的技术先进型服务业务取得的收入占企业当年总收入的50%以上；

⑤从事离岸服务外包业务取得的收入不低于企业当年总收入的35%。

从事离岸服务外包业务取得的收入，是指企业根据境外单位与其签订的委托合同，由本企业或其直接转包的企业为境外单位提供《技术先进型服务业务认定范围（试行）》中所规定的信息技术外包服务（ITO）、技术性业务流程外包服务（BPO）和技术性知识流程外包服务（KPO），而从上述境外单位取得的收入。

（2）认定管理

①省级科技部门会同本级商务、财政、税务和发展改革部门根据规定制定本省（自治区、直辖市、计划单列市）技术先进型服务企业认定管理办法，并负责本地区技术先进型服务企业的认定管理工作。各省（自治区、直辖市、计划单列市）技术先进型服务企业认定管理办法应报科技部、商务部、财政部、税务总局和国家发展改革委备案。

②符合条件的技术先进型服务企业应向所在省级科技部门提出申请，由省级科技部门会同本级商务、财政、税务和发展改革部门联合评审后发文认定，并将认定企业名单及有关情况通过科技部“全国技术先进型服务企业业务办理管理平台”备案，科技部与商务部、财政部、税务总局和国家发展改革委共享备案信息。符合条件的技术先进型服务企业须在商务部“服务贸易统计监测管理信息系统（服务外包信息管理应用）”中填报企业基本信息，按时报送数据。

③经认定的技术先进型服务企业，持相关认定文件向所在地主管税务机关办理享受企业所得税优惠政策事宜。享受企业所得税优惠的技术先进型服务企业条件发生变化的，应当自发生变化之日起15日内向主管税务机关报告；不再符合享受税收优惠条件的，应当依法履行纳税义务。主管税务机关在执行税收优惠政策过程中，发现企业不具备技术先进型服务企业资格的，应提请认定机构复核。复核后确认不符合认定条件的，应取消企业享受税收优惠政策的资格。

④省级科技、商务、财政、税务和发展改革部门对经认定并享受税收优

惠政策的技术先进型服务企业应做好跟踪管理，对变更经营范围、合并、分立、转业、迁移的企业，如不再符合认定条件，应及时取消其享受税收优惠政策的资格。

⑤省级财政、税务、商务、科技和发展改革部门要认真贯彻落实的各项规定，在认定工作中对内外资企业一视同仁，平等对待，切实做好沟通与协作工作。在政策实施过程中发现问题，要及时反映上报财政部、税务总局、商务部、科技部和国家发展改革委。

⑥省级科技、商务、财政、税务和发展改革部门及其工作人员在认定技术先进型服务企业工作中，存在违法违纪行为的，按照《公务员法》《行政监察法》等国家有关规定追究相应责任；涉嫌犯罪的，移送司法机关处理。

（3）认定范围（试行）

①信息技术外包服务（ITO）

A. 软件研发及外包（见表2-3）

表2-3　　软件研发及外包业务认定范围

类　别	适用范围
软件研发及开发服务	用于金融、政府、教育、制造业、零售、服务、能源、物流、交通、媒体、电信、公共事业和医疗卫生等部门和企业，为用户的运营/生产/供应链/客户关系/人力资源和财务管理、计算机辅助设计/工程等业务进行软件开发，包括定制软件开发，嵌入式软件、套装软件开发，系统软件开发、软件测试等
软件技术服务	软件咨询、维护、培训、测试等技术性服务

B. 信息技术研发服务外包（见表2-4）

表2-4　　信息技术研发服务外包认定范围

类　别	适用范围
集成电路和电子电路设计	集成电路和电子电路产品设计以及相关技术支持服务等
测试平台	为软件、集成电路和电子电路的开发运用提供测试平台

C. 信息系统运营维护外包（见表2-5）

表 2-5 信息系统运营维护外包认定范围

类　别	适用范围
信息系统运营和维护服务	客户内部信息系统集成、网络管理、桌面管理与维护服务；信息工程、地理信息系统、远程维护等信息系统应用服务
基础信息技术服务	基础信息技术管理平台整合、IT 基础设施管理、数据中心、托管中心、安全服务、通讯服务等基础信息技术服务

②技术性业务流程外包服务（BPO）（见表 2-6）

表 2-6 技术性业务流程外包服务认定范围

类　别	适用范围
企业业务流程设计服务	为客户企业提供内部管理、业务运作等流程设计服务
企业内部管理服务	为客户企业提供后台管理、人力资源管理、财务、审计与税务管理、金融支付服务、医疗数据及其他内部管理业务的数据分析、数据挖掘、数据管理、数据使用的服务；承接客户专业数据处理、分析和整合服务
企业运营服务	为客户企业提供技术研发服务、为企业经营、销售、产品售后服务提供的应用客户分析、数据库管理等服务。主要包括金融服务业务、政务与教育业务、制造业务和生命科学、零售和批发与运输业务、卫生保健业务、通讯与公共事业业务、呼叫中心、电子商务平台等
企业供应链管理服务	为客户企业提供采购、物流的整体方案设计及数据库服务

③技术性知识流程外包服务（KPO）（见表 2-7）

表 2-7 技术性知识流程外包服务认定范围

适用范围
知识产权研究、医药和生物技术研发和测试、产品技术研发、工业设计、分析学和数据挖掘、动漫及网游设计研发、教育课件研发、工程设计等领域

2.2.2.3 技术先进型服务企业（服务贸易类）优惠

《财政部　税务总局　商务部　科技部　国家发展改革委关于将服务贸易创新发展试点地区技术先进型服务企业所得税政策推广至全国实施的通知》（财税〔2018〕44 号）规定：技术先进型服务企业（服务贸易类）须符合的

条件及认定管理事项，按照《财政部　税务总局　商务部　科技部　国家发展改革委关于将技术先进型服务企业所得税政策推广至全国实施的通知》（财税〔2017〕79号）的相关规定执行。（详见本章2.2.2.2小节）

其中，企业须满足的技术先进型服务业务领域范围按照《技术先进型服务业务领域范围（服务贸易类）》（见表2-8）执行。

省级科技部门应会同本级商务、财政、税务和发展改革部门及时将《技术先进型服务业务领域范围（服务贸易类）》增补入本地区技术先进型服务企业认定管理办法，并据此开展认定管理工作。省级人民政府财政、税务、商务、科技和发展改革部门应加强沟通与协作，发现新情况、新问题及时上报财政部、税务总局、商务部、科技部和国家发展改革委。

表2-8　技术先进型服务业务领域范围（服务贸易类）

类　别	适用范围
一、计算机和信息服务	
1. 信息系统集成服务	系统集成咨询服务；系统集成工程服务；提供硬件设备现场组装、软件安装与调试及相关运营维护支撑服务；系统运营维护服务，包括系统运行检测监控、故障定位与排除、性能管理、优化升级等
2. 数据服务	数据存储管理服务，提供数据规划、评估、审计、咨询、清洗、整理、应用服务，数据增值服务，提供其他未分类数据处理服务
二、研究开发和技术服务	
3. 研究和实验开发服务	物理学、化学、生物学、基因学、工程学、医学、农业科学、环境科学、人类地理科学、经济学和人文科学等领域的研究和实验开发服务
4. 工业设计服务	对产品的材料、结构、机理、形状、颜色和表面处理的设计与选择；对产品进行的综合设计服务，即产品外观的设计、机械结构和电路设计等服务
5. 知识产权跨境许可与转让	以专利、版权、商标等为载体的技术贸易。知识产权跨境许可是指授权境外机构有偿使用专利、版权和商标等；知识产权跨境转让是指将专利、版权和商标等知识产权售卖给境外机构
三、文化技术服务	
6. 文化产品数字制作及相关服务	采用数字技术对舞台剧目、音乐、美术、文物、非物质文化遗产、文献资源等文化内容以及各种出版物进行数字化转化和开发，为各种显示终端提供内容，以及采用数字技术传播、经营文化产品等相关服务

续表

类　别	适用范围
7. 文化产品的对外翻译、配音及制作服务	将本国文化产品翻译或配音成其他国家语言，将其他国家文化产品翻译或配音成本国语言以及与其相关的制作服务
四、中医药医疗服务	
8. 中医药医疗保健及相关服务	与中医药相关的远程医疗保健、教育培训、文化交流等服务

2.2.2.4 从事污染防治的第三方企业优惠

《财政部　税务总局　国家发展改革委　生态环境部关于从事污染防治的第三方企业所得税政策问题的公告》（财政部公告 2019 年第 60 号）规定，第三方防治企业是指受排污企业或政府委托，负责环境污染治理设施（包括自动连续监测设施，下同）运营维护的企业。

可以享受税收优惠的从事污染防治的第三方企业应当同时符合以下条件：

（1）在中国境内（不包括港、澳、台地区）依法注册的居民企业；

（2）具有 1 年以上连续从事环境污染治理设施运营实践，且能够保证设施正常运行；

（3）具有至少 5 名从事本领域工作且具有环保相关专业中级及以上技术职称的技术人员，或者至少 2 名从事本领域工作且具有环保相关专业高级及以上技术职称的技术人员；

（4）从事环境保护设施运营服务的年度营业收入占总收入的比例不低于 60%；

（5）具备检验能力，拥有自有实验室，仪器配置可满足运行服务范围内常规污染物指标的检测需求；

（6）保证其运营的环境保护设施正常运行，使污染物排放指标能够连续稳定达到国家或者地方规定的排放标准要求；

（7）具有良好的纳税信用，近三年内纳税信用等级未被评定为 C 级或 D 级。

第三方防治企业，自行判断其是否符合上述条件，符合条件的可以申报享受税收优惠，相关资料留存备查。税务部门依法开展后续管理过程中，可转请生态环境部门进行核查，生态环境部门可以委托专业机构开展相关核查工作。

2.2.2.5 西部大开发企业所得税优惠

《财政部 税务总局 国家发展改革委关于延续西部大开发企业所得税政策的公告》（财政部公告2020年第23号，以下简称23号公告）规定，延续西部大开发企业所得税政策，自2021年1月1日至2030年12月31日，对设在西部地区的鼓励类产业企业减按15%的税率征收企业所得税。鼓励类产业企业，是指以《西部地区鼓励类产业目录》中规定的产业项目为主营业务，且其主营业务收入占企业收入总额60%以上的企业。

西部地区包括内蒙古自治区、广西壮族自治区、重庆市、四川省、贵州省、云南省、西藏自治区、陕西省、甘肃省、青海省、宁夏回族自治区、新疆维吾尔自治区和新疆生产建设兵团。湖南省湘西土家族苗族自治州、湖北省恩施土家族苗族自治州、吉林省延边朝鲜族自治州和江西省赣州市，可以比照西部地区的企业所得税政策执行。

《西部地区鼓励类产业目录》由发展改革委牵头制定，在23号公告执行期限内修订的，自修订版实施之日起按新版本执行。

税务机关在后续管理中，不能准确判定企业主营业务是否属于国家鼓励类产业项目时，可提请发展改革等相关部门出具意见。对不符合税收优惠政策规定条件的，由税务机关按《税收征管法》及有关规定进行相应处理。具体办法由省级发展改革、税务部门另行制定。

2.2.2.6 其他执行15%税率优惠政策

《财政部 国家税务总局关于进一步鼓励软件产业和集成电路产业发展企业所得税政策的通知》（财税〔2012〕27号）规定，自2011年1月1日起，集成电路线宽小于0.25微米或投资额超过80亿元的集成电路生产企业，经认定后，减按15%的税率征收企业所得税，其中经营期在15年以上的，在2017年12月31日前自获利年度起计算优惠期，第一年至第五年免征企业所得税，第六年至第十年按照25%的法定税率减半征收企业所得税，并享受至期满为止。

2.2.3 优惠税率：10%

《企业所得税法》及其实施条例规定：非居民企业在中国境内未设立机构、场所的，或者虽设立机构、场所但取得的所得与其所设机构、场所没有实际联系的，应当就其来源于中国境内的所得按照20%的税率缴纳企业所得税，减按10%的税率征收企业所得税。

第三条 居民企业应当就其来源于中国境内、境外的所得缴纳企业所得税。

非居民企业在中国境内设立机构、场所的，应当就其所设机构、场所取得的来源于中国境内的所得，以及发生在中国境外但与其所设机构、场所有实际联系的所得，缴纳企业所得税。

非居民企业在中国境内未设立机构、场所的，或者虽设立机构、场所但取得的所得与其所设机构、场所没有实际联系的，应当就其来源于中国境内的所得缴纳企业所得税。

第二十七条 企业的下列所得，可以免征、减征企业所得税：

（一）从事农、林、牧、渔业项目的所得；

（二）从事国家重点扶持的公共基础设施项目投资经营的所得；

（三）从事符合条件的环境保护、节能节水项目的所得；

（四）符合条件的技术转让所得；

（五）本法第三条第三款规定的所得。

——《企业所得税法》

第九十一条 非居民企业取得企业所得税法第二十七条第（五）项规定的所得，减按10%的税率征收企业所得税。

——《企业所得税法实施条例》

《财政部 国家税务总局关于进一步鼓励软件产业和集成电路产业发展企业所得税政策的通知》（财税〔2012〕27号）规定，国家规划布局内的重点软件企业和集成电路设计企业，如当年未享受免税优惠的，可减按10%的税率征收企业所得税。

具体软件企业和集成电路设计企业所得税优惠政策落实具体内容，请详见本书“9.4 软件企业和集成电路设计企业所得税优惠”。

3

应纳税额的计算

企业所得税是对企业经营成果进行课税的税种。企业所得税以企业每一个纳税年度的应纳税所得额为计税依据，按照公式：企业所得税应纳税额=应纳税所得额×税率，计算并缴纳企业所得税额。

3.1 应纳税所得额

3.1.1 应纳税所得额计算原则

《企业所得税法》规定，企业每一纳税年度的收入总额，减除不征税收入、免税收入、各项扣除以及允许弥补的以前年度亏损后的余额，为应纳税所得额。

企业所得税应纳税所得额需要关注三个要点：

（1）计税期间的确定。企业所得税以纳税年度为计税期间，一般分为两种情形，一是企业持续经营期间，纳税年度自公历1月1日起至12月31日止。企业在一个纳税年度中间开业，或者终止经营活动，使该纳税年度的实际经营期不足12个月的，应当以其实际经营期为一个纳税年度。二是企业清算期间。企业依法清算时，应当以清算期间作为一个纳税年度。

（2）持续经营的假设。企业从成立到解散是一个连续不断的完整的经营期间，在这个经营期间中，企业经济活动是循环往复、周而复始，一直保持持续经营的状态。企业所得税应纳税额的计算，以企业会计核算为基础，同样遵循会计核算的“会计主体、持续经营、会计分期、货币计量”四大基本假设，就企业在一个纳税年度内的经营成果予以计算并课税。

（3）应税所得的计量。企业在经营过程中，收入的取得以及成本、费用的支出，并非都是货币，还有各种商品、货物或其他财产，在企业会计核算中，对会计主体的各项经济活动，统一以货币为计量尺度，作为计量和报告的依据。在企业所得税的计税中，不仅仅要求企业经济活动要遵循会计计量的要求，在应纳税额的计量中，以人民币计算。所得以人民币以外的货币计算的，应当折合成人民币计算并缴纳税款。

企业应纳税所得额的计算应当遵循权责发生制原则。

第九条 企业应纳税所得额的计算，以权责发生制为原则，属于当期的收入和费用，不论款项是否收付，均作为当期的收入和费用；不属于当期的收入和费用，即使款项已经在当期收付，也不作为当期的收入和费用。本条例和国务院财政、税务主管部门另有规定的除外。

——《企业所得税法实施条例》

企业所得税应纳税所得额的计算，需要首先明确如何确认企业的收入、成本、费用、扣除的计算规则，才能依法计算应纳税所得额。企业所得税应纳税所得额的计算，和会计准则一样，以权责发生制为原则。权责发生制，是指以实际收取现金的权利或支付现金的责任的发生为标志来确认当期的收入、费用及债权、债务。就收入的确认来说，凡是当期已经实现的收入，不论款项是否收到，都应当确认为当期的收入；凡是不属于当期的收入，即使款项已经收到，也不应当确认为当期的收入。就费用扣除而言，凡是属于当期的费用，不论款项是否支付，均作为当期的费用；不属于当期的费用，即使款项已经在当期支付，也不能作为当期的费用。

【案例 3-1-1】 居民企业 A 公司 2019 年 12 月和 B 公司签订合同，销售一批商品，约定全部到货后开具发票并支付货款。A 公司 2019 年 12 月发出商品 200 万元，开具发票并全额收款。

【问题】 按照权责发生制原则，该笔收入应予何时确认收入？

【解析】 该笔收入应在 2019 年 12 月确认收入。该项经济业务不管权责发生制或收付实现制，200 万元货款均应作为本期收入，因为一方面它是本期取得的收入，应当作本期收入；另一方面现款也已收到，亦应列作本期收入，这时就表现为两者的一致性。

【案例 3-1-2】 居民企业 A 公司 2019 年 12 月和 B 公司签订合同，销售一批商品，约定全部到货后开具发票并在 2020 年 2 月支付货款。A 公司 2019 年 12 月发出商品 200 万元，并开具发票。货款于 2020 年 2 月全额收讫。

【问题】 按照权责发生制原则，该笔收入应予何时确认收入？

【解析】 按照权责发生制，该笔收入应在 2019 年 12 月确认收入。2019 年 12 月，虽然 A 公司未收到货款，但是其业务已经发生并开具发票，此项收入应作为2019年12月的收入，而不能作为2020年2月的收入。

在税务处理中，权责发生制条件下企业收入的确认一般应同时满足以下两个条件：一是支持取得该收入权利的所有事项已经发生；二是应该取得的收入额可以被合理地、准确地确定。

3.1.2 会计利润总额和应纳税所得额

应纳税所得额和会计利润，都是对企业在一个既定期间内的经营成果的计量，都是以四大基本假设作为核算依据，两者之间既不同又相关。

（1）应纳税所得额确定的是计税依据，会计利润核算的是经营成果

《企业会计准则——基本准则》规定，利润是指企业在一定会计期间的经营成果。利润包括收入减去费用后的净额、直接计入当期利润的利得和损失等。直接计入当期利润的利得和损失，是指应当计入当期损益、会导致所有者权益发生增减变动的、与所有者投入资本或者向所有者分配利润无关的利得或损失。利润金额取决于收入和费用、直接计入当期利润的利得和损失金额的计算。列报在利润表上的利润总额，其目的是真实、完整地反映企业的经营成果，为投资者、债权人、企业管理者以及其他会计报表使用者提供决策信息。

会计利润=收入-成本-税金及附加-费用-损失+公允价值变动损益+投资损益+营业外收入-营业外支出

应纳税所得额按税法的规定计算，确定一个纳税年度内企业经营活动在应当予以课征企业所得税的成果，由于目的和依据的不同，两者在收入、费用、资产、负债等的确认时间、计量方式和核算范围上存在不同，从而导致会计利润与应税所得之间的不同。

应纳税所得额=收入-不征税收入-免税收入-各项扣除（成本+费用）-允许弥补的以前年度亏损

（2）应纳税所得额只是一个特定期间的应税经营成果的计量，而会计利润既有期间末的时点计量，也有截止到计量期末的全部持续经营成果计量

利润是指企业在一定会计期间的经营成果，利润是企业经营活动的结果，是企业经营活动在一段期间里的，截止到该段期间最后一日为止的经营成果的累积数据。在会计利润的计量上，计量期间是可变的。可以是一个月、也

可以是一个季度、一个会计年度，最长是从企业成立日到计量日的全部持续经营期间的经营成果。

应纳税所得额虽然也是一个特定期间内应税经营成果的计量，但是由于企业所得税实行“按年计算，分月或者分季预缴”的计税规则，特定期间一般是指一个纳税年度。在企业持续经营期间，纳税年度自公历1月1日起至12月31日止。企业在一个纳税年度中间开业，或者终止经营活动，使该纳税年度的实际经营期不足12个月的，应当以其实际经营期为一个纳税年度。企业依法清算时，应当以清算期间作为一个纳税年度。在一个纳税年度内，按照分月或者分季预缴的需要，还需要对企业自所属纳税年度公历1月1日起，计量到该月度或者该季度最后一日止的期间内的应税经营成果进行计量，依法预缴税款。

（3）企业应纳税所得额可以通过对应期间的会计利润的调整，进行快速计量

应纳税所得额和会计利润的计量，都是以企业依据会计准则或小会计准则（以下简称“会计准则”）核算的会计记录为基础，都是依据企业同一个经营活动的事实。在成果计量上具有很强的相关性。应纳税所得额的计量，既可以通过《企业所得税法》的规定，以企业每一纳税年度的收入总额，减除不征税收入、免税收入、各项扣除以及允许弥补的以前年度亏损后的余额确定，也可以以企业年度会计利润为基础，根据税法要求进行对企业收入及各项扣除、弥补亏损等项目进行相应调整，纳税调增或调减后确定应纳税所得额。

3.1.3 应纳税所得额的计算

《企业所得税法》规定，企业每一纳税年度的收入总额，减除不征税收入、免税收入、各项扣除以及允许弥补的以前年度亏损后的余额，为应纳税所得额。据此，应纳税所得额计算公式如下：

应纳税所得额=收入总额−不征税收入−免税收入−各项扣除金额−弥补亏损

各项扣除包括：企业实际发生的与取得收入有关的、合理的支出，包括成本、费用、税金、损失和其他支出，准予在计算应纳税所得额时扣除。

在实际工作中，应纳税所得额的计算一般有两种方式：直接法和间接法。

直接法，既是按照《企业所得税法》的规定，分别计算收入、成本、费用、税金、损失、待弥补亏损，然后予以计算。间接法，则是利用应纳税所得额和会计利润的关系，在企业年度会计利润的基础上，对收入、成本、费用、税金、损失等予以纳税调增或者调减，予以计算应纳税所得额。

【案例3-1-3】 某公司2019年度生产经营情况如下：

①产品销售收入1500万元，配比产品销售成本1200万元；

②当年取得出租固定资产等其他收入50万元；

③当年取得符合不征税条件规定的政府补助款100万元；

④购买国债取得利息收入15万元；

⑤年度发生产品销售费用80万元；

⑥年度发生管理费用105万元，其中：按照税法规定不得税前扣除的18万元，超过2018年扣除限额但允许结转以后纳税年度扣除的2万元；

⑦准许税前扣除的有关税费30万元；

⑧公司上年末累计未分配利润-50万元，其中符合弥补亏损规定的待弥补亏损30万元。

【问题】 该公司2019年度应纳税所得额是多少？（不考虑增值税）

【解析】 （1）直接法计算

应纳税所得额=收入总额-不征税收入-免税收入-各项扣除金额-弥补亏损

①该公司2019年收入总额：四项，包括产品销售收入1500万元，其他收入50万元，政府补助收入100万元，国债利息收入15万元。全年收入=1500+50+100+15=1665（万元）；

②不征税收入：一项，“当年取得符合不征税条件规定的政府补助款”，100万元；

③免税收入：一项，“购买国债取得利息收入”，15万元；

④可税前扣除的各项扣除：四项，产品销售成本1200万元；产品销售费用80万元；管理费用（105-18-2）=85万元；相关税费30万元；合计=1200+80+85+30=1395（万元）；

⑤待弥补亏损：30万元。

该公司2019年应纳税所得额=1665-100-15-1395-30=125（万元）。

（2）间接法计算

间接法计算应纳税所得额，需要以会计利润为基础。会计利润总额的基础上加或减按照税法规定调整的项目金额后，即为应纳税所得额。计算公式为：

会计利润=收入-成本-税金及附加-费用-损失+公允价值变动损益+投资损益+营业外收入-营业外支出

应纳税所得额=会计利润总额±纳税调整项目金额

案例中该公司会计核算中，收入为四项，合计1665万元，成本1200万元，税金30万元，销售费用80万元，管理费用105万元，弥补以前年度亏损50万元，当年会计利润=1665-1200-30-80-105-50=200（万元），在此基础上进行相关调整。

在间接计算法下，该公司在管理费用的扣除上，存在税法和会计准则不一致的地方有三项：

一是收入调减。公司全部收入中，依法不需要当期缴纳企业所得税的不征税收入和免税收入应当予以调整，案例中应调整不征税收入100万元，调整免税收入15万元。

二是费用调增，会计核算列支管理费用105万元，但是依据税法规定，其中：不得税前扣除的18万元，超过2018年扣除限额但允许结转以后纳税年度扣除的2万元，依法扣除85万元，纳税调增20万元；

三是待弥补亏损调减。会计核算中，年末累计未分配利润-50万元，即累计亏损50万元，但是依据税法，能在当年应税所得中进行弥补的仅有30万元，另外的累计亏损20万元则不得弥补，没有特别规定（如当年认定为高新技术企业、科技型企业的）也不得在以后纳税年度内弥补，纳税调增20万元。

综上，该公司应纳税所得额=200-115+20+20=125（万元）。

3.1.4 永久性差异和时间性差异

企业会计利润和应纳税所得额之间既相关又不同，两者之间因为处理基础、确认范围、计量依据等方面的不同，在对企业计税期间的收入、费用、资产、负债等方面存在差异。按照这种差异是否对后期产生影响，可划分为永久性差异和时间性差异。

永久性差异是指某一会计期间，由于会计准则和税法在计算收益、费用或损失时的口径不同，所产生的税前会计利润与应纳税所得额之间的差异。这种差异在计税期间内产生，需要进行纳税调整，但是这种纳税调整不会影响企业以后各期间的应纳税所得额，也无须企业进行相应的账务处理，产生的应交所得税应在当期确认所得税费用。如【案例3-1-3】中，某企业2018年取得的国债利息收入15万元，这个免税收入，只接在2018年的应纳税所得额中进行纳税调减即可，不需要在以后年度再度确认为应纳税所得额。

而时间性差异是指税法与会计准则在确定收益、费用或损失的确认时间的不同而产生的差异。时间性差异发生于某一会计期间，在以后一期或若干期内能够转回。时间性差异的基本特征是某项收益或费用和损失均可计入会计利润和应纳税所得额，但计入税前会计利润和应税所得的时间不同。简单地说，时间性差异就是企业某一项收入、成本或者费用，会计计量和应纳税所得额的计量是一致的，但是由于确认时间和方法的差异，在会计核算和应纳税所得额的计算上，需要计入不同的纳税年度而造成的差异。如【案例3-1-3】中，年度发生管理费用中的应纳税所得额与会计利润计量上的差异20万元，其中按照税法规定不得税前扣除的18万元，是永久性差异；超过2018年扣除限额可以在以后纳税年度扣除的2万元，就是时间性差异。

3.1.5 允许弥补的以前年度亏损

在企业所得税法中，“允许弥补的以前年度亏损”是一个很重要的概念，其结转和弥补涉及应纳税所得额的扣除计算问题。

> 第十条　企业所得税法第五条所称亏损，是指企业根据企业所得税法和本条例的规定将每一纳税年度的收入总额减除不征税收入、免税收入和各项扣除以后小于零的数额。
>
> ——《企业所得税法实施条例》

企业所得税法中的亏损，是一个计税概念，而不是会计核算中的亏损，需要根据企业所得税法及其实施条例规定以来计算亏损额。

当企业一个纳税年度内，“（每一纳税年度的收入总额-不征税收入-免税收入-各项扣除）<0”时，就确认为该企业当年计税亏损。

企业当年发生计税亏损，不仅表明没有可供缴纳企业所得税的应纳税所得，其依法确定的亏损，还需要将在以后规定的纳税年度内，从应纳税所得额中予以依法弥补。

3.1.6 清算所得

企业在持续经营期间，按照每一个纳税年度内的应纳税所得额计算并缴纳企业所得税。除持续经营外，企业在注销登记时，也需要就其清算期作为一个纳税年度，就清算所得计算并缴纳企业所得税。

第五十五条 ……

企业应当在办理注销登记前，就其清算所得向税务机关申报并依法缴纳企业所得税。

——《企业所得税法》

第十一条 企业所得税法第五十五条所称清算所得，是指企业的全部资产可变现价值或者交易价格减除资产净值、清算费用、相关税费等后的余额。

投资方企业从被清算企业分得的剩余资产，其中相当于从被清算企业累计未分配利润和累计盈余公积中应当分得的部分，应当确认为股息所得；剩余资产扣除上述股息所得后的余额，超过或者低于投资成本的部分，应当确认为投资转让所得或者损失。

——《企业所得税法实施条例》

企业清算，是指企业因合并、兼并、破产等原因终止生产经营活动，并对企业资产、债权、债务所作的清查、收回和清偿工作。企业进入清算期后，正常进行会计核算的会计基本前提已不复存在，公司不再是连续经营的，各项资产不宜再按历史成本和账面净值估价，很多会计核算一般原则在公司清算中也已不成立，不再适用，全部资产或财产（除货币资金外）必须以现值来衡量。企业所得税的计税依据从正常的应纳税所得额转为企业清算所得。

清算所得，是指纳税人清算时的全部资产或财产扣除各项清算费用、损失、负债、企业未分配利润、公益金和公积金后的余额，超过实缴资本的部分。公式表示为：

企业清算所得=企业的全部资产可变现价值或者交易价格-资产净值-清算费用-相关税费

企业的全部资产可变现价值，是指企业清理所有债权债务关系、完成清算后，所剩余的全部资产折现计算的价值。

资产净值，是指企业的资产总值减除所有债务后的净值，是企业偿债和担保的财产基础，是企业所有资产本身的价值。从企业全部资产可变现价值或者交易价格中减除资产净值，再减除税费和清算费用，所得出的余额就是在清算过程中企业资产增值的部分，应当依法缴纳企业所得税。

投资方企业从被清算企业就剩余资产分得的部分，其中相当于从被清算企业累计未分配利润和累计盈余公积中应当分得的部分，应当确认为因股权投资关系从被投资单位税后利润中分配取得的投资所得，免予征收企业所得税。剩余资产扣除上述股息所得后的余额，是企业的投资返还和投资回收，应冲减投资计税成本；投资方获得的超过投资的计税成本的分配支付额，包括转让投资时超过投资计税成本的收入，应确认为投资转让所得；反之则作为投资转让损失。

关于企业清算所得的涉税问题，具体请看本书“11.3　企业清算涉税处理”。

3.1.7　应扣除未扣除项目的补扣

企业发生以前年度应扣除而实际又未扣除的支出，或者企业因为会计政策变更、会计估计变更、重大会计差错更正等情形，对以前年度会计核算和应纳税所得额产生影响的，对企业发现以前年度实际发生的、按照税收规定应在企业所得税前扣除而未扣除或者少扣除的支出，企业作出专项申报及说明后，准予追补至该项目发生年度计算扣除，但追补确认期限不得超过5年。

在纳税调整中，需要注意五个方面的要点：

(1) 申报备案。会计政策变更、会计估计变更、重大会计差错更正情形，应当将变更或更正的性质、内容和原因等在变更年度的所得税汇算清缴前报主管税务机关备案。

（2）目的合理。企业的会计政策变更、会计估计变更应当具有合理的商业目的，且不以减少、免除、推迟缴纳税款为主要目的。对有证据表明企业滥用会计政策或会计估计造成减少、免除、推迟缴纳税款的，税务机关有权进行合理调整。

（3）依法调整。对企业以前年度实际在财务会计处理上已确认且已按规定在税前扣除的各项支出，因会计政策变更采用追溯调整法进行调整的，会计政策变更累积影响数中影响前期损益的各项支出调整金额，应直接调整变更当期应纳税所得额，不得追补确认在业务支出发生年度扣除。

（4）补退税款。对企业以前年度应纳税所得额的调整，可能会涉及税款的追征或退抵，应按照《税收征管法》的规定期限进行。涉及税款追征的，一般在三年内追补入库，税额超过10万元的，追补期限一般为5年。涉及退税的，纳税人自结算缴纳税款之日起三年内发现的，可以向税务机关要求退还多缴的税款并加算银行同期存款利息，也可以抵缴以后年度应纳税款。

（5）报告一致。企业在年度资产负债表日至财务报告批准报出日之间发生的涉及税前扣除的调整事项（包括会计政策、估计变更和会计差错更正等），如发生于报告年度所得税汇算清缴之前，应调整报告年度的应纳税所得额；如发生于报告年度所得税汇算清缴之后，作为本年度的纳税调整事项，相应调整本年度应纳税所得额。

六、关于以前年度发生应扣未扣支出的税务处理问题

根据《中华人民共和国税收征收管理法》的有关规定，对企业发现以前年度实际发生的、按照税收规定应在企业所得税前扣除而未扣除或者少扣除的支出，企业做出专项申报及说明后，准予追补至该项目发生年度计算扣除，但追补确认期限不得超过5年。

企业由于上述原因多缴的企业所得税税款，可以在追补确认年度企业所得税应纳税款中抵扣，不足抵扣的，可以向以后年度递延抵扣或申请退税。

亏损企业追补确认以前年度未在企业所得税前扣除的支出，或盈利企业经过追补确认后出现亏损的，应首先调整该项支出所属年

度的亏损额，然后再按照弥补亏损的原则计算以后年度多缴的企业所得税款，并按前款规定处理。

——《国家税务总局关于企业所得税应纳税所得额若干税务处理问题的公告》（国家税务总局公告2012年第15号）

3.2 居民企业应纳税所得额的核定

企业所得税应纳税所得额的确定以企业会计核算为基础，对符合查账征收条件的纳税人，实行查账征收。在特定的情形下无法通过会计核算账簿确定应纳税所得额的，税务机关也可以依法核定征收企业所得税。按照公平、公正、公开原则，根据纳税人的生产经营行业特点，综合考虑企业的地理位置、经营规模、收入水平、利润水平等因素，分类逐户核定应纳所得税额或者应税所得率，保证同一区域内规模相当的同类或者类似企业的所得税税负基本相当。

3.2.1 一般核定

税务机关核定企业所得税，应按照《企业所得税核定征收办法（试行）》（国税发〔2008〕30号印发，国家税务总局公告2018年第31号修订）的相关规定进行。

居民企业核定征收企业所得税有两种方式：一是核定应税所得率，并据此计算应纳税所得额，按照税法规定的税率予以计算并课征企业所得税；二是直接核定企业所得税额并课征入库。

3.2.1.1 可以核定征收的纳税人

一般来说，核定征收企业所得税的居民企业纳税人，需要具有下列情形之一：

（1）依照法律、行政法规的规定可以不设置账簿的；

（2）依照法律、行政法规的规定应当设置但未设置账簿的；

（3）擅自销毁账簿或者拒不提供纳税资料的；

（4）虽设置账簿，但账目混乱或者成本资料、收入凭证、费用凭证残缺不全，难以查账的；

（5）发生纳税义务，未按照规定的期限办理纳税申报，经税务机关责令限期申报，逾期仍不申报的；

（6）申报的计税依据明显偏低，又无正当理由的。

3.2.1.2 不得核定征收的特定纳税人

特殊行业、特殊类型的纳税人和一定规模以上的纳税人不得核定征收企业所得税，"特定纳税人"包括：

（1）享受《企业所得税法》及其实施条例和国务院规定的一项或几项企业所得税优惠政策的企业（不包括仅享受《企业所得税法》第二十六条规定免税收入优惠政策的企业）；

（2）汇总纳税企业；

（3）上市公司；

（4）银行、信用社、小额贷款公司、保险公司、证券公司、期货公司、信托投资公司、金融资产管理公司、融资租赁公司、担保公司、财务公司、典当公司等金融企业；

（5）会计、审计、资产评估、税务、房地产估价、土地估价、工程造价、律师、价格鉴证、公证机构、基层法律服务机构、专利代理、商标代理以及其他经济鉴证类社会中介机构；

（6）国家税务总局规定的其他企业，如根据《国家税务总局关于印发〈房地产开发经营业务企业所得税处理办法〉的通知》（国税发〔2009〕31号）和《国家税务总局关于企业所得税核定征收有关问题的公告》（国家税务总局公告2012年第27号）规定，房地产开发经营企业和专门从事股权（股票）投资业务的企业。

3.2.1.3 核定方法

税务机关应根据纳税人具体情况，对核定征收企业所得税的纳税人，核定应税所得率或者核定应纳所得税额。

核定其应税所得率的情形包括：

（1）能正确核算（查实）收入总额，但不能正确核算（查实）成本费用总额的；

（2）能正确核算（查实）成本费用总额，但不能正确核算（查实）收入总额的；

（3）通过合理方法，能计算和推定纳税人收入总额或成本费用总额的。

纳税人不属于以上情形的，核定其应纳所得税额。

采用应税所得率方式核定征收企业所得税的，应纳所得税额计算公式如下：

应纳所得税额=应纳税所得额×适用税率

应纳税所得额=应税收入额×应税所得率

或：应纳税所得额=成本（费用）支出额÷（1-应税所得率）×应税所得率

其中，“应税收入额”等于企业以货币形式和非货币形式从各种来源取得的收入总额，减去不征税收入和免税收入后的余额。公式为：

应税收入额=收入总额-不征税收入-免税收入

按照《企业所得税核定征收办法（试行）》规定，不同行业应税所得率幅度标准，具体见表3-1。

表3-1　不同行业应税所得率幅度标准

行业	应税所得率（%）
农、林、牧、渔业	3—10
制造业	5—15
批发和零售贸易业	4—15
交通运输业	7—15
建筑业	8—20
饮食业	8—25
娱乐业	15—30
其他行业	10—30

【案例3-2-1】 居民企业A公司是制造业企业，2018年因账证不全不能正确核定成本费用，税务机关依法采取核定应税所得率方式征收企业所得税，核定应税所得率为5%，经核实2018年度A公司收入总额如下：

（1）制造并销售产品1000万元；

（2）转让2017年对外投资取得的B公司股权，取得收入2000万元，取得股权时支出现金1600万元；

（3）转让公司其他财产取得收入 300 万元。

【问题】 计算 A 公司 2018 年企业所得税应纳税所得额。

【解析】 A 公司 2018 年企业所得税应纳税所得额为：

（1000+2000+300）×5%＝165（万元）

《国家税务总局关于企业所得税核定征收有关问题的公告》（国家税务总局公告 2012 年第 27 号）规定，依法按核定应税所得率方式核定征收企业所得税的企业，取得的转让股权（股票）收入等转让财产收入，应全额计入应税收入额，按照主营项目（业务）确定适用的应税所得率计算征税；若主营项目（业务）发生变化，应在当年汇算清缴时，按照变化后的主营项目（业务）重新确定适用的应税所得率计算征税。

需要注意的是：

（1）企业生产经营同时涉及多个行业的，应就其主营行业进行核定。企业的生产经营范围、主营业务发生重大变化，或者应纳税所得额或应纳税额增减变化达到 20%的，应及时向税务机关申报调整已确定的应纳税额或应税所得率。

（2）处于连续生产经营期间的企业，如果因法定情形，由查账征收改为核定征收的，其采取核定征收方式年度的以前年度发生的亏损不可用以后年度所得弥补。

3.2.2 特别核定

为支持跨境电子商务健康发展，推动外贸模式创新，自 2020 年 1 月 1 日起，经国务院批准的跨境电子商务综合试验区（以下简称综试区）内符合条件的跨境电子商务零售出口企业核定征收企业所得税。跨境电商企业，是指自建跨境电子商务销售平台或利用第三方跨境电子商务平台开展电子商务出口的企业。

综试区内试行核定征收企业所得税办法的跨境电商企业，必须同时符合三个条件：

（1）在综试区注册，并在注册地跨境电子商务线上综合服务平台登记出口货物日期、名称、计量单位、数量、单价、金额的；

（2）出口货物通过综试区所在地海关办理电子商务出口申报手续的；

（3）出口货物未取得有效进货凭证，其增值税、消费税享受免税政策的。

综试区内核定征收的跨境电商企业应准确核算收入总额，并采用应税所得率方式核定征收企业所得税。应税所得率统一按照4%确定。

税务机关应按照有关规定，及时完成综试区跨境电商企业核定征收企业所得税的鉴定工作。

综试区内实行核定征收的跨境电商企业符合小型微利企业优惠政策条件的，可享受小型微利企业所得税优惠政策；其取得的收入属于《企业所得税法》规定的免税收入的，可享受免税收入优惠政策。

3.3 预提所得税应纳税所得额的确定

3.3.1 一般确定

非居民企业在中国境内未设立机构、场所的，或者虽设立机构、场所但取得的所得与其所设机构、场所没有实际联系，其取得的来源于中国境内的股息、红利等权益性投资收益和利息、租金、特许权使用费所得，财产转让所得和其他所得应依法确定应纳税所得额，按照低税率减按10%计算并缴纳企业所得税。

(1) 股息、红利等权益性投资收益和利息、租金、特许权使用费所得，以收入全额为应纳税所得额；

(2) 转让财产所得，以收入全额减除财产净值后的余额为应纳税所得额；

(3) 其他所得，参照前两项规定的方法计算应纳税所得额。

其中，收入全额按照非居民企业向支付人收取的全部价款和价外费用合计确定。财产净值按照有关资产、财产的计税基础减除已经按照规定扣除的折旧、折耗、摊销、准备金等后的余额确定。

第十九条　非居民企业取得本法第三条第三款规定的所得，按照下列方法计算其应纳税所得额：

（一）股息、红利等权益性投资收益和利息、租金、特许权使用费所得，以收入全额为应纳税所得额；

（二）转让财产所得，以收入全额减除财产净值后的余额为应纳税所得额；

（三）其他所得，参照前两项规定的方法计算应纳税所得额。

——《企业所得税法》

第七十四条　企业所得税法第十六条所称资产的净值和第十九条所称财产净值，是指有关资产、财产的计税基础减除已经按照规定扣除的折旧、折耗、摊销、准备金等后的余额。

第一百零三条　依照企业所得税法对非居民企业应当缴纳的企业所得税实行源泉扣缴的，应当依照企业所得税法第十九条的规定计算应纳税所得额。

企业所得税法第十九条所称收入全额，是指非居民企业向支付人收取的全部价款和价外费用。

——《企业所得税法实施条例》

【案例 3-3-1】 外国企业 A 公司在中国境内未设立机构场所，2018 年以股权投资的形式取得境内居民企业 B 公司 1%的股权，该公司取得股权时支付现金折合人民币 50 万元，2019 年 A 公司将持有的 B 公司股权以 100 万元的价格转让给 C 公司，转让时，B 公司未分配利润账户尚有 1200 万元未分配。

【问题】 计算 A 公司转让 B 公司股权应纳所得税额。

【解析】 A 公司是外国企业，依照外国法律成立，其在中国没有设立机构场所，是无机构的非居民企业纳税人，应就其来源于中国境内的所得缴纳企业所得税。2019 年，A 公司转让持有的境内居民企业 B 公司的股权，属于来源于中国境内的所得，其股权转让所得应当依法缴纳企业所得税。

应纳税所得额 = 100 − 50 = 50（万元）

应纳税额 = 50 × 10% = 5（万元）

对于非居民企业转让财产所得中包含转让股权等权益性投资资产所得，其权益性投资资产转让收入减除资产净值后的余额为股权转让所得应纳税所得额。权益性投资资产转让收入包括货币形式和非货币形式支付的对价。权益性投资资产净值以股权转让人投资入股时向中国居民企业实际支付的出资成本，或购买该项股权时向该股权的原转让人实际支付的股权受让成本确定。企业在计算股权转让所得时，不得扣除被投资企业未分配利润等股东留存收益中按该项股权所可能分配的金额。

多次投资或收购的同项股权被部分转让的，从该项股权全部成本中按照转让比例计算确定被转让股权对应的成本。

三、企业所得税法第十九条第二项规定的转让财产所得包含转让股权等权益性投资资产（以下称“股权”）所得。股权转让收入减除股权净值后的余额为股权转让所得应纳税所得额。

股权转让收入是指股权转让人转让股权所收取的对价，包括货币形式和非货币形式的各种收入。

股权净值是指取得该股权的计税基础。股权的计税基础是股权转让人投资入股时向中国居民企业实际支付的出资成本，或购买该项股权时向该股权的原转让人实际支付的股权受让成本。股权在持有期间发生减值或者增值，按照国务院财政、税务主管部门规定可以确认损益的，股权净值应进行相应调整。企业在计算股权转让所得时，不得扣除被投资企业未分配利润等股东留存收益中按该项股权所可能分配的金额。

多次投资或收购的同项股权被部分转让的，从该项股权全部成本中按照转让比例计算确定被转让股权对应的成本。

——《国家税务总局关于非居民企业所得税源泉扣缴有关问题的公告》（国家税务总局公告 2017 年第 37 号）

3.3.2 核定确定

非居民企业应当按照《税收征管法》及有关法律法规设置账簿，根据合法、有效凭证记账，进行核算，并应按照其实际履行的功能与承担的风险相匹配的原则，准确计算应纳税所得额，据实申报缴纳企业所得税。对于非居民企业因会计账簿不健全，资料残缺难以查账，或者其他原因不能准确计算并据实申报其应纳税所得额的，税务机关有权依法核定其应纳税所得额。

3.3.2.1 核定方法

核定方法一般包括：

（1）按收入总额核定应纳税所得额：适用于能够正确核算收入或通过合理方法推定收入总额，但不能正确核算成本费用的非居民企业。计算公式如下：

应纳税所得额=收入总额×核定的利润率

（2）按成本费用核定应纳税所得额：适用于能够正确核算成本费用，但不能正确核算收入总额的非居民企业。计算公式如下：

应纳税所得额=成本费用总额÷（1−核定的利润率）×核定的利润率

（3）按经费支出换算收入核定应纳税所得额：适用于能够正确核算经费支出总额，但不能正确核算收入总额和成本费用的非居民企业。计算公式：

应纳税所得额=本期经费支出额÷（1−核定利润率）×核定利润率

3.3.2.2 非居民企业利润率的确定

非居民企业的利润率，税务机关按下列标准确定：

（1）从事承包工程作业、设计和咨询劳务的，利润率为15%—30%；

（2）从事管理服务的，利润率为30%—50%；

（3）从事其他劳务或劳务以外经营活动的，利润率不低于15%。

税务机关有根据认为非居民企业的实际利润率明显高于上述标准的，可以按照比上述标准更高的利润率核定其应纳税所得额。

3.3.2.3 两种核定方法

税法规定，对于按照国务院有关规定，在市场监管部门登记或经有关部门批准，设立在中国境内的外国企业（包括港澳台企业）及其他组织的常驻代表机构，账簿不健全，不能准确核算收入或成本费用，以及无法依法据实申报的，税务机关有权采取以下两种方式核定其应纳税所得额：

（1）按经费支出换算收入

适用于能够准确反映经费支出但不能准确反映收入或成本费用的代表机构。按照公式“应纳税所得额=本期经费支出额÷（1−核定利润率）×核定利润率”计算。代表机构的经费支出额包括：在中国境内、外支付给工作人员的工资薪金、奖金、津贴、福利费、物品采购费（包括汽车、办公设备等固定资产）、通讯费、差旅费、房租、设备租赁费、交通费、交际费、其他费用等。

需要注意的是：

①购置固定资产所发生的支出，以及代表机构设立时或者搬迁等原因所发生的装修费支出，应在发生时一次性作为经费支出额换算收入计税。

②利息收入不得冲抵经费支出额；发生的交际应酬费，以实际发生数额计入经费支出额。

③以货币形式用于我国境内的公益、救济性质的捐赠、滞纳金、罚款，以及为其总机构垫付的不属于其自身业务活动所发生的费用，不应作为代表机构的经费支出额；

④其他费用包括：为总机构从中国境内购买样品所支付的样品费和运输费用；国外样品运往中国发生的中国境内的仓储费用、报关费用；总机构人员来华访问聘用翻译的费用；总机构为中国某个项目投标由代表机构支付的购买标书的费用；等等。

（2）按收入总额核定应纳税所得额

适用于可以准确反映收入但不能准确反映成本费用的代表机构。按照公式“应纳税所得额=收入总额×核定的利润率”计算。

代表机构的核定利润率不应低于15%。采取核定征收方式的代表机构，如能建立健全会计账簿，准确计算其应税收入和应纳税所得额，报主管税务机关备案，可调整为据实申报方式。代表机构发生增值税应税行为，应按照增值税相关法规计算缴纳应纳税款。

4

收入的确认

收入是企业所得税应纳税所得额计算的一个重要元素，在企业所得税法中，纳税人在一个纳税年度内取得各种货币形式和非货币形式的收入，为收入总额。纳税人的收入总额包括生产、经营收入、财产转让收入、利息收入、租赁收入、特许权使用费收入、股息收入、其他收入。

4.1 收入的分类

企业的各项收入，按照不同的分类标准，可划分为不同的收入类型。

4.1.1 以收入形式划分

以收入形式划分为九大类。

(1) 销售货物收入

销售货物收入，是指企业销售商品、产品、原材料、包装物、低值易耗品以及其他存货取得的收入。

商品，是指进入流通领域，专门用来交换的产品，是企业销售货物的最重要的类型。

产品，是指企业生产的有形成果。产品可以作为广义的概念，进入流通领域的则成为商品，而没有进入流通领域但是也发生交换的，则是狭义概念的产品。因此，这里将产品和商品并列作为货物的类型。

原材料，是指原料和材料的合称。原料主要是指来自采掘业和农业的未经加工的物品，如矿石、木材等；材料则是原料经过加工后可直接用于工农业生产的物品，如从矿石提炼出的生铁或炼成的钢，还有木材经过初步加工后形成的用于建造房屋的木构件。

包装物，是指为包装商品、产品而提供的各种容器。如桶、箱、瓶、坛、袋等，可随同商品、产品出售并单独计价的包装物，以及出租或出借给购买单位使用的包装物，都是本条所称企业销售的包装物。

低值易耗品，包括使用年限在一年以下的生产经营用的劳动资料、使用年限在二年以下的非生产经营用的劳动资料以及使用年限在二年以上、但单位价值在2000元以下的非生产经营用的劳动资料。低值易耗品不同于固定资产的特点在于其周转期限短、价值较低。

(2) 提供劳务收入

提供劳务收入，是指企业从事建筑安装、修理修配、交通运输、仓储租赁、金融保险、邮电通信、咨询经纪、文化体育、科学研究、技术服务、教育培训、餐饮住宿、中介代理、卫生保健、社区服务、旅游、娱乐、加工以及其他劳务服务活动取得的收入。

劳务是一种为他人提供体力或脑力服务的行为，提供劳务收入所涉及的行业也较为广泛，既包括工业，也包括第三产业等。

建筑安装，属于制造业范畴，指建筑物主体工程竣工后，建筑物内各种设备的安装活动，以及施工中的线路敷设和管道安装。不包括工程收尾的装饰，如对墙面、地板、天花板、门窗等处理活动。

修理修配，所涉及的行业很多，例如通用零部件的机械修理、农林牧渔业机械的修理、医疗诊断、监护及治疗设备的修理、社会公共安全设备及器材的修理、铁路设备的修理、汽车修理、娱乐船和运动船的修理等。

交通运输，包括：

①铁路运输业，指铁路客运、货运及相关的调度、信号、机车、车辆、检修、工务等活动；

②道路运输业，包括公路旅客运输、道路货物运输、道路运输辅助活动等；

③城市公交业，指城市旅客运输活动，包括公共电汽车客运、轨道交通出租车客运、城市轮渡以及其他城市公共交通；

④水上运输业，包括水上旅客运输、水上货物运输、水上运输辅助活动等。

仓储租赁，包括仓储和租赁两部分。仓储指专门从事货物仓储、货物运输中转仓储，以及以仓储为主的物流送配活动。例如谷物、棉花等农产品仓储。租赁包括两类：一是机械设备租赁，指不配备操作人员的机械设备的租赁服务，包括汽车租赁、农业机械租赁、建筑工程机械与设备租赁、计算机及通讯设备租赁等；二是文化及日用品出租，包括图书及音像制品出租等。

金融保险，主要是指金融业，包括银行业、证券业、保险业以及其他金融活动。其中保险业主要包括人寿保险、非人寿保险以及保险辅助服务。

邮电通信，包括邮电和通信两部分。邮政业和仓储、运输业列为一类，主要包括国家邮政，即国家邮政系统提供的邮政服务，以及其他寄递服务，即国家邮政系统以外的单位所提供的包裹、小件物品的收集、运输、发送服务。通信包括电信服务、互联网信息服务、广播电视传输服务、卫星传输服务等。

咨询经纪。咨询业包括会计、审计及税务服务、社会经济咨询以及其他专业咨询；经纪业是指商品经纪人等活动。

文化体育。文化业包括新闻出版业，广播、电视、电影和音像业，文化艺术业等；体育业包括体育组织、体育场馆及其他体育活动。

科学研究，主要指为了增加知识（包括有关自然、工程、人类、文化和社会的知识），以及运用这些知识创造新的应用，所进行的系统的、创造性的活动。该活动仅限于对新发现、新理论的研究，新技术、新产品、新工艺的研制。研究与试验发展包括基础研究、应用研究和试验发展。包括自然科学研究、工程和技术研究、农业科学研究、医学研究、社会人文科学研究及其试验发展等。

技术服务，包括专业技术服务业和科技交流和推广服务业两类。前者包括气象、地震、海洋、测绘服务及技术监测、环境监测、工程技术与规划管理等；后者包括技术推广、科技中介等服务。

教育培训，包括学前教育、初等教育、中等教育、高等教育以及职业技能培训、特殊教育等。

餐饮住宿。餐饮业包括正餐服务、快餐服务、饮料及冷饮服务以及其他餐饮服务；住宿业包括旅游饭店、一般旅馆及其他住宿服务。

中介代理。中介包括房地产中介服务、职业中介服务、科技中介服务等；代理包括贸易、金融领域的代理等。

卫生保健，包括医院、卫生院及社区医疗活动、门诊部医疗活动、计划生育技术服务活动、妇幼保健活动、专科疾病防治活动、疾病预防控制及防疫活动以及其他卫生保健活动。

社区服务，包括居民社区的物业等服务。

旅游，包括旅行社服务业，指为社会各界提供商务、组团和散客旅游的服务（包括向顾客提供咨询、旅游计划和建议、日程安排、导游、食宿和交通等服务）。

娱乐，包括室内娱乐活动、游乐园、休闲健身娱乐活动及其他娱乐活动。

加工，属于制造业的范畴，包括农副食品加工业，石油加工、炼焦及核燃料加工业，有色金属、黑色金属冶炼及压延加工业，废弃资源和废旧材料回收加工业等。

此外还包括其他提供劳务的行业。

(3) 转让财产收入

转让财产收入，是指企业转让固定资产、生物资产、无形资产、股权、债权等财产取得的收入。

固定资产，是指企业为生产商品、提供劳务、出租或经营管理而持有的，使用寿命超过一个会计年度的财产。

生物资产，是指企业拥有的有生命的动植物资产，包括消耗性生物资产、生产性生物资产和公益性生物资产。

无形资产，企业拥有或者控制的没有实物形态的可辨认非货币性资产。无形资产只有能单独或者与相关合同、资产或负债一起，用于出售、转移、授予许可、租赁或者交换时，才能实现其经济价值。无形资产主要包括企业的商誉、知识产权等。商誉是企业长期生产经营积累的良好声誉和信用，可折价作为财产出资入股，或者转让、出租给他人以及为他人提供担保。知识产权包括专利权、商标权和著作权（版权）以及非专利技术等，是受法律保护的智力成果。知识产权除经过以特许权使用的方式授予他人使用外，还可以依法转让，改变其权利主体，同时为出让人带来收入。

股权，是指企业投资其他企业而因此享有的以其出资额（认购股份）为限的收益分配和参与经营决策的权利。股权既有财产权的性质，也有表决权、人身权的性质，但其投资收益是主要目的，因此可以作为财产转让。

债权，是特定的当事人之间依据合同约定或者法律规定而发生的特定权利义务关系，债包括合同之债、侵权之债、不当得利之债、无因管理之债等。而债权是基于债的关系而产生的对特定相对人的财产等请求权。债权还可以通过债券形式表现，包括国债、企业债券、公司债券、金融债券等，是指特定主体发行的、约定在一定期限内还本付息的有价证券。债券提高了债权的流通性，极大地便利了债权通过转让实现其经济价值。

(4) 股息、红利等权益性投资收益

股息、红利等权益性投资收益，是指企业因权益性投资从被投资方取得的收入。

企业所得税中，股息、红利收入具有以下四个方面的特征：

①因权益性投资取得的。权益性投资是指为取得对另一企业净资产的所有权而进行的投资，形式上主要是股权投资，以投资额为限分享企业的盈利并承担企业的损失。权益性投资一般没有时限要求，不经法定程序，在公司

存续期间投资不得撤回，企业如果想提前结束权益性投资并收回本金，则只能依法将所持股份转让。

②从投资方取得的。股息、红利收入和转让股权的收入是两种不同性质的收入。股息、红利是企业经营利润中用于分配给股东作为投资回报的一部分，是股东将企业作为其投资工具而获得的收益的重要组成部分。

③形式具有多样性。股息、红利收入的形式可分为现金股利和股票股利。现金股利又称派股，是指企业以现金形式分配给股东的股利；股票股利又称送红股，是指企业以增发股份的方式代替现金方式向股东派息，通常是按照股东所持股份比例分配新股数量，以防止企业的资金流失，保证股东所获得的利润继续作为企业的投资部分，用于扩大再生产等。

④实现方式基本相同。企业取得的股息、红利等权益性投资收益，应在被投资企业作出利润分配决策时确认收入实现，不论企业是否实际收到股息、红利等收益款项。

(5) 利息收入

利息收入，是指企业将资金提供他人使用但不构成权益性投资，或者因他人占用本企业资金取得的收入，包括存款利息、贷款利息、债券利息、欠款利息等收入。

利息主要包括两种类型：

①借贷产生的利息。企业将资金提供他人使用但不构成权益性投资，按照固定期限、固定利率实现的投资回报。根据法律规定或者合同约定，利息可以分期（每月或每年）交付或者在收回本金时以及其他时间一次性交付。

②占用产生的利息。因企业的资金被他人占用而从他人取得的收入，即非借贷形式占用其他企业的资金，按照法律规定或者双方约定的利率向提供资金的企业支付相当于利息的报酬。

利息的形式包括存款利息、贷款利息、债券利息、欠款利息等。存款利息是企业将自有资金存入银行，从而由银行向其定期支付的利息收入。贷款利息是企业将自有资金借贷给他人使用，由他人按约定利率和期限支付的利息收入。存款利息和贷款利息的区别在于借款人即资金使用人不同，前者是银行等办理吸收存款业务的金融机构，后者是有资金需求的其他企业或者个人。债券利息是指企业购买政府债券、金融机构或其他企业的债券，由这些债券发行主体按规定或约定期限支付的利息收入。欠款利息是其他企业或个人不能按期履行对该企业支付款项的义务，而使得本来应该属于该企业的资金在一段时间内仍属于有支付款项义务的企业或个人所有。

（6）租金收入

租金收入，是指企业提供固定资产、包装物或者其他有形资产的使用权取得的收入。

《中华人民共和国合同法》第二百一十二条规定，租赁合同是出租人将租赁物交付承租人使用、收益，承租人支付租金的合同。简单地说，租金收入就是企业将自己的财产出租给其他企业或个人使用并从中收取的费用。企业出租的财产，可以是固定资产，也可以是包装物或其他有形资产，包括房产、设备、器具、包装物、生物资产、原材料等。

（7）特许权使用费收入

特许权使用费收入，是指企业提供专利权、非专利技术、商标权、著作权以及其他特许权的使用权取得的收入。

专利权。是指国家依照法定条件和程序，对发明、实用新型和外观设计等智力成果授予的排他性享有和使用的权利。专利权是专利权人的一种财产权，专利权人可以排他性地使用其专利，也可以授予他人使用。

非专利技术。是指除专利技术以外，具有技术性、秘密性、实用性的技术。非专利技术包括技术知识、经验等，能产生经济价值或竞争优势，且采取了保密措施，包括在授权他人使用时也要求他人承担保密义务。

商标权。是指经依法注册商标的所有权人支配其注册商标并禁止他人侵害的排他性权利，包括商标权人对其注册商标的排他使用权、收益权、处分权、续展权和禁止他人侵害的权利等。

著作权。分为著作人格权与著作财产权两部分。其中著作人格权包括对作品的发表权、署名权、修改权及保护作品完整权等；著作财产权包括对作品的复制权、发行权、出租权、展览权、表演权、放映权、广播权、信息网络传播权、摄制权、改变权、翻译权以及许可他人使用并获得报酬的权利等。

其他特许权。除以上四项较为常见的特许权外，还有一些特许权的类型，如连锁店经营的加盟特许权、品牌经营特许权等。

（8）接受捐赠收入

接受捐赠收入，是指企业接受的来自其他企业、组织或者个人无偿给予的货币性资产、非货币性资产。

捐赠收入具有三个特点：①对价的无偿性。受捐赠人无偿取得资产，不需要支付金钱或付出其他相应代价而取得某项财产。②对象的特定性。捐赠人是其他企业、组织或者个人。其他组织，包括事业单位、社会团体等。③财产的多样性。受捐赠人受赠财产，可以是货币性资产，也可以是非货币性资产。

（9）其他收入

其他收入，是指企业取得的除《企业所得税法》第六条第（一）项至第（八）项规定的收入外的其他收入，包括企业资产溢余收入、逾期未退包装物押金收入、确实无法偿付的应付款项、已作坏账损失处理后又收回的应收款项、债务重组收入、补贴收入、违约金收入、汇兑收益等。

企业资产溢余收入，是指企业资产在盘点过程中发生的多于账面数额的资产。除了物资和现金等流动资产外，还可能包括无形资产等其他资产。

逾期未退包装物押金收入。包装物押金是指纳税人为销售货物而出租或出借包装物所收取的押金。包装物的押金收取时不并入销售额计征所得税，但企业收取的押金逾期未返还买方的，则成为企业实际上的一笔收入，应确认为企业所得税法所称的收入，依法缴纳企业所得税。

确实无法偿付的应付款项。根据企业财务制度规定，企业应当按期偿还各种负债，如确实无法支付的应付款项，计入营业外收入。

已作坏账损失处理后又收回的应收款项。企业的生产经营损失作为坏账损失进行税务处理后又被收回的，则应当重新作为企业的收入计算。

债务重组收入。债权人按照其与债务人达成的协议或者法院的裁定，采取以资产清偿债务、将债务转为资本、修改其他债务条件等方式，债权人对债务人的偿债义务作出一定程度的让渡，形成的债务减少的部分。

补贴收入。企业取得国家财政性补贴和其他补贴收入，除国务院和国务院财政、税务主管部门规定不计入损益者外，都应当作为计算应纳税所得额的依据，依法缴纳企业所得税。

违约金收入。违约金是合同一方当事人不履行合同或者履行合同不符合约定时，对另一方当事人支付的用于赔偿损失的金额。

汇兑收益。企业在汇兑人民币和外汇时可能因为汇率变化而产生差价收益，这是营业外收入的一种类型，也应当作为收入依法缴纳企业所得税。

4.1.2 按照收入的所得税应税类型划分

按应税类型可分为：应税收入、不征税收入和免税收入。应税收入、不征税收入和免税收入之和，为企业的收入总额。

4.1.2.1 不征税收入

不征税收入包括以下三种类型：

（1）财政拨款。

财政拨款，是指各级人民政府对纳入预算管理的事业单位、社会团体等组织拨付的财政资金，但国务院和国务院财政、税务主管部门另有规定的除外。

（2）依法收取并纳入财政管理的行政事业性收费、政府性基金。

行政事业性收费，是指依照法律法规等有关规定，按照国务院规定程序批准，在实施社会公共管理，以及在向公民、法人或者其他组织提供特定公共服务过程中，向特定对象收取并纳入财政管理的费用。

政府性基金，是指企业依照法律、行政法规等有关规定，代政府收取的具有专项用途的财政资金。

（3）国务院规定的其他不征税收入。

国务院规定的其他不征税收入，是指企业取得的，由国务院财政、税务主管部门规定专项用途并经国务院批准的财政性资金。

自 2011 年 1 月 1 日起，企业从县级以上各级人民政府财政部门及其他部门取得的应计入收入总额的财政性资金，凡同时符合三个条件，可以作为不征税收入，在计算应纳税所得额时从收入总额中减除：

①企业能够提供规定资金专项用途的资金拨付文件；

②财政部门或其他拨付资金的政府部门对该资金有专门的资金管理办法或具体管理要求；

③企业对该资金以及以该资金发生的支出单独进行核算。

从实质上看，不征税收入不是免征所得税的优惠，只是推迟了收入的确认时间或者取消了成本、费用的企业所得税前扣除资格。企业取得符合条件的不征税收入后，需要单独记载收入和支出情况，并分别进行企业所得税处理：

对于在不征税收入资金使用范围内支出所形成的费用，应当在不征税收入中扣除，不得在计算应纳税所得额时扣除；用于支出所形成的费用或者资产，其计算的折旧、摊销不得在计算应纳税所得额时扣除。

对于符合条件的财政性资金作不征税收入处理后，未使用其取得不征税收入的资金支出费用或购建资产，或者是在支出费用、购建资产后未使用完的部分，在满5年（60个月）未缴回财政部门或其他拨付资金的政府部门的，应当在取得该资金第六年，计入当年的应税收入总额计算并缴纳企业所得税。计入应税收入总额的财政性资金发生的支出，允许在计算应纳税所得额时扣除。

【案例4-1-1】 某企业2014年取得利润总额300万元，当年3月取得符合企业所得税法规定条件的政府性基金50万元，按照不征税收入处理进行纳税调整并申报。该企业2015年取得利润240万元，当年2月，利用不征税收入资金购入一台价值31.5万元的设备一台当月投入使用，当年计提折旧5万元（按直线法折旧，使用年限5年，残值率5%），设备折旧在企业所得税前扣除。余下18.5万元，到2019年末一直未使用，也未缴回财政部门。（假定企业无其他调整事项）

【问题】 该企业该笔不征税收入在各年度应如何处理？

【解析】 企业各年度应按以下处理：

（1）2014年3月，该企业取得符合条件的政府性基金，选择按不征税收入处理，当年应在计算应纳税所得额时予以调减，即：当年应纳税所得额=300-50=250（万元），并据此计算并缴纳企业所得税。

（2）2015年，该企业以不征税收入资金购入设备，其设备折旧应直接在不征税收入中扣除，不得在企业所得税前扣除，应调增当年应纳税所得额5万元。该企业2015年应纳税所得额=240+5=245（万元）。该设备在使用期限内每个纳税年度计提的折旧，均应依法调增应纳税所得额，计算并缴纳税款，不得在企业所得税前扣除。

（3）企业2014年3月取得的符合条件的不征税收入，到2019年2月满5年（60个月），其未使用的18.5万元的部分，未缴回财政部门，应当在第六年（2020年），调增计入2020年企业所得税应纳税所得额，计算并缴纳税款。调增计税后，再发生成本或费用支出，均可依法在企业所得税前扣除。

一、企业从县级以上各级人民政府财政部门及其他部门取得的应计入收入总额的财政性资金，凡同时符合以下条件的，可以作为不征税收入，在计算应纳税所得额时从收入总额中减除：

（一）企业能够提供规定资金专项用途的资金拨付文件；

（二）财政部门或其他拨付资金的政府部门对该资金有专门的资

金管理办法或具体管理要求;

(三) 企业对该资金以及以该资金发生的支出单独进行核算。

二、根据实施条例第二十八条的规定,上述不征税收入用于支出所形成的费用,不得在计算应纳税所得额时扣除;用于支出所形成的资产,其计算的折旧、摊销不得在计算应纳税所得额时扣除。

三、企业将符合本通知第一条规定条件的财政性资金作不征税收入处理后,在5年(60个月)内未发生支出且未缴回财政部门或其他拨付资金的政府部门的部分,应计入取得该资金第六年的应税收入总额;计入应税收入总额的财政性资金发生的支出,允许在计算应纳税所得额时扣除。

——《财政部 国家税务总局关于专项用途财政性资金企业所得税处理问题的通知》(财税〔2011〕70号)

4.1.2.2 免税收入

免税收入,顾名思义,是指企业取得的货币形式和非货币形式的收入中,依法免予征税的收入。免税收入是一项税收优惠。

"免税收入"与"免税所得"是两个不同的概念。免税收入,是指收入的本身不计入应纳税所得额,但是取得该项免税收入直接或间接支出的费用、发生的成本,却仍然可以依法进行纳税扣除。而免税所得,则是典型的企业所得税优惠,是指企业取得的收入中扣除直接或间接支出的费用、发生的成本后的余额,符合税法免征企业所得税的优惠条件时,免予征收企业所得税的应纳税所得额部分。也就是说,符合免征企业所得税优惠的所得,是收入减去成本费用后的余额。其支出的费用、发生的成本,都不得在企业所得税前扣除。

《企业所得税法》规定,免税收入有四种情形:

(1) 国债利息收入。

国债利息收入,是指企业持有国务院财政部门发行的国债取得的利息收入。

国债又称国家公债,是国家以其信用为基础,按照债券的一般原则,通过向社会发行债券筹集资金所形成的债权债务关系。国债是中央政府为筹集财政资金而发行的一种政府债券,由中央政府向投资者出具的、承诺在一定时期支付利息和到期偿还本金的债权债务凭证，由于国债的发行主体是国家，所以它具有最高的信用度，被公认为是最安全的投资工具。不仅中国政府发行国家债券，外国政府也发行国家债券。

《企业所得税法》中，只有企业持有国务院财政部门发行的国债取得的利息收入才是免税收入。对于企业持有的外国政府国债取得的利息收入，或者持有企业发行的债券取得的利息收入，均不属于免税收入。对于企业持有国务院财政部门发行的国债，无论是从国债发行的一级市场取得，还是从国债流通的二级市场取得，其利息收入均享受免税优惠。但是对于企业在国债流通的二级市场转让国债获得的收入，则需要作为转让财产收入计算并缴纳企业所得税。

（2）符合条件的居民企业之间的股息、红利等权益性投资收益。

符合条件的居民企业之间的股息、红利等权益性投资收益，是指居民企业直接投资于其他居民企业取得的投资收益，不包括连续持有居民企业公开发行并上市流通的股票不足 12 个月取得的投资收益。

居民企业对另一居民企业进行的权益性投资，取得的被投资企业税收利润分配的股息、红利等权益性投资所得，按照不重复征税的原则，确定为免税收入的一般有两类：

一是仅限于居民企业对居民企业的直接投资。直接投资一般是指投资者将货币资金直接投入投资项目，进行的增资、新建、股权收购等权益性投资行为，形成实物资产或者购买现有企业的投资。通过直接投资，投资者可以拥有全部或一定数量的被投资企业的资产及经营所有权，直接进行或参与对被投资企业的经营管理。直接投资的主要形式包括：

①投资者开办独资企业，并独自经营；

②与其他企业合作开办合资企业或合作企业，从而取得各种直接经营企业的权利，并派人员进行管理或参与管理；

③投资者投入资本，不参与经营，必要时可派人员任顾问或指导；

④投资者在股票市场上买入现有企业一定数量的股票，通过股权获得全部或相当部分的经营权，从而达到收购该企业的目的。

二是不包括连续持有居民企业公开发行并上市流通的股票不足 12 个月而取得的投资收入。该项收入是否免税，要判定是否同时满足两个条件：

①是不是长期持有（不短于 12 个月）；

②是不是“连续持有”。

居民企业持有其他居民企业公开发行并上市流通的股票一般有两种目的，一种是交易性金融资产。由于居民企业公开发行并上市流通的股票具有活跃市场，可随时交易，公允价值能够通过活跃市场获取，取得股票的目的主要是为了近期内出售或回购，短期获利。一种是长期股权投资。居民企业通过投资取得被投资居民企业公开发行并上市流通的股票的目的，是为了长期持有被投资单位的股份，成为被投资单位的股东，并通过所持有的股份，对被投资单位实施控制或施加重大影响，或为了改善和巩固贸易关系，通过分得利润或股利的方式获取利益。

居民企业持有其他居民企业公开发行并上市流通的股票，作为长期股权投资时，其从被投资企业税收利润分配的股息、红利等权益性投资所得，是免税收入；而作为交易性金融资产的，其被投资企业税收利润分配的股息、红利等权益性投资所得，排除在免税收入范围之外，仅对持有股份12个月以上取得的股息红利收入，适用免税政策。

在企业所得税法中，区别居民企业持有其他居民企业公开发行并上市流通的股票是用于短期获利还是长期投资，以其连续持有的时间是否短于12个月来确定。连续持有，以持有期间是否存在买入和卖出该股票的行为，即持股数量是不是保持稳定来判定。只要期间存在买入和卖出股票的行为，持股数量发生了变化，就不是连续持有。持有期间以取得上市公司股票之日至转让交割该股票之日前一日的持有时间判定，持股一个月是指从上月某日至本月同日的前一日连续持股。

【案例4-1-2】 居民企业A公司2018年7月1日购买境内上市公司B公司股票20万股，2019年4月1日B公司股东大会作出利润分配方案，每股派发股息0.1元，2019年5月20日A公司取得股息2万元。

【问题】 A公司取得B公司派发的股息如何进行税务处理？

【解析】 A公司和B公司均为境内居民企业，B公司境内上市公司，A公司取得B公司股票是否免税，要同时判定持有时间和是否连续持有两个条件。A公司持有B公司股票未满12个月，因此取得的股息不得作为免税收入，应并入当期应纳税所得额计缴企业所得税。

【案例4-1-3】 居民企业A公司2018年7月1日购买境内上市公司B公司股票20万股，2019年9月1日B公司股东大会作出利润分配方案，每股派发股息0.1元，2019年5月，A公司又买入B公司股票10万股，2019年11

月20日A公司取得股息3万元。

【问题】 A公司取得B公司派发的股息如何进行税务处理？

【解析】 A公司和B公司均为境内居民企业，B公司境内上市公司，A公司取得B公司股票是否免税，要同时判定持有时间和是否连续持有两个条件。A公司持有B公司股票虽然超过12个月，但因持有的最近12个月内发生了买入B公司股票行为，不符合“连续持有”的条件，因此取得的股息不得作为免税收入，应并入当期应纳税所得额计缴企业所得税。

【案例4-1-4】 居民企业A公司2018年7月1日购买境内上市公司B公司股票20万股，2019年9月1日B公司股东大会作出利润分配方案，每股派发股息0.1元，2019年11月20日A公司取得股息2万元。

【问题】 A公司取得B公司派发的股息如何进行税务处理？

【解析】 A公司和B公司均为境内居民企业，B公司境内上市公司，A公司取得B公司股票是否免税，要同时判定持有时间和是否连续持有两个条件。A公司持有B公司股票满12个月，且持有的最近12个月内未发生买入、卖出B公司股票行为，因此取得的股息应作为免税收入。这时可向税务机关申报办理股息收入免税，将相关资料留存备查，涉及多缴税款的予以退税。

（3）在中国境内设立机构、场所的非居民企业从居民企业取得与该机构、场所有实际联系的股息、红利等权益性投资收益。

非居民企业在中国境内设立的机构、场所的免征企业所得税的所得，必须满足两个条件：

一是非居民企业从居民企业取得的股息、红利等权益性投资收益，是通过在境内设立的机构、场所拥有、控制居民企业股权而取得的，与其在境内设内的机构、场所有实际联系的所得；

二是非居民企业从居民企业取得的与其所设机构、场所有实际联系的股息、红利等权益性投资收益，能够享受免税优惠的，不包括连续持有居民企业公开发行并上市流通的股票不足12个月取得的投资收益。

对于非居民企业中国境内机构、场所取得的有实际联系的所得，与发生在居民企业之间的情况相类似，是从被投资居民企业的税后利润中分配的，已经缴纳过企业所得税，按照不重复征税的原则，无须再并入非居民企业境内设立的机构、场所的应税收入中征税。

（4）符合条件的非营利组织的收入。

一般认为，非营利组织应当具备组织性、非政府性、非营利性、自治性和志愿性5个特征，《企业所得税法》中，对非营利组织的免税收入作了一个法律界定：

符合条件的非营利组织，是指同时符合下列条件的组织：

①依法履行非营利组织登记手续；

②从事公益性或者非营利性活动；

③取得的收入除用于与该组织有关的、合理的支出外，全部用于登记核定或者章程规定的公益性或者非营利性事业；

④财产及其孳息不用于分配；

⑤按照登记核定或者章程规定，该组织注销后的剩余财产用于公益性或者非营利性目的，或者由登记管理机关转赠给与该组织性质、宗旨相同的组织，并向社会公告；

⑥投入人对投入该组织的财产不保留或者享有任何财产权利；

⑦工作人员工资福利开支控制在规定的比例内，不变相分配该组织的财产。

上述的非营利组织的认定管理办法由国务院财政、税务主管部门会同国务院有关部门制定。

一、依据本通知认定的符合条件的非营利组织，必须同时满足以下条件：

（一）依照国家有关法律法规设立或登记的事业单位、社会团体、基金会、社会服务机构、宗教活动场所、宗教院校以及财政部、税务总局认定的其他非营利组织；

（二）从事公益性或者非营利性活动；

（三）取得的收入除用于与该组织有关的、合理的支出外，全部用于登记核定或者章程规定的公益性或者非营利性事业；

（四）财产及其孳息不用于分配，但不包括合理的工资薪金支出；

（五）按照登记核定或者章程规定，该组织注销后的剩余财产用于公益性或者非营利性目的，或者由登记管理机关采取转赠给与该组织性质、宗旨相同的组织等处置方式，并向社会公告；

（六）投入人对投入该组织的财产不保留或者享有任何财产权利，本款所称投入人是指除各级人民政府及其部门外的法人、自然人和其他组织；

（七）工作人员工资福利开支控制在规定的比例内，不变相分配该组织的财产，其中：工作人员平均工资薪金水平不得超过税务登记所在地的地市级（含地市级）以上地区的同行业同类组织平均工资水平的两倍，工作人员福利按照国家有关规定执行；

（八）对取得的应纳税收入及其有关的成本、费用、损失应与免税收入及其有关的成本、费用、损失分别核算。

——《财政部　税务总局关于非营利组织免税资格认定管理有关问题的通知》（财税〔2018〕13号）

符合条件的非营利组织的收入，不包括非营利组织从事营利性活动取得的收入，但国务院财政、税务主管部门另有规定的除外。

一、非营利组织的下列收入为免税收入：

（一）接受其他单位或者个人捐赠的收入；

（二）除《中华人民共和国企业所得税法》第七条规定的财政拨款以外的其他政府补助收入，但不包括因政府购买服务取得的收入；

（三）按照省级以上民政、财政部门规定收取的会费；

（四）不征税收入和免税收入孳生的银行存款利息收入；

（五）财政部、国家税务总局规定的其他收入。

二、本通知从2008年1月1日起执行。

——《财政部　国家税务总局关于非营利组织企业所得税免税收入问题的通知》（财税〔2009〕122号）

4.1.2.3　应税收入

企业在一个纳税年度内取得的全部的收入总额，减除当年不征税的收入和免税收入外的其他各项收入，均为应税收入。

4.2 收入的形式

《企业所得税法》规定，企业以货币形式和非货币形式从各种来源取得的收入，为收入总额。

从收入形式来看，收入分为货币形式和非货币形式。企业取得收入的货币形式，包括现金、存款、应收账款、应收票据、准备持有至到期的债券投资以及债务的豁免等。企业取得收入的非货币形式，包括固定资产、生物资产、无形资产、股权投资、存货、不准备持有至到期的债券投资、劳务以及有关权益等。

4.2.1 货币形式的收入

收入的货币形式的类型，包括：

（1）现金。即企业持有的流通中的货币，包括纸币和铸币。

（2）存款。即企业在银行存放的款项，是企业对银行的债权，分为活期存款、定期存款、定活两便存款等。企业的资金通常以存款形式存在，包括活期存款和定期存款以及定活两便存款等。

（3）应收账款。即企业因销售商品或提供劳务而应向购货单位或接受劳务单位收取的款项，在资产负债表上列为企业的流动资产。

（4）应收票据。即企业持有的、尚未到期兑现的商业票据，是企业未来可以变现的债权权益。

（5）准备持有至到期的债券投资。即到期日固定、回收金额固定或可根据其他方法确定，并且企业有明确意图和能力持有至到期的债券投资。持有债券的目的是为了到期计息，债券收益可以确定，同时持有企业还要有意图和能力将其变现的债券。

（6）债务的豁免。即企业债务被债权人豁免，原来列为企业负债的部分相应消除，相当于企业获得了一笔收入将债务予以抵消，因此可计算为企业的收入。

除现金外，其他“存款、应收账款、应收票据、准备持有至到期的债券投资以及债务的豁免”等五项都是有具体金额的债权权益，因此都可作为收入的货币形式。

4.2.2 非货币形式的收入

收入的非货币形式的类型，包括：

（1）存货。根据财政部《企业会计准则》的规定，存货是指企业在日常活动中持有以备出售的产成品或商品、处在生产过程中的在产品，在生产过程或提供劳务过程中耗用的材料和物料等。

（2）固定资产。根据财政部《企业会计准则》的规定，固定资产是指同时具有两个特征的有形资产，一是为生产商品、提供劳务、出租或经营管理而持有的，二是使用寿命超过一个会计年度。

（3）生物资产。根据财政部《企业会计准则》的规定，生物资产，是指有生命的动物和植物。生物资产分为三类：①消耗性生物资产，是指为出售而持有的，或在将来收获为农产品的生物资产，包括生长中的大田作物、蔬菜、用材林以及存栏待售的牲畜等；②生产性生物资产，是指为产出农产品、提供劳务或出租等目的而持有的生物资产，包括经济林、薪炭林、产畜和役畜等；③公益性生物资产，是指以防护、环境保护为主要目的的生物资产，包括防风固沙林、水土保持林和水源涵养林等。

（4）无形资产。根据财政部《企业会计准则》的规定，无形资产，是指企业拥有或者控制的没有实物形态的可辨认的非货币性资产。其可辨认性标准包括：①能够从企业中分离或者划分出来，并能单独或者与相关合同、资产或负债一起，用于出售、转移、授予许可、租赁或者交换。②源自合同性权利或其他法定权利，无论这些权利是否可以从企业或其他权利和义务中转移或者分离。

（5）股权投资。即企业认购其他企业股份，在短期内无法变现，因此归类为非货币形式的收入。

（6）不准备持有至到期的债券投资。企业随时可能处置这类债券，但债券投资的市场价格却变化莫测，一时无法确定，因此归类为非货币形式的收入。

（7）劳务。即企业向其他企业提供的服务，劳务可以取得相应的报酬，在一些国家甚至可以折价入股，但其为无形资产，未来的收入难以确定，因此也归类为非货币形式的收入。

(8) 有关权益。包括除以上7项之外的其他非货币表示的权益。

非货币形式的收入，其主要特征在于能为企业带来经济效益，但其具体金额是难以确定的。如固定资产用于企业的生产经营过程中，并通过折旧或者损耗的方式将其价值转化到将来生产的产品当中，但企业多少经济效益是由固定资产的折旧或者损耗带来的，则是难以确定的。

4.3 收入的确认

会计核算和计税过程中，通过权责发生制和会计分期（计税分期）将连续的企业活动，人为地截成一个个首尾相连的会计报告期、计税期间。在这样的一个“截断”的过程中，对于企业收入、成本、费用的确认，直接影响到企业的会计报告和税款计算。

在会计核算和税款计算中，收入的确认原则既有“大同”也存“小异”，在不同的税种之间也同样既有“大同”也存“小异”。

4.3.1 会计核算中的收入确认

在会计核算中，2017年修订的《企业会计准则第14号——收入》规定：收入，是指企业在日常活动中形成的、会导致所有者权益增加的、与所有者投入资本无关的经济利益的总流入。企业应当在履行了合同中的履约义务，即在客户取得相关商品控制权时确认收入。其中，取得相关商品控制权，是指能够主导该商品的使用并从中获得几乎全部的经济利益。

在会计核算中，收入的确认一般遵循“五步法”原则，当企业与客户之间的合同同时满足下列5个条件时，企业应当在客户取得相关商品控制权时确认收入：

(1) 合同各方已批准该合同并承诺将履行各自义务；

(2) 该合同明确了合同各方与所转让商品或提供劳务（以下简称转让商品）相关的权利和义务；

(3) 该合同有明确的与所转让商品相关的支付条款；

（4）该合同具有商业实质，即履行该合同将改变企业未来现金流量的风险、时间分布或金额；

（5）企业因向客户转让商品而有权取得的对价很可能收回。

在合同开始日即满足前款条件的合同，企业在后续期间无须对其进行重新评估，除非有迹象表明相关事实和情况发生重大变化。合同开始日通常是指合同生效日。

4.3.2 税款计算中的收入确认

4.3.2.1 增值税

增值税是对应税销售行为征收的一种税，单位和个人在中华人民共和国境内销售货物或者加工、修理修配劳务（以下简称劳务），销售服务、无形资产、不动产以及进口货物，应当依法缴纳增值税。增值税的计税依据，以纳税人应税销售行为的收入为基准。在纳税义务时间的确认上，《增值税暂行条例（2017 年修订）》规定了两项基本原则：

（1）发生应税销售行为，为收讫销售款项或者取得索取销售款项凭据的当天；先开具发票的，为开具发票的当天。

（2）进口货物，为报关进口的当天。

其中，收讫销售款项或者取得索取销售款项凭据的当天，按销售结算方式的不同，具体为：

①采取直接收款方式销售货物，不论货物是否发出，均为收到销售款或者取得索取销售款凭据的当天；

②采取托收承付和委托银行收款方式销售货物，为发出货物并办妥托收手续的当天；

③采取赊销和分期收款方式销售货物，为书面合同约定的收款日期的当天，无书面合同的或者书面合同没有约定收款日期的，为货物发出的当天；

④采取预收货款方式销售货物，为货物发出的当天，但生产销售生产工期超过 12 个月的大型机械设备、船舶、飞机等货物，为收到预收款或者书面合同约定的收款日期的当天；

⑤委托其他纳税人代销货物，为收到代销单位的代销清单或者收到全部或者部分货款的当天。未收到代销清单及货款的，为发出代销货物满 180 天

的当天；

⑥销售应税劳务，为提供劳务同时收讫销售款或者取得索取销售款的凭据的当天。

《财政部　国家税务总局关于全面推开营业税改征增值税试点的通知》（财税〔2016〕36号），对营业税改征增值税后，纳税人销售服务、无形资产、不动产等业务的增值税纳税义务发生时间确认，进一步明确：

①纳税人发生应税行为并收讫销售款项或者取得索取销售款项凭据的当天；先开具发票的，为开具发票的当天。

收讫销售款项，是指纳税人销售服务、无形资产、不动产过程中或者完成后收到款项。

取得索取销售款项凭据的当天，是指书面合同确定的付款日期；未签订书面合同或者书面合同未确定付款日期的，为服务、无形资产转让完成的当天或者不动产权属变更的当天。

②纳税人提供租赁服务采取预收款方式的，其纳税义务发生时间为收到预收款的当天。

③纳税人从事金融商品转让的，为金融商品所有权转移的当天。

④纳税人发生本办法第十四条规定情形的，其纳税义务发生时间为服务、无形资产转让完成的当天或者不动产权属变更的当天。

4.3.2.2　企业所得税

企业应纳税所得额的计算，以权责发生制为原则，属于当期的收入和费用，不论款项是否收付，均作为当期的收入和费用；不属于当期的收入和费用，即使款项已经在当期收付，均不作为当期的收入和费用。

企业所得税中，除《企业所得税法》及其实施条例另有规定外，企业销售收入的确认，必须遵循权责发生制原则和实质重于形式原则。企业按照以下原则确认收入：

（1）销售货物收入

企业销售商品同时满足下列条件的，应确认收入的实现：

①商品销售合同已经签订，企业已将商品所有权相关的主要风险和报酬转移给购货方；

②企业对已售出的商品既没有保留通常与所有权相联系的继续管理权，也没有实施有效控制；

③收入的金额能够可靠地计量；

④已发生或将发生的销售方的成本能够可靠地核算。

不同商品销售方式，收入确认的时间各不相同：

①销售商品采用托收承付方式的，在办妥托收手续时确认收入。

②销售商品采取预收款方式的，在发出商品时确认收入。

③销售商品需要安装和检验的，在购买方接受商品以及安装和检验完毕时确认收入。如果安装程序比较简单，可在发出商品时确认收入。

④销售商品采用支付手续费方式委托代销的，在收到代销清单时确认收入。

⑤以分期收款方式销售货物的，按照合同约定的收款日期确认收入的实现。

⑥采取产品分成方式取得收入的，按照企业分得产品的日期确认收入的实现，其收入额按照产品的公允价值确定。

⑦售后回购、以旧换新以及销售折让（退回）的收入确认的时间如下：

A. 采用售后回购方式销售商品的，销售的商品按售价确认收入，回购的商品作为购进商品处理。有证据表明不符合销售收入确认条件的，如以销售商品方式进行融资，收到的款项应确认为负债，回购价格大于原售价的，差额应在回购期间确认为利息费用。

B. 销售商品以旧换新的，销售商品应当按照销售商品收入确认条件确认收入，回收的商品作为购进商品处理。

C. 企业为促进商品销售而在商品价格上给予的价格扣除属于商业折扣，商品销售涉及商业折扣的，应当按照扣除商业折扣后的金额确定销售商品收入金额。

D. 企业因售出商品的质量不合格等原因而在售价上给的减让属于销售折让；企业因售出商品质量、品种不符合要求等原因而发生的退货属于销售退回。企业已经确认销售收入的售出商品发生销售折让和销售退回，应当在发生当期冲减当期销售商品收入。

（2）提供劳务收入

企业在各个纳税期末，提供劳务交易的结果能够可靠估计的，应采用完工进度（完工百分比）确认提供劳务收入。企业受托加工制造大型机械设备、船舶、飞机，以及从事建筑、安装、装配工程业务或者提供其他劳务等，持续时间超过 12 个月的，按照纳税年度内完工进度或者完成的工作量确认收入的实现。

提供劳务交易的结果能够可靠估计，是指同时满足下列条件：

①收入的金额能够可靠地计量；

②交易的完工进度能够可靠地确定；

③交易中已发生和将发生的成本能够可靠地核算。

企业提供劳务完工进度的确定，可选用下列方法：

①已完工作的测量；

②已提供劳务占劳务总量的比例；

③发生成本占总成本的比例。

企业应按照从接受劳务方已收或应收的合同或协议价款确定劳务收入总额，根据纳税期末提供劳务收入总额乘以完工进度扣除以前纳税年度累计已确认提供劳务收入后的金额，确认为当期劳务收入；同时，按照提供劳务估计总成本乘以完工进度扣除以前纳税期间累计已确认劳务成本后的金额，结转为当期劳务成本。

公式如下：

当年应确认劳务收入＝应收合同或协议价款×完工总进度－以前纳税年度累计已确认提供劳务收入

当期劳务成本＝提供劳务估计总成本×完工总进度－以前纳税期间累计已确认劳务成本

【案例 4-3-1】 A 公司 2018 年初承建一项建筑工程，合同总造价 12000 万元，计划完成时间 3 年，合同约定按完工进度支付工程款项。2018 年已确认收入 3000 万元，到 2019 年底公司完成该项工程的 80%。

【问题】 2019 年 A 公司该项工程在计算企业所得税时应确认收入多少？

【解析】 企业应采用完工进度（完工百分比）法确认提供劳务收入，2019 年末已完成工程的 80%，即完成工程造价累计收入 12000×80%＝9600（万元），扣除 2019 年以前已确认提供劳务收入 3000 万元，2019 年应确认收入＝9600－3000＝6600（万元）。

八项特别的劳务满足收入确认条件的，应按规定确认收入：

①安装费。应根据安装完工进度确认收入。安装工作是商品销售附带条件的，安装费在确认商品销售实现时确认收入。

②宣传媒介的收费。应在相关的广告或商业行为出现于公众面前时确认

收入。广告的制作费，应根据制作广告的完工进度确认收入。

③软件费。为特定客户开发软件的收费，应根据开发的完工进度确认收入。

④服务费。包含在商品售价内可区分的服务费，在提供服务的期间分期确认收入。

⑤艺术表演、招待宴会和其他特殊活动的收费。在相关活动发生时确认收入。收费涉及几项活动的，预收的款项应合理分配给每项活动，分别确认收入。

⑥会员费。申请入会或加入会员，只允许取得会籍，所有其他服务或商品都要另行收费的，在取得该会员费时确认收入。申请入会或加入会员后，会员在会员期内不再付费就可得到各种服务或商品，或者以低于非会员的价格销售商品或提供服务的，该会员费应在整个受益期内分期确认收入。

⑦特许权费。属于提供设备和其他有形资产的特许权费，在交付资产或转移资产所有权时确认收入；属于提供初始及后续服务的特许权费，在提供服务时确认收入。

⑧劳务费。长期为客户提供重复的劳务收取的劳务费，在相关劳务活动发生时确认收入。

(3) 转让财产收入

一次性计入确认收入的年度计算缴纳企业所得税。企业转让股权收入，以转让协议生效且完成股权变更手续时，确认收入的实现。

企业转让财产同时满足下列条件时，应当确认转让财产收入：

①企业获得已实现经济利益或潜在的经济利益的控制权；

②与交易相关的经济利益能够流入企业；

③相关的收入和成本能够合理地计量。

企业应当按照从财产受让方已收或应收的合同或协议价款确定转让财产收入金额。企业发生非货币性资产交换、偿债，以及将财产用于捐赠、赞助、集资、广告、样品、职工福利和利润分配，应当视同转让财产，按以上规定确认收入。

(4) 股息、红利等权益性投资收益

按照被投资方作出利润分配决定的日期确认收入的实现。

企业取得的股息、红利等权益性投资收益，应在被投资企业作出利润分配决策时确认收入实现，不论企业是否实际收到股息、红利等收益款项。企业应当按照从被投资企业分配的股息、红利和其他利润分配收益全额确认股息、红利收益金额；企业如用其他方式变相进行利润分配的，应将权益性投资的全部收益款项作为股息、红利收益。

（5）利息收入

按照合同约定的债务人应付利息的日期确认收入的实现。

按照合同约定的应付利息时间与权责发生制下归属于当期的收入的确认，并不一定相同。约定支付利息的时间可能会早于权责发生时间，也可能滞后于权责发生时间，在这种背离的情况下，税法明确按照约定的时间来确认收入。

【案例 4-3-2】 A 公司 2019 年 12 月因资金短缺，向 B 公司筹借 100 万元款项用于支付货款，约定筹借时间 6 个月，按照年利率 8%计算利息，利息在款项支付时先行扣除。该笔款项于 12 月 26 日支付。

【问题】 B 公司应在何时确认利息收入？

【解析】 依据《企业所得税法》规定，利息收入按照合同约定的债务人应付利息的日期确认收入，A 公司向 B 公司筹借款项，约定在支付款项时先行扣除利息，B 公司应在 12 月 26 日确认利息收入，而不是按照权责发生制的要求，按照实际借款期限去计算并确认收入。

（6）租金收入

按照合同约定的承租人应付租金的日期确认收入的实现。

租金收入的确认与利息收入的确认类似，均不是严格按照权责发生制的要求进行，应当按照合同约定的承租人应付租金的日期确认实现。租金的支付时间是租赁合同的重要条款，承租人应当按照租赁合同约定的租金支付时间履行支付租金的义务，因此自合同约定支付租金之日起，该笔租金在法律上就属于出租人所有，发生财产转移的法律效力。《国家税务总局关于贯彻落实企业所得税法若干税收问题的通知》（国税函〔2010〕79 号）进一步明确，如果交易合同或协议中规定租赁期限跨年度，且租金提前一次性支付的，根据收入与费用配比原则，出租人可对依法已确认的收入，在租赁期内，分期均匀计入相关年度收入。出租方如为在我国境内设有机构场所、且采取据实申报缴纳企业所得税的非居民企业，也可对依法已确认的收入，在租赁期内，分期均匀计入相关年度收入。

租金收入的确认基本类似于收付实现制，收入方按合同约定的时间确认

收入，但是对于支付方来说，却需要严格地按照租赁期间分别扣除租金费用，而不能在支付租金的当月直接全额扣除

（7）特许权使用费收入

按照合同约定的特许权使用人应付特许权使用费的日期确认收入实现。

（8）接受捐赠收入

按照实际收到捐赠资产的日期确认收入的实现。

赠与合同以赠与财产实际交付为成立条件。同时赠与行为以无偿性为基本特征，受赠人在接受赠与时，不需要支付对价，也不存在收入与成本相匹配的问题，因此，税法规定，企业接受的捐赠收入，以款项的实际收付时间作为标准来确定当期收入和成本费用。

（9）取得会员费收入

《国家税务总局关于确认企业所得税收入若干问题的通知》（国税函〔2008〕875号）规定，申请入会或加入会员，只允许取得会籍，所有其他服务或商品都要另行收费的，在取得该会员费时确认收入。申请入会或加入会员后，会员在会员期内不再付费就可得到各种服务或商品，或者以低于非会员的价格销售商品或提供服务的，该会员费应在整个受益期内分期确认收入。

4.3.3 收入的综合计算

【案例4-3-3】 A企业2018年发生如下收入业务：

（1）以直接收款方式销售货物，取得收入2000万元；

（2）以分期收款方式销售货物，售价1000万元，合同约定购货方2018年11月支付货款500万元，剩下的货款2019年2月支付；

（3）出租闲置厂房给甲公司，合同约定甲公司2019年2月应支付全部租金100万元；

（4）转让固定资产收入60万元；

（5）符合收入确认条件的商标使用费收入100万元；

（6）某贸易公司承诺赠一台机器设备给该企业，该机器设备市场价150万元但尚未收到。

【问题】 计算A企业2018年应税所得额的收入总额

【解析】 收入总额=2000+500+60+100=2660（万元）

（1）以分期收款方式销售货物的，按照合同约定的收款日期确认收入的

实现，2018年实现500万元。

(2) 租金收入，按照合同约定的承租人应付租金的日期确认收入的实现，2018年未实现。

(3) 接受捐赠收入，按照实际收到捐赠资产的日期确认收入的实现，2018年未实现。

4.3.4 不同视角下的收入差异性

在会计核算、增值税、企业所得税等不同的视角之下，要特别关注收入确认上的差异性。

【案例4-3-4】 甲公司系一家以提供教育培训服务为主的企业，主要为学员提供教育培训服务。2018年7月公司启动一项培训计划，公司自2018年10月起为800名学员提供一年的专业培训，学费人均5000元。学员报名签订合同后，一次性收取培训费并开具全额发票。

2019年初，甲公司在2018年度企业所得税汇算清缴中，该项目确认收入100万元，增值税纳税申报中，该项目申报收入400万元。后甲公司接到了主管税务机关的通知，要求甲公司说明企业所得税纳税申报表填报的收入、与增值税纳税申报表填报的收入存在差异的原因。

【问题】 企业增值税和企业所得税中“收入”的差异合法吗?

【解析】 甲公司企业所得税纳税申报表填报的收入与增值税纳税申报表填报的收入之所以存在差异，主要是因为甲公司主营业务在企业所得税上收入确认时点与增值税收入确认时点存在差异。

企业所得税应纳税所得额的确定。企业应纳税所得额的确定以权责发生制为原则，属于当期的收入和费用，不论款项是否收付，均作为当期的收入和费用；不属于当期的收入和费用，即使款项已经在当期收付，均不作为当期的收入和费用。按照《国家税务总局关于确认企业所得税收入若干问题的通知》(国税函〔2008〕875号) 规定，企业在各个纳税期末，提供劳务交易的结果能够可靠估计的，应采用完工进度 (完工百分比) 法确认提供劳务收入。服务费包含在商品售价内，在提供服务的期间分期确认收入。因此，在企业所得税计税时，2019年企业经营劳务、服务，其企业所得税收入的确认时点并非以收到款项作为标准，而是应根据劳务、服务的具体发生期间，遵循权责发生制原则分期确认收入。

增值税纳税义务发生时点的确定。《增值税暂行条例》规定，增值税纳税义务发生时间为发生应税销售行为，为收讫销售款项或者取得索取销售款项凭据的当天；先开具发票的，为开具发票的当天。对于该项目已开票的金额，无论是否收款、增值税纳税义务均已产生，纳税人均应在当月确认收入、进行增值税销售额的申报。

4.3.5 视同销售

2017年修订的《企业会计准则第14号——收入》规定：收入，是指企业在日常活动中形成的、会导致所有者权益增加的、与所有者投入资本无关的经济利益的总流入。收入的本质是企业经济利益的总流入。其通常表现为新增资产的取得或原有负债的消失。而这种流入包括货币形式和非货币形式。

在《企业所得税法》中，纳税人在一个纳税年度内取得各种货币形式和非货币形式的收入，为收入总额。这不仅包括会计核算中一般意义上的收入，还包括区别于一般销售的特殊销售行为，这些行为虽没有给企业带来直接的现金流，但在税收的角度认为已实现了销售后的功能，也就是通常所说的“视同销售”。

不仅仅在企业所得税，在增值税、消费税、土地增值税和资源税中，都存在视同销售的行为。

4.3.5.1 增值税

在《增值税暂行条例实施细则》和《营业税改征增值税试点实施办法》（财税〔2016〕36号印发）中，对这些行为进行了明确的规定，具体如下：

（1）单位或者个体工商户的下列行为，视同销售货物：

①将货物交付其他单位或者个人代销；

②销售代销货物；

③设有两个以上机构并实行统一核算的纳税人，将货物从一个机构移送其他机构用于销售，但相关机构设在同一县（市）的除外；

④将自产或者委托加工的货物用于非增值税应税项目；

⑤将自产、委托加工的货物用于集体福利或者个人消费；

⑥将自产、委托加工或者购进的货物作为投资，提供给其他单位或者个体工商户；

⑦将自产、委托加工或者购进的货物分配给股东或者投资者；

⑧将自产、委托加工或者购进的货物无偿赠送其他单位或者个人。

（2）下列情形视同销售服务、无形资产或者不动产：

①单位或者个体工商户向其他单位或者个人无偿提供服务，但用于公益事业或者以社会公众为对象的除外。

②单位或者个人向其他单位或者个人无偿转让无形资产或者不动产，但用于公益事业或者以社会公众为对象的除外。

③财政部和国家税务总局规定的其他情形。

增值税视同销售货物行为而无销售额者，按下列顺序确定销售额：

A. 按纳税人最近时期同类货物的平均销售价格确定；

B. 按其他纳税人最近时期同类货物的平均销售价格确定；

C. 按组成计税价格确定。组成计税价格的公式为：

$$组成计税价格=成本\times（1+成本利润率）$$

属于应征消费税的货物，其组成计税价格中应加计消费税额。

公式中的成本是指：销售自产货物的为实际生产成本，销售外购货物的为实际采购成本。公式中的成本利润率由国家税务总局确定。

4.3.5.2　企业所得税

（1）企业发生非货币性资产交换，以及将货物、财产、劳务用于捐赠、赞助、集资、广告、样品、职工福利和利润分配等用途的，应当视同销售货物、转让财产和提供劳务，国务院财政、税务主管部门另有规定的除外。

（2）企业将资产移送他人的下列情形，因资产所有权属已发生改变而不属于内部处置资产，应按规定视同销售确定收入。

①用于市场推广或销售；

②用于交际应酬；

③用于职工奖励或福利；

④用于股息分配；

⑤用于对外捐赠；

⑥其他改变资产所有权属的用途。

企业发生上述情形，除另有规定外，应按照被移送资产的公允价值确定销售收入。

4.3.5.3 视同销售的列报

2019 年 12 月国家税务总局印发《关于修订企业所得税年度纳税申报表有关问题的公告》（国家税务总局公告 2019 年第 41 号），明确了企业在对视同销售的纳税调整的同时，对应的成本和费用的支出，也应当同步调整。

【案例 4-3-5】 A 公司 2019 年将自产产品通过公益性社会组织扶贫捐赠，捐赠产品单位成本 100 元/件，公允价值为 130 元/件。企业当年会计利润总额 500 万元。（不考虑增值税）

【问题】 A 公司 2019 年该项捐赠应如何进行纳税调整？

【解析】 企业将自产产品用于捐赠，是企业所得税视同销售行为，在年度纳税申报时应作纳税调整。其中按照产品公允价值 130 元/件确认视同销售收入，同时就捐赠产品成本确认为视同销售成本，予以同步纳税调整：A 公司如果该批产品已经在会计核算中列支成本，则不予调整；如果该批产品未在会计核算中列支成本，应当按照 100 元/件调整结转产品成本。

其符合规定的公益性捐赠支出，再按照公益性捐赠规定税前扣除。

5

支出的扣除

企业所得税应纳税额的计算，不仅需要对纳税年度内企业的收入总额进行确认，还需要对其成本、费用等各项支出扣除予以确认，以便于准确计算企业所得税应纳税所得额。《企业所得税法》规定，企业实际发生的与取得收入有关的、合理的支出，包括成本、费用、税金、损失和其他支出，准予在计算应纳税所得额时扣除。本章重点讨论除资产的扣除以外的其他各项支出的扣除。

5.1 支出所得税前扣除的范围

5.1.1 会计准则中的支出

会计准则中，企业的支出被统称为“费用”，包括成本、费用、税金、损失和其他支出。在会计准则中，费用的定义的确认很清晰。

5.1.1.1 费用的定义

费用是指企业在日常活动中发生的，会导致所有者权益减少的、与向所有者分配利润无关的经济利益的总流出。根据费用的定义，费用具有以下特征：

(1) 费用是企业在日常活动中形成的

费用必须是企业在其日常活动中所形成的。“日常活动”的界定与收入定义中涉及的“日常活动”的界定相一致。因日常活动所产生的费用通常包括销售成本（营业成本）、管理费用等。将费用界定为日常活动所形成的，目的是将其与损失相区分，企业非日常活动所形成的经济利益的流出不能确认为费用，而应当计入损失。

(2) 费用会导致所有者权益的减少

与费用相关的经济利益的流出应当会导致所有者权益的减少，不会导致所有者权益减少的经济利益的流出不符合费用的定义，不应确认为费用。

(3) 费用是与向所有者分配利润无关的经济利益的总流出

费用的发生应当会导致经济利益的流出，从而导致资产的减少或者负债的增加（最终也会导致资产的减少）。其表现形式包括现金或者现金等价物的流出，存货、固定资产和无形资产等的流出或者消耗等。企业向所有者分配利润也会导致经济利益的流出，而该经济利益的流出属于投资者投资回报的分配，是所有者权益的直接抵减项目，不应确认为费用，应当将其排除在费用的定义之外。

5.1.1.2 费用的确认条件

费用的确认除了应当符合定义外，也应当满足严格的条件，即费用只有在经济利益很可能流出从而导致企业资产减少或者负债增加、经济利益的流出额能够可靠计量时才能予以确认。费用的确认至少应当符合以下条件：

（1）与费用相关的经济利益应当很可能流出企业；

（2）经济利益流出企业的结果会导致资产的减少或者负债的增加；

（3）经济利益的流出额能够可靠计量。

5.1.2 税前扣除的支出

准予在计算应纳税所得额时扣除，包括成本、费用、税金、损失和其他支出。

第二十九条　企业所得税法第八条所称成本，是指企业在生产经营活动中发生的销售成本、销货成本、业务支出以及其他耗费。

第三十条　企业所得税法第八条所称费用，是指企业在生产经营活动中发生的销售费用、管理费用和财务费用，已经计入成本的有关费用除外。

第三十一条　企业所得税法第八条所称税金，是指企业发生的除企业所得税和允许抵扣的增值税以外的各项税金及其附加。

第三十二条　企业所得税法第八条所称损失，是指企业在生产经营活动中发生的固定资产和存货的盘亏、毁损、报废损失，转让财产损失，呆账损失，坏账损失，自然灾害等不可抗力因素造成的损失以及其他损失。

企业发生的损失，减除责任人赔偿和保险赔款后的余额，依照国务院财政、税务主管部门的规定扣除。

企业已经作为损失处理的资产，在以后纳税年度又全部收回或者部分收回时，应当计入当期收入。

第三十三条　企业所得税法第八条所称其他支出，是指除成本、费用、税金、损失外，企业在生产经营活动中发生的与生产经营活动有关的、合理的支出。

——《企业所得税法实施条例》

5.1.2.1　成本

成本，是指企业在生产经营活动中发生的销售成本、销货成本、业务支出以及其他耗费。

在企业所得税中，成本，不仅包括企业的主营业务成本（销售商品、提供劳务、提供他人使用本企业的无形资产），还包括其他业务成本（销售材料、转让技术等）和营业外支出（固定资产清理费用等）。

（1）必须是生产经营过程中的成本

企业所发生的成本必须是企业在生产经营活动过程中的支出或者耗费，在非生产经营活动过程中所发生的支出，不得作为企业的生产经营成本予以认定。也就是说，企业所发生的成本，必须是企业在生产产品、提供劳务、销售商品等过程中的支出和耗费。

（2）销售成本

销售成本，这主要是针对以制造业为主的生产性企业而言。生产性企业在生产产品过程中，将耗费产品所需的原材料、直接人工以及耗费在产品上的辅助材料、物料等，这些都属于销售成本的组成部分。

（3）销货成本

销货成本，这主要是针对以商业企业为主的流通性企业而言。流通性企业本身并不直接制造可见的成品，而是通过向生产性企业购买成品或者经过简单包装、处理就能出售的产品，通过购入价与售出价的差额等，来获取相应的利润。所以，此类企业的成本主要是所销售货物的成本，而所销售的货物是购置于生产性企业，应以购买价（包括了生产性企业所获取的利润）为主体部分，加上可直接归属于销售货物所发生的支出，就是销货成本。

（4）业务支出

业务支出，这主要是针对服务业企业而言的成本概念。与制造业企业和商业企业不同，服务业企业提供的服务，从广义上也可以称为“产品”，但是从根本上说这种“产品”往往是无形的劳务，虽然在提供服务过程中也可能需要一定的辅助材料，但是它必须借助于服务业企业特有的人工或者技术，所以服务业企业的成本就称为业务支出，以区别于制造业企业和商业企业，它的成本主要包括提供服务过程中直接耗费的原材料、服务人员的工资、薪金等直接可归属于服务的其他支出。

（5）其他耗费

凡是企业生产产品、销售商品、提供劳务等过程中耗费的直接相关支出，如果没有列入费用的范畴，则将被允许列入成本的范围，准予税前扣除。

5.1.2.2 费用

费用，是指企业在生产经营活动中发生的销售费用、管理费用和财务费用，已经计入成本的有关费用除外。

在企业所得税中，企业为获取收入而发生的费用支出，属于企业所取得收入的对价，准予在计算应纳税所得额时事先扣除。

（1）须是生产经营过程中发生的费用

企业所发生的费用必须是在生产经营活动过程中的支出或者耗费，在非生产经营活动过程中所发生的支出，不得作为企业的生产经营费用予以认定。也就是说，企业所发生的费用，必须是企业在生产产品、提供劳务、销售商品等过程中的支出和耗费。

（2）销售费用

销售费用是企业为销售商品和材料、提供劳务的过程中发生的必要的、正常的支出，包括广告费、运输费、装卸费、包装费、展览费、保险费、销售佣金、代销手续费、经营性租赁费及销售部门发生的差旅费、工资、福利费等费用。从事商品流通业务的纳税人购入存货抵达仓库前发生的包装费、运杂费、运输存储过程中的保险费、装卸费、运输途中的合理损耗和入库前的挑选整理费用等购货费用可直接计入销售费用。从事房地产开发业务的纳税人的销售费用还包括开发产品销售之前的改装修复费、看护费、采暖费等。从事邮电等其他业务的纳税人发生的销售费用已计入营运成本的不得再计入销售费用重复扣除等。

(3) 管理费用

管理费用是企业的行政管理部门等为管理组织经营活动提供各项支援性服务而发生的有关的、必要的、正常的支出，这些在企业所得税扣除方面体现为管理费用，包括由纳税人统一负担的总部（公司）经费（包括总部行政管理人员的工资薪金、福利费、差旅费、办公费、折旧费、修理费、物料消耗、低值易耗品摊销等）、研究开发费（技术开发费）、劳动保护费、业务招待费、工会经费、职工教育经费、股东大会或董事会费、开办费摊销、无形资产摊销（含土地使用费、土地损失补偿费）、坏账损失、印花税等税金、消防费、排污费、绿化费、外事费和法律、财务、资料处理及会计事务方面的成本（咨询费、诉讼费、聘请中介机构费、商标注册费等）。

(4) 财务费用

财务费用是企业筹集经营性资金而发生的费用，包括利息净支出、汇兑净损失、金融机构手续费以及其他非资本化支出等。

5.1.2.3 税金

税金，是指企业发生的除企业所得税和允许抵扣的增值税以外的各项税金及其附加。

企业发生的税金是企业为取得经营收入实际发生的必要的、正常的支出，与企业发生的成本、费用性质相同，是企业取得经营收入实际发生的经济负担，符合税前扣除的基本原则。企业所交付的税收种类很多，性质也不一样，虽然都与企业取得收入有关，但是，企业所交付的有些税收可能是企业取得收入之后所缴纳的税收，或者并不是由企业直接所负担的税收，对于企业所缴纳的这类税收是不允许税前列支扣除的。

不允许扣除的税金包括企业所得税和允许抵扣的增值税。

(1) 企业所得税

企业所得税税款是依据应税收入减去扣除项目的余额计算得到，本质上是企业利润分配的支出，是国家参与企业经营成果分配的一种形式，而非为取得经营收入实际发生的费用支出，不能作为企业的税金在税前扣除。

(2) 允许抵扣的增值税

增值税是以商品在流转过程中的增值额作为计税依据的一种价外税，有着独立的抵扣链条，在下一环节进行抵扣的增值税税金，不允许税前扣除。

但是对于企业未实际抵扣，由企业最终负担的增值税税款，应按规定计入相关资产的成本，在当期或以后期间扣除。

【案例 5-1-1】 2020 年 6 月，税务机关在风险分析中发现：A 企业 2019 年 12 月邀请某高校知名教授老李为员工进行培训授课，双方约定教授课酬按照劳务报酬预扣税率计算的税后人民币 30000 元，代付税款 6843 元。当月，该企业设备维修，支付外请技师小王劳务费 20000 元，企业按 20000 万元预扣小王个人所得税款 3200 元。A 企业两笔税金支出均在企业所得税前予以扣除。

【问题】 两笔个人所得税款 A 企业能否在企业所得税前扣除？（不考虑增值税，不保留小数）

【解析】 对于教授老李，A 企业与其约定是"劳务报酬预扣税率计算的税后人民币 30000 元"，对于企业来说，实际的含税支付金额应当按照劳务报酬的预扣税率予以折算确定，折算后企业支付教授老李的税前所得为 36843 元，全额开具发票并入账。企业负担的 6843 元个人所得税款，一方面履行扣缴义务，预扣并申报；另一方面按劳务报酬支出计入企业期间费用，在企业所得税前扣除。

对于技师小王的劳务报酬 20000 元，A 企业履行代扣义务，预扣其劳务报酬个人所得税 3200 元后，实际支付小王现金 16800 元，这部分税款是企业代扣代缴税款，不能作为税金在税前列支。

企业代个人缴纳的个人所得税款，能否作为税金在企业所得税前扣除，主要看企业如何支付个人所得。对于企业向个人支付所得，代个人负担的个人所得税款能否在企业所得税前扣除，取决于双方是否约定由企业负担个人所得税款。如果约定由企业负担，则企业不仅要履行扣缴义务，还需要按照税后所得折算成税前所得，作为期间费用在企业所得税前予以扣除。如果没有约定企业负担，则企业仅仅履行扣缴义务，不得作为税金支出在企业所得税前扣除。《国家税务总局关于雇主为雇员承担全年一次性奖金部分税款有关个人所得税计算方法问题的公告》（国家税务总局公告 2011 年第 28 号）规定"雇主为雇员负担的个人所得税款，应属于个人工资薪金的一部分。凡单独作为企业管理费列支的，在计算企业所得税时不得税前扣除"。除工资薪金外，其他单位负担的个人所得税款，也应当折算后，作为对应费用支出扣除。

因此，对于企业来说，除企业所得税和允许抵扣的增值税外，依法扣缴的个人所得税无论是谁负担，均不得作为“税金”支出在企业所得税税前扣除。

5.1.2.4 损失

损失，是指企业在生产经营活动中发生的固定资产和存货的盘亏、毁损、报废损失，转让财产损失，呆账损失，坏账损失，自然灾害等不可抗力因素造成的损失以及其他损失。企业发生的损失，减除责任人赔偿和保险赔款后的余额，依照国务院财政、税务主管部门的规定扣除。企业已经作为损失处理的资产，在以后纳税年度又全部收回或者部分收回时，应当计入当期收入。

（1）限于生产经营活动中发生的损失

企业发生的允许税前扣除的损失，限于企业在生产经营活动过程中所发生的损失。在非生产经营活动过程中所发生的损失，不得作为企业的生产经营损失予以认定。也就是说，企业所发生的损失，必须是企业在生产产品、提供劳务、销售商品等过程中的支出和耗费。

（2）损失的类别

准予税前扣除的损失种类包括，固定资产和存货的盘亏、毁损、报废损失，转让财产损失，呆账损失，坏账损失，自然灾害等不可抗力因素造成的损失以及其他损失。

其中：

固定资产和存货的盘亏损失，是指企业在年末或者特定时期盘点清查固定资产、存货时，所发现固定资产和存货的减少而产生的损失。

固定资产和存货的毁损损失，是指企业因遭受自然灾害、工人操作过程中的操作和使用失误等所引起的损失。

固定资产和存货的报废损失，是指因磨损、技术进步等原因引起固定资产和存货的使用寿命缩短等造成的这些资产的预计使用价值降低而产生的损失。

转让财产损失，是指企业转让财产的所得，不足以全部抵免企业因获得该项财产而发生的对价支出，两者之间的差额就属于企业的转让财产损失。

呆账是三年以上既不增加也不减少的无法收回的往来账，并且不能确定将来是否能收回的往来账。坏账是指企业无法收回或者收回的可能性极小的应收款项。企业由于发生呆账、坏账而产生的损失，就是呆账、坏账损失。如债务人被依法宣告破产、撤销，其剩余财产确实不足清偿的应收账款；债务人死亡或者依法被宣告死亡、失踪，其财产或者遗产确实不足清偿的应收账款；债务人遭受重大自然灾害或者意外事故，损失巨大，以及财产（包括保险赔款等）确实无法清偿的应收账款；债务人逾期未履行偿债义务，经法院裁决，确实无法清偿的应收账款；逾期三年以上仍未收回的应收账款等。

自然灾害等不可抗力因素造成的损失，是指企业在生产经营活动过程中，非人力所能抗拒或者阻止的因素等，而发生的自身财产的损失，如发生火灾将厂房烧毁、地震造成房屋塌陷而发生的损失等。

其他损失，企业生产经营活动所发生的其他的各种损失类别，在计算应纳税所得额时都允许扣除。

（3）净损失及其扣除规定

准予税前扣除的损失，必须是减除责任人赔偿和保险赔款后的余额，并按照国务院财政、税务主管部门的规定扣除。企业所得税法税前扣除所称的损失，是企业的实际损失，企业获得相应保险赔款或者责任人赔偿部分，不属于企业所实际承担的损失，不允许税前扣除。

另外，企业实际所发生的损失，同样需要根据收入与支出配比原则等的要求，作相应的税务处理，并非一律都是允许在发生当期予以扣除，其具体扣除的方式、范围、条件等，都需要根据国务院财政、税务主管部门的规定来确定。

（4）收回已作为损失处理的资产的税务处理

企业已经作为损失处理的资产，在以后纳税年度全部收回或者部分收回时，应当计入当期收入。需要注意的是，计入当期收入的具体数额，要看企业所实际收回的数额，如果是全部收回，则以全部收回的资产额确认收入；如果只是部分收回，就以收回的部分资产额确认收入。

5.1.2.5 其他支出

其他支出，是指除成本、费用、税金、损失外，企业在生产经营活动中发生的与生产经营活动有关的、合理的支出。

5.2 支出的扣除原则

5.2.1 支出税前扣除的一般原则

企业所发生的支出种类很多，形式各异，与企业取得的收入的关系也呈多样化。根据企业所得税法中收入与支出的关联、配比等原则要求，并非所有的企业支出，都可以在税前扣除，否则将严重侵蚀企业所得税的税基，损害国家税收利益。企业能够在企业所得税前扣除的支出，包括成本、费用、税金、损失和其他支出。这些支出都需要满足三个方面的要求：

（1）企业实际发生的；

（2）与取得收入有关的；

（3）合理的支出。

依法准予在计算应纳税所得额时扣除。支出税前扣除的真实性、相关性和合理性原则，是企业所发生的准予税前扣除的各项支出都必须遵循的一般规则。

（1）与取得收入有关的支出

《企业所得税法实施条例》将“与取得收入有关”直接限定为“是指与取得收入直接相关的支出”，明确表明企业所实际发生的能直接带来经济利益的流入或者可预期经济利益的流入的支出。实务中，支出相关性的判断一般是从支出发生的根源和性质方面进行分析，而不是从费用支出的结果分析，主要从两个方面考虑：

①这类允许税前扣除的支出，应该是能给企业带来现实、实际的经济利益，如生产性企业为生产产品而购买储存的原材料，服务性企业为收取服务费用而雇用员工为客户提供服务，或者购买储存的提供服务过程中所耗费的材料等支出，就属于能直接给企业带来现实、实际经济利益的支出，属于与“取得收入直接相关的支出”。

②这类允许税前扣除的支出，应该是能给企业带来可预期经济利益的流入。虽然企业的这类支出，并不直接或者即时地表现为相应现实、实际经济

利益的流入，但是根据社会一般经验或者判断，如果这种支出所对应的收益，将是可预期的，那么这类支出也就属于“与取得收入直接相关的支出”。如企业的广告费支出，虽然这些支出并不能即时地带来企业经济利益的流入，但是根据社会上一般理性人的理解，这类广告将提高企业及其产品或者服务的知名度，提高其在消费者之间的认同度等，进而推动消费者购买它们的产品或者服务，提升或者加大企业的获利空间，故其也应属于“与取得收入直接相关的支出”。

（2）企业发生的合理的支出

合理性原则是建立在税前扣除真实性和合法性原则基础上的要求。《企业所得税法实施条例》明确规定，合理的支出，是指符合生产经营活动常规，应当计入当期损益或者有关资产成本的必要和正常的支出。合理性的具体判断，主要是看发生支出的计算和分配方法是否符合一般经营常规，如企业发生的业务招待费与所成交的业务额或者业务的利润水平是否相吻合，工资水平与社会整体或者同行业工资水平是否差异过大等，防止企业利用不合理的支出调节利润水平，规避税收。

①允许扣除的支出应当是符合企业生产经营活动常规的支出。判断企业的特定行为是否符合生产经营活动常规，需要借助社会经验，根据企业的性质、规模、业务范围、活动目的以及可预期效果等多种因素，加以综合考虑与判断，在一定程度上是税务机关自由裁量的判断。

②企业发生的合理的支出，限于应当计入当期损益或者有关资产成本的必要与正常的支出。计入当期损益或者有关资产的成本，指的是企业所发生的支出在扣除阶段方面的要求。必要和正常的支出，是符合生产经营活动常规的必然要求和内在之意，也就是企业所发生的支出，是企业生产经营活动所不可缺少的支出，是企业为了获取某种经济利益的流入所不得不付出的代价，而且这种代价是符合一般社会常理的，符合企业经济活动的一般规律或者情况的支出。

5.2.2 不重复扣除原则

除依法另有规定外，企业实际发生的成本、费用、税金、损失和其他支出，不得重复扣除。这是收入与支出配比原则的要求，可从以下两方面来认识：

（1）原则上不得重复扣除。即对于同一项成本、费用、税金、损失和其他支出，只能扣除一次。这是一项基本原则，应该得到严格而广泛的遵守与执行。但既然这是一项基本原则，也就意味着存在特殊例外的可能。

（2）企业实际发生的成本、费用、税金、损失和其他支出等依法可以重复扣除的，则对同一项目的支出可以重复扣除。如：如研发费用加计扣除等。之所以这么规定，主要是考虑到在特殊情形下，国家可能希望通过这种重复扣除的形式，间接地给予企业以优惠，鼓励企业的特定行为，发挥税收的调控功能。

5.2.3 区分收益性支出与资本性支出原则

企业所发生的有关的、合理的支出，一般也会给企业带来相应经济利益的流入，应该准予在税前扣除。在企业所得税中，按照收入与支出的配比原则，企业发生的支出，能够在短期内实现经济利益，应允许这部分支出在计算收益的同时，予以据实扣除；能给企业带来长期经济利益的支出，或者需要长期才能回收经济利益的支出，应当按照企业发生的支出带来经济利益上的时效性，予以分期在税前扣除。

因此，企业发生的支出应当区分收益性支出和资本性支出。在企业所得税中，企业的收益性支出和资本性支出税前扣除的方式差别很大，收益性支出在发生当期直接扣除；资本性支出应当分期扣除或者计入有关资产成本，不得在发生当期直接扣除，一般通过折旧或者摊销税前扣除的方式在资产使用期间得到确认。

收益性支出是指企业支出的效益仅涉及本纳税年度的支出，如企业支付给职工的工资支出，支出的效益仅与本纳税年度有关，应作为收益性支出。资本性支出是指企业支出的效益涉及于本纳税年度和以后纳税年度的支出，如：企业购建固定资产的支出，支出的效益会通过固定资产的不断使用逐步回收，支出的效益不仅与本纳税年度相关，也与以后纳税年度相关。

划分收益性支出与资本性支出既是所得税处理的要求，以实现应税收益与支出在时间上的配比，避免企业发生的支出随意在不同纳税期间扣除，防止混淆收益性支出和资本性支出，从而低估资产和高估收益或者高估资产和低估收益，不利于会计信息使用者正确决策。因此，企业实际发生的所有的支出，包括成本、费用、税金、损失和其他支出，都要按收益性支出和资本性支出的标准严格划分，分别依法扣除。

5.3 费用的扣除

5.3.1 工资、三项费用及社会保险费的扣除

5.3.1.1 工资薪金的扣除

《企业所得税法实施条例》规定，企业发生的合理的工资薪金支出，准予扣除。工资薪金，是指企业每一纳税年度支付给在本企业任职或者受雇的员工的所有现金形式或者非现金形式的劳动报酬，包括基本工资、奖金、津贴、补贴、年终加薪、加班工资，以及与员工任职或者受雇有关的其他支出。

工资薪金的确认，不仅仅关系到企业所得税的扣除，还关系到与工资薪金总额相关的其他项目的扣除，如职工福利费、工会经费、职工教育经费等。

工资薪金的扣除，需要注意五个要点：

（1）必须是纳税年度内实际发生的工资薪金支出。

准予税前扣除的，应该是企业实际所发生的工资薪金支出，列入企业员工工资薪金制度、固定与工资薪金一起发放的福利性补贴，符合规定条件的，可作为企业发生的工资薪金支出，按规定在税前扣除。不符合条件的福利性补贴，应作为职工福利费，按规定计算限额税前扣除。具体包括：

①企业已经实际支付给其职工的那部分工资薪金支出；

②上市公司股权激励中，员工从企业取得股票的实际购买价（施权价）低于购买日收盘价的差额及数量，计算确定作为当年上市公司工资薪金支出；

③企业在年度汇算清缴结束前向员工实际支付的已预提汇缴年度工资薪金；

④企业接受外部劳务派遣用工所实际发生的费用，应分两种情况按规定在税前扣除：按照协议（合同）约定直接支付给劳务派遣公司的费用，应作为劳务费支出；直接支付给员工个人的费用，应作为工资薪金支出和职工福利费支出，其中属于工资薪金支出的费用，准予计入企业工资薪金总额的基数，作为计算其他各项相关费用扣除的依据。

【案例 5-3-1】 境外上市公司向其中国子公司员工授予股票期权，书面协议约定，三年后实际行权时，由母公司发行 1000 股股票期权，子公司部分员工可以每股 30 元的价格购买母公司股票。此外，母公司将向子公司收取其所发行股票的相关成本费用。

【问题】 对于境外上市母公司授予境内子公司员工的股权激励，在子公司承担相应成本的前提下，子公司层面能否在所得税前扣除？

【解析】 企业股权激励支出实质属于工资薪金支出。《企业所得税法实施条例》规定，“工资薪金，是指企业每一纳税年度支付给在本企业任职或者受雇的员工的所有现金形式或者非现金形式的劳动报酬，包括基本工资、奖金、津贴、补贴、年终加薪、加班工资，以及与员工任职或者受雇有关的其他支出。”对于用母公司股票向员工进行股权激励的，属于子公司向员工支付的非现金形式的劳动报酬，应作为企业发生的工资薪金支出，在激励对象实际行权时按照有关规定税前扣除。

（2）工资薪金的发放对象是在本企业任职或者受雇的员工。

工资薪金的支付，以企业和员工是否存在雇佣和被雇佣、任职和被任职的劳务关系，企业向职工支付的与劳务关系相关的各项支出，都是工资薪金支出。企业只有对本企业任职或受雇的员工支付的工资薪金，才可以予以税前扣除。企业支付给其他企业的员工工资薪金，或者支付给非任职受雇人员的费用，不得作为工资薪金项目在税前予以扣除。

【案例 5-3-2】 某集团公司母公司在年度业绩考评中，对表现优异的集团内各单位和人员（包括子公司及相关人员）进行现金奖励。需要奖励给个人的，先由母公司支付给相关子公司，由子公司发放给获奖个人。支付时未代扣个人所得税，也未取得子公司开具的发票。之后再由各子公司发放给获奖人员。母公司支付的该项资金支出能否税前扣除？

【解析】 母公司对表现优异的集团内各子公司和人员进行现金奖励是母公司为行使管理职能而发生的支出，属于母公司实际发生的与取得收入直接相关的支出，允许在税前扣除。

（3）工资薪金的标准应该限于合理的范围和幅度。

“合理工资薪金”，是指企业按照股东大会、董事会、薪酬委员会或相关管理机构制订的工资薪金制度规定实际发放给员工的工资薪金。税务机关在对工资薪金进行合理性确认时，可按以下原则掌握：

①企业制订了较为规范的员工工资薪金制度；

②企业所制订的工资薪金制度符合行业及地区水平；

③企业在一定时期所发放的工资薪金是相对固定的，工资薪金的调整是有序进行的；

④企业对实际发放的工资薪金，已依法履行了代扣代缴个人所得税义务；

⑤有关工资薪金的安排，不以减少或逃避税款为目的。

“工资薪金总额”，是指企业按照规定实际发放的工资薪金总和，不包括企业的职工福利费、职工教育经费、工会经费以及养老保险费、医疗保险费、失业保险费、工伤保险费、生育保险费等社会保险费和住房公积金。属于国有性质的企业，其工资薪金，不得超过政府有关部门给予的限定数额；超过部分，不得计入企业工资薪金总额，也不得在计算企业应纳税所得额时扣除。

（4）工资薪金的支付包括所有货币形式和非货币形式。

工资薪金的形式多种多样，但主要可分为现金和非现金形式。企业支付的非现金形式的工资薪金，应按照公允价值确认金额后扣除。

（5）工资薪金的品目类别。

企业支付给其员工的工资薪金，名目繁多，称呼各异，缺乏统一标准。凡是这类支出是因员工在企业任职或者受雇于企业，即是因其提供劳动而支付的，就属于工资薪金支出。一般来说，工资薪金的种类包括基本工资、奖金、津贴、补贴、年终加薪、加班工资，以及与任职或者受雇有关的其他支出。依据国家统计局有关文件规定，工资总额是指各单位在一定时期期内直接支付给本单位全部职工的劳动报酬总额，由计时工资、计件工资、奖金、加班加点工资、特殊情况下支付的工资、津贴和补贴等组成。

【案例 5-3-3】　在对 A 公司企业所得税汇算清缴时，小会计甲发现，A 公司支付员工年终一次性奖金时，应由员工缴纳的个人所得税款是由公司负担的，记在公司“应付职工薪酬”科目下。小会计甲核对后，发现公司代员工缴纳的个人所得税款也是按照税法规定的计算方法倒算出来的。小会计甲认为：按照税法规定，A 公司代员工缴纳的个人所得税款，不得在所得税前扣除。应当予以调整。

【问题】　A 公司这样支付的个人所得税能在企业所得税前列支吗？

【解析】　依据《企业所得税法》及其实施条例、《个人所得税法》及其实施条例以及《国家税务总局关于雇主为雇员承担全年一次性奖金部分税款有关个人所得税计算方法问题的公告》（国家税务总局公告 2011 年第 28 号），雇主为雇员负担的个人所得税款，应属于个人工资薪金的一部分。凡单独作为企业管理费列支的，在计算企业所得税时不得税前扣除。这里包括三个方面的内涵：

（1）个人所得税的纳税人是取得收入的个人，支付所得的单位和个人是扣缴义务人。无论企业和员工是否约定的薪酬是个人所得税前的、还是税后的，企业作为员工薪酬的支付人，应当足额代扣代缴个人所得税。

（2）企业所得税法规定的不得扣除的项目中，不包括个人所得税，并不是因为该项税款可以扣除，而是职工应纳的个人所得税款，应包括在“实际发放的工资薪金”中，企业只是履行法定扣缴义务，对员工应纳的个人所得税款足额代扣代缴，并依法解缴。

（3）企业负担的个人所得税款能不能在企业所得税汇算清缴前扣除，不能只是简单地审核是不是按照国家税务总局公告2011年第28号的规定计算的，更重要的是审核该项税款是不是计入了“企业代负担个人所得税款”员工的工资薪金的费用中。只有当“雇主为雇员负担的个人所得税款”，计入了职工工资薪金总额，“应属于个人工资薪金的一部分”时，才可以是“合理的工资薪金”，准予在计算应纳税所得额时扣除。对于企业未将“代负担个人所得税款”计入职工工资薪金总额，而直接列支费用的，应认定为企业采取“其他形式的支付”方式，另行支付的报酬，依法予以计算并扣缴个人所得税。

5.3.1.2 三项费用的扣除

按照会计准则的规定，企业在计发工资薪金时，可以配比计提并列支职工福利费、工会经费和职工教育经费，《企业所得税法实施条例》规定，企业发生的职工福利费支出，不超过工资薪金总额14%的部分，准予扣除。企业拨缴的工会经费，不超过工资薪金总额2%的部分，准予扣除。企业发生的职工教育经费支出，不超过工资薪金总额8%的部分，准予在计算企业所得税应纳税所得额时扣除；超过部分，准予在以后纳税年度结转扣除。

（1）职工福利费

《财政部关于企业加强职工福利费财务管理的通知》（财企〔2009〕242号）中明确，企业职工福利费是指企业为职工提供的除职工工资、奖金、津贴、纳入工资总额管理的补贴、职工教育经费、社会保险费和补充养老保险费（年金）、补充医疗保险费及住房公积金以外的福利待遇支出，包括发放给职工或为职工支付的以下各项现金补贴和非货币性集体福利。

在企业所得税中，职工福利费列支范围具体包括三个方面：

①尚未实行分离办社会职能的企业，其内设福利部门所发生的设备、设施和人员费用，包括职工食堂、职工浴室、理发室、医务所、托儿所、疗养院等集体福利部门的设备、设施及维修保养费用和福利部门工作人员的工资薪金、社会保险费、住房公积金、劳务费等。

②为职工卫生保健、生活、住房、交通等所发放的各项补贴和非货币性福利，包括企业向职工发放的因公外地就医费用、未实行医疗统筹企业职工医疗费用、职工供养直系亲属医疗补贴、供暖费补贴、职工防暑降温费、职工困难补贴、救济费、职工食堂经费补贴、职工交通补贴等。

③按照其他规定发生的其他职工福利费，包括丧葬补助费、抚恤费、安家费、探亲假路费等。

职工福利费的扣除，要注意四个方面的要点：

①注意区分职工福利费与福利性补贴。

福利性补贴属于工资薪金的范畴，构成职工福利费的计提和支出依据。列入企业员工工资薪金制度、固定与工资薪金一起发放的福利性补贴，符合《国家税务总局关于企业工资薪金及职工福利费扣除问题的通知》（国税函〔2009〕3号）的五项要求的，可作为企业发生的合理的工资薪金支出，按规定在税前扣除。而职工福利费，是指用于增进职工物质利益，帮助职工及其家属解决某些特殊困难和兴办集体福利事业所支付的费用。不同时符合五个条件的福利性补贴，应作为职工福利费，按规定计算限额税前扣除。

“合理工资薪金”，是指企业按照股东大会、董事会、薪酬委员会或相关管理机构制订的工资薪金制度规定实际发放给员工的工资薪金。税务机关在对工资薪金进行合理性确认时，可按以下原则掌握：

A. 企业制订了较为规范的员工工资薪金制度；

B. 企业所制订的工资薪金制度符合行业及地区水平；

C. 企业在一定时期所发放的工资薪金是相对固定的，工资薪金的调整是有序进行的；

D. 企业对实际发放的工资薪金，已依法履行了代扣代缴个人所得税义务；

E. 有关工资薪金的安排，不以减少或逃避税款为目的。

②职工福利费应单独记账。

企业发生的职工福利费，应该单独设置账册，进行准确核算。没有单独设置账册准确核算的，税务机关应责令企业在规定的期限内进行改正。逾期仍未改正的，税务机关可对企业发生的职工福利费进行合理的核定。

③实际发生的职工福利费在限额内据实扣除。

企业发生的符合规定的职工福利费，以企业“职工工资总额×14%”为限额，限额内据实扣除，超出部分不得在以后的纳税年度内扣除。同时，企业不得在税前预提其他职工福利类费用。企业实际发生的其他职工福利类支出，可按实际发生数在当年度税前扣除。但当年度税前扣除的此类费用，不得超过企业全年职工税前列支工资总额的14%，超过部分不得在税前扣除。

④职工福利费超出限额的部分不再扣除。

职工福利费是企业所得税纳税调整中的永久性差异的一种。企业纳税年度内实际发生的符合规定的职工福利费支出，在企业当年工资总额14%以内据实扣除，超出14%的范围支出的部分，不予扣除，也不予转到以后年度持续扣除。

【案例5-3-4】 A公司2019年度企业核算工资薪金总额为2000万元，其中计入工资薪金的福利性支出900万元，包括：

（1）企业内设福利部门发生费用200万元；

（2）交通补贴和住房补贴300万元；

（3）企业为职工发放供暖补贴200万元；

（4）企业为高危工作岗位人员提供福利性津贴100万元；

（5）企业职工体检费用支出70万元；

（6）免费提供职工居住的集体宿舍维修费用30万元。

其中，交通补贴、住房补贴、供暖补贴、高危岗位福利补贴根据企业董事会制定的工资薪金制度按标准定期发放的，且A公司依法代扣代缴了个人所得税，符合国家税务总局公告2015年第34号的规定。

【问题】 A公司2019年度企业所得税纳税申报，计算税前扣除的工资薪金支出和职工福利费支出金额。

【解析】 《国家税务总局关于企业工资薪金和职工福利费等支出税前扣除问题的公告》（国家税务总局公告2015年第34号）规定，列入企业员工工资薪金制度、固定与工资薪金一起发放的福利性补贴，符合《国家税务总局关于企业工资薪金及职工福利费扣除问题的通知》（国税函〔2009〕3号）中关于合理工资薪金的五条规定，可作为企业发生的工资薪金支出，按规定在税前扣除。

A公司2019年支出的交通补贴和住房补贴300万元、供暖补贴200万元、高危岗位福利补贴100万元，根据企业董事会制定的工资薪金制度按标准定期发放的，且A公司依法代扣代缴了个人所得税，符合国家税务总局公告2015年第34号的规定，应作为"福利性补贴"，计入2019年度企业工资总额。2019年企业工资总额＝2000－200－70－30＝1700（万元）。

《国家税务总局关于企业工资薪金及职工福利费扣除问题的通知》（国税函〔2009〕3号）规定，职工福利费包括企业为职工卫生保健所发放的各项补贴和非货币性福利。企业发生的职工体检费用属于职工卫生保健方面的支出，可以作为职工福利费支出，按照相关规定税前扣除。企业为员工提供集体宿舍的支出，属于企业为员工提供的用于住房方面的非货币性福利，可以作为福利费支出，按照相关规定税前扣除。企业实际发生职工福利费支出＝200＋70＋30＝300（万元）。

2019年度A公司可扣除职工福利费限额＝1700×14%＝238（万元），实际发生职工福利费支出300万元，当年可扣除职工福利费238万元，余额62万元不得在企业所得税前扣除。

（2）工会经费

企业拨缴的职工工会经费，不超过工资、薪金总额2%的部分，准予扣除。

《工会法》规定，在中国境内的企业、事业单位中以工资收入为主要生活来源的体力劳动者和脑力劳动者，不分民族、种族、性别、职业、宗教信仰、教育程度，都有依法参加和组织工会的权利。

建立工会组织的企业、事业单位和其他经济组织按照全部职工工资总额的2%计提和拨缴工会经费。未建立工会组织的企业、事业单位和其他经济组织，按照全部职工工资总额的2%计提和拨缴工会筹备金。拨缴的工会经费或工会筹备金凭工会组织开具的由财政部统一监制和印制的《工会经费拨缴款专用收据》税前扣除。"全部职工"是指在用人单位取得工资或其他形式报酬的全部人员（含外籍人员和港澳台人员）。包括：固定职工（在编职工），合同制职工，临时性、季节性用工，计划外用工，劳务派遣工，应订立劳动合同而未订立劳动合同的人员，处于试用期人员，离开本单位但保留劳动关系并领取生活费的职工和内部退养职工等。

在实际拨缴中，各省多采取比例拨缴的方式进行，如某省规定，缴费单位按每月全部职工工资（薪金）总额2%计提工会经费，其中60%部分拨给所在单位工会，40%部分上缴上级工会，由税务机关代收。实际拨缴比例为0.8%（2%×40%）。

因此，工会经费的税前扣除，要注意三个要点：

①以计提为基准，以拨缴为要件。工会经费的税前扣除，与职工福利费的“发生”不同，不以实际支出的金额来确定扣除额，而是以按规定计提的金额为基准，以是否足额拨缴为要件。假定某省拨缴上级工会比例为40%，则按2%计提工会经费，只需要向上级工会拨缴0.8%就可以全额在企业所得税前扣除。

②以“工资总额”为计提基数。建立工会组织的企业、事业单位、机关按每月全部职工工资总额的2%向工会拨缴的经费。工资总额是指企业支付给所有与本企业有劳动关系的人员的工资性支出，包括基本工资、奖金、津贴、补贴、年终加薪、加班工资，以及与任职或者受雇有关的其他支出的总额。

③超出2%计提的部分无论是否拨缴均不得扣除。工会经费也是企业所得税纳税调整中的永久性差异的一种。企业纳税年度内拨缴的工会经费，在企业当年工资、薪金总额2%以内扣除，超出部分，不予扣除，也不予转到以后年度持续扣除。

④劳务派遣人员参加工会单位拨缴工会经费可税前扣除。《中华全国总工会关于组织劳务派遣工加入工会的规定》（总工发〔2009〕21号）的规定，劳务派遣单位没有建立工会组织的，劳务派遣工直接参加用工单位工会。劳务派遣工的工会经费应由用工单位按劳务派遣工工资总额的2%提取，并拨付劳务派遣单位工会，属于应上缴上级工会的经费，由劳务派遣单位工会按规定比例上缴。劳务派遣单位没有建立工会组织的，劳务派遣工可直接参加用工单位工会，用工单位缴纳给劳务派遣单位工会的派遣人员工会经费可以按规定税前扣除。

【案例5-3-5】 A公司2017年成立，直到2019年才成立工会组织。2019年度在成本费用中计提工会经费70万元。当年实际拨缴工会经费150万元，其中除2019年计提工会经费70万元外，还包括以前年度计提未拨缴的工会经费80万元，并取得工会经费收入专用票据。

该公司以前年度计提未拨缴的工会经费80万元已在对应年度所得税汇算

清缴时进行了纳税调整。每年的计提均不超过当年工资、薪金总额的2%。

【问题】 该公司2019年拨缴以前年度计提未拨缴的工会经费80万元，能否在企业所得税前扣除。

【解析】 《国家税务总局关于企业所得税应纳税所得额若干税务处理问题的公告》（国家税务总局公告2012年第15号）规定：对企业发现以前年度实际发生的、按照税收规定应在企业所得税前扣除而未扣除或者少扣除的支出，企业作出专项申报及说明后，准予追补至该项目发生年度计算扣除，但追补确认期限不得超过5年。企业由于上述原因多缴的企业所得税税款，可以在追补确认年度企业所得税应纳税款中抵扣，不足抵扣的，可以向以后年度递延抵扣或申请退税。亏损企业追补确认以前年度未在企业所得税前扣除的支出，或盈利企业经过追补确认后出现亏损的，应首先调整该项支出所属年度的亏损额，然后再按照弥补亏损的原则计算以后年度多缴的企业所得税款，并按前款规定处理。

因此，对A公司2019年度拨缴的属于以前年度的工会经费可以在发生年度追补扣除，进行纳税调整并依法更正申报。

（3）职工教育经费

《企业所得税法实施条例》规定，除国务院财政、税务主管部门另有规定外，企业发生的职工教育经费支出，不超过工资、薪金总额2.5%的部分，准予扣除；超过部分，准予在以后纳税年度结转扣除。2015年1月1日起，高新技术企业发生的职工教育经费支出，不超过工资薪金总额8%的部分，准予在计算企业所得税应纳税所得额时扣除；超过部分，准予在以后纳税年度结转扣除。其后，逐步将8%的扣除率推广到技术先进型企业。自2018年1月1日起，企业发生的职工教育经费支出，不超过工资薪金总额8%的部分，准予在计算企业所得税应纳税所得额时扣除；超过部分，准予在以后纳税年度结转扣除。

职工教育经费的扣除，要注意四个要点：

①只能是实际发生的职工教育费支出。职工教育经费的扣除和职工福利费扣除一样，都是以实际发生的支出作为扣除对象，对于企业按照不超过规定比例（如8%）计提的职工教育经费，未实际发生培训行为、未实际使用的部分不得在企业所得税前扣除。

②职工教育经费支出范围要合规。财政部、全国总工会、发展改革委、

教育部、科技部、国防科工委、人事部、劳动保障部、国资委、国家税务总局、全国工商联等11部门印发的《关于企业职工教育经费提取与使用管理的意见》（财建〔2006〕317号印发）规定，企业职工教育培训经费列支范围包括：

A. 上岗和转岗培训；

B. 各类岗位适应性培训；

C. 岗位培训、职业技术等级培训、高技能人才培训；

D. 专业技术人员继续教育；

E. 特种作业人员培训；

F. 企业组织的职工外送培训的经费支出；

G. 职工参加的职业技能鉴定、职业资格认证等经费支出；

H. 购置教学设备与设施；

I. 职工岗位自学成才奖励费用；

J. 职工教育培训管理费用；

K. 有关职工教育的其他开支。

企业为职工培训而发生的费用应归属于职工教育经费，因此企业培训涉及的交通费、餐费、住宿费应作为职工教育经费税前扣除。

③年度内限额扣除，余额不限制结转扣除。企业所得税法中对职工教育经费同样设定了年度扣除限额，按照年度工资总额的8%计算限额，在限额内据实扣除。但是对于企业实际发生的职工教育经费支出，超过8%当年不予扣除的部分，可结转以后年度在8%的限额内继续扣除，没有年限限制，直到全部扣除完毕。

④特殊行业按实际发生额全额扣除。《财政部　国家税务总局关于进一步鼓励软件产业和集成电路产业发展企业所得税政策的通知》（财税〔2012〕27号）规定，集成电路设计企业和符合条件软件企业的职工培训费用，按实际发生额在计算应纳税所得额时扣除。《财政部　国家税务总局关于扶持动漫产业发展有关税收政策问题的通知》（财税〔2009〕65号）规定，经认定的动漫企业自主开发、生产动漫产品，可申请享受国家现行鼓励软件产业发展的所得税优惠政策。《国家税务总局关于企业所得税应纳税所得额若干问题的公告》（国家税务总局公告2014年第29号）规定，核电厂操作员培训费，不同于一般的职工教育培训支出，可作为核电企业发电成本在税前扣除。《国家税务总局关于企业所得税若干问题的公告》（国家税务总局公告2011年第34

号）规定，航空企业实际发生的飞行员养成费、飞行训练费、乘务训练费、空中保卫员训练费等空勤训练费用，根据《企业所得税法实施条例》第二十七条规定，可以作为航空企业运输成本在税前扣除。

5.3.1.3 社会保险费和住房公积金扣除

社会保险，是指国家通过立法，按照权利与义务相对应原则，多渠道筹集资金，对参保者在遭遇年老、疾病、工伤、失业、生育等风险情况下提供物质帮助（包括现金补贴和服务），使其享有基本生活保障、免除或减少经济损失的制度安排。在我国职工社会保险费设立了基本养老保险费、基本医疗保险费、失业保险费、工伤保险费、生育保险费等险种，职工需要参加全部的五项保险，由单位和职工个人作为共同的缴纳义务人，分别承担缴费义务（职工个人不需要缴纳工伤保险、生育保险）。

在住房保障上，国家设立住房储金保障制度。国家机关、国有企业、城镇集体企业、外商投资企业、城镇私营企业及其他城镇企业、事业单位、民办非企业单位、社会团体及其在职职工缴存的长期住房储金。单位和职工应当按照职工本人上一年度月平均工资和确定的职工住房公积金缴存比例，缴纳住房公积金。

企业依照国务院有关主管部门或者省级人民政府规定的范围和标准为职工缴纳的基本养老保险费、基本医疗保险费、失业保险费、工伤保险费、生育保险费等基本社会保险费和住房公积金，准予扣除。

企业为投资者或者职工支付的企业年金或者职业年金、补充医疗保险费，在国务院财政、税务主管部门规定的范围和标准内，准予扣除。

企业年金，即是根据《企业年金办法》规定，企业及其职工在依法参加基本养老保险的基础上，自愿建立的补充养老保险制度。职业年金即是《机关事业单位职业年金办法》规定，事业单位及其工作人员在依法参加基本养老保险的基础上，建立的补充养老保险制度。

社会保险费和住房公积金的扣除，需要注意五个要点：

（1）必须是单位为职工缴纳的“五险一金”。

企业所得税和个人所得税都涉及社会保险费和住房公积金的扣除，但是两者的扣除对象是完全不一样的，要特别注意区别。个人所得税中综合所得专项扣除，包括居民个人按照国家规定的范围和标准缴纳的基本养老保险、基本医疗保险、失业保险等社会保险费和住房公积金等，这里的“三险一金”

指的是社会保险费和住房公积金中，个人承担的缴费金额，个人在领取工资薪金时，由企业代扣代缴。简单地说，就是个人缴付“三险一金”的金额由企业通过工资薪金发放给个人，是个人工资薪金的组成部分。而企业所得税中的基本养老保险费、基本医疗保险费、失业保险费、工伤保险费、生育保险费和住房公积金，这“五险一金”的扣除，指的是社会保险费和住房公积金中，由单位作为缴费义务人承担的缴费金额。

（2）必须是企业实际计算并缴纳的“五险一金”。

“五险一金”的扣除不是企业计提的数据，而是企业实实在在缴纳的金额。企业未按规定申报缴纳“五险一金”，或者只申报未缴纳“五险一金”的欠费，都不得在企业所得税前扣除。

（3）必须按照国家规定的范围和标准缴纳。

社会保险费和住房公积金都有着各自的制度体系，社会保险费、住房公积金的计算地方性差异很大。企业所得税前能够扣除的“五险一金”，扣除金额应当按照国家规定的范围和企业所在地区的标准计算。

（4）必须是为全体员工支付的企业（职业）年金和补充医疗保险费。

企业所得税前社会保险费的扣除，不仅仅包括企业为职工缴纳的社会保险费，还包括企业为投资者或者职工缴纳的补充养老保险（即企业年金和职业年金）和补充医疗保险。但必须是“为在本企业任职或者受雇的全体员工”支付的补充养老保险费、补充医疗保险费。

（5）必须在限定的额度内扣除企业（职业）年金和补充医疗保险费。

《企业年金办法》《职业年金办法》和《财政部　劳动保障部关于企业补充医疗保险有关问题的通知》（财社〔2002〕18号）中，都规定了企业年金、职业年金以及补充医疗保险费的缴纳标准。但《企业所得税法实施条例》规定，准予在企业所得税前扣除的企业年金或者职业年金、补充医疗保险费，只能是“在国务院财政、税务主管部门规定的范围和标准内”缴纳的金额。《财政部　国家税务总局关于补充养老保险费、补充医疗保险费有关企业所得税政策问题的通知》（财税〔2009〕27号）规定，自2008年1月1日起，企业根据国家有关政策规定，为在本企业任职或者受雇的全体员工支付的补充养老保险费、补充医疗保险费，分别在不超过职工工资总额5%标准内的部分，在计算应纳税所得额时准予扣除；超过的部分，不予扣除。

5.3.1.4 离职补偿金的处理

【案例 5-3-6】 某企业并购案，并购企业大量员工被遣散，公司依法支付员工的离职补偿金。

【问题】 公司支付员工的离职补偿金能否在企业所得税前扣除？离职补偿金能不能作为企业计提工会经费、职工福利费等基数？

【解析】 这两个问题在《企业所得税法》及其实施条例中并没有明确的规定。《企业所得税法》规定，企业实际发生的与取得收入有关的、合理的支出，包括成本、费用、税金、损失和其他支出，准予在计算应纳税所得额时扣除。《企业所得税法实施条例》规定：企业发生的合理的工资薪金支出，准予扣除。前款所称工资薪金，是指企业每一纳税年度支付给在本企业任职或者受雇的员工的所有现金形式或者非现金形式的劳动报酬，包括基本工资、奖金、津贴、补贴、年终加薪、加班工资，以及与员工任职或者受雇有关的其他支出。

只要是"企业发生的合理的工资薪金支出"，在企业所得税申报时都"准予扣除"，对照《企业所得税法实施条例》的规定，企业支付员工的离职补偿金肯定不是"基本工资、奖金、津贴、补贴、年终加薪、加班工资"等一系列的劳动报酬项目，问题的关键在于公司支付给员工的离职补偿金是否就是"与员工任职或者受雇有关的其他支出"？

（1）企业支付员工的离职补偿金，应当在计算企业所得税时据实扣除。

离职补偿金属于"与员工任职或者受雇有关的其他支出"，既属于职工薪酬的范围，但是与企业正常的工资性支出有所区别，是一种特殊的法定性、补偿性、福利性支出，应当准予企业所得税前据实扣除。

①《劳动法》中，离职补偿金是一种解除劳动合同依法给予劳动者的经济补偿。

《劳动法》规定，劳动合同当事人协商解除劳动合同；劳动者因患病或非因工负伤不能从事原工作也不能从事由用人单位另行安排的工作的；劳动者不能胜任工作，经过培训或者调整工作岗位，仍不能胜任工作的；劳动合同订立时所依据的客观情况发生重大变化，致使原劳动合同无法履行，经当事人协商不能就变更劳动合同达成协议的；用人单位濒临破产进行法定整顿期间或者生产经营状况发生严重困难，依法裁减人员等解除劳动合同的，应当依照国家有关规定给予经济补偿。

②会计准则中，职工解除劳动关系而获得的补偿归集到职工薪酬，是辞退福利。

《企业会计准则第9号——职工薪酬》（2014年修订）规定：职工薪酬，是指企业为获得职工提供的服务或解除劳动关系而给予的各种形式的报酬或补偿。职工薪酬包括短期薪酬、离职后福利、辞退福利和其他长期职工福利。企业提供给职工配偶、子女、受赡养人、已故员工遗属及其他受益人等的福利，也属于职工薪酬。辞退福利，是指企业在职工劳动合同到期之前解除与职工的劳动关系，或者为鼓励职工自愿接受裁减而给予职工的补偿。

同时规定在核算上，企业向职工提供辞退福利的，应当按照“企业不能单方面撤回因解除劳动关系计划或裁减建议所提供的辞退福利时”和“企业确认与涉及支付辞退福利的重组相关的成本或费用时”，这两个时点孰早的原则，确认辞退福利产生的职工薪酬负债，并计入当期损益。

③税法中，离职补偿金在个人所得税上作为“工资薪金”处理，在企业所得税法上明确按照“据实扣除”的原则予以税前扣除。

《财政部　税务总局关于个人所得税法修改后有关优惠政策衔接问题的通知》（财税〔2018〕164号）规定，2019年1月1日起，个人与用人单位解除劳动关系取得一次性补偿收入（包括用人单位发放的经济补偿金、生活补助费和其他补助费），在当地上年职工平均工资3倍数额以内的部分，免征个人所得税；超过3倍数额的部分，不并入当年综合所得，单独适用综合所得税率表，计算纳税。在《国家税务总局关于华为集团内部人员调动离职补偿税前扣除问题的批复》（税总函〔2015〕299号）中，也明确规定：离职补偿事项的税务处理要按照据实扣除原则，待职工从企业离职并实际领取离职补偿费后，企业可按规定进行税前扣除。

（2）离职补偿金不能作为工会经费、职工福利费、职工教育经费的计提基数。

不是所有的职工薪酬都是计提工会经费、职工福利费、职工教育经费的基数。《国家税务总局关于企业工资薪金及职工福利费扣除问题的通知》（国税函〔2009〕3号）规定，只有“合理工资薪金”才可以作为计提基数。

企业不超过工资薪金总额一定比例“发生的职工福利费支出”“拨缴的工会经费”“发生的职工教育经费支出”，准予企业所得税前扣除，其中的“工资薪金总额”，是指企业按照股东大会、董事会、薪酬委员会或相关管理机构制订的工资薪金制度规定实际发放给员工的工资薪金。

税务机关在对企业工资薪金进行合理性确认时，可按五个原则掌握：

①企业制订了较为规范的员工工资薪金制度；

②企业所制订的工资薪金制度符合行业及地区水平；

③企业在一定时期所发放的工资薪金是相对固定的，工资薪金的调整是有序进行的；

④企业对实际发放的工资薪金，已依法履行了代扣代缴个人所得税义务；

⑤有关工资薪金的安排，不以减少或逃避税款为目的。

因此，作为工会经费、职工福利费、职工教育经费的计提基数的“合理工资薪金”在形式和内容上，都指的是《企业所得税法实施条例》中规定的“企业每一纳税年度支付给在本企业任职或者受雇的员工的所有现金形式或者非现金形式的劳动报酬，包括基本工资、奖金、津贴、补贴、年终加薪、加班工资”，不包括“与员工任职或者受雇有关的其他支出”。离职补偿金作为“与员工任职或者受雇有关的其他支出”，不能作为工会经费、职工福利费、职工教育经费的计提基数。

5.3.2 商业保险的扣除

商业保险按照保险范围的不同，可以分为商业人身保险和商业财产保险两种。在企业所得税中，两种保险的扣除规定各不相同。

5.3.2.1 商业财产保险

企业参加财产保险，按照规定缴纳的保险费，准予扣除。

财产保险，是指投保人根据合同约定，向保险人支付保险费，保险人对于合同约定的可能发生的事故因其发生所造成的财产损失承担赔偿保险金责任。企业参加的财产保险，是以企业财产及其有关利益为保险标的，又可具体分为财产损失保险、责任保险、信用保险等。企业参加财产保险所发生的保险费支出，是与企业取得收入有关的支出，符合企业所得税税前扣除的真实性原则，应准予扣除。

当企业参加的商业保险，发生保险事故时，企业将依据合同约定获得相应的赔偿，这时企业因参加商业保险的保险费支出仍然允许扣除，其所获取的赔偿，在计算应纳税所得额时，应抵扣相应财产的损失后，再计算出企业参加商业保险的财产的净损失，计入当期损益。

5.3.2.2 商业人身保险

企业为投资者或者职工支付的人身商业保险费，一般不得扣除。但企业依照国家有关规定为特殊工种职工支付的人身安全保险费和国务院财政、税务主管部门规定可以扣除的其他商业保险费除外。

人身保险，是以人的寿命和身体为保险标的的保险。当人们遭受不幸事故或因疾病、年老以致丧失工作能力、伤残、死亡或年老退休时，根据保险合同的约定，保险人对被保险人或受益人给付保险金，以解决其因病、残、老、死所造成的经济困难。它是在基本社会保险的基础上，有经济能力和保险意愿的社会主体，为了进一步保障自身的权益，自主决定所投保的险种。

企业为投资者或者职工支付的人身商业保险费，一般不准企业所得税前扣除，但下列两种情形除外。

(1) 企业按照国家规定为特殊工种职工支付的法定人身安全保险费。

在一些特殊行业的企业中，从事特定工种的职工，其人身可能具有高度危险性，一次微小的失误或者事故，都可能使这些职工的生命、健康受到致命性威胁。为了减少这些职工工作的后顾之忧，同时为了尽可能地保障这些职工的生命和健康安全，国家会作出要求企业为这些职工投保人身安全保险的强制性规定。此类保险费，其依据必须是法定的，即是国家其他法律法规强制规定企业应当为其职工投保的人身安全保险，如果不是国家法律法规所强制性规定的，企业自愿为其职工投保的所谓人身安全保险而发生的保险费支出是不准予税前扣除的。

(2) 国务院财政、税务主管部门规定可以扣除的其他商业保险费。

依法授予国务院财政、税务主管部门相应的权力，可以根据实际情况的需要，决定企业为其投资者或者职工投保特定的商业保险而发生的商业保险费，可以税前扣除。具体包括：

①人身意外险。《国家税务总局关于企业所得税有关问题的公告》(国家税务总局公告 2016 年第 80 号) 第一条规定，企业职工因公出差乘坐交通工具发生的人身意外保险费支出，准予企业在计算应纳税所得额时扣除。

②雇主责任险和公众责任险。《国家税务总局关于责任保险费企业所得税税前扣除有关问题的公告》(国家税务总局公告 2018 年第 52 号) 规定，2018 年度及以后年度企业所得税汇算清缴中，企业参加雇主责任险、公众责任险

等责任保险，按照规定缴纳的保险费，准予在企业所得税税前扣除。

5.3.3 借款费用与利息支出的扣除

企业的生存和发展离不开资金的支持。企业的资金来源渠道多样，形式多元化，除了所有者进行投资形成的权益性投资外，通常还会采取借款方式筹借生产经营所需资金，因而必须付出一定的代价。

企业在生产经营过程中因筹借奖金的使用产生的借款费用，与企业的生产经营活动直接相关，是企业取得收入所发生的必要与正常的支出，应允许税前扣除。但是，在扣除方式上，却区别筹借资金的用途和阶段，对支付的利息分别按照资本化后分期扣除或是按照当期利息费用扣除。

5.3.3.1 借款费用

企业在生产经营活动中发生的合理的不需要资本化的借款费用，准予扣除。

企业为购置、建造固定资产、无形资产和经过 12 个月以上的建造才能达到预定可销售状态的存货发生借款的，在有关资产购置、建造期间发生的合理的借款费用，应当作为资本性支出计入有关资产的成本，并依法扣除。

借款费用，是指企业因借款而发生的利息及其他相关成本。借款费用包括借款利息、折价或者溢价的摊销、辅助费用以及因外币借款而发生的汇兑差额等。企业发生的借款费用，可直接归属于符合资本化条件的资产的购建或者生产的，应当予以资本化，计入相关资产成本，按照企业所得税中关于资产成本、费用的扣除方式予以扣除；其他借款费用，应当在发生时根据其发生额确认为费用，计入当期损益。

（1）需要资本化的借款费用，不能在发生当期直接扣除

①不同对象的资本化费用扣除方式有差异。

会计准则规定，符合资本化条件的资产，是指需要经过相当长时间的购建或者生产活动才能达到预定可使用或者可销售状态的固定资产、投资性房地产和存货等资产。主要包括企业（房地产开发）开发的用于对外出售的房地产开发产品、企业制造的用于对外出售的大型机械设备等。这类存货通常需要经过相当长时间的建造或者生产过程，才能达到预定可销售状态。其中“相当长时间”，是指为资产的购建或者生产所必需的时间，通常为 1 年以上

（含1年）。

税法中，同样对于购置、建造固定资产、无形资产和经过12个月以上的建造才能达到预定可销售状态的存货发生借款的，在有关资产购置、建造期间发生的合理的借款费用，应当作为资本性支出计入有关资产的成本，按照相应资产的成本、费用的扣除和摊销的规定，进行税务处理，不得在发生的当期直接确认为费用，在企业所得税前扣除。

其中：

企业购置、建造固定资产的，其借款费用资本化部分，计入固定资产原值，按照固定资产折旧的方式，分期扣除；

企业购置、建造无形资产的，其借款费用资本化部分，计入无形资产原值，按照无形资产摊销的方式，分期扣除；

企业购置、建造的经过12个月以上的建造才能达到预定可销售状态的存货（如房地产开发、船舶、飞机、大型机械设备产品等），其借款费用资本化部分，计入产品成本，按照销售成本配比扣除。

②借款费用资本化与借款期限无直接关系。

借款费用应否资本化只和借款的使用对象有关，与借款期间长短无直接关系。对于企业一个纳税年度内发生借款，无论是长期借款还是短期借款，只要用于“购置、建造固定资产、无形资产和经过12个月以上的建造才能达到预定可销售状态的存货”的，其借款费用就需要依法资本化。对于没有指定用途，当期也没有发生购置固定资产支出，则其借款费用全部可直接扣除。

③资本化期间按照购置、建造期间确定。

应计入有关资产原值、产品成本的借款费用，仅限于企业为购置、建造和生产固定资产、无形资产和经过12个月以上的建造才能达到预定可销售状态的存货而发生的借款费用。其资本化的借款费用只限于这些资产的购建期间借款费用支出。资产购建完成或者存货达到预定可销售状态后而发生的借款费用，不允许计入有关资产、产品的成本，而是应根据其他有关规定作相应税务处理。如：从事房地产开发业务的企业为开发房地产而借入资金所发生的借款费用，在房地产完工前，应计入有关房地产的开发成本。

（2）不需要资本化的借款费用，可依法在发生当期直接扣除

借款费用，如果不是用于“购置、建造固定资产、无形资产和经过12个月以上的建造才能达到预定可销售状态的存货”，或者“购置、建造固定资产、无形资产和经过12个月以上的建造才能达到预定可销售状态的存货”行

为已完成的，企业因借款而发生的利息及其他相关成本，包括借款利息、折价或者溢价的摊销、辅助费用以及因外币借款而发生的汇兑差额，不需要资本化处理，允许在发生当期扣除。企业所得税制度中，只要不是明确被认定为资本化支出的费用，都应该被视为不需要资本化的借款费用，予以当期扣除。

（3）超过期限的非正常中断期间的借款费用，不得资本化处理

企业在“购置、建造固定资产、无形资产和经过 12 个月以上的建造才能达到预定可销售状态的存货”过程中，经常会出现由于企业管理决策上的原因、或者其他不可预见的原因等所导致的中断。比如，企业因与施工方发生了质量纠纷，或者工程、生产用料没有及时供应，或者资金周转发生了困难，或者施工、生产发生了安全事故，或者发生了与资产购建、生产有关的劳动纠纷等原因，导致资产购建或者生产活动发生中断，均属于非正常中断。

相对于非正常中断。正常中断通常仅限于因购建或者生产符合资本化条件的资产达到预定可使用或者可销售状态所必要的程序，或者事先可预见的不可抗力因素导致的中断。比如，某些工程建造到一定阶段必须暂停下来进行质量或者安全检查，检查通过后才可继续下一阶段的建造工作，这类中断是在施工前可以预见的，而且是工程建造必须经过的程序，属于正常中断。

对于非正常中断期间的借款费用要不要资本化，税法中没有规定，应当遵循会计准则的规定。《企业会计准则第 17 号——借款费用》规定“符合资本化条件的资产在购建或者生产过程中发生非正常中断、且中断时间连续超过 3 个月的，应当暂停借款费用的资本化。在中断期间发生的借款费用应当确认为费用，计入当期损益，直至资产的购建或者生产活动重新开始。如果中断是所购建或者生产的符合资本化条件的资产达到预定可使用或者可销售状态必要的程序，借款费用的资本化应当继续进行”。因此，企业符合资本化条件的资产在购建或者生产过程中发生非正常中断、且中断时间连续超过 3 个月的，应当暂停借款费用的资本化。正常中断期间的借款费用应当继续资本化。不得资本化的期间费用按当期费用扣除。

【案例 5-3-7】 A 公司在北方某地从事房地产开发，为该开发项目建设，公司贷款 1 亿元，年利率 6%，2019 年末遇暴雪严寒天气，工程施工因此中断 2 个月，冰冻季节过后方能继续施工。

【问题】 该企业暴雪严寒天气中断施工期间的借款费用，应如何处理？

【解析】 北方冬季出现较长时间的暴雪严寒天气是正常情况，由此导致

的施工中断是可预见的不可抗力因素导致的中断2个月，属于正常中断。企业在中断施工期间的贷款利息，应按规定进行资本化处理，不能直接扣除。

5.3.3.2 利息支出

第三十八条　企业在生产经营活动中发生的下列利息支出，准予扣除：

（一）非金融企业向金融企业借款的利息支出、金融企业的各项存款利息支出和同业拆借利息支出、企业经批准发行债券的利息支出；

（二）非金融企业向非金融企业借款的利息支出，不超过按照金融企业同期同类贷款利率计算的数额的部分。

——《企业所得税法实施条例》

借款费用包括借款利息、折价或者溢价的摊销、辅助费用以及因外币借款而发生的汇兑差额等。借款利息是借款费用的主要形式。企业在生产经营活动中发生的下列利息支出，准予按下列标准税前扣除：

（1）非金融企业向金融企业借款的利息支出，准予全额据实扣除。

包括非金融企业向金融企业借款的利息支出、金融企业的各项存款利息支出和同业拆借利息支出、企业经批准发行债券的利息支出。

（2）金融企业的各项存款利息支出和同业拆借利息支出，准予全额据实扣除。

金融企业的存款业务是吸收不特定公众存款。同业拆借是指具有法人资格的金融机构及经法人授权的金融分支机构之间进行短期资金融通的行为。金融企业从事吸收公众存款和进行同业拆借业务等，也需要遵守一系列的行为规范，法律上有较为严格的要求。税法规定，金融企业的各项存款利息支出和同业拆借利息支出，准予全额据实扣除。

（3）企业经批准发行债券发生的利息支出，准予全额据实扣除。

企业筹借生产经营活动资金，除了向金融企业借款外，还有一种重要形式就是，通过发行企业债券，向社会大众借款。企业发行债券的条件和要求相对较为严格，法律法规对可以发行债券的企业所应具备的条件，发行债券的规模、利率等都有着明确规范和要求，是企业生产经营活动的正常需要，其发生的利息支出，准予全额扣除。

(4) 非金融企业向非金融企业借款的利息支出，不超过按照金融企业同期同类贷款利率计算的数额的部分，准予扣除。

非金融企业向非金融企业借款的利息支出，并不允许无条件地全额扣除，而是有个标准限制，即不超过按照金融企业同期同类贷款利率计算的数额的部分，准予扣除。非金融企业向非金融企业借款的利息支出，其扣除依据或者标准是金融企业同期同类贷款利率，使得向金融企业借款的企业的税收待遇，与向非金融企业借款的企业的税收待遇统一，有利于实现企业之间的公平。

5.3.3.3 永续债的处理

永续债是指经国家发展改革委员会、中国人民银行、中国银行保险监督管理委员会、中国证券监督管理委员会核准，或经中国银行间市场交易商协会注册、中国证券监督管理委员会授权的证券自律组织备案，依照法定程序发行、附赎回（续期）选择权或无明确到期日的债券，包括可续期企业债、可续期公司债、永续债务融资工具（含永续票据）、无固定期限资本债券等。

自2013年11月武汉地铁发行了首支可续期企业债以来，截至2018年底，全国共发行永续债券1200只，发行规模约1.73万亿。我国永续债的历史虽然不长，但是对永续债的利息支付，能否在企业所得税前扣除，债权人收取利息能否按照股息红利入账，延续六年多来，一直没有明确的答案。2019年4月16日，财政部、税务总局联合印发《关于永续债企业所得税政策问题的公告》（财政部、税务总局公告2019年第64号，以下简称64号公告），明确规定，自2019年1月1日起，企业发行经有关部门核准或备案，依照法定程序发行、附赎回（续期）选择权或无明确到期日的债券，包括可续期企业债、可续期公司债、永续债务融资工具（含永续票据）、无固定期限资本债券等永续债，可以适用股息、红利企业所得税政策，符合条件的也可以按照债券利息适用企业所得税政策。

企业发行永续债涉税实务处理中，用好用足税收政策需要特别关注其中的五个要点。

(1) 政策适用决定权在发债企业。

企业发行永续债可以适用股息、红利企业所得税政策，符合条件的也可以按照债券利息适用企业所得税政策。但是选择适用什么样的政策，其决定权在发债企业，投资方只能按照发债企业的选择在税收处理时作出相应纳税调整。64号公告规定，企业发行永续债，应当将其适用的税收处理方法在证券交易所、银行间债券市场等发行市场的发行文件中向投资方予以披露。企业对永续债采取的税收处理办法与会计核算方式不一致的，发行方、投资方在进行税收处理时须作出相应纳税调整。

（2）以适用股息红利政策为原则，适用债券利息政策为例外。

无论选择适用何种政策，发行方和投资方在税收处理上都需要遵循对等原则。即一方免征企业所得税，另一方则不得企业所得税前扣除；一方计入收入征收企业所得税，另一方则可以在所得税前扣除支出。64号公告规定，企业发行的永续债适用股息、红利企业所得税政策，没有条件限制，可以随时适用。投资方取得的永续债利息收入属于股息、红利性质，按照现行企业所得税政策相关规定进行处理。其中，发行方和投资方均为居民企业的，永续债利息收入按照居民企业直接投资于其他居民企业取得的股息、红利等权益性投资收益免征企业所得税，同时发行方支付的永续债利息支出不得在企业所得税税前扣除。企业发行的永续债符合规定条件时，可以选择适用股息、红利企业所得税政策，也可以按照债券利息适用企业所得税政策。选择债券利息政策时，发行方支付的永续债利息支出准予在其企业所得税税前扣除；投资方取得的永续债利息收入应当依法纳税。

（3）政策按每一永续债产品单品适用。

企业发行多个永续债产品时，其税收政策的适用按照由企业对每一永续债产品进行确定。永续债产品的税收处理方法一经确定，不得变更。企业对永续债采取的税收处理办法与会计核算方式不一致的，发行方、投资方在进行税收处理时须作出相应纳税调整。

（4）可选债券利息政策需满足“九选五”规定条件。

64号公告规定，企业发行的可以按照债券利息适用企业所得税政策的永续债，需要至少符合9个条件中的5个。9个条件具体为：

①被投资企业对该项投资具有还本义务；

②有明确约定的利率和付息频率；

③有一定的投资期限；

④投资方对被投资企业净资产不拥有所有权；

⑤投资方不参与被投资企业日常生产经营活动；

⑥被投资企业可以赎回，或满足特定条件后可以赎回；

⑦被投资企业将该项投资计入负债；

⑧该项投资不承担被投资企业股东同等的经营风险；

⑨该项投资的清偿顺序位于被投资企业股东持有的股份之前。

（5）已发行永续债税务处理待明确

虽然64号公告规定“本公告自2019年1月1日起施行”，但文中，并没有限定仅适用于2019年1月1日后企业新发行的永续债产品。对企业2019年1月1日前已发行的永续债产品如何适用政策，需要进一步明确。在2019年1月1日起，也应按照64号公告的规定，选择适用企业所得税政策并依法向投资方披露。其永续债产品的税收处理方法一经确定，不得变更。企业对永续债采取的税收处理办法与会计核算方式不一致的，发行方、投资方在进行税收处理时须作出相应纳税调整。

5.3.4 汇兑损失的扣除

纳税人在生产、经营期间发生的外国货币存、借和以外国货币结算的往来款项增减变动时，由于汇率变动而与记账本位币折合发生的汇兑损益，其中汇兑收入计入当期所得，汇兑损失作为当期费用税前扣除。

> 第三十九条　企业在货币交易中，以及纳税年度终了时将人民币以外的货币性资产、负债按照期末即期人民币汇率中间价折算为人民币时产生的汇兑损失，除已经计入有关资产成本以及与向所有者进行利润分配相关的部分外，准予扣除。
>
> ——《企业所得税法实施条例》

我国境内的企业一般以人民币为计账本位币。《企业所得税法》规定，依法缴纳的企业所得税，以人民币计算。所得以人民币以外的货币计算的，应当折合成人民币计算并缴纳税款。

汇兑损失是企业发生债权收回债务偿还、货币兑换、货币资金减少等外币业务时，向计账本位币折算记账过程中，由于汇率变化而产生的一种折算负差额。其企业所得税的处理，需要遵循以下四个规则。

（1）货币交易过程中产生的汇兑损失，准予扣除。

货币交易，也称外币交易，是指企业以外币计价或者结算的交易，包括企业买入或者卖出以外币计价的商品或者劳务，借入或者借出外币资金，以及其他以外币计价或者结算的交易。在这些外币交易过程中，由于交易发生与确认实现时汇率的变化，将会产生汇率差，从而可能产生原来不曾存在的损失，而这部分损失是企业生产经营活动过程中正常与必要的支出，是应准予税前扣除的。

（2）纳税年度终了时将人民币以外的货币性资产、负债按照期末即期人民币汇率中间价折算为人民币时产生的汇兑损失，准予扣除。

企业所拥有的资产或者负债，可能是以计账本位币以外的货币计量，那么在纳税年度终了时，需要按照期末即期人民币汇率中间价为标准，将其折算成人民币，以反映企业的真正经济利益流动情况，当期末即期人民币汇率中间价，与企业取得货币性资产、负债时的汇率产生变动时，就可能使企业承担因汇率变动而产生的损失。其中，负债是由企业已完成的经济业务所引起，可以用货币客观计量，并在将来以资产或提供劳务等方式予以清偿的经济责任，如应付账款、应付票据等。货币性资产是企业经营过程中以货币形态存在的资产，包括狭义上的现金（即库存现金）、银行存款、其他货币资金等。对于这部分损失，是企业生产经营活动中的正常与必要的支出，应准予扣除。

（3）已经计入有关资产成本以及与向所有者进行利润分配相关的部分的汇兑损失，不予扣除。

一般而言，汇兑损失属于企业生产经营活动过程中所发生的必要与正常的支出，应准予扣除。但是，企业在会计处理时，有些汇兑损失已经通过其他途径体现在企业的支出中，或者有时候产生的所谓的汇兑损失，虽然也与企业所拥有的资产数额有关联，但其是企业税后利润的组成部分，产生的所谓汇兑损失只会对所有者权益产生一定的影响，对于这些情况下的所谓汇兑损失，是不应允许扣除的，否则就违背了税前扣除中的不得重复扣除的原则和相关性原则。企业发生的汇兑损失，如果已经计入资产成本的话，那么这部分损失已经通过资产的折旧或者摊销等方式予以税前扣除；如果企业发生的损失，是由向所有者进行利润分配相关的部分所产生，考虑到这部分属于所有者权益，是税后利润分配问题，一定程度上与企业资产相脱离，不属于企业的资产，其产生的所谓的汇兑损失，也是不应该作为企业支出在税前扣除。

（4）汇兑损益的计算。

企业发生外币业务涉及汇兑损益，在企业所得税处理时，需要遵循四个原则：

①企业外币兑换、外币交易中发生的汇兑损益，应计入当期损益，作为财务费用列支。

②企业为购置、建造固定资产、无形资产和经过12个月以上的建造才能达到预定可销售状态的存货发生汇兑损益，在资产和存货达到预定可使用状态之前发生的，可按有关规定予以资本化计入相关资产、存货的购建成本，在这之后发生的计入当期损益。

③企业筹建期间发生汇兑损益计入长期待摊费用，应在开始生产经营的当月起，一次性计入损益。终止清算期间发生的汇兑损益计入清算损益。

④企业接受投资时发生的汇兑损益，计入资本公积，企业对外投资，采用权益法核算的长期外币投资，发生的汇兑损益应暂时记入资本公积，待到对该投资进行处置时，再将其转入处置当期的损益中。

在计算汇兑损益时：

①接受投资者以外币投入的资本要按规定汇率折算为记账本位币。即：对于实收资本账户的折合，有合同约定汇率的，按合同约定汇率折算；合同没有约定汇率的，按收到出资额时的汇率折算，对应的资产账户均应采用收到出资额当日的汇率折算。由于资产账户与实收资本或者股本账户所采用的折算汇率不同而产生的记账本位币差额，计入资本公积。

②除接受投资者以外币投入的资本要按规定汇率折算外，企业发生的外币业务采用的折算汇率应为业务发生当日的汇率。为简化核算，企业也可以采用业务发生当月月初的汇率。

③纳税年度终了时将人民币以外的货币性资产、负债按照期末即期人民币汇率中间价折算为人民币时产生的汇兑损益，计入当期损益，但已经计入有关资产成本以及与向所有者进行利润分配相关的部分除外。

人民币汇率中间价是即期银行间外汇交易市场和银行挂牌汇价的最重要参考指标。中国人民银行于每个工作日闭市后公布当日银行间外汇市场美元等交易货币对人民币的收盘价，作为下一个工作日该货币对人民币交易的中间价。

期末即期人民币汇率中间价是指纳税年度最后一日的人民币汇率中间价。

5.3.5 业务招待费的扣除

业务招待费是企业在生产经营过程中，为了联系业务或促销、处理社会关系等目的经常发生的，合理支付的招待费用。在会计核算中，企业支出的业务招待费用，据实列支。但是在《企业所得税法》中，却实行双标就低扣除，即按照实际发生额60%和当年销售（营业）收入的5‰计算出来的两个金额中，就低扣除。

在企业所得税应纳税额的计算中，业务招待费不仅是一个必然调整的项目，也是一个永久性差异的调整项目。

> 第四十三条　企业发生的与生产经营活动有关的业务招待费支出，按照发生额的60%扣除，但最高不得超过当年销售（营业）收入的5‰。
>
> ——《企业所得税法实施条例》

业务招待费的企业所得税前扣除，需要注意以下六个要点。

（1）业务招待费必须真实、相关、合理。

业务招待费是一项和企业生产经营有关的、以个人消费为主体的费用，不仅容易出现单位和个人在费用上的混搭，也会因取得凭证相对容易、查实相对困难的因素，在真实性上也存在较大的风险。业务招待费的扣除，需要遵循企业成本费用扣除的一般原则：一是要实际发生的，二是与取得收入有关的，三是合理的支出。纳税人需要有意识地留存证明业务招待费列支真实性足够且有效的凭证或资料，按照税法的规定至少保留10年。

凭证、资料可以包括发票、被取消的支票、收据、销售账单、会计账簿凭证、纳税人或其他方面的证词，越客观的证词越有效。对于确实无法取得发票，也需要有足够说服力的证据证实业务的真实性。

（2）业务招待费列支范围必须恰如其分。

企业所得税法中并未明确界定业务招待费的列支范围。但是在实务中，业务招待费的列支一般包括：

①因企业生产经营需要而宴请客户及因接待业务相关人员发生的餐费、

住宿费、交通费及其他费用；

②因企业生产经营需要赠送纪念品的开支，向客户及业务相关人员赠送礼品的开支等；

③因企业生产经营需要而发生的旅游景点参观费和交通费及其他费用的开支；

④因企业生产经营需要而发生的业务关系人员的差旅费开支。

与企业生产经营活动无关的职工福利、职工奖励、企业销售产品而产生的佣金以及支付给个人的劳务支出都不得列支为业务招待费。

(3) 业务招待费扣除标准必须遵循“双标就低”原则。

正在因为业务招待费本身的消费性，所以在各国的所得税法中，业务招待费一般都执行定比扣除。在企业所得税法中，我国执行的“双标就低”的扣除原则。一是企业发生的业务招待费的支出在企业所得税计算时必须调整，二是纳税调整的方式按照当年实际发生额的60%和当年企业销售（营业）收入的5‰计算出来的金额中，较低的那一个数字扣除。其中当年销售（营业）收入，应包括企业发生非货币性资产交换，以及将货物、财产、劳务用于捐赠、偿债、赞助、集资、广告、样品、职工福利或者利润分配等用途的视同销售（营业）收入额。对从事股权投资业务的企业（包括集团公司总部、创业投资企业等），其从被投资企业所分配的股息、红利以及股权转让收入，可以按规定的比例计算业务招待费扣除限额。

(4) 要注意和其他费用的区分。

①误餐费。误餐费是企业职工个人因公在城区、郊区工作或出差，不能在工作单位或返回就餐，确实需要在外就餐的补偿，误餐费根据情况可分别计入“差旅费”和“职工福利费”。

②聚餐费。聚餐费是企业在逢年过节等时候而组织员工聚餐而发生的费用。聚餐费一般都是计入“职工福利费”。

③会务费。会务费是企业召开会议而发生的合理费用。会务费开支范围包括会议住宿费、伙食费、会议室租金、交通费、文件印刷费、医药费等。会务费一般计入“管理费用”。

④宣传费。企业向其他单位和个人赠送礼品，该如何纳税争议比较大。实务中，一般将企业自制、外购或委托加工的广告衫、广告扇、广告纸袋、小包装产品等用于各种展会或产品推广时的免费赠送，具有价值小而赠送对象多且赠送对象是随机的特点，无论是税务还是会计计入业务宣传费是没有

问题的。如果赠送的对象不是随机的，且赠送礼品较大，或者礼品没有企业LOGO等，一般都要计入业务招待费。比如企业年会向经销商等赠送买入的消费电子产品。

（5）业务招待费不能计入相关资产价值。

企业基建期间，建设项目发生的业务招待费不能计入“在建工程”，企业生产车间发生的业务招待费也不能计入“制造费用”，然后转入存货成本。

【案例5-3-8】 A公司2019年实现主营业务收入2000万元，其他业务收入200万元，营业外收入20万元。本年度在管理费用中列支的与企业生产经营活动有关的业务招待费40万元，在销售费用中列支与企业生产经营活动有关的业务招待费30万元。

【问题】 A公司计算企业所得税允许扣除的业务招待费金额是多少？

【解析】 企业发生的与生产经营活动有关的业务招待费支出，按照发生额的60%扣除，但最高不得超过当年销售（营业）收入的5‰。

业务招待费按照发生额的60%扣除，扣除限额=（40+30）×60%=42（万元）。

业务招待费按照不超过当年销售（营业）收入的5‰扣除：

扣除限额=（2000+200）×5‰=11（万元）

11万元<42万元，A公司2019年业务招待费税前扣除额为11万元，应做纳税调增59万元（40+30-11）。

（6）筹建期间业务招待费按开办费扣除。

企业在筹建期间并没有销售（营业）收入，发生的业务招待费支出，不能按照一般的“双标就低”扣除。企业筹建期间发生的与筹办活动有关的业务招待费支出，实行单标比例扣除，《国家税务总局关于企业所得税应纳税所得额若干税务处理问题的公告》（国家税务总局公告2012年第15号）规定，企业筹办期业务招待费，可按实际发生额的60%计入企业筹办费，并按有关规定在税前扣除。

5.3.6 广告费及业务宣传费的扣除

企业在生产经营过程中，需要通过一定的媒介、载体和形式，进行广告和业务宣传，以达到推介企业和产品、促进销售的目的。企业在广告和业务宣传活动中，支付的费用就是广告费和业务宣传费。随着信息化多媒体的发展，企业的广告和业务宣传的活动越来越形式多样，广告和业务宣传的边界也越来越模糊。不过，两者都有一个共同的特点，都是以宣传企业以及企业的产品和服务为目的。

在企业所得税中，将企业实际发生的、符合条件的广告费和业务宣传费作为一项合理费用项目准予在企业所得税前扣除，合并计算确定扣除标准，在不超过当年销售（营业）收入15%的部分，准予扣除；超过部分，准予在以后纳税年度结转扣除。

第四十四条　企业发生的符合条件的广告费和业务宣传费支出，除国务院财政、税务主管部门另有规定外，不超过当年销售（营业）收入15%的部分，准予扣除；超过部分，准予在以后纳税年度结转扣除。

——《企业所得税法实施条例》

企业发生的广告费和业务宣传费在企业所得税前实行限额内据实扣除，需要关注以下六点：

（1）扣除比例按行业不同分为三档。

依据《企业所得税法实施条例》和《财政部　国家税务总局关于广告费和业务宣传费支出税前扣除政策的通知》（财税〔2017〕41号）的规定，实务中，企业广告费和业务宣传费的扣除限额的计算比例可分为三档：30%、15%、0%。

其中：自2016年1月1日起至2020年12月31日止，对化妆品制造或销售、医药制造和饮料制造（不含酒类制造）企业发生的广告费和业务宣传费支出，不超过当年销售（营业）收入30%的部分，准予扣除；超过部分，准予在以后纳税年度结转扣除。

除国务院财政、税务主管部门另有规定外的一般企业：发生的符合条件的广告费和业务宣传费支出，不超过当年销售（营业）收入15%的部分，准予扣除；超过部分，准予在以后纳税年度结转扣除。

烟草企业的烟草广告费和业务宣传费支出，一律不得在计算应纳税所得额时扣除。需要注意的是烟草企业除烟草以外的广告费和业务宣传费支出，按照一般企业，不超过当年销售（营业）收入15%的部分，准予扣除；超过部分，准予在以后纳税年度结转扣除。

（2）年度扣除限额计算基础包括视同销售收入。

广告费和业务宣传费的年度扣除限额的计算基础是企业当年的销售（营业）收入，《国家税务总局关于企业所得税执行中若干税务处理问题的通知》（国税函〔2009〕202号）进一步规定，当年销售（营业）收入，还应包括企业发生非货币性资产交换，以及将货物、财产、劳务用于捐赠、偿债、赞助、集资、广告、样品、职工福利或者利润分配等用途的视同销售（营业）收入额。

但是，对从事股权投资业务的企业（包括集团公司总部、创业投资企业等），其从被投资企业所分配的股息、红利以及股权转让收入，仅可以按规定的比例计算业务招待费扣除限额，不能作为广告费和业务宣传费的计算基础。

（3）广告和业务宣传费的扣除是一项时间性差异。

《企业所得税法实施条例》规定，企业发生的符合条件的广告费和业务宣传费，在纳税年度广告费和业务宣传费扣除限额内准予扣除；超过部分，准予在以后纳税年度结转扣除。对于超过部分的扣除，和职工教育经费的扣除一样，不设定扣除年限，持续扣除到扣完为止。

【案例5-3-9】 A公司是一个日用家电的制造企业，2019年销售收入合计1.2亿元。2019年5月开办一次百城联展活动，将公司活动展示产品全部依法进行扶贫捐赠，捐赠产品市场价格200万元。该公司2019年共发生广告费2000万元、业务宣传费500万元。该公司2018年结转以前年度未扣除广告费和业务宣传费300万元。该公司2020年全年销售收入1.5亿元，当年发生广告费800万元、业务宣传费200万元。

【问题】 计算A公司2019年、2020年企业所得税前可扣除广告费和业务宣传费金额。

【解析】 （1）2019年：

2019年待扣除广告费和业务宣传费=上年结转未扣除金额+本年发生额=300+2000+500=2800（万元）

2019年度广告费和业务宣传费扣除限额=本年销售（营业）收入×15%=（12000+200）×15%=1830（万元）

2019年企业所得税前可扣除广告费和业务宣传费1830万元，结转未扣除广告费和业务宣传费=2800−1830=970（万元），在以后年度扣除。

（2）2020 年：

2020 年待扣除广告费和业务宣传费=上年结转未扣除金额+本年发生额=970+800+200=1970（万元）

2020 年度广告费和业务宣传费扣除限额=本年销售（营业）收入×15%=15000×15%=2250（万元）

2020 年企业所得税前可扣除广告费和业务宣传费 1970 万元，本年无结转以后年度扣除的广告费和业务宣传费。

（4）区别广告费和业务宣传费与赞助费及其他费用。

企业所得税中，不具有广告性质的赞助支出不得税前列支。在广告费和业务宣传费扣除中，要注意与赞助费支出区别。因此，判断一项费用是赞助费还是广告费和业务宣传费，取决于该项费用是否具有广告或者业务宣传的性质。主要看：

①费用支出的合同是不是有偿双务合同。如果企业对外支出费用属于单方面赠予，而未约定对方必须履行对外推介、宣传义务的，不能认为是广告费和业务宣传费的支出。

②费用支出的相对方是否广告经营者或广告发布者。

③是否通过一定媒介和形式推介产品或服务。推介宣传的对象是费用支出方自身或是其产品和服务，如果费用的支出不能带来直接或间接表现企业所提供的产品或服务的结果，也是非广告费和业务宣传费的支出。

【案例 5-3-10】 某公司赞助第三方活动，要求对方在活动中展示该公司的标识和形象信息，公司会计核算计入赞助费科目。

【问题】 此类支出能否作为广告费和业务宣传费支出税前扣除？

【解析】 《企业所得税法》及其实施条例规定，企业发生的与生产经营活动无关的各种非广告性质赞助支出不得从税前扣除。对于宣传企业的产品或形象具有广告性质的赞助支出，属于与企业取得收入直接相关的支出，作为广告费和业务宣传费支出从税前扣除。

该公司赞助第三方活动如果是为了宣传企业的形象，具有广告性质，可以作为广告费和业务宣传费支出从税前扣除。

另外，企业为宣传本企业的产品或服务，通过第三方平台进行宣传，第三方平台公司收取的开票内容为信息推广服务费的支出，实际也是企业为宣传本企业的产品、服务或形象发生的支出，也应作为广告费和业务宣传费支出，在规定的比例内税前扣除。

（5）关联企业间广告费和业务宣传费的分摊。

《财政部　税务总局关于广告费和业务宣传费支出税前扣除政策的通知》（财税〔2017〕41号）的规定，对签订广告费和业务宣传费分摊协议（以下简称分摊协议）的关联企业，其中一方发生的不超过当年销售（营业）收入税前扣除限额比例内的广告费和业务宣传费支出可以在本企业扣除，也可以将其中的部分或全部按照分摊协议归集至另一方扣除。另一方在计算本企业广告费和业务宣传费支出企业所得税税前扣除限额时，可将按照上述办法归集至本企业的广告费和业务宣传费不计算在内。

【案例5-3-11】 A公司和B公司是关联企业，根据双方签订的广告宣传费分摊协议，A公司在2019年发生的广告费和业务宣传费的40%应归集至B公司扣除。

2019年A公司年销售（营业）收入3000万元，当年实际发生广告费和业务宣传费为600万元，其广告费和业务宣传费的扣除比例为销售收入的15%。

2019年B公司销售收入为6000万元，当年实际发生广告费和业务宣传费为1200万元（不含从A公司分摊的广告费和业务宣传费），其广告费和业务宣传费的扣除比例为销售收入的15%。

【问题】 计算A、B公司分摊后可税前扣除的广告费和业务宣传费。

【解析】 （1）A公司：

2019年广告费和业务宣传费的税前扣除限额=当年销售（营业）收入×15%=3000×15%=450（万元）；

按照分摊协议，分摊到B公司的广告费和业务宣传费扣除限额=450×40%=180（万元）；

A公司应分摊广告费和业务宣传费扣除限额=450-180=270（万元）；

A公司实际支付的广告费和业务宣传费600万元，按分摊比例分配，A公司应分摊360万元，B公司应分摊240万元。

A公司实际分摊的360万元，超过扣除限额270万元，只能扣除270万元，结转以后年度扣除的广告费和业务宣传费=360-270=90（万元）。

（2）B公司：

B公司当年广告费和业务宣传费的税前扣除限额=当年销售（营业）收

入×15%＝6000×15%＝900（万元）；

按照分摊协议从A公司分摊的广告费和业务宣传费240万元，分摊的扣除限额180万元；

B公司本年度实际待扣除的广告费和业务宣传费＝1200+240＝1440（万元）

B公司本年度实际广告费和业务宣传费合计扣除限额＝900＋180＝1080（万元）；当年可扣除广告费和业务宣传费1080万元，结转以后年度扣除的广告费和业务宣传费＝1440－1080＝360（万元）。

（6）企业筹建期间的扣除。

企业筹建期间发生的广告费和业务宣传费的扣除，全额记入企业筹办费，按照企业筹办费的扣除规定，在企业所得税前扣除。

企业在筹建期间，发生的广告费和业务宣传费，可按实际发生额计入企业筹办费，并按有关规定在税前扣除。

——《国家税务总局关于企业所得税应纳税所得额若干税务处理问题的公告》（国家税务总局公告2012年第15号）

5.3.7 租金支出的扣除

租赁是指在约定的期间内，出租人将资产使用权让渡给承租人以获取租金的经济活动。

租赁业务的实质，是企业的一项融资业务，通过租赁的方式以较小的支出获取相关资产的使用权。按照租赁双方对租赁物所承担的风险和报酬的不同，租赁可分为融资租赁和经营租赁。

融资租赁，是指实质上转移了与资产所有权有关的全部风险和报酬的租赁。满足下列条件之一的租赁，就是融资租赁：

（1）在租赁期满时，资产的所有权转移给承租人；

（2）承租人有购买租赁资产的选择权，所订立的购价预计远低于行使选择权时租赁资产的公允价值，因而在租赁开始日就可合理地确定承租人将会行使这种选择权；

（3）租赁期占租赁资产使用寿命的大部分；就承租人而言，租赁开始日最低租赁付款额的现值几乎相当于（90%以上）租赁开始日租赁资产公允价值，就出租人而言，租赁开始日最低租赁收款额的现值几乎相当于（90%以上）租赁开始日租赁资产公允价值；

(4) 租赁资产性质特殊，如果不作较大修改，只有承租人才能使用。

除了融资租赁以外的租赁，就属于经营租赁。

在企业所得税中，针对不同的租赁行为，其租赁费用在企业所得税前的扣除方式不一样。

(1) 以经营租赁方式租入固定资产而发生的租赁费，按租赁年限均匀扣除。经营租赁方式下，租入企业实际不拥有该租赁资产的所有权，其支付的租赁费，是作为期间费用列支，在企业所得税中，按照权责发生制原则，按租赁年限予以分期，分别扣除。

(2) 以融资租赁方式租入固定资产发生的租赁费，按规定计入租入固定资产的价值，并提取折旧费用，予以分期扣除。以融资租赁方式租入的固定资产，企业拥有租入资产的所有权，其租赁费构成租赁资产的价值，租赁使用期限也和资产有效使用期限基本一致，应作为企业的固定资产，其租赁费与租赁固定资产的价值一起，计算折旧，并予以扣除。

第四十七条　企业根据生产经营活动的需要租入固定资产支付的租赁费，按照以下方法扣除：

（一）以经营租赁方式租入固定资产发生的租赁费支出，按照租赁期限均匀扣除；

（二）以融资租赁方式租入固定资产发生的租赁费支出，按照规定构成融资租入固定资产价值的部分应当提取折旧费用，分期扣除。

——《企业所得税法实施条例》

5.3.8　准备金的扣除

企业会计准则中，基于资产的真实性和谨慎性原则考虑，对企业资产可能发生的减值计提减值准备，真实反映企业资产实际价值的变动。但是，企业计提的减值准备，在计算企业所得税时，一般不允许税前扣除。《企业所得税法》规定，未经核定的准备金支出不得在税前扣除。

在现行企业所得税制度中，经过核定允许税前扣除准备金，主要集中在金融企业。主要有：

5.3.8.1 金融企业涉农贷款和中小企业贷款损失准备金支出

《财政部 税务总局关于金融企业涉农贷款和中小企业贷款损失准备金税前扣除有关政策的公告》（财政部 税务总局公告2019年第85号）规定：自2019年1月1日起执行至2023年12月31日，金融企业根据《贷款风险分类指引》（银监发〔2007〕54号），对其涉农贷款和中小企业贷款进行风险分类后，按照以下比例计提的贷款损失准备金，准予在计算应纳税所得额时扣除：

（1）关注类贷款，计提比例为2%；

（2）次级类贷款，计提比例为25%；

（3）可疑类贷款，计提比例为50%；

（4）损失类贷款，计提比例为100%。

涉农贷款，是指《涉农贷款专项统计制度》（银发〔2007〕246号印发）统计的以下贷款：

（1）农户贷款。是指金融企业发放给农户的所有贷款。农户贷款的判定应以贷款发放时的承贷主体是否属于农户为准。农户，是指长期（一年以上）居住在乡镇（不包括城关镇）行政管理区域内的住户，还包括长期居住在城关镇所辖行政村范围内的住户和户口不在本地而在本地居住一年以上的住户，国有农场的职工和农村个体工商户。位于乡镇（不包括城关镇）行政管理区域内和在城关镇所辖行政村范围内的国有经济的机关、团体、学校、企事业单位的集体户；有本地户口，但举家外出谋生一年以上的住户，无论是否保留承包耕地均不属于农户。农户以户为统计单位，既可以从事农业生产经营，也可以从事非农业生产经营。

（2）农村企业及各类组织贷款。是指金融企业发放给注册地位于农村区域的企业及各类组织的所有贷款。农村区域，是指除地级及以上城市的城市行政区及其市辖建制镇之外的区域。

中小企业贷款，是指金融企业对年销售额和资产总额均不超过2亿元的企业的贷款。

金融企业发生的符合条件的涉农贷款和中小企业贷款损失，应先冲减已在税前扣除的贷款损失准备金，不足冲减部分可据实在计算应纳税所得额时扣除。

5.3.8.2 金融企业贷款损失准备金支出

《财政部　税务总局关于金融企业贷款损失准备金企业所得税税前扣除有关政策的公告》（财政部　税务总局公告2019年第86号）规定：自2019年1月1日起执行至2023年12月31日，政策性银行、商业银行、财务公司、城乡信用社和金融租赁公司等金融企业提取的贷款损失准备金，同时满足三个条件的，准予在企业所得税税前扣除。

（1）准予税前提取贷款损失准备金的贷款资产范围包括：

①贷款（含抵押、质押、保证、信用等贷款）；

②银行卡透支、贴现、信用垫款（含银行承兑汇票垫款、信用证垫款、担保垫款等）、进出口押汇、同业拆出、应收融资租赁款等具有贷款特征的风险资产；

③由金融企业转贷并承担对外还款责任的国外贷款，包括国际金融组织贷款、外国买方信贷、外国政府贷款、日本国际协力银行不附条件贷款和外国政府混合贷款等资产。

（2）金融企业准予当年税前扣除的贷款损失准备金计算公式如下：

准予当年税前扣除的贷款损失准备金＝本年末准予提取贷款损失准备金的贷款资产余额×1%－截至上年末已在税前扣除的贷款损失准备金的余额

金融企业按上述公式计算的数额如为负数，应当相应调增当年应纳税所得额。

（3）金融企业的委托贷款、代理贷款、国债投资、应收股利、上交央行准备金以及金融企业剥离的债权和股权、应收财政贴息、央行款项等不承担风险和损失的资产，以及除（1）列举资产之外的其他风险资产，不得提取贷款损失准备金在税前扣除。

金融企业发生的符合条件的贷款损失，应先冲减已在税前扣除的贷款损失准备金，不足冲减部分可据实在计算当年应纳税所得额时扣除。

金融企业涉农贷款和中小企业贷款损失准备金的税前扣除政策，凡按照《财政部　税务总局关于金融企业涉农贷款和中小企业贷款损失准备金税前扣除有关政策的公告》（财政部　税务总局公告2019年第85号）的规定执行的，不适用金融企业贷款损失准备金税前扣除规定。

5.3.8.3 上海国际能源交易中心有关风险准备金和期货投资者保障基金支出

《财政部 税务总局关于上海国际能源交易中心有关风险准备金和期货投资者保障基金支出企业所得税税前扣除政策问题的通知》（财税〔2019〕32号）规定：

自2019年1月1日起至2020年12月31日，上海国际能源交易中心依据《期货交易管理条例》《期货交易所管理办法》和《商品期货交易财务管理暂行规定》的有关规定，按其向会员收取手续费收入的20%计提的风险准备金，在风险准备金余额达到有关规定的额度内，准予在企业所得税税前扣除。

自2019年1月1日起至2020年12月31日，上海国际能源交易中心依据《期货投资者保障基金管理办法》和《关于明确期货投资者保障基金缴纳比例有关事项的规定》的有关规定，按其向期货公司会员收取的交易手续费的2%缴纳的期货投资者保障基金，在基金总额达到有关规定的额度内，准予在企业所得税税前扣除。

上海国际能源交易中心于2018年3月上市交易后提取的符合规定的风险准备金和期货投资者保障基金，可依规执行。

5.3.8.4 证券行业准备金支出

《财政部 税务总局关于证券行业准备金支出企业所得税税前扣除有关政策问题的通知》（财税〔2017〕23号）规定：自2016年1月1日起至2020年12月31日，证券行业准备金支出企业所得税税前扣除有关政策按以下规定执行：

（1）证券类准备金

①证券交易所风险基金。上海、深圳证券交易所依据《证券交易所风险基金管理暂行办法》（证监发〔2000〕22号）的有关规定，按证券交易所交易收取经手费的20%、会员年费的10%提取的证券交易所风险基金，在各基金净资产不超过10亿元的额度内，准予在企业所得税税前扣除。

②证券结算风险基金。

中国证券登记结算公司所属上海分公司、深圳分公司依据《证券结算风险基金管理办法》（证监发〔2006〕65号）的有关规定，按证券登记结算公司业务收入的20%提取的证券结算风险基金，在各基金净资产不超过30亿元的额度内，准予在企业所得税税前扣除。

证券公司依据《证券结算风险基金管理办法》（证监发〔2006〕65号）的有关规定，作为结算会员按人民币普通股和基金成交金额的十万分之三、国债现货成交金额的十万分之一、1天期国债回购成交额的千万分之五、2天期国债回购成交额的千万分之十、3天期国债回购成交额的千万分之十五、4天期国债回购成交额的千万分之二十、7天期国债回购成交额的千万分之五十、14天期国债回购成交额的十万分之一、28天期国债回购成交额的十万分之二、91天期国债回购成交额的十万分之六、182天期国债回购成交额的十万分之十二逐日缴纳的证券结算风险基金，准予在企业所得税税前扣除。

③证券投资者保护基金。

上海、深圳证券交易所依据《证券投资者保护基金管理办法》（证监会令第27号、第124号）的有关规定，在风险基金分别达到规定的上限后，按交易经手费的20%缴纳的证券投资者保护基金，准予在企业所得税税前扣除。

证券公司依据《证券投资者保护基金管理办法》（证监会令第27号、第124号）的有关规定，按其营业收入0.5%—5%缴纳的证券投资者保护基金，准予在企业所得税税前扣除。

（2）期货类准备金

①期货交易所风险准备金。大连商品交易所、郑州商品交易所和中国金融期货交易所依据《期货交易管理条例》（国务院令第489号）、《期货交易所管理办法》（证监会令第42号）和《商品期货交易财务管理暂行规定》（财商字〔1997〕44号）的有关规定，上海期货交易所依据《期货交易管理条例》（国务院令第489号）、《期货交易所管理办法》（证监会令第42号）和《关于调整上海期货交易所风险准备金规模的批复》（证监函〔2009〕407号）的有关规定，分别按向会员收取手续费收入的20%计提的风险准备金，在风险准备金余额达到有关规定的额度内，准予在企业所得税税前扣除。

②期货公司风险准备金。期货公司依据《期货公司管理办法》（证监会令第43号）和《商品期货交易财务管理暂行规定》（财商字〔1997〕44号）的有关规定，从其收取的交易手续费收入减去应付期货交易所手续费后的净收入的5%提取的期货公司风险准备金，准予在企业所得税税前扣除。

③期货投资者保障基金。

上海期货交易所、大连商品交易所、郑州商品交易所和中国金融期货交易所依据《期货投资者保障基金管理办法》（证监会令第 38 号、第 129 号）和《关于明确期货投资者保障基金缴纳比例有关事项的规定》（证监会　财政部公告〔2016〕26 号）的有关规定，按其向期货公司会员收取的交易手续费的 2%（2016 年 12 月 8 日前按 3%）缴纳的期货投资者保障基金，在基金总额达到有关规定的额度内，准予在企业所得税税前扣除。

期货公司依据《期货投资者保障基金管理办法》（证监会令第 38 号、第 129 号）和《关于明确期货投资者保障基金缴纳比例有关事项的规定》（证监会　财政部公告〔2016〕26 号）的有关规定，从其收取的交易手续费中按照代理交易额的亿分之五至亿分之十的比例（2016 年 12 月 8 日前按千万分之五至千万分之十的比例）缴纳的期货投资者保障基金，在基金总额达到有关规定的额度内，准予在企业所得税税前扣除。

上述准备金如发生清算、退还，应按规定补征企业所得税。

5.3.8.5 中小企业融资（信用）担保机构有关准备金支出

《财政部　税务总局关于中小企业融资（信用）担保机构有关准备金企业所得税税前扣除政策的通知》（财税〔2017〕22 号）规定：

自 2016 年 1 月 1 日起至 2020 年 12 月 31 日，符合条件的中小企业融资（信用）担保机构按照不超过当年年末担保责任余额 1%的比例计提的担保赔偿准备，允许在企业所得税税前扣除，同时将上年度计提的担保赔偿准备余额转为当期收入。

自 2016 年 1 月 1 日起至 2020 年 12 月 31 日，符合条件的中小企业融资（信用）担保机构按照不超过当年担保费收入 50%的比例计提的未到期责任准备，允许在企业所得税税前扣除，同时将上年度计提的未到期责任准备余额转为当期收入。

自 2016 年 1 月 1 日起至 2020 年 12 月 31 日，中小企业融资（信用）担保机构实际发生的代偿损失，符合税收法律法规关于资产损失税前扣除政策规定的，应冲减已在税前扣除的担保赔偿准备，不足冲减部分据实在企业所得税税前扣除。

符合条件的中小企业融资（信用）担保机构，必须同时满足以下条件：

（1）符合《融资性担保公司管理暂行办法》（银监会等七部委令 2010 年

第3号）相关规定，并具有融资性担保机构监管部门颁发的经营许可证；

（2）以中小企业为主要服务对象，当年中小企业信用担保业务和再担保业务发生额占当年信用担保业务发生总额的70%以上（上述收入不包括信用评级、咨询、培训等收入）；

（3）中小企业融资担保业务的平均年担保费率不超过银行同期贷款基准利率的50%；

（4）财政、税务部门规定的其他条件。

申请享受规定的准备金税前扣除政策的中小企业融资（信用）担保机构，在汇算清缴时，需报送法人执照副本复印件、融资性担保机构监管部门颁发的经营许可证复印件、年度会计报表和担保业务情况（包括担保业务明细和风险准备金提取等），以及财政、税务部门要求提供的其他材料。

5.3.8.6 保险公司准备金支出

《财政部　国家税务总局关于保险公司准备金支出企业所得税税前扣除有关政策问题的通知》（财税〔2016〕114号）规定：

（1）符合规定缴纳的保险保障基金准予据实税前扣除。

自2016年1月1日至2020年12月31日，保险保障基金余额未达到公司总资产规定比例（财产保险公司为6%；人身保险公司为1%）的保险公司，按下列规定缴纳的保险保障基金，准予据实税前扣除：

①非投资型财产保险业务，不得超过保费收入的0.8%；投资型财产保险业务，有保证收益的，不得超过业务收入的0.08%，无保证收益的，不得超过业务收入的0.05%。

②有保证收益的人寿保险业务，不得超过业务收入的0.15%；无保证收益的人寿保险业务，不得超过业务收入的0.05%。

③短期健康保险业务，不得超过保费收入的0.8%；长期健康保险业务，不得超过保费收入的0.15%。

④非投资型意外伤害保险业务，不得超过保费收入的0.8%；投资型意外伤害保险业务，有保证收益的，不得超过业务收入的0.08%，无保证收益的，不得超过业务收入的0.05%。

其中：

保险保障基金，是指按照《中华人民共和国保险法》和《保险保障基金管理办法》规定缴纳形成的，在规定情形下用于救助保单持有人、保单受让公司或者处置保险业风险的非政府性行业风险救助基金。

保费收入，是指投保人按照保险合同约定，向保险公司支付的保险费。

业务收入，是指投保人按照保险合同约定，为购买相应的保险产品支付给保险公司的全部金额。

非投资型财产保险业务，是指仅具有保险保障功能而不具有投资理财功能的财产保险业务。

投资型财产保险业务，是指兼具有保险保障与投资理财功能的财产保险业务。

有保证收益，是指保险产品在投资收益方面提供固定收益或最低收益保障。

无保证收益，是指保险产品在投资收益方面不提供收益保证，投保人承担全部投资风险。

（2）其他符合规定的准备准予扣除。

自 2016 年 1 月 1 日至 2020 年 12 月 31 日，保险公司按国务院财政部门的相关规定提取的未到期责任准备金、寿险责任准备金、长期健康险责任准备金、已发生已报案未决赔款准备金和已发生未报案未决赔款准备金，准予在税前扣除。

①未到期责任准备金、寿险责任准备金、长期健康险责任准备金依据经中国保监会核准任职资格的精算师或出具专项审计报告的中介机构确定的金额提取。

未到期责任准备金，是指保险人为尚未终止的非寿险保险责任提取的准备金。

寿险责任准备金，是指保险人为尚未终止的人寿保险责任提取的准备金。

长期健康险责任准备金，是指保险人为尚未终止的长期健康保险责任提取的准备金。

②已发生已报案未决赔款准备金，按最高不超过当期已经提出的保险赔款或者给付金额的 100% 提取；已发生未报案未决赔款准备金按不超过当年实际赔款支出额的 8% 提取。

其中：

已发生已报案未决赔款准备金，是指保险人为非寿险保险事故已经发生并已向保险人提出索赔、尚未结案的赔案提取的准备金。

已发生未报案未决赔款准备金，是指保险人为非寿险保险事故已经发生、尚未向保险人提出索赔的赔案提取的准备金。

（3）符合规定的大灾准备金准予扣除。

自 2016 年 1 月 1 日至 2020 年 12 月 31 日，保险公司经营财政给予保费补贴的农业保险，按不超过财政部门规定的农业保险大灾风险准备金（简称大灾准备金）计提比例，计提的大灾准备金，准予在企业所得税前据实扣除。具体计算公式如下：

本年度扣除的大灾准备金=本年度保费收入×规定比例-上年度已在税前扣除的大灾准备金结存余额

按上述公式计算的数额如为负数，应调增当年应纳税所得额。

财政给予保费补贴的农业保险，是指各级财政按照中央财政农业保险保费补贴政策规定给予保费补贴的种植业、养殖业、林业等农业保险。

规定比例，是指按照《财政部关于印发〈农业保险大灾风险准备金管理办法〉的通知》（财金〔2013〕129号）规定的计提比例。

（4）实际发生的各种保险赔款、给付的扣除。

自2016年1月1日至2020年12月31日，保险公司实际发生的各种保险赔款、给付，应首先冲抵按规定提取的准备金，不足冲抵部分，准予在当年税前扣除。

5.3.8.7 中国银联股份有限公司特别风险准备金及风险损失支出

《国家税务总局关于中国银联股份有限公司特别风险准备金及风险损失税前扣除问题的通知》（国税函〔2007〕307号）规定：

中国银联股份有限公司及其分公司（以下简称中国银联）提取的符合规定的特别风险准备金和发生的特别风险损失可在所得税前扣除。

（1）中国银联提取的特别风险准备金同时符合下列条件的，允许税前扣除：

①按可能承担风险和损失的银行卡跨行交易清算总额（以下简称清算总额）计算提取。清算总额的具体范围包括：ATM取现交易清算额、POS消费交易清算额、网上交易清算额、跨行转账交易清算额和其他支付服务清算额。

②按照纳税年度末清算总额的0.1‰计算提取。具体计算公式如下：

首次提取的特别风险准备金=本纳税年度末清算总额×0.1‰

以后纳税年度提取的特别风险准备金=本纳税年度末清算总额×0.1‰-上一纳税年度末特别风险准备金余额

③由中国银联总部统一计算提取。

④中国银联总部在向主管税务机关报送企业所得税纳税申报表时，同时附送了特别风险准备金提取情况的说明和报表。

（2）特别风险准备金余额达到注册资本20%后，再提取的特别风险准备金不得在税前扣除。

(3) 中国银联经采取所有可能的追缴措施和实施必要的法律程序之后，确实无法追偿的下列特别风险损失允许税前扣除：

①因技术及操作规范、网络安全等方面事故而发生的无法追偿的损失；

②银行卡跨行交易发生的因责任人或责任原因不明，确属不能判定责任方的损失；

③银行卡跨行有效交易发生后，因成员企业破产，中国银联代为清偿后无法追偿的损失；

④因自然灾害发生的应由中国银联偿付的损失。

(4) 中国银联发生的特别风险损失，由中国银联分公司在年度终了45日内按规定向当地主管税务机关申报。凡未申报或未按规定申报的，则视为其自动放弃权益，不得在以后年度再用特别风险准备金偿付或在所得税前扣除。

(5) 中国银联分公司发生的特别风险损失经当地主管税务机关审核确认后，报送中国银联总部，由中国银联总部用税前提取的特别风险准备金统一计算扣除，税前提取的特别风险准备不足扣除的，其不足部分可直接在税前据实扣除。

(6) 中国银联总部税前提取特别风险准备金后，提取的呆账准备金或其他风险准备金不得在税前扣除。

(7) 中国银联收回已在税前扣除的特别风险损失，应直接计入当期的应纳税所得额缴纳企业所得税。

(8) 银行卡跨行交易为外币的，应按税法规定折算为人民币统一计算。

5.3.9 手续费及佣金的扣除

5.3.9.1 一般规定

佣金，是指代理人或经纪人为委托人介绍生意或代买代卖而收取的报酬。佣金作为企业在生产经营过程中一项正常的费用支出，允许在计算企业所得税时予以限额据实扣除。在企业所得税中，佣金的扣除有三种情形：

(1) 电信企业，5%限额内据实扣除，余额不结转扣除。

电信企业在发展客户、拓展业务等过程中因委托销售电话入网卡、电话充值卡所发生的手续费及佣金支出，不超过企业当年收入总额5%的部分，准予在企业所得税前据实扣除。

四、关于电信企业手续费及佣金支出税前扣除问题

电信企业在发展客户、拓展业务等过程中（如委托销售电话入网卡、电话充值卡等），需向经纪人、代办商支付手续费及佣金的，其实际发生的相关手续费及佣金支出，不超过企业当年收入总额5%的部分，准予在企业所得税前据实扣除。

——《国家税务总局关于企业所得税应纳税所得额若干税务处理问题的公告》（国家税务总局公告2012年第15号）

电信企业手续费及佣金支出，仅限于电信企业在发展客户、拓展业务等过程中因委托销售电话入网卡、电话充值卡所发生的手续费及佣金支出。

——《国家税务总局关于电信企业手续费及佣金支出税前扣除问题的公告》（国家税务总局公告2013年第59号）

（2）保险企业，限额内18%据实扣除，余额结转扣除。

自2019年1月1日起，保险企业发生与其经营活动有关的手续费及佣金支出，不超过当年全部保费收入扣除退保金等后余额的18%（含本数）的部分，在计算应纳税所得额时准予扣除；超过部分，允许结转以后年度扣除。

一、保险企业发生与其经营活动有关的手续费及佣金支出，不超过当年全部保费收入扣除退保金等后余额的18%（含本数）的部分，在计算应纳税所得额时准予扣除；超过部分，允许结转以后年度扣除。

二、保险企业发生的手续费及佣金支出税前扣除的其他事项继续按照《财政部　国家税务总局关于企业手续费及佣金支出税前扣除政策的通知》（财税〔2009〕29号）中第二条至第五条相关规定处理。保险企业应建立健全手续费及佣金的相关管理制度，并加强手续费及佣金结转扣除的台账管理。

三、本公告自2019年1月1日起执行。

——《财政部 税务总局关于保险企业手续费及佣金支出税前扣除政策的公告》（财政部 税务总局公告2019年第72号）

（3）其他企业，5%限额内据实扣除，余额不结转扣除。

其他企业发生与生产经营有关的手续费及佣金支出，不超过与具有合法经营资格中介服务机构或个人（不含交易双方及其雇员、代理人和代表人等）所签订服务协议或合同确认的收入金额的5%计算的限额的部分，准予扣除；超过部分，不得扣除。

企业为发行权益性证券支付给有关证券承销机构的手续费及佣金不得在税前扣除。

一、企业发生与生产经营有关的手续费及佣金支出，不超过以下规定计算限额以内的部分，准予扣除；超过部分，不得扣除。

……

其他企业：按与具有合法经营资格中介服务机构或个人（不含交易双方及其雇员、代理人和代表人等）所签订服务协议或合同确认的收入金额的5%计算限额。

二、……企业为发行权益性证券支付给有关证券承销机构的手续费及佣金不得在税前扣除。

——《财政部 国家税务总局关于企业手续费及佣金支出税前扣除政策的通知》（财税〔2009〕29号）

需要注意的是：

（1）佣金及手续费的支付方式要合规。企业应与具有合法经营资格中介服务企业或个人签订代办协议或合同，并按国家有关规定支付手续费及佣金。除委托个人代理外，企业以现金等非转账方式支付的手续费及佣金不得在税前扣除。

（2）支付内容要合规。企业不得将手续费及佣金支出计入回扣、业务提成、返利、进场费等费用。

（3）应予资本化的佣金及手续费不能直接扣除。企业已计入固定资产、无形资产等相关资产的手续费及佣金支出，应当通过折旧、摊销等方式分期扣除，不得在发生当期直接扣除。

（4）佣金及手续费不能直接冲减收入。企业支付的手续费及佣金不得直接冲减服务协议或合同金额，并如实入账。

5.3.9.2 保险企业手续费及佣金支出的变化

《财政部　税务总局关于保险企业手续费及佣金支出税前扣除政策的公告》（财政部　税务总局公告2019年第72号），调整并规范保险企业手续费及佣金支出的税前扣除政策，结合保险代理人的税收征管，以及新《个人所得税法》施行后保险企业支付给个人营销员的佣金所得的个人所得税预扣预缴的相关规定，自2018年度企业所得税汇算清缴起，保险企业手续费及佣金支出的涉税处理，需要重点关注三个事项：

（1）手续费及佣金支出要在限额内据实扣除。

保险企业发生与其经营活动有关的手续费及佣金支出，在企业所得税前实行限额内据实扣除。《关于保险企业手续费及佣金支出税前扣除政策的公告》（财政部　税务总局公告2019年第72号）规定，自2018年度企业所得税汇算清缴起，保险企业发生与其经营活动有关的手续费及佣金支出，不超过当年全部保费收入扣除退保金等后余额的18%（含本数）的部分，在计算应纳税所得额时准予扣除。其中有两个方面的变化：

①调高了扣除比例。将保险企业手续费及佣金支出的扣除限额比例，由原“财产保险企业按当年全部保费收入扣除退保金等后余额的15%（含本数）计算限额；人身保险企业按当年全部保费收入扣除退保金等后余额的10%计算限额”调整为“不超过当年全部保费收入扣除退保金等后余额的18%（含本数）”计算限额。

②取消了保险企业业务范围的限制。自2018年度企业所得税汇算清缴起，无论是经营人身保险、还是经营财产保险的保险公司，其手续费及佣金的支出扣除限额的计算比例，都调整为“当年全部保费收入扣除退保金等后余额”的18%，不再按照保险公司业务范围区别设定扣除限额的计算比例。

（2）手续费和佣金超出限额的部分可结转以后年度扣除。

在2018以前年度的企业所得税汇算清缴中，保险企业实际发生手续费及佣金支出，超出税前扣除限额的部分，不得结转调整为允许结转以后年度扣除。《财政部　税务总局关于保险企业手续费及佣金支出税前扣除政策的公告》（财政部　税务总局公告2019年第72号）就这一事项做了重大调整。自

2018 年度企业所得税汇算清缴起，保险公司实际发生的与其经营活动有关的手续费及佣金支出，超出“当年全部保费收入扣除退保金等后余额”的 18%的扣除限额后的部分，允许结转以后年度扣除。其中包括两个方面的要点：

①在 2018 年及以后年度汇算清缴中，需要将以前年度结转的超出限额实际发生的手续费和佣金支出，与保险企业当年实际发生的手续费和佣金支出合计，并在扣除年度“当年全部保费收入扣除退保金等后余额”18%的限额内扣除，超出部分，继续结转下年扣除。

②结转以后年度扣除没有设定年限限制，只要是保险企业实际发生的手续费及佣金支出，当年扣除超出限额的部分，可连续结转以后年度扣除。因此，保险企业在结转核算中，无须确认结转下年扣除的手续费和佣金支出的所属年度，直接按余额结转扣除即可。将原规定中的税会永久性差异调整为时间性差异。

（3）手续费和佣金支出的税务处理要合规。

保险企业应建立健全手续费及佣金的相关管理制度，并加强手续费及佣金结转扣除的台账管理。《财政部　国家税务总局关于企业手续费及佣金支出税前扣除政策的通知》（财税〔2009〕29 号）规定，保险企业实际发生的手续费及佣金支出，应当与具有合法经营资格中介服务企业或个人签订代办协议或合同，并按国家有关规定支付手续费及佣金。除委托个人代理外，企业以现金等非转账方式支付的手续费及佣金不得在税前扣除。保险企业实际发生的手续费和佣金支出，需要依法取得发票。营改增后，保险企业支付给个人保险代理人的手续费和佣金，应当按照《国家税务总局关于个人保险代理人税收征管有关问题的公告》（国家税务总局公告 2016 年第 45 号）的规定执行：

①税务机关可以委托保险企业代征个人保险代理人手续费和佣金应当缴纳的增值税和城市维护建设税、教育费附加、地方教育附加，并按照《财政部关于个人所得税法修改后有关优惠政策衔接问题的通知》（财税〔2018〕164 号）的规定，在支付保险营销员佣金收入劳务报酬所得时，以不含增值税的收入减除 20%的费用后的余额为收入额，收入额减去展业成本以及附加税费后，并入当年综合所得，按照累计预扣法计算预扣个人所得税。

②接受税务机关委托代征税款的保险企业，向个人保险代理人支付佣金费用后，可以出具个人保险代理人的姓名、身份证号码、联系方式、付款时间、付款金额、代征税款的详细清单，统一向主管税务机关申请汇总代开增值税普通发票或增值税专用发票。保险企业应将个人保险代理人的详细信息，

作为代开增值税发票的清单，随发票入账。

5.3.10 其他费用的扣除

5.3.10.1 劳动保护支出

劳动保护支出，是指企业因工作需要为雇员配备或提供工作服、手套、安全保护用品、防暑降温用品等所发生的支出。《企业所得税法实施条例》规定，企业发生的合理的劳动保护支出，准予扣除。

劳动保护支出扣除必须符合三个条件：

(1) 支出必须实际发生。只有企业实际发生的费用支出，才准予税前扣除。

(2) 支出必须合理。对于不同行业、不同规模、不同技术水平的企业来说，其生产经营的劳动条件千差万别，对劳动者的保护的要求也不一样。劳动保护的支出既要能够满足劳动者保护的需要，也要在合理可控的区间内进行。

(3) 必须是用于劳动保护的支出。只有用于劳动保护支出，才可以税前扣除。一般包含三层意思：①必须是确因工作需要发生的支出，不是出于工作的需要的支出不得扣除；②为企业雇员配置或提供的劳动保护支出，为其他人员配备或提供的不得扣除；③仅限于工作服、手套、安全保护用品、防暑降温品等，如高温冶炼企业职工、道路施工企业的防暑降温品，采煤工人的手套、头盔等用品。

5.3.10.2 环境保护、生态恢复专项资金

《企业所得税法实施条例》规定，企业依照法律、行政法规有关规定提取的用于环境保护、生态恢复等方面的专项资金，准予扣除。上述专项资金提取后改变用途的，不得扣除。

对于环境保护、生态恢复专项资金的扣除，需要注意以下三点：

(1) 可以企业所得税前扣除的“用于环境保护、生态恢复等方面的专项资金”，是按规定计提的金额，不是实际发生的用于环境保护、生态恢复等方面支出的资金。

(2) “专项资金”，顾名思义就是有法律、行政法规的专门规定，其计提

基数、比例、以及使用范围都会有明确的规定。

（3）资金的用途是“环境保护、生态恢复”，专项资金的使用必须是用于“环境保护、生态恢复”，如果改变用途、挪作他用的，就不得扣除，应当纳税调整。

5.3.10.3 非居民企业管理费支出

《企业所得税法实施条例》规定，非居民企业在中国境内设立的机构、场所，就其中国境外总机构发生的与该机构、场所生产经营有关的费用，能够提供总机构出具的费用汇集范围、定额、分配依据和方法等证明文件，并合理分摊的，准予扣除。

我国企业所得税纳税人，不仅包括居民企业，也包括非居民企业。而非居民企业在中国设立的机构、场所，要就其来源于中国境内的所得，以及发生在中国境外但与其所设机构、场所有实际联系的所得，缴纳企业所得税。在实际生产经营中，非居民企业在中国境内设立的机构、场所要取得某种收入，往往需要其在中国境外的总机构提供某种管理或者其他生产经营方面上的支撑服务，有些费用支出是通过总机构或者由总机构所负担的。按照收入与支出相配比的原则，税法规定，准予非居民企业在中国境内所设机构、场所配比分摊扣除其在中国境外总机构所发生的有关费用。

（1）所分摊的费用必须是由中国境外总机构所负担，且与其在中国境内设立的机构、场所生产经营有关，否则不得作为本条规定的分摊费用。

（2）在中国境内设立的机构、场所能够提供总机构出具的费用汇集范围、定额、分配依据和方法等证明文件。

（3）有关费用的分摊必须合理，才准予扣除。如果存在证据表明总机构分摊给中国境内分支机构的有关费用不合理的，或者通过乱摊费用，以获取某种非法税收利益的，将不允许扣除这些费用。

5.4 捐赠的扣除

公益性捐赠，是指企业通过公益性社会组织或者县级以上人民政府及其部门，用于符合法律规定的慈善活动、公益事业的捐赠。公益性捐赠扣除有两种情形：一是限额据实扣除，二是全额扣除。

5.4.1 企业所得税和个人所得税捐赠扣除的不同

我国税法体系中，企业所得税和个人所得税都设定了公益性捐赠扣除。按照扣除金额的比例，对符合条件的捐赠，都有两种扣除形式：一是限额内据实扣除；二是全额扣除。在计算企业所得税和个人所得税时，能够扣除的公益性捐赠（公益慈善捐赠）都必须通过公益性社会组织或县级以上国家机关其组成部门和直属机构进行的捐赠，对于纳税人直接捐赠给受赠对象的捐赠，不得税前扣除。

但是由于税种的不同，公益性捐赠的税前扣除也各不相同。主要表现为五个不同：

（1）纳税主体不同。企业所得税中公益性捐赠扣除的纳税主体是依法缴纳企业所得税的单位和其他组织，而个人所得税公益慈善捐赠扣除的纳税主体是个人，包括个体工商户、个人独资企业投资人、合伙企业个人合伙人以及自然人。

（2）扣除内涵不同。在企业所得税中，公益性捐赠扣除比照费用支出的方式扣除，具有费用扣除的性质，超出限额部分的扣除类似于费用支出的纳税调整。个人所得税公益慈善捐赠，一般是对应纳税所得额的减计，具有税收优惠的性质。在个人所得税中，只有经营所得公益慈善捐赠的扣除方式与企业所得税相仿，具有费用扣除的性质。

（3）扣除限额计算基础不同。企业所得税的公益性捐赠扣除，限额据实扣除以企业会计利润为基础，公益性捐赠先在计算会计利润前予以扣除，然后再按照企业利润总额的比例去扣除。个人所得税公益慈善捐赠扣除限额的计算，各项所得都是以应纳税所得额为计算基础。应纳税所得额，是指计算扣除捐赠额之前的应纳税所得额，之前并不扣减捐赠支出。

（4）扣除不完的余额处理方式不同。计算企业所得税时，超过扣除限额的公益性捐赠，准予结转以后三年内在计算应纳税所得额时扣除。计算个人所得税时，公益慈善捐赠可以在财产租赁所得、财产转让所得、利息股息红利所得、偶然所得、综合所得或者经营所得中扣除。在当期一个所得项目扣除不完的公益捐赠支出，可以按规定在其他所得项目中继续扣除。最终扣除不完的捐赠余额，不得在以后年度内各项个人所得税应纳税所得额中扣除。

（5）全额扣除的处理不同。企业所得税全额扣除按照费用处理，符合条件的可全额扣除的公益性捐赠不需要在限额内据实扣除，无论企业是否营利，都在企业计算利润前予以扣除，在计税时也不予调整，出现年度应税所得额亏损时，一样结转以后年度依法弥补。个人所得税全额扣除项目，以年度应纳税所得额为限额扣除，不受应纳税所得额扣除比例30%的限制。

第九条　企业发生的公益性捐赠支出，在年度利润总额12%以内的部分，准予在计算应纳税所得额时扣除；超过年度利润总额12%的部分，准予结转以后三年内在计算应纳税所得额时扣除。

——《企业所得税法》

5.4.2　公益性捐赠和公益性社会组织

2019年4月，国务院印发《关于修改部分行政法规的决定》（国务院令第714号），《企业所得税法实施条例》被修订了四个条款，其中三个条款涉及公益性捐赠扣除事项。具体见表5-1。

表5-1　《企业所得税法实施条例》部分条款修订情况

《企业所得税法实施条例》（2019年4月）	《企业所得税法实施条例》（2007年12月）
第五十一条　企业所得税法第九条所称公益性捐赠，是指企业通过公益性社会组织或者县级以上人民政府及其部门，用于符合法律规定的慈善活动、公益事业的捐赠	第五十一条　企业所得税法第九条所称公益性捐赠，是指企业通过公益性社会团体或者县级以上人民政府及其部门，用于《中华人民共和国公益事业捐赠法》规定的公益事业的捐赠
第五十二条　本条例第五十一条所称公益性社会组织，是指同时符合下列条件的慈善组织以及其他社会组织： （一）依法登记，具有法人资格； （二）以发展公益事业为宗旨，且不以营利为目的； （三）全部资产及其增值为该法人所有；	第五十二条　本条例第五十一条所称公益性社会团体，是指同时符合下列条件的基金会、慈善组织等社会团体： （一）依法登记，具有法人资格； （二）以发展公益事业为宗旨，且不以营利为目的； （三）全部资产及其增值为该法人所有；

续表

《企业所得税法实施条例》（2019年4月）	《企业所得税法实施条例》（2007年12月）
（四）收益和营运结余主要用于符合该法人设立目的的事业； （五）终止后的剩余财产不归属任何个人或者营利组织； （六）不经营与其设立目的无关的业务； （七）有健全的财务会计制度； （八）捐赠者不以任何形式参与该法人财产的分配； （九）国务院财政、税务主管部门会同国务院民政部门等登记管理部门规定的其他条件	（四）收益和营运结余主要用于符合该法人设立目的的事业； （五）终止后的剩余财产不归属任何个人或者营利组织； （六）不经营与其设立目的无关的业务； （七）有健全的财务会计制度； （八）捐赠者不以任何形式参与社会团体财产的分配； （九）国务院财政、税务主管部门会同国务院民政部门等登记管理部门规定的其他条件
第五十三条　企业当年发生以及以前年度结转的公益性捐赠支出，不超过年度利润总额12%的部分，准予扣除。 年度利润总额，是指企业依照国家统一会计制度的规定计算的年度会计利润	第五十三条　企业发生的公益性捐赠支出，不超过年度利润总额12%的部分，准予扣除。 年度利润总额，是指企业依照国家统一会计制度的规定计算的年度会计利润

第五十一条　企业所得税法第九条所称公益性捐赠，是指企业通过公益性社会组织或者县级以上人民政府及其部门，用于符合法律规定的慈善活动、公益事业的捐赠。

第五十二条　本条例第五十一条所称公益性社会组织，是指同时符合下列条件的慈善组织以及其他社会组织：

（一）依法登记，具有法人资格；

（二）以发展公益事业为宗旨，且不以营利为目的；

（三）全部资产及其增值为该法人所有；

（四）收益和营运结余主要用于符合该法人设立目的的事业；

（五）终止后的剩余财产不归属任何个人或者营利组织；

（六）不经营与其设立目的无关的业务；

（七）有健全的财务会计制度；

（八）捐赠者不以任何形式参与该法人财产的分配；

（九）国务院财政、税务主管部门会同国务院民政部门等登记管理部门规定的其他条件。

第五十三条 企业当年发生以及以前年度结转的公益性捐赠支出，不超过年度利润总额12%的部分，准予扣除。

——《企业所得税法实施条例》

准确把握修订后的《企业所得税法实施条例》，做好公益性捐赠税前扣除，必须了解公益性捐赠、公益性社会组织的变化。

（1）公益性捐赠事项扩围

修订后的《企业所得税法实施条例》包括不限于“用于《中华人民共和国公益事业捐赠法》规定的公益事业的捐赠”。企业通过公益性社会组织或者县级以上人民政府及其部门，用于符合法律规定的慈善活动、公益事业的捐赠。比如《中华人民共和国国防教育法》规定，国家鼓励社会组织和个人捐赠财产，资助国防教育的开展。社会组织和个人资助国防教育的财产，由依法成立的国防教育基金组织或者其他公益性社会组织依法管理。

（2）公益性社会组织扩围

修订后的《企业所得税法实施条例》包括不限于“符合下列条件的基金会、慈善组织等社会团体”。公益性社会组织，是指同时符合规定条件的慈善组织以及其他社会组织。不仅包括《财政部 国家税务总局 民政部关于公益性捐赠税前扣除有关问题的通知》（财税〔2008〕160号）规定，依据国务院发布的《基金会管理条例》和《社会团体登记管理条例》的规定，经民政部门依法登记、符合四项条件的基金会、慈善组织等公益性社会团体。也包括诸如依据《慈善法》规定，依法成立的以面向社会开展慈善活动为宗旨的基金会、社会团体、社会服务机构等组织形式的非营利性组织。只要该“慈善组织以及其他社会组织”符合规定条件即可，具体为：

①依法登记，具有法人资格；

②以发展公益事业为宗旨，且不以营利为目的；

③全部资产及其增值为该法人所有；

④收益和营运结余主要用于符合该法人设立目的的事业；

⑤终止后的剩余财产不归属任何个人或者营利组织；

⑥不经营与其设立目的无关的业务；

⑦有健全的财务会计制度；

⑧捐赠者不以任何形式参与该法人财产的分配；

⑨国务院财政、税务主管部门会同国务院民政部门等登记管理部门规定的其他条件。

5.4.3 公益性捐赠扣除限额的计算

除依法规定全额扣除的公益性捐赠外，其他的公益性捐赠支出，都需要按照《企业所得税法》的规定，在年度利润总额12%以内的部分，准予在计算应纳税所得额时扣除；超过年度利润总额12%的部分，准予结转以后三年内在计算应纳税所得额时扣除。

公益性捐赠扣除限额的计算，需要特别注意三个事项：

（1）扣除限额计算比例是12%

限额据实扣除，首要的就是计算限额。《企业所得税法》规定，企业发生的公益性捐赠支出，在年度利润总额12%以内的部分，准予在计算应纳税所得额时扣除，企业当年发生及以前年度结转的公益性捐赠支出，准予在当年税前扣除的部分，不能超过企业当年年度利润总额的12%。

（2）计算基础是“会计利润”

作为捐赠扣除基数的年度利润总额，是指企业按照国家统一会计制度的规定计算的年度会计利润总额。对于企业来说，在计算年度会计利润总额时，对于当年发生的捐赠支出，已按照会计准则的要求，予以扣除。在计算企业所得税时，又需要以企业会计利润为基础，去计算捐赠的扣除限额。

【案例5-4-1】 A公司2019年实现销售收入3000万元，发生对应的销售成本2400万元，发生管理费用、销售费用、财务费用等三项费用300万元（假定无纳税调整项），当年通过红十字会进行公益性捐赠80万元。

假定企业2019年未发生其他业务。

【问题】 计算A公司2019年允许税前扣除的公益性捐赠金额。

【解析】 要计算A公司2019年税前扣除的公益性捐赠金额，就需要计算A公司2019年公益性捐赠扣除限额，首先需要计算A公司2019年会计利润。

会计利润=收入-成本-费用-其他支出=3000-2400-300-80=220（万元）

2019年公益性捐赠扣除限额=会计利润总额×12%=220×12%=26.4（万元）

A公司当年实际发生符合规定的公益性捐赠80万元，扣除限额26.4万元，只能扣除26.4万元，余额53.6万元（80-26.4），结转以后三年内在计算应纳税所得额时扣除。

A 公司 2019 年企业所得税应纳税所得额 = 220+53.6 = 273.6（万元）

（3）余额可在有限期间内结转扣除

计算企业所得税时，企业发生的公益性捐赠，超过年度利润总额 12% 的部分，准予结转以后三年内在计算应纳税所得额时扣除。这个结转以后年度扣除，有着期间的限制，只能在三年内结转扣除，超过三年未扣除完的公益性捐赠，在第 4 年计算企业所得税时就不再扣除。

按照《财政部　税务总局关于公益性捐赠支出企业所得税税前结转扣除有关政策的通知》（财税〔2018〕15 号）的规定，公益性捐赠扣除次序如下：

①企业当年发生及以前年度结转的公益性捐赠支出，准予在当年税前扣除的部分，不能超过企业当年年度利润总额的 12%。

②企业发生的公益性捐赠支出未在当年税前扣除的部分，准予向以后年度结转扣除，但结转年限自捐赠发生年度的次年起计算最长不得超过三年。

③企业在对公益性捐赠支出计算扣除时，应先扣除以前年度结转的捐赠支出，再扣除当年发生的捐赠支出。

【案例 5-4-2】 A 公司 2018—2021 年会计基本信息如下：

（1）2018 年，实现会计利润总额 100 万元，当年通过县政府公益性捐赠 20 万元。

（2）2019 年，实现会计利润总额 220 万元，当年通过红十字会公益性捐赠 80 万元。

（3）2020 年，实现会计利润总额 200 万元，当年无公益性捐赠支出。

（4）2021 年，实现会计利润总额 -10 万元，当年通过县政府公益性捐赠 20 万元。

（5）2022 年，实现会计利润总额 150 万元，当年无公益性捐赠支出。

假定企业 2018—2021 年度企业所得税汇算清缴无调整事项。

【问题】 请计算 A 公司 2018—2021 年度税前扣除公益性捐赠金额。

【解析】 2018 年公益性捐赠扣除限额 = 100×12 = 12（万元），当年公益性捐赠 20 万元，上年无结转公益性捐赠，当年扣除 12 万元，结转 2019 年扣除 8 万元。

2019 年公益性捐赠扣除限额 = 220×12% = 26.4（万元），2018 年结转待扣除公益性捐赠 8 万元，当年公益性捐赠 80 万元，当年先扣除 2018 年结转待扣除公益性捐赠 8 万元，再就扣除限额结余部分 18.4 万元（26.4-8），扣除当年公益性捐赠。2019 年当年扣除 18.4 万元，结转 2020 年扣除 2019 年公益性捐赠61.6万元（80-18.4）。

2020年公益性捐赠扣除限额=200×12%=24（万元），2019年结转待扣除公益性捐赠61.6万元第一年扣除，当年无公益性捐赠，按照限额扣除2019年结转待扣除公益性捐赠24万元，结转2021年扣除2019年公益性捐赠37.6万元（61.6-24）。

2021年企业会计利润为-10万元，当年公益性捐赠扣除限额为0元。2019年结转待扣除公益性捐赠37.6万元第二年扣除，当年公益性捐赠20万元，扣除0元，结转2022年扣除2019年公益性捐赠37.6（万元）、2021年公益性捐赠20万元。

2022年公益性捐赠扣除限额=150×12%=18（万元），2019年结转待扣除公益性捐赠37.6万元第三年扣除、2020年结转待扣除公益性捐赠20万元第一年扣除，当年无公益性捐赠，按照限额先扣除2019年结转待扣除公益性捐赠18万元，未扣完的19.6万元（37.6-18）在以后年度不再扣除，2022年结转下年扣除2021年公益性捐赠20万元。

具体如下表：

年度	当年会计利润总额（万元）	当年捐赠额	年度扣除限额（万元）	当年年扣除金额（万元）	年度扣除明细				累计结转下年扣除
					当年扣除	第一年扣除	第二年扣除	第三年扣除	
2018	100	20	12	12	12				8
2019	220	80	26.4	26.4	18.4	8			61.6
2020	200	0	24	24		24			37.6
2021	-10	20	0	0	0		0		57.6
2022	150	0	18	18				18	20

5.4.4 全额扣除的公益性捐赠

5.4.4.1 现行有效的可全额扣除公益性捐赠

2008年《企业所得税法》正式施行，对公益性捐赠在企业所得税前扣除事项进行了梳理调整，公益性捐赠一般按限额据实扣除，规定：企业发生的公益性捐赠支出，在年度利润总额12%以内的部分，准予在计算应纳税所得额时扣除；超过年度利润总额12%的部分，准予结转以后三年内在计算应纳税所得额时扣除。

但是，财政部、税务总局根据国务院的决定，对企业向特定对象进行的公益性捐赠，专门行文设定了全额扣除的税收政策，如2008年、2010年、2013年、2015年，相继出台文件，对企业通过公益性社会团体、县级以上人民政府及其部门向汶川、玉树、芦山、鲁甸受灾地区的捐赠，允许在当年企业所得税前全额扣除。这些公益性捐赠全额扣除的政策已执行到期。目前，仍然有效的可在企业所得税前全额扣除的公益性捐赠政策有两项：

（1）对北京2022年冬奥会和冬残奥会的捐赠

《财政部　税务总局　海关总署关于北京2022年冬奥会和冬残奥会税收政策的通知》（财税〔2017〕60号）规定，对企业、社会组织和团体赞助、捐赠北京2022年冬奥会、冬残奥会、测试赛的资金、物资、服务支出，在计算企业应纳税所得额时予以全额扣除。

（2）对目标脱贫地区的扶贫捐赠

《财政部　税务总局　国务院扶贫办关于企业扶贫捐赠所得税税前扣除政策的公告》（财政部　税务总局　国务院扶贫办公告2019年第49号）规定，自2019年1月1日至2022年12月31日，企业通过公益性社会组织或者县级（含县级）以上人民政府及其组成部门和直属机构，用于目标脱贫地区的扶贫捐赠支出，准予在计算企业所得税应纳税所得额时据实扣除。企业在2015年1月1日至2018年12月31日期间已发生的符合上述条件的扶贫捐赠支出，尚未在计算企业所得税应纳税所得额时扣除的部分，可执行上述企业所得税政策。“目标脱贫地区”包括832个国家扶贫开发工作重点县、集中连片特困地区县（新疆阿克苏地区6县1市享受片区政策）和建档立卡贫困村。

（3）支持新型冠状病毒感染的肺炎疫情防控的公益捐赠

《财政部　税务总局关于支持新型冠状病毒感染的肺炎疫情防控有关捐赠税收政策的公告》（财政部　税务总局公告2020年第9号）规定，自2020年1月1日起，企业通过公益性社会组织或者县级以上人民政府及其部门等国家机关，捐赠用于应对新型冠状病毒感染的肺炎疫情的现金和物品，允许在计算应纳税所得额时全额扣除。

（4）支持新型冠状病毒感染的肺炎疫情防控的直接捐赠

《财政部　税务总局关于支持新型冠状病毒感染的肺炎疫情防控有关捐赠税收政策的公告》（财政部　税务总局公告2020年第9号）规定，自2020年

1月1日起，企业直接向承担疫情防治任务的医院捐赠用于应对新型冠状病毒感染的肺炎疫情的物品，允许在计算应纳税所得额时全额扣除。

企业发生可全额扣除的公益性捐赠支出，其税务处理类似于企业发生的可扣除费用，无论企业当年是否盈利，对于企业在计算利润前进行扣除，在计算企业所得税时不予调整，出现年度应税所得额亏损时，一样结转以后五年弥补。企业同时发生可全额扣除的公益性捐赠和其他限额据实扣除的公益性捐赠支出，在计算公益性捐赠支出年度扣除限额时，符合上述条件的扶贫捐赠支出不计算在内。

（5）对杭州2022年亚运会和亚残运会的捐赠

《财政部　税务总局　海关总署关于杭州2022年亚运会和亚残运会税收政策的公告》（财政部公告2020年第18号）规定，对企业、社会组织和团体赞助、捐赠杭州亚运会的资金、物资、服务支出，在计算企业应纳税所得额时予以全额扣除。

5.4.4.2　企业所得税和增值税扶贫捐赠的异同

2019年以来，财政部、税务总局、国务院扶贫办连续联合印发了《关于企业扶贫捐赠所得税税前扣除政策的公告》（财政部　税务总局　国务院扶贫办公告2019年第49号）和《关于扶贫货物捐赠免征增值税政策的公告》（财政部　税务总局　国务院扶贫办公告2019年第55号），对企业符合条件的扶贫捐赠支出，准予在计算企业所得税应纳税所得额时据实扣除，同时对纳税人扶贫货物捐赠予以免征增值税，支持脱贫攻坚。

在实务中，因为增值税和企业所得税制度体系的不同，纳税人扶贫捐赠行为享受这两项税收优惠政策，要特别注意其中的异同。

（1）税收优惠对象存在差异。可在企业所得税前据实扣除的扶贫捐赠支出的，是依法缴纳企业所得税的单位和组织。而扶贫捐赠免征增值税的对象限于单位或者个体工商户。

（2）扶贫捐赠方式要求不同。可据实扣除的扶贫捐赠支出，只能是企业通过公益性社会组织或者县级（含县级）以上人民政府及其组成部门和直属机构的对外捐赠，直接捐赠给目标脱贫地区的捐赠支出不得税前扣除。而免征增值税的扶贫捐赠，可以是单位或者个体工商户通过公益性社会组织、县级及以上人民政府及其组成部门和直属机构进行的捐赠，也可以是直接无偿捐赠给目标脱贫地区的单位和个人。对于直接捐赠的，可以免征增值税，但在企业所得税前不能据实扣除扶贫捐赠支出。

（3）扶贫捐赠标的不同。可在企业所得税前据实扣除的扶贫捐赠支出，既可以是商品、货物，也可以是资产和服务，扶贫捐赠免征增值税的货物只能是纳税人自产的、委托加工或购买的货物。

（4）政策适用期限一致。自2019年1月1日至2022年12月31日，在政策执行期限内，目标脱贫地区实现脱贫的，仍然可以继续适用增值税和企业所得税优惠政策。对于单位或者个体工商户在2015年1月1日至2018年12月31日期间已发生的符合免征增值税条件的扶贫货物捐赠，可追溯执行上述增值税政策。对于企业在2015年1月1日至2018年12月31日期间已发生的符合据实扣除的扶贫捐赠支出，尚未在计算企业所得税应纳税所得额时扣除的部分（超过年度利润12%未扣除的部分），可予以扣除；当年已在计算企业所得税应纳税所得额时扣除的，不再予以调整。

（5）免征增值税可追溯退库。单位或者个体工商户在2015年1月1日后已征收入库应予免征的增值税税款，可抵减纳税人以后月份应缴纳的增值税税款或者办理税款退库。已向购买方开具增值税专用发票的，应将专用发票追回后方可办理免税。无法追回专用发票的，不予免税。

（6）“目标脱贫地区”一致。包括832个国家扶贫开发工作重点县、集中连片特困地区县（新疆阿克苏地区6县1市享受片区政策）和建档立卡贫困村。各地“目标脱贫地区”具体范围，由当地扶贫办公室明确。具体见表5-2。

表5-2　企业所得税前据实扣除与扶贫捐赠免征增值税情况比较

项目	企业所得税前据实扣除	免征增值税
享受优惠对象	缴纳企业所得税的单位或组织	单位或者个体工商户
捐赠方式	公益性捐赠	公益性捐赠或直接捐赠
捐赠标的	商品、货物、资产、服务	自产、委托加工或购买的货物
适用期限	2019年1月1日至2022年12月31日	2019年1月1日至2022年12月31日
追溯享受	2015年1月1日至2018年12月31日期间实际发生可据实扣除的扶贫捐赠支出，尚未扣除的部分，可在当期扣除	2015年1月1日至2018年12月31日期间已发生的符合免征增值税条件的扶贫货物捐赠，可追溯免税
已征退税	无	已入库应免税款，可抵退
目标脱贫地区	包括832个国家扶贫开发工作重点县、集中连片特困地区县（新疆阿克苏地区6县1市享受片区政策）和建档立卡贫困村	

5.4.5 公益股权捐赠的扣除

【案例5-4-3】 A公司2018年10月通过公益性社会组织将自己持有的B公司公允价值80万元的股权全部进行公益性捐赠，并于2018年11月进行了股权登记变更。A公司将该笔捐赠记入营业外支出科目，A公司取得持有的全部B公司股权的历史成本30万元。2018年A公司会计利润200万元，当年无其他公益性捐赠。

【问题】 A公司2018年企业所得税汇算清缴应当如何处理？

【解析】 按照《财政部 国家税务总局关于公益股权捐赠企业所得税政策问题的通知》（财税〔2016〕45号）规定：企业向公益性社会团体实施的股权捐赠，应按规定视同转让股权，股权转让收入额以企业所捐赠股权取得时的历史成本确定。企业实施股权捐赠后，以其股权历史成本为依据确定捐赠额，并依此按照企业所得税法有关规定在所得税前予以扣除。

A公司的该项捐赠，在计算2018年企业所得税时，需要考虑三个问题：

（1）“公益股权捐赠”需要考虑扣除限额。

公益股权捐赠也是公益性捐赠，需要计算扣除限额。A公司的公益股权捐赠，在当年企业年度利润总额12%以内的部分，准予在计算应纳税所得额时扣除；超过年度利润总额12%的部分，准予结转以后三年内在计算应纳税所得额时扣除。

A公司年度公益性捐赠扣除限额=200×12%=24（万元）

A公司公益股权捐赠历史成本30万元，都超过了2018年公益性捐赠限额24万元，2018年只能扣除24万元，余额部分准予结转以后三年内在计算应纳税所得额时扣除。

（2）“公益股权捐赠”捐赠的股权要符合规定。

财税〔2016〕45号文件规定，企业向公益性社会团体捐赠的股权，是指企业持有的其他企业的股权、上市公司股票等。并不是所有的股权都是可以公益性捐赠的，只有A公司持有的其他企业的股权、上市公司股票，才是符合规定的捐赠股权，A公司的股权（票）是不能作为捐赠股权的。案例中，A公司捐赠的是持有的B公司股权，符合规定。

（3）A公司的公益股权捐赠如何纳税调整。

财税〔2016〕45号文件规定，企业公益性股权捐赠，以其股权历史成本为依据确定捐赠额，并据此在所得税前予以扣除。因此，A公司的公益股权捐赠要按企业取得B公司股权的历史成本30万元扣除。但是企业该如何进行纳税调整，是调整56万元（80-24）？还是6万元（30-24）？

公益性社会团体接受股权捐赠后，应按照捐赠企业提供的股权历史成本开具捐赠票据。捐赠股权时，会计分录：

借：营业外支出——股权捐赠　　300000

　　贷：长期投资——其他股权投资——×单位（或其他对应科目）　　300000

企业在核算按照历史成本核算。无论公允价值多高，也不会按公允价值记账的。在财税〔2016〕45号文件中，也明确规定：企业向公益性社会团体实施的股权捐赠，应按规定视同转让股权，股权转让收入额以企业所捐赠股权取得时的历史成本确定。

综上，企业的该笔公益股权捐赠，一是A公司捐赠的股权符合规定，捐赠的形式符合规定，是公益股权捐赠。二是捐赠股权历史成本超过公益性捐赠限额，当年可扣除公益性捐赠24万元，余额6万元以后三年内在计算应纳税所得额时扣除。三是依据财税〔2016〕45号文件，按历史成本视同股权转让价款，不涉及税款，不确认转让收益。

5.5 不得税前扣除的项目

5.5.1 不得税前扣除的八项费用

企业经营过程中支出的各项成本、费用、税金、损失和其他支出，并不是每一项支出都能在税前进行扣除的，《企业所得税法》规定，下列八项费用不得税前扣除：

（1）向投资者支付的股息、红利等权益性投资收益款项；

（2）企业所得税税款；

（3）税收滞纳金；

（4）罚金、罚款和被没收财物的损失；

（5）本法第九条规定以外的捐赠支出；

（6）赞助支出；

（7）未经核定的准备金支出；

（8）与取得收入无关的其他支出。

其中：

向投资者支付的股息、红利等权益性投资收益款项，是企业的利润分配事项。企业支付的股息、红利，是投资者因投资而占有的企业的税后未分配利润和其他未分配盈余，不得在企业所得税前扣除。

企业所得税税款是依据应税收入减去扣除项目的余额计算得到，本质上是企业利润分配的支出，是国家参与企业经营成果分配的一种形式，而非为取得经营收入实际发生的费用支出，不能作为企业的税金在税前扣除。除企业所得税税款外，允许抵扣的增值税也不允许税前列支扣除的。

税收滞纳金是指依据《税收征管法》的规定，纳税人未按照规定期限缴纳税款的，扣缴义务人未按照规定期限解缴税款的，税务机关除责令限期缴纳外，从滞纳税款之日起，按日加收滞纳税款万分之五的滞纳金。

罚金、罚款和被没收财物的损失，是指纳税人违反法律、行政法规的规定，被处以刑罚和行政处罚，涉及的罚金、罚款和没收财产的刑罚或行政处罚。

企业所得税法规定以外的捐赠支出，是指不符合企业所得税法公益性捐赠扣除条件的捐赠支出，包括企业没有通过公益性社会组织和县级以上人民政府及其部门，直接捐赠给受赠对象的直接捐赠，以及用于符合法律规定的慈善活动、公益事业的非公益性捐赠。

赞助支出，是指企业发生的与生产经营活动无关的各种非广告性质支出。

未经核定的准备金支出，是指不符合国务院财政、税务主管部门规定的各项资产减值准备、风险准备等准备金支出。

与取得收入无关的其他支出，是指不符合收入和费用的配比原则，支出的与企业经营行为无关的支出。

5.5.2 其他不得税前扣除的支出

（1）企业对外投资期间，投资资产的成本在计算应纳税所得额时不得扣除；

（2）企业在汇总计算缴纳企业所得税时，其境外营业机构的亏损不得抵减境内营业机构的盈利；

（3）企业之间支付的管理费、企业内营业机构之间支付的租金和特许权使用费，以及非银行企业内营业机构之间支付的利息，不得扣除。

6

资产的税务处理

在会计准则中，资产是指企业过去的交易或者事项形成的、由企业拥有或者控制的，预期会给企业带来经济利益的资源。资产一般满足两个条件：一是与资产有关的经济利益很可能流入企业；二是资产的成本或者价值能够可靠地计量。在会计准则中，资产分为流动资产和和非流动资产。流动资产主要包括货币资金、短期投资、应收及预付款项、存货、待摊费用等项目。非流动资产包括不准备在一年内变现的长期投资、固定资产、无形资产和其他资产（如长期待摊费用）。

在企业所得税中，资产的税务处理是一项非常重要的内容。资产在企业的生产经营活动过程中，始终处于不停的变化之中，资产成本或者价值的计量和扣除，直接影响企业所得税额的计算。企业所得税法和会计准则中的资产内涵并不完全一样，企业所得税中的资产和会计准则中的非流动资产范围基本一致，且在具体分类上也存在一些差异。

6.1 企业所得税中的资产

企业的各项资产，包括固定资产、生物资产、无形资产、长期待摊费用、投资资产、存货等，以历史成本为计税基础。

所谓历史成本，是指企业取得该项资产时实际发生的支出。企业持有各项资产期间资产增值或者减值，除国务院财政、税务主管部门规定可以确认损益外，不得调整该资产的计税基础。

6.1.1 资产的税收分类

企业所得税法中的资产分为六类，包括：固定资产、生物资产、无形资产、长期待摊费用、投资资产、存货等。

6.1.1.1 固定资产

固定资产是指企业为生产产品、提供劳务、出租或者经营管理而持有的、使用时间超过12个月的非货币性资产，包括房屋、建筑物、机器、机械、运输工具以及其他与生产经营活动有关的设备、器具、工具等。

固定资产的判定中，只考虑了固定资产的生产性、时间性、非货币性和物质性，并没有给出固定资产的价值标准，也就是说，只要是与企业生产经营有关，使用时间在12个月以上的非货币性有形资产，就是税法意义上的固定资产，其成本或者价值的扣除需要遵从固定资产成本或价值扣除的相关规定。

6.1.1.2 生物资产

生物，顾名思义就是有生命的物体，具有生长、发育、繁殖等能力，能通过新陈代谢作用与周围环境进行物质交换的生命特征。生物资产，就是由生物构成的企业资产。作为一种经济资源，生物资产和其他资产一样，企业通过购入、培育、配种、养殖等行为，销售和利用生物资产获取经济利益。

按照企业生物资产用途的不同，生物资产分为消耗性生物资产、生产性生物资产和公益性生物资产。

消耗性生物资产，是指为出售而持有的，或在将来收获为农产品的生物资产，包括生长中的农田作物、蔬菜、用材林以及存栏待售的牲畜等。消耗性生物资产相当于生物存货。

生产性生物资产，是指为产出农产品、提供劳务或出租等目的而持有的生物资产，包括经济林、薪炭林、产畜和役畜等。生产性生物资产相当于生物固定资产。

公益性生物资产，是指以防护、环境保护为主要目的的生物资产，包括防风固沙林、水土保持林和水源涵养林等。公益性生物资产相当于生物固定资产。

在税收处理上，生产性生物资产、消耗性生物资产和公益性生物资产分别按照不同的方式处理。生产性生物资产具有和企业固定资产类似的长期反复使用的特性，税法也参照固定资产折旧扣除的方式，对生产性生物资产计算折旧扣除；消耗性生物资产在企业经营中，与原材料、产品、商品的类似，都是最终用于出售，通常是一次性消耗并终止其服务能力或未来经济利益，因此在一定程度上具有存货的特征，作为存货在资产负债表中列报。税法参照存货成本的扣除方式，配比扣除成本。对于公益性生物资产，与消耗性生物资产和生产性生物资产有本质不同。一方面，与企业生产经营没有直接关系，不能直接给企业带来经济利益，但具有服务潜能；另一方面，又具有长期持有不用于出售的特性，在企业所得税前扣除上，可以参照会计准则的规定，对自行营造的公益性生物资产的成本，应当按照郁闭前发生的造林费、抚育费、森林保护费、营林设施费、良种试验费、调查设计费和应分摊的间接费用等必要支出确定后，在支出当期作为费用扣除。

6.1.1.3 无形资产

在企业会计准则中，无形资产是指企业拥有或者控制的没有实物形态的可辨认非货币性资产。符合无形资产定义中的可辨认性标准有两个：一是能够从企业中分离或者划分出来，并能单独或者与相关合同、资产或负债一起，用于出售、转移、授予许可、租赁或者交换；二是源自合同性权利或其他法定权利，无论这些权利是否可以从企业或其他权利和义务中转移或者分离，只要符合其中一个就是无形资产。

《企业所得税法实施条例》规定，无形资产是指企业为生产产品、提供劳务、出租或者经营管理而持有的、没有实物形态的非货币性长期资产，包括专利权、商标权、著作权、土地使用权、非专利技术、商誉等。

和固定资产相比较，无形资产通常表现为某种权利、某项技术或是某种获取超额利润的综合能力，它不具有实物形态，看不见、摸不着，但它能够为企业带来经济利益，有些情况下甚至成为企业经济利益的主要来源，所以企业所得税法对企业的无形资产作了特殊规定。

企业的无形资产种类主要包括：专利权、商标权、著作权、土地使用权、非专利技术、商誉等。

专利权，是指国家专利主管机关依法授予发明创造专利申请人，对其发明创造在法定期限内所享有的专有使用权利，包括发明专利权、实用新型专利权和外观设计权。

商标权，是指专门在某类指定的商品或者产品上使用特定的名称或者图案的权利。

著作权，又称版权，是指作者对其创作的文学、科学和艺术作品依法享有的某些特殊权利，包括署名权、发表权、修改权和保护作品完整权，还包括复制权、发行权、出租权、展览权、表演权、放映权、广播权、信息网络传播权、摄制权、改编权、翻译权、汇编权以及应当由著作权人享有的其他权利。

土地使用权，是指企业所拥有的在一定期间内特定土地上所享有的开发、利用、经营的权利。

非专利技术，又称专有技术，是指企业所拥有的不为社会公众所知晓、在生产经营活动中已采用了的且可以带来经济效益的各种技术和诀窍，它的拥有人没有向政府主管部门申请保护，一般包括工业专有技术、商业贸易专有技术、管理专有技术等。

商誉，是指出于某种特殊原因而形成的无形资产，这种无形资产一般能为企业带来超过一般盈利水平的超额利润。商誉可以是由企业自己建立的，也可以是直接向外界购买的。

6.1.1.4 长期待摊费用

长期待摊费用是指企业已经支出，但摊销期限在1年以上（不含1年）的各项费用，包括租入固定资产的改良支出以及摊销期在1年以上的固定资产大修理支出、其他待摊费用等。

《企业所得税法》规定，在计算应纳税所得额时，企业发生的下列支出作为长期待摊费用，按照规定摊销的，准予扣除：

（1）已足额提取折旧的固定资产的改建支出；

（2）租入固定资产的改建支出；

（3）固定资产的大修理支出；

（4）其他应当作为长期待摊费用的支出。

其中，固定资产的改建支出，是指改变房屋或者建筑物结构、延长使用年限等发生的支出。

6.1.1.5 投资资产

投资资产是企业为通过分配来增加财富或者为谋求其他利益而将资产让渡给其他单位所获得的另一项资产。

税收和会计上的投资分类，一般以投资的对象为标准，将其分为债权性投资、权益性投资。

> 第七十一条　投资资产，是指企业对外进行权益性投资和债权性投资形成的资产。
>
> ——《企业所得税法实施条例》

权益性投资，是指以购买被投资单位股票、股份、股权等类似形式进行的投资，投资企业拥有被投资单位的产权，是被投资单位的所有者之一，投资企业有权参与被投资单位的经营管理和利润分配。

债权性投资，主要指购买债权、债券的投资，投资企业与被投资企业之间形成了一种债权、债务关系，双方以契约形式规定了还本付息的期限和金额，投资企业对被投资企业只有投资本金和利息的索偿权，而没有参与被投资企业的经营管理权和利润分配权。

还有一种混合性投资，它通常以购买混合性证券为标志。混合性证券是指同时兼有债务性和权益性的证券，如企业发行的优先股股票和可转换证券等，混合性投资兼具权益性投资和债权性投资的特性，可以归入权益性投资或者债权性投资。

6.1.1.6 存货

会计准则中，存货，是指企业在日常活动中持有以备出售的产成品或商品、处在生产过程中的在产品、在生产过程或提供劳务过程中耗用的材料和物料等。存货的确认需要同时满足“与该存货有关的经济利益很可能流入企业”“该存货的成本能够可靠地计量”两个条件。

在企业所得税中，存货的定义和会计准则中的定义一致，同样是指企业持有以备出售的产品或者商品、处在生产过程中的在产品、在生产或者提供劳务过程中耗用的材料和物料等。在存货的确认上，强调存货的目的性，即：企业持有存货的最终目的是为了出售，无论是可供直接出售，还是需要经过进一步加工后才能出售。具体包括：

（1）原材料，是指企业在生产过程中经加工改变其形态或者性质并构成产品主要实体的各种原料及主要材料、辅助材料、外购半成品（外购件）、修理用备件（备品备件）、包装材料、燃料等。

（2）在产品，即仍处在生产过程中的产品，与产成品对应，包括正在各个生产工序加工的产品和已加工完毕但尚未检验或者已检验但尚未办理入库手续的产品。

（3）半成品，与在产品的概念有所类似，半成品虽未成形，但已搁放在特定场所，等待下一步继续加工，即是指经过一定生产过程并已检验合格交付半成品仓库保管，但尚未制造完工为产成品，仍需进一步加工的中间产品。

（4）产成品，是指已经完成全部生产过程并验收入库，可以按照合同规定的条件送交订货单位，或者可以作为商品对外销售的产品。企业接受外来原材料加工制造的代制品和为外单位加工修理的代修品，制造和修理完成验收入库后应视同企业的产成品。

（5）商品，是指商品流通类型企业从其他企业、单位或者个人购买的，或者受托加工完成后，可以按照合同规定的条件送订货单位或者可以直接对外销售的各种物品。

（6）周转材料，是指企业产品生产过程中需要添加的、不直接构成企业产品的实体、能够被多次反复使用的一些辅助性其他材料。周转材料的效益和价值的实现也有一个时间过程，主要包括包装物、低值易耗品等。

6.1.2 资产的计税基础

资产的计价方式有多种形式，包括历史成本、重置成本、可变现净值、现值和公允价值等。在各种计价方式中，历史成本通常反映的是资产或者负债过去的价值，而重置成本、可变现净值、现值以及公允价值通常反映的是资产或者负债的现时成本或者现时价值，是与历史成本相对应的计量属性。

《企业所得税法》规定，企业的各项资产，包括固定资产、生物资产、无形资产、长期待摊费用、投资资产、存货等，以历史成本为计税基础。

历史成本，是指企业取得该项资产时实际发生的支出。在计算时点和计量价值上具有双重的确定性。

计税基础是一个会计概念，也是一个所得税概念，《企业会计准则第18号——所得税》规定，企业在取得资产、负债时，应当确定其计税基础。资产、负债的账面价值与其计税基础存在差异的，应当按照本准则规定确认所产生的递延所得税资产或递延所得税负债。

资产和负债，在所得税的会计计量中，都会涉及计税基础。

资产的计税基础，是指企业收回资产账面价值过程中，计算应纳税所得额时按照税法规定可以自应税经济利益中抵扣的金额。

通常情况下，资产在取得时其入账价值与计税基础是相同的，后续计量过程中因企业会计准则规定与税法规定不同，可能产生资产的账面价值与其计税基础的差异。

【案例6-1-1】 假定某企业持有一项交易性金融资产，成本为1000万元，期末公允价值为1500万元。

【问题】 如计税基础仍维持1000万元不变，该计税基础与其账面价值之间的差额500万元如何确认差异？

【解析】 按照企业会计准则规定，交易性金融资产期末应以公允价值计量，公允价值的变动计入当期损益。按照税法规定，交易性金融资产在持有期间公允价值变动不计入应纳税所得额，即其计税基础保持不变，则产生了交易性金融资产的账面价值与计税基础之间的差异。如计税基础仍维持1000万元不变，该计税基础与其账面价值之间的差额500万元即为应纳税暂时性差异。

【案例6-1-2】 企业拥有一项存货，在拥有期间，由于市场因素变化，存货的价格降低，企业按会计准则规定提取了存货跌价准备。

【问题】 该存货的账面价值与历史成本差异如何处理？

【解析】 在会计核算上，企业该存货的账面价值为其历史成本减去存货跌价准备。但按税法规定，企业提取存货的存货跌价准备不能税前扣除，因而该存货的计税基础仍为其历史成本。

【案例6-1-3】 企业拥有一项固定资产，按直线法提取折旧，估计其使用寿命为15年，但按税法规定其折旧年限最低不得少于20年，假如企业持有该项固定资产5年后将其处置。

【问题】 该固定资产因折旧年限的差异造成的账面价值的差异如何处理？

【解析】 该固定资产的账面价值为其历史成本减去按会计准则提取的折旧，但其计税基础却为其历史成本减去按税法规定可以计提的折旧，由于可以提取的折旧不同，因而其计税基础与其账面价值不同。

6.1.3 计税基础的调整

企业所得税中，资产以历史成本作为计税基础，也就是企业取得该项资产时实际发生的支出。历史成本，强调的是在特定环境和时刻下，企业为取得该项资产所实际发生的支出，其数额是固定的，而且作为资产的计税基础，不得由企业自由调整，否则会严重侵蚀税基。

但是在企业生产经营的过程中，企业持有资产期间，可能会因为一些事实的发生，带来资产的增值或是减值的变化，需要对资产计税基础进行调整，以达到真实反映企业资产状况的需要。因此，《企业所得税法实施条例》规定，企业持有各项资产期间资产增值或者减值，除国务院财政、税务主管部门规定可以确认损益外，不得调整该资产的计税基础。

6.2 固定资产的折旧

6.2.1 固定资产计税基础的确定

按照来源的不同，企业固定资产包括：外购的固定资产、自行建造的固定资产、融资租入的固定资产、盘盈的固定资产、接受捐赠的固定资产、接受投资的固定资产、非货币性资产交换的固定资产、债务重组的固定资产以及改建的固定资产。不同来源方式的固定资产，计税基础的确认方法也各不相同。

6.2.1.1 外购的固定资产

外购的固定资产，以购买价款和支付的相关税费以及直接归属于使该资产达到预定用途发生的其他支出为计税基础。

购买价款，是指企业通过货币形式，为购买固定资产所支付的直接对价物。支付的相关税费，包括企业为购买固定资产而缴纳的税金、行政事业性收费等，以及为使固定资产达到预定可使用状态而发生的可归属于该项资产的运输费、装卸费、安装费和专业人员服务费等。

【案例 6-2-1】 2019 年 10 月，A 公司因业务需要购入一辆汽车，发票注明价款 40 万元，增值税额 5.2 万元；企业按照规定缴纳印花税 0.012 万元、车辆购置税 4 万元；办理车辆保险 0.8 万元；办理车辆行使证等相关手续支出相关费用 0.2 万元。

【问题】 A 公司购入这辆汽车计入固定资产的计税基础是多少？

【解析】 购入的固定资产的计税基础=购买价款+相关税费+其他支出

A 公司购买汽车的支出的价款、税费中，企业购买汽车的《机动车销售统一发票》中的增值税额，是可以抵扣的增值税进项税额，不能计入固定资产的计税基础；企业办理的车辆保险，是企业管理费用中的财产保险支出，也不能计入固定资产的计税基础。因此，该项业务中，计入计税基础的款项包括：汽车购买价款40万元，相关税费4.012万元，其他支出0.2万元。

A公司购入汽车的计税基础=40+4.012+0.2=44.212（万元）

6.2.1.2 自行建造的固定资产

自行建造的固定资产，以竣工结算前发生的支出为计税基础。

与外购的固定资产不同，自行建造的固定资产计税基础，包括竣工结算前发生的原材料费用、人工费、管理费、缴纳的相关税费、应予资本化的借款费用等，只要是固定资产在达到预定可用途之前所发生的，为建造固定资产所必需的、与固定资产的形成具有直接关系的支出，都应作为固定资产的计税基础的组成部分。

对于自行建造的固定资产，未进行竣工结算但投入使用的，对于这种已使用未竣工的固定资产，税法和会计准则、税种和税种之间存在较大的差异。会计准则的入账时间，不是以竣工为结点。准则规定，自行建造固定资产的入账价值，由建造该项资产达到预定可使用状态前所发生的必要支出构成。而企业所得税的完工确认，是以竣工为标准，对于未竣工已使用的固定资产，《国家税务总局关于贯彻落实企业所得税法若干税收问题的通知》（国税函〔2010〕79号）中规定“企业固定资产投入使用后，由于工程款项尚未结清未取得全额发票的，可暂按合同规定的金额计入固定资产计税基础计提折旧，待发票取得后进行调整。但该项调整应在固定资产投入使用后12个月内进行”。

但是在其他税种中，如房产税，对于竣工前投入使用的房产，需要依法缴纳房产税。《财政部　国家税务总局关于房产税若干具体问题的解释和暂行规定》[（86）财税地字第8号]规定：“纳税人自建的房屋，自建成之次月起征房产税。纳税人委托施工企业建设的房屋，从办理验收手续之次月起征房产税；纳税人在办理验收手续前已使用或出租、出借的新建房屋，应按规定征收房产税。”

【案例6-2-2】 2019年10月，某市税务局在风险分析中发现，A公司2017年在“在建工程”科目借方期初余额记载“委托建造办公楼”9000万元，该办公楼已于2017年11月投入使用，但一直未竣工验收。2018年A公司按照会计准则的规定估值入账，计提了折旧并缴纳房产税，企业所得税年度申报未调整。

【问题】 A公司这项资产应如何处理涉税问题?

【解析】 未竣工已使用的房产，符合准则规定“预定可使用状态”的标准，企业按估值入账并计提折旧的会计处理正确。

未竣工已使用的房产，依法从投入使用的次月起按照估值计征房产税，符合税法规定。

A公司该栋未竣工已使用的房产，自2017年11月使用到2019年10仍未竣工验收，已超过12个月，对于公司已估值入账并计提的折旧，其计税基础不符合企业所得税法规定，需要在2018年企业所得税年度申报时予以纳税调整，调增应纳税所得额。

6.2.1.3 融资租入的固定资产

融资租入的固定资产，以租赁合同约定的付款总额和承租人在签订租赁合同过程中发生的相关费用为计税基础；租赁合同未约定付款总额的，以该资产的公允价值和承租人在签订租赁合同过程中发生的相关费用为计税基础。

融资租赁，是指实质上转移了与资产所有权有关的全部风险和报酬的租赁。虽然在融资租赁状态下，融资租赁物的所有权最终可能转移，也可能不转移，但是租赁人实际上负担了租赁物的绝大部分风险，是租赁物实质上的所有人。对企业以融资租赁方式租入的固定资产，视同企业自有固定资产，折旧扣除。

融资租入固定资产，有两种情形：一种确定了租赁付款总额；另一种是没有确定租赁付款总额。两种融资租入固定资产计税基础的确认，在会计准则和税法规定上都存在差异。

会计准则的入账价值，按租赁开始日租赁资产公允价值与最低租赁付款额现值两者中较低者作为租入资产的入账价值，将最低租赁付款额作为长期应付款的入账价值，其差额作为未确认融资费用。承租人在租赁谈判和签订租赁合同过程中发生的，可归属于租赁项目的手续费、律师费、差旅费、印花税等初始直接费用，应当计入租入资产价值。未确认融资费用应当在租赁期内按实际利率法各个期间进行分摊，计入财务费用。

“最低租赁付款额”和“最低租赁付款额现值”是两个不同的概念。最低租赁付款额，是指在租赁期内，承租人应支付或者可能被要求支付的款项

(不包括或有租金和履约成本)，加上由承租人或者与其有关的第三方担保的资产余值。而最低租赁付款额现值，是需要按照租赁期限和分期支付的租金和内含利率，按照年金现值公式计算得到的租金现值。承租人在计算最低租赁付款额的现值时，能够取得出租人租赁内含利率的，应当采用租赁内含利率作为折现率；否则，应当采用租赁合同规定的利率作为折现率。承租人无法取得出租人的租赁内含利率且租赁合同没有规定利率的，应当采用同期银行贷款利率作为折现率。简单地说，“最低租赁付款额”就是实际支付的金额，“最低租赁付款额现值”是租金的年金现值。

税法中对融资租入固定资产计税基础的确认，以租赁合同约定的付款总额和承租人在签订租赁合同过程中发生的相关费用为入账价值，租赁合同未约定付款总额的，以该资产的公允价值和承租人在签订租赁合同过程中发生的相关费用为入账价值。这将导致融资租入固定资产的计税基础可能会大于会计账面原值的差异。这种差异，一般有两种处理方式：

(1) 将以后期间会计折旧与财务费用之和，与税法折旧的差额，作为纳税调整处理。

(2) 不作纳税调整，直接以会计核算的计税基础计算折旧并扣除，对于每个期间实际分摊承担的“未确认融资费用”，直接作为当期费用处理。

【案例 6-2-3】 2017 年 12 月，A 公司与某融资租赁公司签署了一份租赁合同。融资租赁十台专用生产设备三年，2017 年 12 月 31 日设备运抵 A 公司生产车间，约定年支付租金 110 万元（不含税，支付租金时开具增值税专用发票），合同约定年利率 8%。该批设备为全新设备，折旧年限 5 年，期末无残值，运抵日公允价值 280 万元。A 公司收到设备后，又花费相关税费 5 万元。

【问题】 A 公司融资租入设备的计税基础是多少？租赁期内如何税前扣除？

【解析】 (1) 纳税调整

①会计核算

A 公司租赁十台机器符合融资租赁标准，按融资租赁核算

最低租赁付款额 = 租金 + 承租人担保的资产余值 = 110×3+0 = 330（万元）

最低租赁付款额现值 = 110×（P/A，8%，3）= 283.481（万元），（P/A，8%，3）= 2.5771，大于租赁资产的公允价值，按照公允价值入账。

融资租入固定资产入账价值 = 283.481+5 = 288.481（万元）

未确认融资费用=最低租赁付款额-入账价值=330-283.481=46.519（万元）

②融资租入固定资产计税基础

计税基础=付款总额+相关费用=110×3+5=335（万元）

③差异处理

未确认融资费用作调整处理：

在租赁期内按实际利率法分摊未确认融资费用，如下表所示。

日期	租金	确认“未确认融资费用”	应付本金减少	应付本金余额
2017年12月31日				283.481
2018年12月31日	110	22.678	87.322	196.159
2019年12月31日	110	15.693	94.307	101.852
2020年12月31日	110	8.148	101.852	0.000
合计	330	46.519	283.481	

按年度，对当年确认的融资费用，调整财务费用，调增应纳税所得额。

年度折旧，按融资租赁固定资产的计税基础305万元，以三年的使用期为限进行折旧扣除，按年扣除111.667万元。

（2）不予调整

融资租入固定资产的计税基础按照会计核算的金额288.481万元入账，按照3年租赁期限计算并扣除折旧。会计核算中，计入当期财务费用的“未确认融资费用”按照费用在计算企业所得税应纳税所得额时扣除。

6.2.1.4 盘盈的固定资产

盘盈的固定资产，以同类固定资产的重置完全价值为计税基础。

盘盈的固定资产，是指盘点中发现的账外固定资产。盘盈的固定资产，因为没有记载或是缺乏有效的记载，无法有效确定其历史成本，税法规定，以同类固定资产的重置完全价值计价。

重置完全价值计价，是指按现有的生产能力、技术标准，重新购置同样的固定资产所需要付出的代价。实务中，如果同类或者类似固定资产存在活跃市场的，按同类或者类似固定资产的市场价格，减去按该项资产的新旧程度估计的价值损耗后的余额，作为入账价值；如果同类或者类似固定资产不存在活跃市场的，按该项固定资产的预计未来现金流量现值，作为入账价值。

6.2.1.5 通过捐赠、投资、非货币性资产交换、债务重组等方式取得的固定资产

通过捐赠、投资、非货币性资产交换、债务重组等方式取得的固定资产，以该资产的公允价值和支付的相关税费为计税基础；通过捐赠、投资、非货币性资产交换、债务重组等方式取得的固定资产，以该资产的公允价值和支付的相关税费为计税基础。

企业以非货币性资产对外投资、捐赠、偿债、交换的，按照《企业所得税法实施条例》和《财政部 国家税务总局关于非货币性资产投资企业所得税政策问题的通知》（财税〔2014〕116号）文件规定，企业以非货币性资产投资、交换、捐赠、偿债、赞助、集资、广告、样品、职工福利或者利润分配等用途的，应当视同转让财产。接受非货币性资产一方的计税基础，应该按该资产的市场价格即公允价值加上接受固定资产过程中可能发生的契税、车辆购置税、印花税等税费作为固定资产的入账价值。

【案例6-2-4】 2019年10月，A公司以一幢大楼（老房产）作价5000万元出资和B公司一起成立甲公司。A公司大楼账面净值2000万元，专业机构评估价值4000万元，A、B公司均同意作价5000万元。该大楼在出资过程中，共缴纳契税150万元，印花税2.5万元，增值税150万元，土地增值税650万元。

【问题】 甲公司取得投资房产后，其计税基础是多少？

【解析】 该房产出资确价超过评估价值，应按实际成交价值确认公允价值5000万元。投资过程中，涉及的增值税和土地增值税，纳税人都是A公司而非甲公司，不能作为房产的计税基础，契税和印花税是甲公司缴纳的，应作为计税基础。

综上，甲公司接受该房产的计税基础＝5000+150+2.5＝5152.5（万元）

6.2.1.6 改建的固定资产

改建的固定资产，除已足额提取折旧固定资产和租入固定资产的改建支出外，以改建过程中发生的改建支出增加计税基础。

对已有固定资产的改建，是固定资产持有期间资产发生的变化，需要对

原有的计税基础作出调整。除《企业所得税法》明确规定“已足额提取折旧的固定资产”的改建支出和“租入固定资产”的改建支出，是作为企业的长期待摊费用外，其他固定资产的改建支出，应按照改建过程中发生的改建支出，包括材料费、人工费、相关税费等，增加固定资产的计税基础。

6.2.2 固定资产折旧的计算

在企业会计准则中，折旧，是指在固定资产使用寿命内，按照确定的方法对应计折旧额进行系统分摊。企业应当对所有固定资产计提折旧。但是，已提足折旧仍继续使用的固定资产和单独计价入账的土地除外。固定资产应当按月计提折旧，并根据用途计入相关资产的成本或者当期损益。

企业应当根据与固定资产有关的经济利益的预期实现方式，合理选择固定资产折旧方法。可选用的折旧方法包括年限平均法、工作量法、双倍余额递减法和年数总和法等。固定资产的折旧方法一经确定，不得随意变更。

企业应当根据固定资产的性质和使用情况，合理确定固定资产的使用寿命和预计净残值。固定资产的使用寿命、预计净残值一经确定，不得随意变更。

应计折旧额，是指应当计提折旧的固定资产的原价扣除其预计净残值后的金额。已计提减值准备的固定资产，还应当扣除已计提的固定资产减值准备累计金额。

预计净残值，是指假定固定资产预计使用寿命已满并处于使用寿命终了时的预期状态，企业目前从该项资产处置中获得的扣除预计处置费用后的金额。

在企业所得税法中，企业在计算应纳税所得额时，按照规定计算的固定资产折旧，准予扣除。“按照规定计算的固定资产折旧”要在“资产属性、计税基础、折旧方法、折旧年限、折旧期间”等五个条件要同时符合税法规定：

（1）允许计算折旧扣除的固定资产必须符合规定。

企业需要严格区分不得计算折旧扣除的固定资产。《企业所得税法》规定，下列固定资产不得计算折旧扣除：

①房屋、建筑物以外未投入使用的固定资产；

②以经营租赁方式租入的固定资产；

③以融资租赁方式租出的固定资产；

④已足额提取折旧仍继续使用的固定资产；

⑤与经营活动无关的固定资产；

⑥单独估价作为固定资产入账的土地；

⑦其他不得计算折旧扣除的固定资产。

从上述范围可以看出，允许折旧扣除的固定资产需要同时满足五个条件：

①企业正在使用的固定资产（房屋、建筑物除外），未使用的固定资产、或者已停止使用（不是正常的大修理停用）的固定资产在未使用、停用期间不得计算折旧扣除。企业购置的房屋、建筑物资产无论是否在使用，都可以计算折旧扣除。

②计算折旧扣除的固定资产应当是企业拥有所有权的固定资产。由于融资租赁固定资产，是实质上转移了与资产所有权有关的全部风险和报酬的租赁，企业采取融资租入的、正在使用的固定资产应当计算折旧扣除，而企业融资租出的固定资产不仅实质转移了所有权、使用人也不是出租方，应由租入方计算折旧扣除。而经营租赁并没有改变固定资产的所有权，其收取的租金正是企业使用固定资产的过程中产生的收益，应当计算折旧扣除。

③计算折旧扣除的固定资产账面净值不能为零。企业固定资产折旧，其实质是对固定资产价值的分期摊销，应当以应计折旧额为限，即：固定资产的原价扣除其预计净残值后的金额。当固定资产按照折旧期限已全部计提折旧后，应计折旧额为零，就不得再计算折旧并扣除。但是固定资产已足额提取折旧不代表固定资产不再具备使用价值。如果已足额提取折旧的固定资产继续使用的，不得计算折旧扣除。

④计算折旧扣除的固定资产应当与企业经营活动相关。和支出扣除的直接相关类比，固定资产的折旧能否扣除，不仅需要看计算折旧的固定资产是不是处在使用状态，是否企业拥有所有权属，还要看它是不是和企业的经营活动相关。对于一个企业来说，企业在用的资产都应当与企业特定的经营行为有关。

⑤计算折旧扣除的固定资产不包括单独估价作为固定资产入账的土地。《中华人民共和国土地法》规定，土地属国家所有，企业不拥有土地的所有权，不符合固定资产的定义，一般不得计入固定资产。而企业取得的土地的使用权，应当以土地使用权按照无形资产入账。

（2）允许计算折旧扣除的固定资产计税基础确定符合税法规定。

企业固定资产按照来源方式的不同，分别依法确定计税基础：

①外购的固定资产，以购买价款和支付的相关税费以及直接归属于使该资产达到预定用途发生的其他支出为计税基础；

②自行建造的固定资产，以竣工结算前发生的支出为计税基础；

③融资租入的固定资产，以租赁合同约定的付款总额和承租人在签订租赁合同过程中发生的相关费用为计税基础，租赁合同未约定付款总额的，以该资产的公允价值和承租人在签订租赁合同过程中发生的相关费用为计税基础；

④盘盈的固定资产，以同类固定资产的重置完全价值为计税基础；

⑤通过捐赠、投资、非货币性资产交换、债务重组等方式取得的固定资产，以该资产的公允价值和支付的相关税费为计税基础；

⑥改建的固定资产，除已足额提取折旧固定资产和租入固定资产的改建支出外，以改建过程中发生的改建支出增加计税基础。

（3）固定资产按照直线法计算折旧。

固定资产需要按照规定计提折旧，以确定企业所实际发生的成本。按照收入与支出配比的原则要求，企业对固定资产的投入的收回，需要在使用寿命内按照确定的方法对应计折旧额进行分期列支成本。

第五十九条　固定资产按照直线法计算的折旧，准予扣除。

企业应当自固定资产投入使用月份的次月起计算折旧；停止使用的固定资产，应当自停止使用月份的次月起停止计算折旧。

企业应当根据固定资产的性质和使用情况，合理确定固定资产的预计净残值。固定资产的预计净残值一经确定，不得变更。

——《企业所得税法实施条例》

企业会计准则中，企业可以根据与固定资产有关的经济利益的预期实现方式，合理选择确定固定资产折旧方法，可选用的折旧方法包括年限平均法（直线法）、工作量法、双倍余额递减法和年数总和法等，固定资产的折旧方法一经确定，不得随意变更。企业可以按照会计准则的规定，自选选定固定资产的折旧计算的方法，但在企业所得税前扣除时，只有企业按照直线法提取的折旧，才准予扣除，按照其他方法计提的折旧，应该根据直线法重新调整后，才准予扣除。

直线法又称平均年限法，它是指按固定资产使用年限平均计算折旧的一种方法。采用这种方法计算的每期折旧额均相等，其计算公式为：

年折旧额＝（固定资产原值－预计净残值）÷预计使用年限

【案例 6-2-5】 A 公司购入一台设备，价款 100 万元，计划使用 10 年，净残值率为 5%。企业按照直线法计算折旧。

【问题】 计算该设备的月折旧率、折旧额。

【解析】 根据公式固定资产年折旧率＝（1－预计净残值率）÷预计使用寿命（年）＝（1－5%）÷10×100%＝9.5%

月折旧率＝年折旧率÷12＝9.5%÷12＝0.79%

月折旧额＝1000000×0.79%＝7916.67（元）

（4）企业固定资产需要在规定的时限内计算折旧。

企业应当自固定资产投入使用月份的次月起计算折旧；停止使用的固定资产，除房屋、建筑物外，应当自停止使用月份的次月起停止计算折旧。固定资产只有实际投入使用时，才发生实际的支出，才允许开始计提折旧。

（5）确定合理的预计净残值。

企业应当根据固定资产的性质和使用情况，合理确定固定资产的预计净残值。固定资产的预计净残值一经确定，不得变更。预计净残值，又称估计残值，是指假定固定资产预计使用寿命已满并处于使用寿命终了时的预期状态，企业目前从该项资产处置中获得的扣除预计处置费用后的金额。简单地说，预计净残值就是指固定资产在报废时，预计残料变价收入扣除清算时清算费用后的净值。在计算折旧时，把固定资产原值减去估计净残值后的余额称为折旧基数或者折旧总额。

会计准则规定，企业应当根据固定资产的性质和使用情况，合理确定固定资产的使用寿命和预计净残值，且一个持续经营的企业，固定资产的折旧和残值在经营期内均可税前扣除。预计净残值一经确定，不得变更。即企业根据固定资产的性质和使用情况，合理确定预计净残值后，就不得再变更。防止企业通过改变固定资产的净残值，在年度之间随意调节利润，以规避税收。

6.2.3 固定资产的折旧年限

固定资产的折旧计算，有两个时间性限定，第一是固定资产的折旧时限，即应当自固定资产投入使用月份的次月起计算折旧；自停止使用月份的次月起停止计算折旧（房屋、建筑物除外）。这是固定资产实际计算并在所得税前扣除时限，是一个实际发生的时间。第二是计算固定资产折旧时，需要确定的该项固定资产的有效使用期限。这是确定每期折旧需要估计确定的一个参数，是一个理论化的、未来待经历的时间。

企业固定资产的折旧计算，离不开这两个时间性限定。企业需要通过固定资产预估使用期限，按照直线法计算分期折旧的金额，然后再按照实际使用的时限，计算固定资产实际发生的折旧，在计算企业所得税时予以扣除。

对于固定资产预估使用期限，是一个企业的自我决定的事项。如对某一件固定资产，企业可以估计要使用 2 年，也可以估计要使用 20 年，在这种情况下，为了防止企业提前将固定资产购置价格税前扣除，税法规定了五个大类固定资产的最低折旧年限，以确保企业每个最大的折旧计提金额。这就是最低折旧年限。

第六十条　除国务院财政、税务主管部门另有规定外，固定资产计算折旧的最低年限如下：

（一）房屋、建筑物，为 20 年；

（二）飞机、火车、轮船、机器、机械和其他生产设备，为 10 年；

（三）与生产经营活动有关的器具、工具、家具等，为 5 年；

（四）飞机、火车、轮船以外的运输工具，为 4 年；

（五）电子设备，为 3 年。

——《企业所得税法》

（1）房屋、建筑物的最低折旧年限为 20 年。

房屋、建筑物，是指供生产、经营使用和为职工生活、福利服务的房屋、建筑物及其附属设施，其中房屋，包括厂房、营业用房、办公用房、库房、住宿用房、食堂及其他房屋等；建筑物，包括塔、池、槽、井、架、棚（不包括临时工棚、车棚等简易设施）、场、路、桥、平台、码头、船坞、涵洞、加油站以及独立于房屋和机器设备之外的管道、烟囱、围墙等；房屋、建筑物的附属设施，是指同房屋、建筑物不可分割的、不单独计算价值的配套设施，包括房屋、建筑物内的通气、通水、通油管道，通信、输电线路，电梯，卫生设备等。

房屋和建筑物作为企业一项重要固定资产，使用寿命相对较长，价值相对较高，按照收入与支出配比原则，其折旧年限也应相对较长，同时无论房屋、建筑物是否在使用状态，都依法计算折旧。税法规定，房屋、建筑物折旧年限不得低于20年。

（2）飞机、火车、轮船、机器、机械和其他生产设备，最低折旧年限为10年。

飞机、火车、轮船大型交通工具，是专属于航空、铁路、航运等运输企业的生产经营设备。火车，包括各种机车、客车、货车以及不单独计算价值的车上配套设施；轮船，包括各种机动船舶以及不单独计算价值的船上配套设施；机器、机械和其他生产设备，包括各种机器、机械、机组、生产线及其配套设备，各种动力、输送、传导设备等。飞机、火车、轮船、机器、机械及其他生产设备等，都具有较高的价值、使用年限也较长，税法规定，这些固定资产的最低折旧年限为10年。

（3）与生产经营活动有关的器具、工具、家具等，最低折旧年限为5年。

除机械、机器和其他生产设备之外的器具、工具、家具等，有效使用年限相对较短，税法规定，其最低折旧年限为5年。

（4）飞机、火车、轮船以外的运输工具，最低折旧年限为4年。

除飞机、火车、轮船这些专属大型交通工具外的其他的运输工具，包括汽车、电车、拖拉机、摩托车（艇）、机帆船、帆船以及其他运输工具，价值较低、使用年限较短，其折旧年限也就应相应较短，税法规定，此类固定资产的最低折旧年限为4年。

（5）电子设备，最低折旧年限为3年。

电子设备，是指由集成电路、晶体管、电子管等电子元器件组成，应用电子技术（包括软件）发挥作用的设备，包括电子计算机以及由电子计算机控制的机器人、数控或者程控系统等。同于科技日新月异，技术更新换代较快、电子设备的实际有效使用年限相对缩短，为保证企业充分折旧，提前扣除，税法规定，此类电子设备的最低折旧年限改为3年。

6.3 生产性生物资产的折旧

生物资产包括生产性生物资产、消耗性生物资产和公益性生物资产。在企业核算中，只有生产性生物资产具备和固定资产类似的属性，采取计算折旧的方式扣除。

6.3.1 生产性生物资产计税基础的确定

生产性生物资产具备自我生长性，能够在持续的基础上予以消耗并在未来的一段时间内保持其服务能力或未来经济利益，属于有生命的劳动手段。计算生产性生物资产折旧，需要确定资产的计税基础。按照资产购置方式的不同，其计税基础的确定也各不相同。

第六十二条　生产性生物资产按照以下方法确定计税基础：

（一）外购的生产性生物资产，以购买价款和支付的相关税费为计税基础；

（二）通过捐赠、投资、非货币性资产交换、债务重组等方式取得的生产性生物资产，以该资产的公允价值和支付的相关税费为计税基础。

前款所称生产性生物资产，是指企业为生产农产品、提供劳务或者出租等而持有的生物资产，包括经济林、薪炭林、产畜和役畜等。

——《企业所得税法实施条例》

（1）外购生产性生物资产

外购生产性生物资产，以购买价款和支付的相关税费为计税基础。外购的生产性生物资产，是指企业通过一定的等价形式补偿，从其他企业、单位或者个人购置的生产性生物资产。

外购的生产性生物资产，其计税基础由“价款”和“支付的相关税费”两部分组成。购买价款，是指企业通过货币形式，为购买生产性生物资产所支付的直接对价物。支付的相关税费，是指可直接归属于购买该资产的而缴纳的税金、行政事业性收费和其他支出，包括企业为购买生产性生物资产而缴纳的税金、行政事业性收费、运输费、保险费、场地整理费、装卸费、专业人员服务费等。

（2）通过捐赠、投资、非货币性资产交换、债务重组等方式取得的生产性生物资产

通过捐赠、投资、非货币性资产交换、债务重组等方式取得的生产性生物资产，以该资产的公允价值和支付的相关税费为计税基础。通过捐赠、投资、非货币性资产交换、债务重组等方式获取的生产性生物资产，由于企业都没有直接用支付货币的形式来获取，没有对价，无法按照资产的购买价款确定计税基础。税法规定，企业以这种方式取得的生产性生物资产，以取得时的公允价值为基础，加上企业为获取这类生产性生物资产而支付的相关费用，如装卸费、栽植费、保险费、运输费、专业人员服务费等，确定为生产性生物资产的计税基础。

（3）企业自行营造或者繁殖的生产性生物资产

企业自行营造或者繁殖的生产性生物资产，其初始通过外购、或是通过捐赠、投资、非货币性资产交换、债务重组等方式取得时，计税基础按相应方式确定。对于生产性生物资产在营造或者繁殖的过程中所发生的成本的处理，税法没有明确规定。

在会计准则中，对于需要自行营造或者繁殖的生产性生物资产，按照是否达到“预定生产经营的”为限，达到之前属于营造、繁殖过程，发生的费用需要成本化；达到之后属于生产过程，发生的费用计入到产出产品的成本中。

①自行营造的林木类生产性生物资产的成本，包括达到预定生产经营目的前发生的造林费、抚育费、营林设施费、良种试验费、调查设计费和应分摊的间接费用等必要支出。

②自行繁殖的产畜和役畜的成本，包括达到预定生产经营目的（成龄）前发生的饲料费、人工费和应分摊的间接费用等必要支出。

达到预定生产经营目的，是指生产性生物资产进入正常生产期，可以多

年连续稳定产出农产品、提供劳务或者出租。

在税务处理中，对于营造、繁殖期间的支出的扣除，应与会计准则的规定保持一致。

6.3.2 生产性生物资产折旧的计算

参照固定资产的折旧计算，生产性生物资产也需要按规定计算折旧，在计算企业所得税前予以扣除。

在企业会计准则中，企业对达到预定生产经营目的的生产性生物资产，应当按期计提折旧，并根据用途分别计入相关资产的成本或当期损益。企业应当根据生产性生物资产的性质、使用情况和有关经济利益的预期实现方式，合理确定其使用寿命、预计净残值和折旧方法。可选用的折旧方法包括年限平均法、工作量法、产量法等。生产性生物资产的使用寿命、预计净残值和折旧方法一经确定，不得随意变更。

在税法中，计算生产性生物资产的折旧逐期分摊，同样需要关注“折旧方法、折旧始点、计税基础、折旧年限、折旧期间”等五个条件。

第六十三条　生产性生物资产按照直线法计算的折旧，准予扣除。

企业应当自生产性生物资产投入使用月份的次月起计算折旧；停止使用的生产性生物资产，应当自停止使用月份的次月起停止计算折旧。

企业应当根据生产性生物资产的性质和使用情况，合理确定生产性生物资产的预计净残值。生产性生物资产的预计净残值一经确定，不得变更。

——《企业所得税法实施条例》

(1) 只能按照直线法计提折旧

按照企业会计准则，企业生产性生物资产的计提折旧可选用年限平均法(直线法)、工作量法、产量法等，生产性生物资产的折旧方法一经确定，不得随意变更。但是，税法规定，在计算企业所得税时，能够扣除的生产性生物资产的折旧，只能是按照直线法计算，每期折旧额均相等，其计算公式为：

年折旧额=（生产性生物资产原值-预计净残值）÷预计使用年限

企业也可以采取会计准则规定的其他的形式计算折旧，其与直线法折旧的差额，是生产性无形资产折旧的时间性差异，予以纳税调整。

（2）计算折旧的时限要符合规定

按照实际发生原则，税法规定，企业计算折旧的起算时间是自生产性生物资产投入使用月份的次月起；停止使用的生产性生物资产，应当自停止使用月份的次月起停止计算折旧。

"实际投入使用"，是生产性生物资产计算折旧并扣除的重要时点。生物资产的生命特征，使得税法中对于生产性生物资产的"实际投入使用"，与会计准则中"达到预定生产经营目的"一致，均是指生产性生物资产进入正常生产期，达到开始可以多年连续稳定产出农产品、提供劳务或者出租的状态。

对于一般不需要通过自行营造或繁殖即可投入生产的生产性生物资产，取得该项资产即开始计算折旧。对于通过一定时期自行营造或繁殖才能达到可投入生产状态的生产性生物资产，其在达到实际投入使用状态前，都属于该项资产的"建造期"，不得计算折旧。该项资产达到实际投入使用状态后，开始计算折旧。

【案例 6-3-1】 某企业 2018 年承包一片山林用于果树种植。当年购买一批树苗 2 万株，每株 100 元，企业雇佣当地山民帮助种植，花费机械作业费、肥料、农药、人工费、管护费等各项费用 20 万元。2019 年继续花费相关费用 30 万元。

2020 年该批果树开始挂果生产。

【问题】 该企业外购的生产性生物资产从何时开始计算折旧？

【解析】 该企业外购的果树苗，需要经过两年的生长才能达到生产状态，其 2018 年、2019 年都是自行营造期间，尚未达到"实际投入使用"状态的次月起。企业该批果苗应从 2020 年预计挂果生产年度开始计算折旧并扣除。

（3）确定合适的预计净残值

企业应当根据生产性生物资产的性质、使用情况和有关经济利益的预期实现方式，合理确定生产性生物资产的预计净残值，生产性生物资产的预计净残值一经确定，不得变更。预计净残值，是指假定生产性生物资产预计使用寿命已满并处于使用寿命终了时的预期状态，企业目前从该项资产处置中获得的扣除预计处置费用后的金额。简单地说，预计净残值是指生产性生物资产停止使用时，预计残料变价收入扣除清算时清算费用后的净值。

折旧的计算，是以资产的“计税基础”扣除“预计净残值”后的余额为基数计算的。预计净残值的大小和确定方法，直接影响到企业可以税前扣除的折旧额。生产性生物资产的生命性和多样性，决定了每一项资产的预计净残值率差异较大，企业应当根据生产性生物资产的性质、使用情况和有关经济利益的预期实现方式，合理确定生产性生物资产的使用寿命和预计净残值，同时规定，预计净残值一经确定，不得变更，防止企业通过改变生产性生物资产的净残值，在年度之间随意调节利润，以规避税收。

6.3.3 生产性生物资产的折旧年限

生产性生物资的折旧计算，同固定资产折旧一样，也有两个时间性限定：折旧期间和折旧年限。折旧年限就是有效使用期限，这是确定每期折旧需要估计确定的一个参数。

企业可以自行决定生产性生物资产折旧年限，为了防止企业提前将生产性生物资产购置成本提前税前扣除，税法规定按照生物资产的种类，规定了最低折旧年限，以确保企业每个最大的折旧计提金额。

> 第六十四条　生产性生物资产计算折旧的最低年限如下：
>
> （一）林木类生产性生物资产，为10年；
>
> （二）畜类生产性生物资产，为3年。
>
> ——《企业所得税法实施条例》

（1）林木类生产性生物资产，最低折旧年限为10年。

林木类生产性生物资产，包括经济林、薪炭林等，由于这些植物的生命周期较长，使用年限也较长，其成本与预期收益的分摊时限也相对较长，折旧年限也较长，林木类生产性生物资产的性质、使用情况和有关经济利益的预期实现方式等角度出发，结合企业生产经营活动的实际需要，将林木类生产性生物资产的最低折旧年限规定为10年。

（2）畜类生产性生物资产，最低折旧年限为3年。

较之林木类生产性生物资产，畜类生产性生物资产的使用寿命相对较短，其折旧年限也应相对缩短，所以规定畜类生产性生物资产的最低折旧年限为3年。

由于生物资产的生命特性，生产性生物资产的实际生产（使用）年限可能会超过企业依法确定的折旧年限，对于生产性生物资产，企业超过折旧年限仍然在使用的，应参照固定资产折旧的规定，对已足额提取折旧仍继续使用的生产性生物资产不得继续计提折旧。

6.4 无形资产的摊销

无形资产，是指企业为生产产品、提供劳务、出租或者经营管理而持有的、没有实物形态的非货币性长期资产，包括专利权、商标权、著作权、土地使用权、非专利技术、商誉等。

6.4.1 无形资产计税基础的确定

企业形成无形资产的来源很多，包括购入、自行开发、接受捐赠、投资、非货币性资产交换、债务重组等。不同来源的无形资产，在计算企业所得税时，其计算可扣除的摊销成本的计税基础的是不同的。

第六十六条　无形资产按照以下方法确定计税基础：

（一）外购的无形资产，以购买价款和支付的相关税费以及直接归属于使该资产达到预定用途发生的其他支出为计税基础；

（二）自行开发的无形资产，以开发过程中该资产符合资本化条件后至达到预定用途前发生的支出为计税基础；

（三）通过捐赠、投资、非货币性资产交换、债务重组等方式取得的无形资产，以该资产的公允价值和支付的相关税费为计税基础。

——《企业所得税法实施条例》

不同来源的无形资产的计税基础确定方法各不相同，具体如下：

6.4.1.1 外购的无形资产

在会计准则和税法规定中，无形资产的成本都包括购买价款、相关税费以及直接归属于使该项资产达到预定用途所发生的其他支出。其中：

购买价款，就是直接支付给出让人的货币性资金或者其他有价支付物；

相关税费，是指企业因购买该无形资产而缴纳的各种法定税金、收费等；直接归属于使该项财产达到预定用途所发生的其他支出，包括使无形资产达到预定用途所发生的专业服务费、测试无形资产是否能够正常发挥作用的费用等，但不包括引入新产品进行宣传发生的广告费、管理费用及其他间接费用，也不包括在无形资产已经达到预定用途以后发生的费用，对于这些不构成无形资产成本的费用、支出，可以按照规定确认为当期损益。

但是由于无形资产本身不具备实物形态，企业购买无形资产，在价款不能及时支付的情况下，以超过正常信用条件延期支付，会计准则认定，这是一种实质融资业务，需要区分为购买无形资产和融资两项业务。无形资产的成本以购买价款的现值为基础确定。实际支付的价款与购买价款的现值之间的差额，在无形资产达到预期可使用状态前应予资本化，在达到预期可使用状态后的支出，应当在信用期间内计入当期损益。

> 第十二条　无形资产应当按照成本进行初始计量。外购无形资产的成本，包括购买价款、相关税费以及直接归属于使该项资产达到预定用途所发生的其他支出。
>
> 购买无形资产的价款超过正常信用条件延期支付，实质上具有融资性质的，无形资产的成本以购买价款的现值为基础确定。实际支付的价款与购买价款的现值之间的差额，除按照《企业会计准则第 17 号——借款费用》应予资本化的以外，应当在信用期间内计入当期损益。
>
> ——《企业会计准则第 6 号——无形资产》

但是在税法中，对于这样的一种外购无形资产的行为，无形资产的成本仍然是以购买价款和支付的相关税费以及直接归属于使该资产达到预定用途发生的其他支出为计税基础。这是税法与会计之间的一个时间性差异，应当注意调整。

【案例 6-4-1】 2019 年 1 月，A 公司采用分期付款方式购买一项专利技术，合同约定从购买当年末开始分 5 年平均分期付款，每年 20 万元，合计 100 万元。假设购买日该项技术现值 80 万元。

【问题】 计算 A 公司购入技术的计税基础。

【解析】 企业购入该项技术，其无形资产的计税基础按照支付的全部价款和相关税费确定，该案例中，企业实际需要分五年支付总额 100 万元，因此，该项无形资产的计税基础为 100 万元。而企业根据会计准则的要求，需要对该项资产按照现值价款为基础，加上其他相关税费确定，该项资产后期支付的总额大于 80 万元的部分，因购买过程无须资本化，支付总额与现值价款之间形成的 20 万元的差异，计入当期损益，是时间性差异，应当在摊销期内计算企业所得税时予以调整。

6.4.1.2 自行开发的无形资产

企业所拥有的无形资产，除了购买外，很多情况下是自行开发形成的。会计准则中，企业内部研究开发项目的支出，应当区分研究阶段支出与开发阶段支出。研究是指为获取并理解新的科学或技术知识而进行的独创性的有计划调查。开发是指在进行商业性生产或使用前，将研究成果或其他知识应用于某项计划或设计，以生产出新的或具有实质性改进的材料、装置、产品等。

企业的研发活动分成研究和开发两个阶段，其中研究阶段不一定会形成成果，形成的成果也不一定会进入下一步的开发环节，开发的项目也不一定就能形成无形资产。在这些不确定性下，判断特定无形资产是否符合资本化条件需要同时满足五个条件：

（1）完成该无形资产以使其能够使用或者出售在技术上具有可行性。判断无形资产的开发在技术上是否具有可行性，应当以目前阶段的成果为基础，并提供相关证据和材料，证明企业进行开发所需的技术条件等已经具备，不存在技术上的障碍或者其他不确定性。

（2）具有完成该无形资产并使用或者出售的意图，即企业能够说明其开发无形资产的目的。

（3）无形资产产生经济利益的方式，包括能够证明运用该无形资产生产的产品存在市场或者无形资产自身存在市场，无形资产将在内部使用的，应当证明其有用性。

（4）有足够的技术、财务资源和其他资源支持，以完成该无形资产的开发，并有能力使用或者出售该无形资产。

（5）归属于该无形资产开发阶段的支出能够可靠地计量。

在企业的开发活动同时符合上述五个标准后，企业开发活动发生的支出，就可以计入计税基础，直至无形资产达到预定用途状态。自行开发形成的无形资产可以计入计税基础的支出，包括在研究开发过程中所耗费的原材料，以及研究开发所使用固定资产的折旧和其他资产的摊销费用；参与研究开发人员的工资、津贴、奖金及其他有关的费用；为研究开发目的而购入的专利权，特许权等无形资产的成本；委托其他单位或者个人承担一部分研究开发工作所支出的劳务成本；为研究开发而分摊的部分间接成本等。企业对研究开发的支出应当单独核算，比如，直接发生的研发人员工资、材料费，以及相关设备折旧费等。同时从事多项研究开发活动的，所发生的支出应当按照合理的标准在各项研究开发活动之间进行分配；无法合理分配的，应当计入当期损益。

自行研发的无形资产，区分研发支出和开发支出。开发阶段的支出，以开发过程中该资产符合资本化条件后至达到预定用途前发生的支出为计税基础。

【案例 6-4-2】 A公司为开发新技术发生研究开发支出计2000万元，其中研究阶段支出400万元，开发阶段符合资本化条件前发生的支出为400万元，符合资本化条件后至达到预定用途前发生的支出为1200万元。

假定开发形成的无形资产在当期期末已达到预定用途（尚未开始摊销）。

【问题】 计算企业无形资产的计税基础。

【解析】 该企业当期发生的研究开发支出中，按照会计准则规定应予费用化的金额为800万元，形成无形资产的成本为1200万元，即期末所形成无形资产的账面价值为1200万元。

6.4.1.3 通过捐赠、投资、非货币性资产交换、债务重组等方式取得的无形资产

除了外购和自行开发取得无形资产外，企业获取无形资产的途径还包括捐赠、投资、非货币性资产交换、债务重组等方式。通过捐赠、投资、非货币性资产交换、债务重组等方式取得的无形资产，以该资产的公允价值和支付的相关税费为计税基础。

6.4.2 无形资产摊销的计算

无形资产同其他资产一样，其成本也需要按照一定的使用年限，逐年摊销予以收回，其摊销的金额在计算企业所得税前予以扣除。

在企业会计准则中，企业取得无形资产时应首先分析判断其使用寿命，并按照使用寿命是否可预见，区别两种情形予以摊销。

无形资产的使用寿命可预见的，按照作为无形资产的实际期限确定期限并摊销。使用寿命有限的无形资产，其应摊销金额应当在使用寿命内系统合理摊销。企业摊销无形资产，应当自无形资产可供使用时起，至不再作为无形资产确认时止。企业选择的无形资产摊销方法，应当反映与该项无形资产有关的经济利益的预期实现方式。无法可靠确定预期实现方式的，应当采用直线法摊销。

无形资产的使用寿命不可预见的，会计准则中，使用寿命不确定的无形资产不应摊销。其成本到不再作为无形资产时，一次性列支。

第十六条　企业应当于取得无形资产时分析判断其使用寿命。

无形资产的使用寿命为有限的，应当估计该使用寿命的年限或者构成使用寿命的产量等类似计量单位数量；无法预见无形资产为企业带来经济利益期限的，应当视为使用寿命不确定的无形资产。

第十七条　使用寿命有限的无形资产，其应摊销金额应当在使用寿命内系统合理摊销。

企业摊销无形资产，应当自无形资产可供使用时起，至不再作为无形资产确认时止。

企业选择的无形资产摊销方法，应当反映与该项无形资产有关的经济利益的预期实现方式。无法可靠确定预期实现方式的，应当采用直线法摊销。

无形资产的摊销金额一般应当计入当期损益，其他会计准则另有规定的除外。

第十九条　使用寿命不确定的无形资产不应摊销。

——《企业会计准则第6号——无形资产》

但是，在计算企业所得税时，无形资产的摊销却和会计准则有着较大的差异。对于企业取得的无形资产，无论其使用寿命是否确定，都需要依法扣除。主要包括三个方面的规定：

（1）准予税前扣除的无形资产的摊销费用，只能是按照直线法计算的折旧。

在无形资产摊销方法上，企业会计准则规定，无形资产的摊销方法有很多种，包括直线法、生产总量法等。但是在计算企业所得税时，税法规定只能采取直线法摊销，才能准予税前扣除的无形资产摊销费用。

直线法又称平均年限法，它是指按照无形资产使用年限平均计算折旧的一种方法。采用这种方法计算的每期折旧额均相等，其计算公式为：

年摊销额=（无形资产原值-预计净残值）÷预计使用年限

【案例 6-4-3】 A 公司接受外单位捐赠的一项无形资产，取得的成本价（市场价）为 200 万元，使用寿命为 10 年，无残值，按直线法摊销该成本。

【问题】 计算 A 公司取得该项无形资产的年摊销额。

【解析】 A 公司接受捐赠所得的无形资产，应按照公允价值确认计税基础。无残值，则该无形资产的年摊销额为

年摊销额=（无形资产原值-预计净残值）÷预计使用年限=（200-0）÷10=20（万元）

（2）视不同情况确定摊销年限。

无形资产按照其实际使用年限摊销。税法规定，一般情况下无形资产的摊销年限不得低于 10 年。但是特殊情况下，摊销年限可以长于或短于 10 年。

①投资或者受让取得的无形资产按照约定年限分摊。投资或者受让取得的无形资产，如果有关法律规定或者合同约定了使用年限的，可以按照规定或者约定的使用年限分期摊销。

②法定期限确定的无形资产按照确定的期限摊销。无形资产的使用寿命包括法定寿命和经济寿命两个方面，有些无形资产的使用寿命受法律、规章或者合同的限制，称为法定寿命，如我国有关法律规定发明专利权有效期为 20 年、商标权的有效期为 10 年，如合同双方当事人约定无形资产的使用年限为 3 年等。对于这些情况，分期摊销年限应服从于法律的规定或者合同的约定，如一个只剩 8 年有效保护期的专利权，作为无形资产受让人使用无形资产的年限就不可能超过 8 年，若规定其无形资产必须在 10 年以上的期限内摊

销，这明显是不合理的，也不符合收入与支出的配比原则。

③期限不确定的无形资产按不得低于 10 年摊销。即除了通过投资或者受让方式获取的无形资产、以及法定期限确定的无形资产外，其他使用期限不确定的无形资产的摊销年限不得低于 10 年。10 年只是最低年限，具体年限由企业根据实际情况自行确定。

（3）外购商誉支出只在企业整体转让或者清算时扣除。

商誉是由于企业所处地理位置优越，或者由于信誉好而获得了客户的信任，或者由于组织得当、生产经营效益高，或者由于技术先进、掌握了生产的诀窍等原因而形成的无形资产。这种无形资产能为企业带来超过一般盈利水平的超额利润。商誉可以是由企业自己建立的，也可以是从外界购入的。不过，自创商誉不应确认为企业的无形资产。只有外购的商誉，才能确认入账。只有在企业兼并或者购买另一个企业时，才能确认商誉。

通常在一个企业购买另一个企业时，经双方协商确定买价后，买方与卖方可辨认净资产公允价值的差额即为商誉。

税法规定，外购商誉的支出，在企业整体转让或者清算时，准予扣除。只有在企业整体转让或者清算时，才能确定企业外购商誉的实际数额，也只能在这个时候，才允许其税前扣除。

综上，关于无形资产摊销，会计准则和税收的差异可见表 6-1。

表 6-1　　会计准则和税收差异

项目	会计准则	企业所得税	有无差异
法定年限确定的无形资产	按法定年限摊销	按法定年限摊销	无
投资或受让的无形资产	按法律规定或者合同约定年限摊销	按法律规定或者合同约定年限摊销	无
法定年限不确定的无形资产	不摊销，不构成无形资产时全额列支	按不低于 10 年期限据实摊销	有
外购商誉	以其成本扣除累计减值准备后的金额计量	在企业整体转让或者清算时不推销	有
自己形成的商誉	不摊销	不摊销	无
摊销方法	直线法等合理方法	直线法	有

6.4.3 土地使用权的摊销

土地使用权是一类非常特别的资产。土地使用权应计入“无形资产”科目核算。无形资产按照直线法计算的摊销费用，准予扣除。无形资产的摊销年限不得低于10年，有关法律规定或者合同约定了使用年限的，可以按照规定或者约定的使用年限分期摊销。

> 第六十七条 无形资产按照直线法计算的摊销费用，准予扣除。
> 无形资产的摊销年限不得低于10年。
>
> ——《企业所得税法实施条例》

在企业所得税中，土地使用权用于“自行开发建造厂房等地上建筑物”时，土地使用权的账面价值不与地上建筑物合并计算其成本，而仍作为无形资产核算，土地使用权与地上建筑物分别进行摊销和提取折旧。

《企业会计准则第6号——无形资产》应用指南规定，企业取得的土地使用权通常应确认为无形资产，自行开发建造厂房等建筑物，相关的土地使用权与建筑物应当分别进行处理。外购土地及建筑物支付的价款应当在建筑物与土地使用权之间进行分配。新《企业会计准则》附录也规定，“无形资产”科目用来“核算企业持有的无形资产成本，包括专利权、非专利技术、商标权、著作权、土地使用权等。”

但是，在实务中，一些企业在自行开发建造厂房等建筑物时，不仅将相关的征用土地使用权的成本计入房屋建筑物成本，而且还将征用土地使用权的全部成本，依据房屋建筑物的折旧年限计提折旧，从而产生一系列的影响。

【案例6-4-4】 A公司为扩大生产规模需新建两个大车间，2016年5月征用了一块价值为1000万元，使用年限为50年的土地。2016年12月，在生产线安装完成后两个车间同时投入了使用。2017年1月起，A公司将包括1000万元土地使用权成本在内的两个车间固定资产，按照20年的折旧年限计提折旧。

【问题】 A公司如此计算折旧正确吗？

【解析】 A公司按照房屋、建筑物类固定资产20年的折旧年限并以计提折旧，每年摊销了50万元的土地使用权成本，是错误的。其错误在于：

（1）A公司应将土地使用权放在“无形资产—土地使用权”账户核算。

（2）摊销年限错误。车间竣工投入使用后，按照房屋建筑物固定资产20年折旧年限计提了折旧，不能包括土地使用权的成本摊销。土地使用权等无形资产的摊销与房屋建筑物等固定资产的折旧不同，会计制度、准则和企业所得税法均要求企业在使用年限内按照直线法分期平均摊销。A公司土地使用权50年，其城镇土地使用税应该按照50年使用期限计算各年平均应摊销的金额，再分别计入各月的制造费用。

即：①1000万元土地使用权应该从两个车间固定资产的成本中分离出来，单独按照无形资产进行核算。②对1000万元土地使用权应该按照50年期限每年摊销20万元，2007年和2008年两年多摊销的60万元应该转回作追溯调整。

6.5 长期待摊费用的摊销

长期待摊费用，是指企业已经支出、摊销期限在1年以上（不含1年）的各项费用。长期待摊费用尽管是一次性支出的，但与支出对应的受益期间较长，按照收入支出的配比原则，应该将该费用支出在企业的受益期间内平均摊销。企业在计算企业所得税时，需要作为长期待摊费用分期摊销、依法扣除的情形有：

（1）已足额提取折旧的固定资产的改建支出；

（2）租入固定资产的改建支出；

（3）固定资产的大修理支出；

（4）其他应当作为长期待摊费用的支出。

长期待摊费用的扣除和固定资产、生物资产、无形资产等各项资产扣除一样，需要确定计税基础和摊销（或折旧）年限，以便于准确计算扣除额。

6.5.1 符合条件的固定资产的改建支出

固定资产的支出扣除，一般都是按照固定资产折旧的方式进行。计入长期待摊费用的固定资产的改建支出有两种情形：

（1）已足额提取折旧的固定资产。对于这些资产来说，企业有可能仍然在使用、也有可能早已停用。但是无论是在用还是停用，其原计税基础已全部通过折旧方式收回并税前扣除，计税基础的账面价值为0。这部分固定资产的改建，不仅仅是改变房屋或者建筑物结构、延长使用年限，其经济实质是新增了固定资产的计税基础，同时也可能延长了固定资产的使用年限。对于这部分资产，因不受最低折旧年限的限制，企业需要将其改建支出作为长期待摊费用，在固定资产预计可使用年限内按照直线法摊销扣除。

（2）经营租入的固定资产。经营租入固定资产和融资租入固定资产不同。融资租入固定资产发生了固定资产所有权的变动，需要按照企业固定资产折旧方式予以分期扣除。而经营租入的固定资产，与该资产相关的风险和报酬并没有转移给承租方，承租方只在协议规定的期限内拥有对该资产的使用权。对于经营租入的固定资产，其租金的支出，按照权责发生制原则，按租赁年限予以分期，作为期间费用分别扣除。但是，企业为了更好地使用固定资产，需要对经营租入的固定资产进行改建，如：A公司租用了B公司的一层楼面从事经营活动，A公司租入后，需要按照自己经营的需要对楼面进行改建。对于这种固定资产改建的支出，因其母体不是企业的固定资产、租赁期限又超过一年，既不能记入固定资产进行折旧，又不能作为当期费用直接扣除。只能将其作为长期待摊费用，按照实际的租赁期限，按照直线法分期扣除。

【案例6-5-1】 2018年12月A公司租用了B公司的一层楼面从事经营活动，自2019年1月起支付租金，A公司租入后，需要按照自己经营的需要对楼面进行改建，支出改建费100万元，A公司与B公司租赁合同中约定租期10年。

【问题】 A公司该项支出在计算企业所得税时如何扣除？

【解析】 A公司租用了B公司的一层楼面从事经营活动，是一项典型的经营租入固定资产的业务。租期10年，A公司对租入楼面改建支出100万元，企业受益期按租赁期间确定为10年。

A公司每年在计算企业所得税时，可扣除固定资产改建支出＝100÷10＝10（万元）。

6.5.2 固定资产大修理支出

固定资产的修理支出，一般作为企业当期费用直接扣除。但是，对于同时符合“修理支出达到取得固定资产时的计税基础 50%以上”“修理后固定资产的使用年限延长 2 年以上”两个条件的固定资产的大修理支出，因其修理活动支出金额较大、且受益期限超过 1 年，不宜作为当期费用直接扣除。在税法中，对于这种固定资产的大修理支出，作为长期待摊费用处理，其支出的金额按照固定资产剩余的折旧年限，予以直线摊销。

【案例 6-5-2】 A 公司 2019 年遭遇洪水袭击，一台价值 100 万元的主要设备因浸水损坏，该设备 2017 年购进，预计使用年限 10 年，A 公司对该台设备进行修理，共花费修理费用 40 万元，2020 年 1 月修好后投入使用，可正常使用到期，修理时设备账面净值 80 万元。

【问题】 A 公司计算 2019 年企业所得税时如何扣除该笔修理费？

【解析】 判定该项修理是否符合大修理支出标准。预计使用年限 10 年，已使用 2 年，修好后可正常使用，即修理后固定资产的使用年限为 8 年，符合年限要求。修理费用 40 万元，占该设备取得时固定资产计税基础 100 万元的 40%，未达到 50%的标准。因此该项修理不符合大修理支出条件，不能按“长期待摊费用”在剩余使用年限内折旧，而应在当期全额作为期间费用扣除。

【案例 6-5-3】 A 公司 2019 年遭遇洪水袭击，一台价值 100 万元的主要设备因浸水损坏，该设备 2017 年购进，预计使用年限十年，A 公司对该台设备进行修理，共花费修理费用 60 万元，2020 年 1 月修好后投入使用，可正常使用到期，修理时设备账面净值 80 万元。

【问题】 该公司计算 2020 年企业所得税时如何扣除该笔修理费？

【解析】 判定该项修理是否符合大修理支出标准。预计使用年限 10 年，已使用 2 年，修好后可正常使用，即修理后固定资产的使用年限为 8 年，符合年限要求。修理费用 60 万元，占该设备取得时固定资产计税基础 100 万元的 60%，达到 50%的标准。因此该项修理符合大修理支出条件，“长期待摊费用”在剩余使用年限内折旧。2020 年摊销额 = 60÷8 = 7.5（万元）。

6.5.3 开办费的扣除

新税法中开（筹）办费未明确列作长期待摊费用，企业可以在开始经营之日的当年一次性扣除，也可以按照新税法有关长期待摊费用的处理规定处理，但一经选定，不得改变。企业在新税法实施以前年度的未摊销完的开办费，也可根据上述规定处理。

——《国家税务总局关于企业所得税若干税务事项衔接问题的通知》（国税函〔2009〕98 号）

企业在筹建期间的开办费，既可以在开始经营之日的当年一次性扣除，也可以按照《企业所得税法》的规定，作为其他长期待摊费用，依法在不短于三年的期限内，分期摊销。《国家税务总局关于企业所得税应纳税所得额若干税务处理问题的公告》（国家税务总局公告 2012 年第 15 号）规定，企业在筹建期间，发生的与筹办活动有关的业务招待费支出，可按实际发生额的 60%计入企业筹办费，并按有关规定在税前扣除；发生的广告费和业务宣传费，可按实际发生额计入企业筹办费，并按有关规定在税前扣除。

6.5.4 政策性搬迁损失的扣除

《企业政策性搬迁所得税管理办法》（国家税务总局公告 2012 年第 40 号发布）规定，企业发生政策性搬迁，在搬迁期间发生的搬迁收入和搬迁支出，可以暂不计入当期应纳税所得额，而在完成搬迁的年度，对搬迁收入和支出进行汇总清算。企业搬迁收入扣除搬迁支出后为负数的，应为搬迁损失。搬迁损失可在下列方法中选择其一进行税务处理，一经选定，不得改变。

（1）在搬迁完成年度，一次性作为损失进行扣除。

（2）自搬迁完成年度起分 3 个年度，均匀在税前扣除。

【案例 6-5-4】 A 公司 2015 年 9 月进行政策性搬迁，2018 年完成搬迁，发生的搬迁收入为 300 万元，同时发生搬迁支出 480 万元。A 公司 2018 年清算搬迁所得-180万元。

【问题】 A公司搬迁损失该如何处理?

【解析】 企业该项亏损可以在2018年度一次性作为损失进行税前扣除，也可以在2018年、2019年、2020年连续三年平均扣除，即每年税前扣除60万元。

A公司只能选择一种方法，选定后不得变更。

6.6 投资资产的扣除

投资资产，是指企业对外进行权益性投资和债权性投资形成的资产。投资活动在企业生产经营活动中的地位日益重要，投资资产在企业资产总额中所占的比重日益增大，投资资产的税务处理也起来越重要。

(1) 企业对外投资期间，投资资产的成本在计算应纳税所得额时不得扣除。

①对外投资活动所形成的投资资产，是企业行使其资本所有权或者债权的凭据，企业据此取得被投资企业分回的利润、股息或利息，在投资持有期间，除非企业增加或者减少对投资企业的股权或债权，投资资产的账面价值不应发生变化，特别是对其折旧或者摊销。

②投资资产价值并不是由企业本身所决定的，主要取决于所投资企业的生产经营状况，因而投资资产价值本身是否会发生损耗存在很大的不确定性，按照税前扣除的确定性原则，对投资资产不能计提折旧或者摊销额。

③根据企业所得税税前扣除的相关性原则，税前扣除的成本、费用等必须从根源与性质上与所取得的应税收入直接相关。据此原则，当被投资企业发生亏损，没有投资受益分回时，企业的投资成本是不能税前扣除的；而当企业取得投资收益时，因为投资收益是税后利润，当投资企业与被投资企业适用税率一致时，该投资收益一般作为免税所得处理，由于取得投资收益为非应税所得，其投资成本也不允许税前扣除。

④对外投资一般具有数额大、长期受益的特点，其支出的效益体现于几个会计年度（或者几个营业周期），按照企业应纳税所得额计算的收入与支出配比原则，应作为资本性支出，而不是作为当期费用一次性扣除。

（2）企业在转让或者处置投资资产时，投资资产的成本，准予扣除。

投资资产的来源不同，投资资产的成本的确定也不同：

①通过支付现金方式取得的投资资产，以购买价款为成本。

②通过支付现金以外的方式取得的投资资产，以该投资资产的公允价值和支付的相关税费为成本。如通过固定资产折价对价支付、债务重组等方式获取投资资产，在这些情形下，没有直接体现为现金形式，无法简单地按照现金支付额确定投资资产的成本，只能通过投资资产的公允价值和支付的相关税费来确定其成本。

第十四条　企业对外投资期间，投资资产的成本在计算应纳税所得额时不得扣除。

——《企业所得税法》

第七十一条　企业所得税法第十四条所称投资资产，是指企业对外进行权益性投资和债权性投资形成的资产。

企业在转让或者处置投资资产时，投资资产的成本，准予扣除。

投资资产按照以下方法确定成本：

（一）通过支付现金方式取得的投资资产，以购买价款为成本；

（二）通过支付现金以外的方式取得的投资资产，以该资产的公允价值和支付的相关税费为成本。

——《企业所得税法实施条例》

6.7　存货成本的扣除

计算企业所得税时，对六种资产的税务处理各不相同。其中：固定资产、生产性生物资产、无形资产、长期待摊费用四项资产采取折旧（摊销）的方式，对其折旧额和摊销额在企业所得税前扣除。投资资产采取投资期间不扣除，转让或者处置投资资产时，一次性扣除投资资产的成本。而存货成本的扣除，则是按照产品配比原则，对企业使用或者销售存货，按照规定计算的存货成本，准予在计算应纳税所得额时扣除。

6.7.1 存货成本的确定

存货，是指企业持有以备出售的产品或者商品、处在生产过程中的在产品、在生产或者提供劳务过程中耗用的材料和物料等。具体包括：原材料、在产品、半成品、产成品、商品、周转材料等。

在企业会计准则中，存货应当按照成本进行初始计量。存货成本包括采购成本、加工成本和其他成本。存货的采购成本，包括购买价款、相关税费、运输费、装卸费、保险费以及其他可归属于存货采购成本的费用。存货的加工成本，包括直接人工以及按照一定方法分配的制造费用。存货的其他成本，是指除采购成本、加工成本以外的，使存货达到目前场所和状态所发生的其他支出。

> 第七十二条　企业所得税法第十五条所称存货，是指企业持有以备出售的产品或者商品、处在生产过程中的在产品、在生产或者提供劳务过程中耗用的材料和物料等。
>
> 存货按照以下方法确定成本：
>
> （一）通过支付现金方式取得的存货，以购买价款和支付的相关税费为成本；
>
> （二）通过支付现金以外的方式取得的存货，以该存货的公允价值和支付的相关税费为成本；
>
> （三）生产性生物资产收获的农产品，以产出或者采收过程中发生的材料费、人工费和分摊的间接费用等必要支出为成本。
>
> ——《企业所得税法实施条例》

存货的来源可以有许多种情形，不同来源存货的成本确定方法不同。

（1）通过支付现金方式取得的存货

通过支付现金方式取得的存货，以购买价款和支付的相关税费为成本。

存货的购买价款，是指企业购入的材料或者商品的发票账单等凭证上列明的价款，但不包括按规定可以抵扣的增值税额。

相关税费，是指企业购买、自制或者委托加工存货发生的进口关税、消费税、资源税和不能抵扣的增值税进项税额等应计入存货采购成本的税费，以及其他可归属于存货成本的费用，如在存货采购过程中发生的运输费、装卸费、保险费等。

（2）通过支付现金以外的方式取得的存货

通过支付现金以外的方式取得的存货，以该存货的公允价值和支付的相关税费为成本。企业采取非直接使用现金的方式取得存货，如通过捐赠、投资者投入、非货币性资产交换、债务重组等方式，不存在直接的货币对价，只能通过存货的公允价值和相关税费来确定存货的成本。

（3）生产性生物资产收获的农产品

生产性生物资产收获的农产品，以产出或者采收过程中发生的材料费、人工费和分摊的间接费用等必要支出为成本。生产性生物资产在达到“投入使用”状态前的投入是资产成本的构成部分，而达到“投入使用”状态后，通过生产性生物资产所获取的消耗性生物资产时，其后续的投入和其他支出应计入生产性生物资产收获的农产品的成本。

通过生产性生物资产收获的农产品，其本质就是企业自身加工取得的农产品，其成本的确定参照通过加工方式取得的存货的成本的确定。通过生产性生物资产收获的农产品，以产出或者采收过程中发生的材料费、人工费和分摊的间接费用等必要支出为成本。其中，材料费，是指为获取农产品而由生产性生物资产所消耗的材料；人工费，是指企业在生产性生物资产生产产品过程中从事产品生产服务的工人的职工薪酬等；分摊的间接费用，是一种间接生产成本，包括企业生产服务部门管理人员的职工薪酬、折旧费、办公费、水电费、劳动保护费等。

6.7.2 存货成本的计算方法

在企业会计准则中，企业应当采用先进先出法、加权平均法或者个别计价法确定发出存货的实际成本。性质和用途相似的存货，应当采用相同的成本计算方法确定发出存货的成本。对于不能替代使用的存货、为特定项目专门购入或制造的存货以及提供劳务的成本，通常采用个别计价法确定发出存货的成本。

第七十三条　企业使用或者销售的存货的成本计算方法，可以在先进先出法、加权平均法、个别计价法中选用一种。计价方法一经选用，不得随意变更。

——《企业所得税法实施条例》

在企业所得税计算时，企业使用或者销售的存货的成本计算方法，同会计准则一致，可以在先进先出法、加权平均法、个别计价法中选用一种。计价方法一经选用，不得随意变更。

（1）先进先出法

先进先出法，是根据先入库先发出的原则，对于发出的存货以先入库存货的单价计算发出存货成本的方法。具体是指：一是购入材料、商品时按实际成本计价；二是发出材料、商品时，按照该存货的购进次序，先结转最早进货的那批单价，发出材料、商品等的数量超过存货中最早一批进货的数量时，不足部分再依次结转后序的进货批次的单价。

先进先出法建立在假定先入库的材料、商品先行发出的基础上的。采用这一方法计价时，要依次查明有关各批的单价，手续较繁，一般适用于收、发货次数不多的企业。

用先进先出法计算的期末存货，比较接近于市价。

【案例 6-7-1】 A 公司存货采取先进先出法核算。某存货中包括第一批进货 200 吨，每吨 400 元；第二批进货 100 吨，每吨 420 元。现发出 250 吨。

【问题】 A 公司发出存货该如何计价？

【解析】 发出 250 吨存货，首先要结转最早进货的成本，即：其中 200 吨按第一批的单价 400 元计算；对于超过第一批购入数量 50 吨存货，依次按第二批的单价 420 元计算。

该批发出货物存货成本 $=200\times400+50\times420=101000$（元）

（2）加权平均法

加权平均法，按照计算期间和方法的不同，又分为“全月一次加权平均法”和“移动加权平均法”。

①全月一次加权平均法是指以本月全部收货数量加月初存货数量作为权

数，去除本月全部收货成本加上月初存货成本，计算出存货的加权平均单位成本，从而确定存货的发出和库存成本。公式如下：

加权平均单价=（期初结存存货实际成本+本期入库存货实际成本）÷（期初结存存货数量+本期入库存货数量）

这种方法一般适用于前后进价相差幅度较大且月末定期计算和结转销售成本的商品。其优点是只在月末一次计算加权平均单价，比较简单，而且在市场价格上涨或者下跌时所计算出来的单位成本平均化，对存货成本的分摊较为折中。

【案例 6-7-2】 A 公司存货采取全月一次加权平均法计价，2019 年 5 月甲商品购销情况如下：

（1）期初余额 200 吨，上月末加权平均单价 100 元；

（2）2 日购进 100 吨，进货单价 110 元；

（3）5 日销售 150 吨，销售单价 140 元；

（4）10 日购进 240 吨，进货单价 95 元；

（5）15 日购进 300 吨，进货单价 102 元；

（6）20 日销售 400 吨，销售单价 150 元；

（7）29 日购进 100 吨，进货单价 100 元。

【问题】 计算甲商品 5 月末平均单价。

【解析】 全月一次加权平均法计价，不需要考虑当月销售，只需要对进货进行计算即可，2019 年 5 月，A 公司共购进甲商品 4 次，和期初余额一起加权平均，即：

月末加权平均单价=（200×100+100×110+240×95+300×102+100×100）÷（200+100+240+300+100）= 100. 4255（元）

②移动加权平均法是指以每次收货数量和进货前的结存数量之和作为权数，以本次进货的成本加原库存成本为基数，计算出存货的加权平均单位成本，并对发出材料进行计价的一种方法。采用这种计价方法，每购进一批材料需重新计算一次加权平均单价。计算公式如下：

移动加权平均单价=（本次收入前结存商品金额+本次收入商品金额）÷（本次收入前结存商品数量+本次收入商品数量）

移动加权平均法计算出来的商品成本比较均衡和准确，但计算起来的工作量大，一般适用于经营品种不多、或者前后购进商品的单价相差幅度较大的商品流通类企业。

【案例 6-7-3】 A 公司存货采取移动加权平均法计价，2019 年 5 月甲商品购销情况如下：

（1）期初余额 200 吨，上月末加权平均单价 100 元；

（2）2 日购进 100 吨，进货单价 110 元；

（3）5 日销售 150 吨，销售单价 140 元；

（4）10 日购进 240 吨，进货单价 95 元；

（5）15 日购进 300 吨，进货单价 102 元；

（6）20 日销售 600 吨，销售单价 150 元；

（7）29 日购进 100 吨，进货单价 100 元。

【问题】 计算甲商品 5 月末平均单价。

【解析】 移动加权平均计价，需要同步考虑销售情况：

（1）2 日购进 100 吨，移动加权平均单价 =（200×100+100×110）÷（200+100）= 103.3333（元）

（2）10 日购进 240 吨时，公司存货 = 200+100−150 = 150（吨），

移动加权平均单价 =（150×103.3333+240×95）÷（150+240）= 98.2051（元）

（3）15 日购进 300 吨时，公司存货 = 150+240 = 390（吨）

移动加权平均单价 =（390×98.2051+300×102）÷（390+300）= 99.8550（元）

（4）29 日购进 100 吨时，公司存货 = 390+300−600 = 90（吨）

移动加权平均单价 =（90×99.8550+100×100）÷（90+100）= 99.9313（元）

（3）个别计价法

个别计价法是假设存货价值流转与存货的实物流转相一致，企业每笔发出的存货都要以该笔存货实际的购进成本来核算成本。个别计价法要求不仅要精确核算存货的发出数量，还要逐一辨认各批发出存货和期末存货所属的购进批别或者生产批别，分别按其购入或者生产时所确定的单位成本计算各批发出存货和期末存货的成本，要确保两者一致。在所有的成本计价方法中，个别计价法是最准确的方法，也是会计核算和实物管理要求最高的方法，在通常情况下，个别计价法只适用不能替代使用的存货、为特定项目专门购入或者制造的存货以及提供的劳务等。

随着信息技术的发展，个别计价法比其他存货计价方法更适应企业采用 ERP 系统进行生产经营的精准管理。在不投入大量人力的情况下，就能实现

对每一件实物和核算的精准管理，使得存货的个别计价法的应用前景越来越广，会计处理速度也越来越快。

存货计价方法，企业拥有相对自由选择权，也就是企业可以在上述三种方法中任意选择一种，但是一经选定某种计价方法后，就不得随意变更，如果需要变更，则应报税务机关备案或者批准，这主要是为了防止企业通过改变存货的计价方法从而调节不同纳税年度的利润，以实现规避税收的目的。

7

资产损失的扣除

在企业所得税法中，资产损失，是指企业在生产经营活动中实际发生的、与取得应税收入有关的，各类资产因经营、保管、投资、各种自然灾害、事故、重大案例以及技术进步等原因，发生盘亏、毁损、报废，转让跌值，呆账，坏账等，资产实际价值与账面价值的减少的损失以及其他损失。包括现金损失，存款损失，坏账损失，贷款损失，股权投资损失，固定资产和存货的盘亏、毁损、报废、被盗损失等。

企业实际发生的与取得收入有关的、合理的损失，准予在计算应纳税所得额时扣除。

第八条　企业实际发生的与取得收入有关的、合理的支出，包括成本、费用、税金、损失和其他支出，准予在计算应纳税所得额时扣除。

——《企业所得税法》

第三十二条　企业所得税法第八条所称损失，是指企业在生产经营活动中发生的固定资产和存货的盘亏、毁损、报废损失，转让财产损失，呆账损失，坏账损失，自然灾害等不可抗力因素造成的损失以及其他损失。

企业发生的损失，减除责任人赔偿和保险赔款后的余额，依照国务院财政、税务主管部门的规定扣除。

企业已经作为损失处理的资产，在以后纳税年度又全部收回或者部分收回时，应当计入当期收入。

——《企业所得税法实施条例》

除《企业所得税法》及其实施条例外，企业实际发生的与取得收入有关的、合理的损失，在计算企业所得税前扣除，需要遵循的现行有效的税收法规有：

(1)《财政部　国家税务总局关于企业资产损失税前扣除政策的通知》

(财税〔2009〕57号，以下简称财税〔2009〕57号文件)。

(2)《国家税务总局关于发布〈企业资产损失所得税税前扣除管理办法〉的公告》(国家税务总局公告2011年第25号)。

(3)《国家税务总局关于商业零售企业存货损失税前扣除问题的公告》(国家税务总局公告2014年第3号)。

(4)《国家税务总局关于金融企业涉农贷款和中小企业贷款损失税前扣除问题的公告》(国家税务总局公告2015年第25号)。

(5)《国家税务总局关于企业所得税资产损失资料留存备查有关事项的公告》(国家税务总局公告2018年第15号)。

(6)《国家税务总局关于取消20项税务证明事项的公告》(国家税务总局公告2018年第65号)。

(7)《财政部　税务总局关于金融企业涉农贷款和中小企业贷款损失准备金税前扣除有关政策的公告》(财政部　税务总局公告2019年第85号)。

(8)《财政部　税务总局关于金融企业贷款损失准备金企业所得税税前扣除有关政策的公告》(财政部　税务总局公告2019年第86号)。

7.1 资产损失税前扣除的原则

7.1.1 资产损失中的“资产”内涵

在资产损失中，“资产”的内涵远远超出固定资产、生产性生物资产、无形资产、投资资产和存货的范围。企业发生资产损失，“资产”是指企业拥有或者控制的、用于经营管理活动相关的资产，包括现金、银行存款、应收及预付款项（包括应收票据、各类垫款、企业之间往来款项）等货币性资产，存货、固定资产、无形资产、在建工程、生产性生物资产等非货币性资产，以及债权性投资和股权（权益）性投资。

准予在企业所得税税前扣除的资产损失，是指企业在实际处置、转让上述资产过程中发生的合理损失，以及企业虽未实际处置、转让上述资产，但符合财税〔2009〕57号文件和《企业资产损失所得税税前扣除管理办法》规定条件计算确认的损失。

7.1.2 资产损失扣除的原则

企业资产损失的税前扣除，也是企业所得税前的一项支出，即需要遵循权责发生制原则，还要遵循企业所得税前发生的准予税前扣除的各项支出的一般原则，以及企业资产损失特定的扣除原则。

具体来说，包括权责发生制原则、真实性原则、相关性原则、合理性原则、合法性原则和确定性原则。

（1）权责发生制原则。企业应纳税所得额的计算，以权责发生制为原则，属于当期的收入和费用，不论款项是否收付，均作为当期的收入和费用；不属于当期的收入和费用，即使款项已经在当期收付，均不作为当期的收入和费用。

（2）真实性原则。纳税人的资产损失必须实际发生，或者符合法定确认条件，且在会计上已作损失处理的，才可以在计算企业所得税前申报扣除。

（3）相关性原则。企业发生的支出必须与取得收入直接相关，才能扣除。

（4）合理性原则。合理的支出，是指符合生产经营活动常规，应当计入当期损益或者有关资产成本的必要和正常的支出。合理性的具体判断，主要是看发生支出的计算和分配方法是否符合一般经营常规，在资产损失中主要包括三个方面：一是资产的处置、转让是否具有合理的商业目的；二是资产处置、转让价格是否公允、公平；三是资产处置、转让过程是否符合市场规律、原则。任何以免除、推迟、减少纳税义务为主要目的的资产损失，均应按合理性原则进行纳税调整。

（5）合法性原则。企业资产损失税前扣除要符合税法规定。不仅要符合企业所得税相关法律法规的实体规定，还要按规定向税务机关进行纳税申报。同时资产损失涉及的证据材料也必须符合法律规定，非法凭证、资料不得作为损失确定和扣除的依据。

（6）确定性原则。企业资产损失税前扣除的金额必须是确定的，或有损失一般不得在税前扣除。对于法定资产损失，其金额是通过合理估算出来的，既需要企业提供（申报）的证据材料能够充分、清晰地证明损失发生的过程，还需要企业提供（申报）的证据材料能够证明损失金额的估算、推理过程完整、合理，且符合逻辑。

7.2 资产损失税前扣除的类型

7.2.1 实际资产损失和法定资产损失

按照企业所得税分类管理的原则，资产损失可分为实际资产损失和法定资产损失。

（1）实际资产损失，是指企业在实际处置、转让企业拥有或者控制的、用于经营管理活动相关的资产，包括现金、银行存款、应收及预付款项（包括应收票据、各类垫款、企业之间往来款项）等货币性资产，存货、固定资产、无形资产、在建工程、生产性生物资产等非货币性资产，以及债权性投资和股权（权益）性投资等资产过程中发生的合理损失。企业实际资产损失，应当在其实际发生且会计上已作损失处理的年度申报扣除。企业以前年度发生的资产损失未能在当年税前扣除的，属于实际资产损失，准予追补至该项损失发生年度扣除，其追补确认期限一般不得超过 5 年，但因计划经济体制转轨过程中遗留的资产损失、企业重组上市过程中因权属不清出现争议而未能及时扣除的资产损失、因承担国家政策性任务而形成的资产损失以及政策定性不明确而形成资产损失等特殊原因形成的资产损失，其追补确认期限经国家税务总局批准后可适当延长。

（2）法定资产损失，是指企业虽未实际处置、转让企业拥有或者控制的、用于经营管理活动相关的资产，包括现金、银行存款、应收及预付款项（包括应收票据、各类垫款、企业之间往来款项）等货币性资产，存货、固定资产、无形资产、在建工程、生产性生物资产等非货币性资产，以及债权性投资和股权（权益）性投资等资产，但符合规定条件计算确认的损失。法定资产损失，应当在企业留存证据资料证明该项资产已符合法定资产损失确认条件，且会计上已作损失处理的年度申报扣除。企业以前年度发生的资产损失未能在当年税前扣除的，属于法定资产损失，只能在申报年度扣除，即企业的申报法定资产损失扣除的年度进行扣除，不需要追补到会计处理年度扣除。

7.2.2 资产损失的申报扣除

企业发生的资产损失，应按规定的程序和要求向主管税务机关申报后方能在税前扣除。未经申报的损失，不得在税前扣除。

企业因以前年度实际资产损失未在税前扣除而多缴的企业所得税税款，可在追补确认年度企业所得税应纳税款中予以抵扣，不足抵扣的，向以后年度递延抵扣。

企业实际资产损失发生年度扣除追补确认的损失后出现亏损的，应先调整资产损失发生年度的亏损额，再按弥补亏损的原则计算以后年度多缴的企业所得税税款，并按逐年追补递延抵扣的办法进行税务处理。

7.2.3 资产损失的会计处理

无论是实际资产损失还是法定资产损失，其税前扣除除了要依法进行申报外，还要进行会计处理，否则，不得在税前扣除。换句话说，资产损失的会计处理是税前扣除的前置条件，不进行会计处理，不允许在税前扣除，只有纳税申报和会计处理两个条件同时具备，方能在税前扣除。这样处理的目的一方面是督促、引导企业将资产损失税前扣除年度与会计处理年度一致起来，从而减少税会之间差异。另一方面是从会计信息披露角度考虑，会计关于资产损失确认的条件应当比税收宽松，如果会计上没有将其确认为损失，税收上就更不应当确认为损失。

关于实际资产损失和法定资产损失的异同，如表 7-1 所示。

表 7-1　　实际资产损失和法定资产损失的异同

项目	实际资产损失	法定资产损失	结论
资产的范围	企业拥有或者控制的、用于经营管理活动相关的资产，包括现金、银行存款、应收及预付款项（包括应收票据、各类垫款、企业之间往来款项）等货币性资产，存货、固定资产、无形资产、在建工程、生产性生物资产等非货币性资产，以及债权性投资和股权（权益）性投资等	企业拥有或者控制的、用于经营管理活动相关的资产，包括现金、银行存款、应收及预付款项（包括应收票据、各类垫款、企业之间往来款项）等货币性资产，存货、固定资产、无形资产、在建工程、生产性生物资产等非货币性资产，以及债权性投资和股权（权益）性投资等	一致

续表

项目	实际资产损失	法定资产损失	结论
损失情形	实际发生	符合法定损失确认条件	不一致
会计处理规定	已作损失处理	已作损失处理	一致
是否需要申报	按规定的程序和要求，申报后扣除	按规定的程序和要求，申报后扣除	一致
申报年度	实际发生且已会计处理年度	符合法定条件且已会计处理年度	不一致
以前年度损失未扣除的处理	准予追补至该项损失发生年度扣除	应在申报年度扣除	不一致
追补扣除期限	确认期限一般不得超过五年	无	不一致
未在税前扣除而多缴税款的处理	在追补确认年度企业所得税应纳税款中予以抵扣，不足抵扣的，向以后年度递延抵扣	无	不一致
调整后亏损的处理	先调整资产损失发生年度的亏损额，再逐年弥补并计算确定多缴税款，按逐年追补递延抵扣的办法进行税务处理	无	不一致

【案例 7-2-1】 A 公司是一家实业公司，2016 年 B 公司欠 A 公司应付账款 200 万元，一直未付。2018 年初，A 公司在多次催要无果的情况下，向法院提起诉讼并判决 B 公司应支付 A 公司应付款项 200 万元。但 B 公司一直未履行。2018 年 3 月，A 公司申请法院执行，2018 年 7 月法院裁定被执行暂无可供执行的财产，也无法查找被执行人下落，符合终结执行程序条件，予以终结。A 公司直到 2019 年 5 月才拿到法院判决书后即在 2018 年企业所得税年度申报表中申报了资产损失扣除。

【问题】 A 企业的这笔坏账损失，应在哪年予以申报扣除？企业的申报扣除正确吗？

【解析】 A 公司的这笔应收款项的资产损失，是一项实际资产损失，按照《国家税务总局关于金融企业涉农贷款和中小企业贷款损失税前扣除问题的公告》（国家税务总局公告 2015 年第 25 号）规定，应当在其实际发生且会计上已作损失处理的年度申报扣除。A 公司的该笔损失实际发生在 2018 年度，2019 年 5 月收到 2018 年 7 月的法院执行裁定书后，即对 2018 年度会计核算进行调整，应确定该笔损失的扣除年度为 2018 年度。

《国家税务总局关于企业所得税资产损失资料留存备查有关事项的公告》

（国家税务总局公告2018年第15号）规定，2017年度及以后年度企业所得税汇算清缴，企业向税务机关申报扣除资产损失，仅需填报企业所得税年度纳税申报表《资产损失税前扣除及纳税调整明细表》，不再报送资产损失相关资料。相关资料由企业留存备查。企业应当完整保存资产损失相关资料，保证资料的真实性、合法性。

A公司在2018年企业所得税汇算清缴中进行了申报处理的做法正确。

7.3 资产损失扣除的处理

企业在生产经营活动中实际发生的、与取得应税收入有关的资产损失，包括现金损失，存款损失，坏账损失，贷款损失，股权投资损失，固定资产和存货的盘亏、毁损、报废、被盗损失，自然灾害等不可抗力因素造成的损失以及其他损失，准予在计算应纳税所得额时扣除。不同类型的资产损失，其税务处理的规定也各不相同。

7.3.1 现金损失

企业清查出的现金短缺减除责任人赔偿后的余额，作为现金损失在计算应纳税所得额时扣除。

7.3.2 存款损失

企业将货币性资金存入法定具有吸收存款职能的机构，因该机构依法破产、清算，或者政府责令停业、关闭等原因，确实不能收回的部分，作为存款损失在计算应纳税所得额时扣除。

7.3.3 应收、预付账款损失

企业除贷款类债权外的应收、预付账款符合下列条件之一的，减除可收回金额后确认的无法收回的应收、预付款项，可以作为坏账损失在计算应纳税所得额时扣除：

（1）债务人依法宣告破产、关闭、解散、被撤销，或者被依法注销、吊销营业执照，其清算财产不足清偿的；

（2）债务人死亡，或者依法被宣告失踪、死亡，其财产或者遗产不足清偿的；

（3）债务人逾期3年以上未清偿，且有确凿证据证明已无力清偿债务的；

（4）与债务人达成债务重组协议或法院批准破产重整计划后，无法追偿的；

（5）因自然灾害、战争等不可抗力导致无法收回的；

（6）国务院财政、税务主管部门规定的其他条件。

7.3.4 贷款损失

企业经采取所有可能的措施和实施必要的程序之后，符合下列条件之一的贷款类债权，可以作为贷款损失在计算应纳税所得额时扣除：

（1）借款人和担保人依法宣告破产、关闭、解散、被撤销，并终止法人资格，或者已完全停止经营活动，被依法注销、吊销营业执照，对借款人和担保人进行追偿后，未能收回的债权；

（2）借款人死亡，或者依法被宣告失踪、死亡，依法对其财产或者遗产进行清偿，并对担保人进行追偿后，未能收回的债权；

（3）借款人遭受重大自然灾害或者意外事故，损失巨大且不能获得保险补偿，或者以保险赔偿后，确实无力偿还部分或者全部债务，对借款人财产进行清偿和对担保人进行追偿后，未能收回的债权；

（4）借款人触犯刑律，依法受到制裁，其财产不足归还所借债务，又无其他债务承担者，经追偿后确实无法收回的债权；

（5）由于借款人和担保人不能偿还到期债务，企业诉诸法律，经法院对借款人和担保人强制执行，借款人和担保人均无财产可执行，法院裁定执行程序终结或终止（中止）后，仍无法收回的债权；

（6）由于借款人和担保人不能偿还到期债务，企业诉诸法律后，经法院调解或经债权人会议通过，与借款人和担保人达成和解协议或重整协议，在借款人和担保人履行完还款义务后，无法追偿的剩余债权；

（7）由于上述原因借款人不能偿还到期债务，企业依法取得抵债资产，抵债金额小于贷款本息的差额，经追偿后仍无法收回的债权；

（8）开立信用证、办理承兑汇票、开具保函等发生垫款时，凡开证申请人和保证人由于上述原因，无法偿还垫款，金融企业经追偿后仍无法收回的垫款；

（9）银行卡持卡人和担保人由于上述原因，未能还清透支款项，金融企业经追偿后仍无法收回的透支款项；

（10）助学贷款逾期后，在金融企业确定的有效追索期限内，依法处置助学贷款抵押物（质押物），并向担保人追索连带责任后，仍无法收回的贷款；

（11）经国务院专案批准核销的贷款类债权；

（12）国务院财政、税务主管部门规定的其他条件。

7.3.5 股权投资损失

企业的股权投资符合下列条件之一的，减除可收回金额后确认的无法收回的股权投资，可以作为股权投资损失在计算应纳税所得额时扣除：

（1）被投资方依法宣告破产、关闭、解散、被撤销，或者被依法注销、吊销营业执照的；

（2）被投资方财务状况严重恶化，累计发生巨额亏损，已连续停止经营3年以上，且无重新恢复经营改组计划的；

（3）对被投资方不具有控制权，投资期限届满或者投资期限已超过10年，且被投资单位因连续3年经营亏损导致资不抵债的；

（4）被投资方财务状况严重恶化，累计发生巨额亏损，已完成清算或清算期超过3年以上的；

（5）国务院财政、税务主管部门规定的其他条件。

7.3.6 资产盘亏损失

对企业盘亏的固定资产或存货，以该固定资产的账面净值或存货的成本减除责任人赔偿后的余额，作为固定资产或存货盘亏损失在计算应纳税所得额时扣除。

7.3.7 毁损、报废的固定资产或存货损失

对企业毁损、报废的固定资产或存货，以该固定资产的账面净值或存货的成本减除残值、保险赔款和责任人赔偿后的余额，作为固定资产或存货毁损、报废损失在计算应纳税所得额时扣除。

7.3.8 固定资产或存货被盗损失

对企业被盗的固定资产或存货，以该固定资产的账面净值或存货的成本减除保险赔款和责任人赔偿后的余额，作为固定资产或存货被盗损失在计算应纳税所得额时扣除。

7.3.9 因财产损失不得抵扣的进项税额

企业因存货盘亏、毁损、报废、被盗等原因不得从增值税销项税额中抵扣的进项税额，可以与存货损失一起在计算应纳税所得额时扣除。

除上述规定外，企业在计算应纳税所得额时已经扣除的资产损失，在以后纳税年度全部或者部分收回时，其收回部分应当作为收入计入收回当期的应纳税所得额。

企业境内、境外营业机构发生的资产损失应分开核算，对境外营业机构由于发生资产损失而产生的亏损，不得在计算境内应纳税所得额时扣除。

企业对其扣除的各项资产损失，应当提供能够证明资产损失确属已实际发生的合法证据，包括具有法律效力的外部证据、具有法定资质的中介机构的经济鉴证证明、具有法定资质的专业机构的技术鉴定证明等。

7.4 资产损失扣除的申报

企业发生的资产损失，应按规定的程序和要求向主管税务机关申报后方能在税前扣除。未经申报的损失，不得在税前扣除。

7.4.1 清单备查和专项备查

企业资产损失按其申报内容和要求的不同，分为清单申报和专项申报两种申报形式。《企业资产损失所得税税前扣除管理办法》规定，应当以清单申报的方式向税务机关申报扣除的资产损失有：

（1）企业在正常经营管理活动中，按照公允价格销售、转让、变卖非货币资产的损失；

（2）企业各项存货发生的正常损耗；

（3）企业固定资产达到或超过使用年限而正常报废清理的损失；

（4）企业生产性生物资产达到或超过使用年限而正常死亡发生的资产损失；

（5）企业按照市场公平交易原则，通过各种交易场所、市场等买卖债券、股票、期货、基金以及金融衍生产品等发生的损失。

清单申报以外的资产损失，应以专项申报的方式向税务机关申报扣除。企业无法准确判别是否属于清单申报扣除的资产损失，可以采取专项申报的形式申报扣除。

依据《国家税务总局关于企业所得税资产损失资料留存备查有关事项的公告》（国家税务总局公告 2018 年第 15 号）规定，2017 年度及以后年度企业所得税汇算清缴，企业向税务机关申报扣除资产损失，无论是清单申报还是专项申报，仅需在年度汇算清缴申报时，填报企业所得税年度纳税申报表《资产损失税前扣除及纳税调整明细表》，不再报送资产损失相关资料。相关资料由企业留存备查。企业应当完整保存资产损失相关资料，保证资料的真实性、合法性。

清单申报的资产损失，企业可按会计核算科目进行归类、汇总，将汇总清单及有关会计核算资料和纳税资料留存备查；专项申报的资产损失，企业应逐项（或逐笔）及时收集、整理、编制、审核、申报、保存资产损失税前扣除证据材料，连同会计核算资料及其他相关的纳税资料一起留存备查。

企业的资产损失，因特殊原因不能在规定的时限内办理纳税申报的，可以向主管税务机关提出申请，经主管税务机关同意后，可适当延期申报。

7.4.2 跨地区汇总纳税企业资产损失申报

在中国境内跨地区经营的汇总纳税企业发生的资产损失，应按以下规定申报扣除：

（1）总机构及其分支机构发生的资产损失，除应按专项申报和清单申报的有关规定，各自向当地主管税务机关申报外，各分支机构同时还应上报总机构；

（2）总机构对各分支机构上报的资产损失，除税务机关另有规定外，应以清单申报的形式向当地主管税务机关进行申报；

（3）总机构将跨地区分支机构所属资产捆绑打包转让所发生的资产损失，由总机构向当地主管税务机关进行专项申报。

7.4.3 因国务院决定事项形成的资产损失的申报

2013 年度及以后年度企业所得税申报时，企业因国务院决定事项形成的资产损失，不再上报国家税务总局审核。应以专项申报的方式向主管税务机关申报扣除。专项申报扣除的有关事项，按照《企业资产损失所得税税前扣除管理办法》规定执行。

7.5 资产损失的确认

7.5.1 资产损失确认证据

企业资产损失，无论是实际资产损失还是法定资产损失，都需要按照资产损失的发生原因，收集、整理、编制、审核、申报、保存资产损失税前扣除证据材料。《企业资产损失所得税税前扣除管理办法》规定，企业资产损失相关的证据包括具有法律效力的外部证据和特定事项的企业内部证据。

7.5.1.1 外部证据

具有法律效力的外部证据，是指司法机关、行政机关、专业技术鉴定部门等依法出具的与本企业资产损失相关的具有法律效力的书面文件，主要包括：

（1）司法机关的判决或者裁定；

（2）公安机关的立案结案证明、回复；

（3）工商部门出具的注销、吊销及停业证明；

（4）企业的破产清算公告或清偿文件；

（5）行政机关的公文；

（6）专业技术部门的鉴定报告；

（7）具有法定资质的中介机构的经济鉴定证明；

（8）仲裁机构的仲裁文书；

（9）保险公司对投保资产出具的出险调查单、理赔计算单等保险单据；

（10）符合法律规定的其他证据。

7.5.1.2 内部证据

特定事项的企业内部证据，是指会计核算制度健全、内部控制制度完善的企业，对各项资产发生毁损、报废、盘亏、死亡、变质等内部证明或承担责任的声明，主要包括：

（1）有关会计核算资料和原始凭证；

（2）资产盘点表；

（3）相关经济行为的业务合同；

（4）企业内部技术鉴定部门的鉴定文件或资料；

（5）企业内部核批文件及有关情况说明；

（6）对责任人由于经营管理责任造成损失的责任认定及赔偿情况说明；

（7）法定代表人、企业负责人和企业财务负责人对特定事项真实性承担法律责任的声明。

外部证据和内部证据的收集，要围绕企业资产损失的类型和原由进行收集。

7.5.2 货币资产损失的确认

企业货币资产损失包括现金损失、银行存款损失和应收及预付款项损失等。

7.5.2.1 现金损失应依据以下证据材料确认：

（1）现金保管人确认的现金盘点表（包括倒推至基准日的记录）；
（2）现金保管人对于短缺的说明及相关核准文件；
（3）对责任人由于管理责任造成损失的责任认定及赔偿情况的说明；
（4）涉及刑事犯罪的，应有司法机关出具的相关材料；
（5）金融机构出具的假币收缴证明。

7.5.2.2 企业因金融机构清算而发生的存款类资产损失应依据以下证据材料确认：

（1）企业存款类资产的原始凭据；
（2）金融机构破产、清算的法律文件；
（3）金融机构清算后剩余资产分配情况资料。

金融机构应清算而未清算超过 3 年的，企业可将该款项确认为资产损失，但应有法院或破产清算管理人出具的未完成清算证明。

7.5.2.3 企业应收及预付款项坏账损失应依据以下相关证据材料确认：

（1）相关事项合同、协议或说明；
（2）属于债务人破产清算的，应有人民法院的破产、清算公告；
（3）属于诉讼案件的，应出具人民法院的判决书或裁决书或仲裁机构的仲裁书，或者被法院裁定终（中）止执行的法律文书；
（4）属于债务人停止营业的，应有工商部门注销、吊销营业执照证明；
（5）属于债务人死亡、失踪的，应有公安机关等有关部门对债务人个人的死亡、失踪证明；
（6）属于债务重组的，应有债务重组协议及其债务人重组收益纳税情况说明；

（7）属于自然灾害、战争等不可抗力而无法收回的，应有债务人受灾情况说明以及放弃债权申明。

企业逾期3年以上的应收款项在会计上已作为损失处理的，可以作为坏账损失，但应说明情况，并出具专项报告。

企业逾期一年以上，单笔数额不超过5万元或者不超过企业年度收入总额万分之一的应收款项，会计上已经作为损失处理的，可以作为坏账损失，但应说明情况，并出具专项报告。

7.5.3 非货币资产损失的确认

企业非货币资产损失包括存货损失、固定资产损失、无形资产损失、在建工程损失、生产性生物资产损失等。

7.5.3.1 存货盘亏损失

存货盘亏损失，为其盘亏金额扣除责任人赔偿后的余额，应依据以下证据材料确认：

（1）存货计税成本确定依据；

（2）企业内部有关责任认定、责任人赔偿说明和内部核批文件；

（3）存货盘点表；

（4）存货保管人对于盘亏的情况说明。

7.5.3.2 存货报废、毁损或变质损失

存货报废、毁损或变质损失，为其计税成本扣除残值及责任人赔偿后的余额，应依据以下证据材料确认：

（1）存货计税成本的确定依据；

（2）企业内部关于存货报废、毁损、变质、残值情况说明及核销资料；

（3）涉及责任人赔偿的，应当有赔偿情况说明；

（4）该项损失数额较大的（指占企业该类资产计税成本10%以上，或减少当年应纳税所得、增加亏损10%以上，下同），纳税人留存备查自行出具的有法定代表人、主要负责人和财务负责人签章证实有关损失的书面申明等。

7.5.3.3 存货被盗损失

存货被盗损失，为其计税成本扣除保险理赔以及责任人赔偿后的余额，应依据以下证据材料确认：

（1）存货计税成本的确定依据；

（2）向公安机关的报案记录；

（3）涉及责任人和保险公司赔偿的，应有赔偿情况说明等。

7.5.3.4 固定资产盘亏、丢失损失

固定资产盘亏、丢失损失，为其账面净值扣除责任人赔偿后的余额，应依据以下证据材料确认：

（1）企业内部有关责任认定和核销资料；

（2）固定资产盘点表；

（3）固定资产的计税基础相关资料；

（4）固定资产盘亏、丢失情况说明；

（5）损失金额较大的，纳税人留存备查专业技术鉴定报告或自行出具的有法定代表人、主要负责人和财务负责人签章证实有关损失的书面申明等。

7.5.3.5 固定资产报废、毁损损失

固定资产报废、毁损损失，为其账面净值扣除残值和责任人赔偿后的余额，应依据以下证据材料确认：

（1）固定资产的计税基础相关资料；

（2）企业内部有关责任认定和核销资料；

（3）企业内部有关部门出具的鉴定材料；

（4）涉及责任赔偿的，应当有赔偿情况的说明；

（5）损失金额较大的或自然灾害等不可抗力原因造成固定资产毁损、报废的，纳税人留存备查自行出具的有法定代表人、主要负责人和财务负责人签章证实有关损失的书面申明等。

7.5.3.6 固定资产被盗损失

固定资产被盗损失，为其账面净值扣除责任人赔偿后的余额，应依据以下证据材料确认：

（1）固定资产计税基础相关资料；

（2）公安机关的报案记录，公安机关立案、破案和结案的证明材料；

（3）涉及责任赔偿的，应有赔偿责任的认定及赔偿情况的说明等。

7.5.3.7 在建工程停建、报废损失

在建工程停建、报废损失，为其工程项目投资账面价值扣除残值后的余额，应依据以下证据材料确认：

（1）工程项目投资账面价值确定依据；

（2）工程项目停建原因说明及相关材料；

（3）因质量原因停建、报废的工程项目和因自然灾害和意外事故停建、报废的工程项目，纳税人留存备查自行出具的有法定代表人、主要负责人和财务负责人签章证实有关损失的书面申明和责任认定、赔偿情况的说明等。

7.5.3.8 工程物资发生损失

工程物资发生损失，可比照存货损失的规定确认。

7.5.3.9 生产性生物资产盘亏损失

生产性生物资产盘亏损失，为其账面净值扣除责任人赔偿后的余额，应依据以下证据材料确认：

（1）生产性生物资产盘点表；

（2）生产性生物资产盘亏情况说明；

（3）生产性生物资产损失金额较大的，企业留存备查自行出具的有法定代表人、主要负责人和财务负责人签章证实有关损失的书面申明和责任认定、赔偿情况的说明等。

7.5.3.10 因森林病虫害、疫情、死亡而产生的生产性生物资产损失

因森林病虫害、疫情、死亡而产生的生产性生物资产损失，为其账面净值扣除残值、保险赔偿和责任人赔偿后的余额，应依据以下证据材料确认：

（1）损失情况说明；

（2）责任认定及其赔偿情况的说明；

（3）损失金额较大的，纳税人留存备查自行出具的有法定代表人、主要负责人和财务负责人签章证实有关损失的书面申明等。

7.5.3.11 被盗伐、被盗、丢失而产生的生产性生物资产损失

被盗伐、被盗、丢失而产生的生产性生物资产损失，为其账面净值扣除保险赔偿以及责任人赔偿后的余额，应依据以下证据材料确认：

（1）生产性生物资产被盗后，向公安机关的报案记录或公安机关立案、破案和结案的证明材料；

（2）责任认定及其赔偿情况的说明。

7.5.3.12 未能按期赎回抵押资产损失

企业由于未能按期赎回抵押资产，使抵押资产被拍卖或变卖，其账面净值大于变卖价值的差额，可认定为资产损失，按以下证据材料确认：

（1）抵押合同或协议书；

（2）拍卖或变卖证明、清单；

（3）会计核算资料等其他相关证据材料。

7.5.3.13 技术进步带来的尚未摊销的无形资产损失

被其他新技术所代替或已经超过法律保护期限，已经丧失使用价值和转让价值，尚未摊销的无形资产损失，应提交以下证据备案：

（1）会计核算资料；

（2）企业内部核批文件及有关情况说明；

（3）技术鉴定意见和企业法定代表人、主要负责人和财务负责人签章证实无形资产已无使用价值或转让价值的书面申明；

（4）无形资产的法律保护期限文件。

7.5.4 投资损失的确认

企业投资损失包括债权性投资损失和股权（权益）性投资损失。

7.5.4.1 债权性投资损失

企业债权投资损失应依据投资的原始凭证、合同或协议、会计核算资料等相关证据材料确认。下列情况债权投资损失的，还应出具相关证据材料：

（1）债务人或担保人依法被宣告破产、关闭、被解散或撤销、被吊销营业执照、失踪或者死亡等，应出具资产清偿证明或者遗产清偿证明。无法出具资产清偿证明或者遗产清偿证明，且上述事项超过3年以上的，或债权投资（包括信用卡透支和助学贷款）余额在300万元以下的，应出具对应的债务人和担保人破产、关闭、解散证明、撤销文件、工商行政管理部门注销证明或查询证明以及追索记录等（包括司法追索、电话追索、信件追索和上门追索等原始记录）；

（2）债务人遭受重大自然灾害或意外事故，企业对其资产进行清偿和对担保人进行追偿后，未能收回的债权，应出具债务人遭受重大自然灾害或意外事故证明、保险赔偿证明、资产清偿证明等；

（3）债务人因承担法律责任，其资产不足归还所借债务，又无其他债务承担者的，应出具法院裁定证明和资产清偿证明；

（4）债务人和担保人不能偿还到期债务，企业提出诉讼或仲裁的，经人民法院对债务人和担保人强制执行，债务人和担保人均无资产可执行，人民法院裁定终结或终止（中止）执行的，应出具人民法院裁定文书；

（5）债务人和担保人不能偿还到期债务，企业提出诉讼后被驳回起诉的、人民法院不予受理或不予支持的，或经仲裁机构裁决免除（或部分免除）债务人责任，经追偿后无法收回的债权，应提交法院驳回起诉的证明，或法院不予受理或不予支持证明，或仲裁机构裁决免除债务人责任的文书；

（6）经国务院专案批准核销的债权，应提供国务院批准文件或经国务院同意后由国务院有关部门批准的文件。

7.5.4.2 股权（权益）性投资损失

企业股权投资损失应依据以下相关证据材料确认：

（1）股权投资计税基础证明材料；

（2）被投资企业破产公告、破产清偿文件；

（3）工商行政管理部门注销、吊销被投资单位营业执照文件；

（4）政府有关部门对被投资单位的行政处理决定文件；

（5）被投资企业终止经营、停止交易的法律或其他证明文件；

（6）被投资企业资产处置方案、成交及入账材料；

（7）企业法定代表人、主要负责人和财务负责人签章证实有关投资（权益）性损失的书面申明；

（8）会计核算资料等其他相关证据材料。

被投资企业依法宣告破产、关闭、解散或撤销、吊销营业执照、停止生产经营活动、失踪等，应出具资产清偿证明或者遗产清偿证明。超过3年以上且未能完成清算的，应出具被投资企业破产、关闭、解散或撤销、吊销等的证明以及不能清算的原因说明。

企业委托金融机构向其他单位贷款，或委托其他经营机构进行理财，到期不能收回贷款或理财款项，按照投资损失的确定有关规定进行处理。

7.5.4.3 担保损失

企业对外提供与本企业生产经营活动有关的担保，因被担保人不能按期偿还债务而承担连带责任，经追索，被担保人无偿还能力，对无法追回的金额，比照本办法规定的应收款项损失进行处理。与本企业生产经营活动有关的担保是指企业对外提供的与本企业应税收入、投资、融资、材料采购、产品销售等生产经营活动相关的担保。

7.5.4.4 关联企业债权损失

企业按独立交易原则向关联企业转让资产而发生的损失，或向关联企业提供借款、担保而形成的债权损失，准予扣除，但企业应作专项说明，留存备查自行出具的有法定代表人、主要负责人和财务负责人签章证实有关损失的书面申明和相关材料。

7.5.4.5 不得作为损失在税前扣除的股权和债权

不得作为损失在税前扣除的股权和债权包括：

（1）债务人或者担保人有经济偿还能力，未按期偿还的企业债权；

（2）违反法律、法规的规定，以各种形式、借口逃废或悬空的企业债权；

（3）行政干预逃废或悬空的企业债权；

（4）企业未向债务人和担保人追偿的债权；

（5）企业发生非经营活动的债权；

（6）其他不应当核销的企业债权和股权。

7.5.5 其他资产损失的确认

企业将不同类别的资产捆绑（打包），以拍卖、询价、竞争性谈判、招标等市场方式出售，其出售价格低于计税成本的差额，可以作为资产损失并准予在税前申报扣除，但应出具资产处置方案、各类资产作价依据、出售过程的情况说明、出售合同或协议、成交及入账证明、资产计税基础等确定依据。

企业正常经营业务因内部控制制度不健全而出现操作不当、不规范或因业务创新但政策不明确、不配套等原因形成的资产损失，应由企业承担的金额，可以作为资产损失并准予在税前申报扣除，但应出具损失原因证明材料或业务监管部门定性证明、损失专项说明。

企业因刑事案件原因形成的损失，应由企业承担的金额，或经公安机关立案侦查两年以上仍未追回的金额，可以作为资产损失并准予在税前申报扣除，但应出具公安机关、人民检察院的立案侦查情况或人民法院的判决书等损失原因证明材料。

7.5.6 一个资产损失税前扣除的案例

资产损失的扣除是企业的经常事项，同样也是复杂事项。企业资产损失的税务处理的难点，不在政策掌握上，而是相关申报证明材料等资料的准备和提交上。

【案例 7-5-1】 A 公司是增值税一般纳税人，2013 年 12 月购入了一台生产设备并投入生产，不含税价格 1000 万元，购买的当期就按照 17% 的税率抵扣了增值税进项税额 170 万元。该机器按规定应当使用 10 年，采用直线法折旧。2019 年 12 月设备出了故障，尚未到使用期限届满就报废了。企业按规定进行资产损失申报，在企业所得税前扣除，该设备账面反映截至 2019 年末净值为原值的 30%。(不考虑残值率)

【问题】 A 公司应如何进行资产损失申报?

【解析】 《财政部　国家税务总局关于全面推开营业税改征增值税试点的通知》(财税〔2016〕36 号) 和《国家税务总局关于深化增值税改革有关事项的公告》(国家税务总局公告 2019 年第 14 号) 中，对不动产非正常损失的已抵扣进项税额转出的计算有着明确的规定。但是对固定资产却没有明确的规定，《增值税暂行条例》中第十条也没有明确的说法。但是在《财政部 国家税务总局关于全国实施增值税转型改革若干问题的通知》（财税〔2008〕170号）中规定：纳税人按照《增值税暂行条例》规定已抵扣进项税额的固定资产发生非正常损失的，其购进货物及相关的应税劳务，应在当月计算不得抵扣的进项税额，予以转出。其计算公式是：

不得抵扣的进项税额=固定资产净值×适用税率

判定企业资产损失，需要注意以下四个问题。

（1）什么是非正常损失？

《增值税暂行条例实施细则》规定，非正常损失是指因管理不善造成被盗、丢失、霉烂变质的损失。《营业税改征增值税试点实施办法》（财税〔2016〕36号附件1）中，不仅将非正常损失进项税转出范围扩大到不动产及不动产在建工程，还将纳税人因违反法律法规造成货物或者不动产被依法没收、销毁、拆除的情形造成的损失列为非正常损失。除此之外的货物或者不动产损失，都不是非正常损失，不需要进行已扣除进项税额的转出处理。

（2）固定资产、不动产具体范围是什么？

《增值税暂行条例》及其实施细则中，没有固定资产和不动产的具体范围，但是《营业税改征增值税试点实施办法》规定：固定资产，是指使用期限超过12个月的机器、机械、运输工具以及其他与生产经营有关的设备、工具、器具等有形动产。不动产是指不能移动或者移动后会引起性质、形状改变的财产，包括建筑物、构筑物等。建筑物，包括住宅、商业营业用房、办公楼等可供居住、工作或者进行其他活动的建造物。构筑物，包括道路、桥梁、隧道、水坝等建造物。

《营业税改征增值税试点实施办法》中规定的固定资产和不动产的范围，与企业所得税法所称的固定资产基本一致。

（3）固定资产净值是什么？

“固定资产净值”，是指纳税人按照财务会计制度计提折旧后计算的固定资产净值。

（4）残值收入是否扣除？

不予扣除。另外对于执行加速折旧和一次扣除的固定资产，如果发生非正常损失，计算增值税进项税额转出额，也是按固定资产净值计算，其中：实行一次性扣除的固定资产净值为0。

本案例中，A公司该项资产自2014年1月起到2019年12月计提折旧，

共计5年，按照直线法折旧计算，已计提折旧=（1000÷10）×5=500（万元）

非正常损失转出不得抵扣的进项税额=固定资产净值×适用税率=500×17%=85（万元）

应确认损失=500+85=585（万元）

企业该项资产报废是实际发生的非正常损失，且会计上已作损失处理，应当实际发生的2019年度企业所得税纳税申报时予以申报扣除。因其是非正常损失，属于专项申报的情形，企业应按照专项申报的要求，单项收集、整理、编制、审核、申报、保存资产损失税前扣除证据材料，连同会计核算资料及其他相关的纳税资料一起留存备查。

8

亏损的弥补

企业所得税法规定，企业每一纳税年度的收入总额，减除不征税收入、免税收入、各项扣除以及允许弥补的以前年度亏损后的余额，为应纳税所得额。

允许用当年的应纳税所得对以前年度亏损弥补，基于企业持续经营的会计假设。亏损弥补是一项既重要又极易被企业忽视的企业所得税的计算事项。

8.1 亏损的内涵

计算企业所得税时允许弥补的以前年度亏损，和会计准则意义上的企业经营亏损的概念不一样。

8.1.1 税法上的亏损是一个计税概念

利润是企业经营效果的综合反映，也是其最终成果的具体体现。亏损是利润的一种表现形式，表明在核算期间内企业的全部收入不足以支付当期的全部费用。

企业会计准则中，利润是指企业在一定会计期间的经营成果。利润包括收入减去费用后的净额、直接计入当期利润的利得和损失等。利润金额取决于收入和费用、直接计入当期利润的利得和损失金额的计量。

简单地说，企业会计准则意义上的亏损，就是收入减去全部支出后的净额小于零的结果。会计中的收入包括企业取得的全部的各种收入，支出也包括各种实际支出或是法定支出的全部的费用。

而企业所得税法中的亏损，和会计准则中的亏损差异较大。在税法中，亏损，是指企业依照《企业所得税法》及其实施条例的规定将每一纳税年度的收入总额减除不征税收入、免税收入和各项扣除后小于零的数额。在税法中，亏损只是纳税年度当期企业所得税应纳税所得额的表现形式。纳税年度当年应纳税所得额的计算公式为：

纳税年度应纳税所得额=纳税年度的收入总额-不征税收入-免税收入-各项扣除

当上述公式的结果为小于零时，就认定为企业纳税年度是计税亏损，没有所得用于纳税。

8.1.2 税法上亏损弥补有期间限制

企业会计准则，按照持续经营的假设，其对一定期间的经营成果通过“未分配利润”予以累计，以得出自经营以来到报告日的期间经营成果。

税法中的亏损，是纳税年度应纳税所得额为负数的情形，其负数情形，一般情况下可以在不超过5年的期间里，用纳税年度应纳税所得额予以弥补，自亏损年度次年起算。特殊情形下，弥补亏损的年限为8年、10年。

第十八条 企业纳税年度发生的亏损，准予向以后年度结转，用以后年度的所得弥补，但结转年限最长不得超过五年。

——《企业所得税法》

需要注意：

（1）弥补期限按连续年度计算。

企业纳税年度发生的亏损，结转以后弥补的年限需要连续计算，不论是盈利或亏损，都作为实际弥补年限连续计算。

【案例8-1-1】 A公司2014年应纳税所得额-100万元，企业2015年度应纳税所得额10万元、2016年度应纳税所得额5万元，2017年度应纳税所得额0万元，2018年度应纳税所得额30万元，2019年度应纳税所得额10万元，2020年度应纳税所得额50万元。A公司弥补亏损限期为5年。

【问题】 A公司2014年度亏损弥补情况。

【解析】 A公司弥补亏损限期为5年，需要自亏损年度次年起算，即该公司2014年亏损弥补期限自2015年度起算连续五年到2019年度，无论其间年度是盈利还是亏损。案例中，A公司2014年度亏损100万元，2015年弥补10万元、2016年弥补5万元、2017年弥补0万元、2018年弥补30万元，2019年弥补10万元，共计弥补55万元，余额-45万元因弥补期限届满而不再弥补。

（2）弥补的亏损按照先亏先补的次序进行。

如果企业发生多年亏损，且都在弥补期限内时，弥补亏损按照先亏先补的顺序进行。

【案例8-1-2】 A公司2014年亏损100万元，其弥补期限是2015—2019

年。企业2015年度应纳税所得额10万元、2016年度应纳税所得额5万元、2017年度亏损20万元、2018年度应纳税所得额50万元、2019年度应纳税所得额10万元、2020年度应纳税所得额50万元。A公司弥补亏损限期为5年。

【问题】 A公司2020年度亏损弥补情况。

【解析】 A公司弥补亏损期限为5年，需要自亏损年度次年起算，即该公司2014年亏损弥补期限自2015年度起算连续五年到2019年度，2017年亏损弥补期限自2018年起算连续五年到2022年，无论其间年度是盈利还是亏损。

本案例中：

A公司2014年度亏损100万元；

2015年应纳税所得额10万元，弥补2014年亏损10万元，待后四年弥补亏损90万元；

2016年应纳税所得额5万元，弥补2014年亏损5万元，待后三年弥补亏损85万元；

2017年亏损20万元，待后二年弥补亏损85万元，后五年弥补亏损20万元；

2018年应纳税所得额50万元，优先弥补2014年亏损50万元，待后一年弥补亏损35万元，后四年弥补亏损20万元；

2019年弥补10万元，优先弥补2014年亏损10万元，2014年未弥补完亏损25万元以后年度不再弥补，2017年亏损20万元待后三年弥补；

2020年应纳税所得额50万元，弥补2017年亏损20万元，余额30万元依法缴纳企业所得税，待弥补亏损为0。

（3）税务机关查增应纳税所得额应先弥补以前年度亏损。

《国家税务总局关于查增应纳税所得额弥补以前年度亏损处理问题的公告》（国家税务总局公告2010年第20号）规定，税务机关对企业以前年度纳税情况进行检查时调增的应纳税所得额，凡企业以前年度发生亏损、且该亏损属于企业所得税法规定允许弥补的，应允许调增的应纳税所得额弥补该亏损。弥补该亏损后仍有余额的，按照企业所得税法规定计算缴纳企业所得税。对检查调增的应纳税所得额应根据其情节，依照《税收征管法》有关规定进行处理或处罚。

第九条　企业应纳税所得额的计算，以权责发生制为原则，属于当期的收入和费用，不论款项是否收付，均作为当期的收入和费用；不属于当期的收入和费用，即使款项已经在当期收付，均不作为当期的收入和费用。本条例和国务院财政、税务主管部门另有规定的除外。

第十条　企业所得税法第五条所称亏损，是指企业依照企业所得税法和本条例的规定将每一纳税年度的收入总额减除不征税收入、免税收入和各项扣除后小于零的数额。

——《企业所得税法实施条例》

（4）特殊情形企业弥补亏损年限延长到8年、10年。

①科技资格企业结转弥补亏损年限延长至10年。《财政部　国家税务总局关于延长高新技术企业和科技型中小企业亏损结转年限的通知》（财税〔2018〕76号）规定，自2018年1月1日起，当年具备高新技术企业或科技型中小企业资格的企业，其具备资格年度之前5个年度发生的尚未弥补完的亏损，准予结转以后年度弥补，最长结转年限由5年延长至10年。

②受新冠病毒疫情影响较大的困难性企业2020年度亏损弥补年限延长到8年。《财政部　税务总局关于支持新型冠状病毒感染的肺炎疫情防控有关税收政策的公告》（财政部　税务总局公告2020年第8号）规定，受新型冠状病毒感染的肺炎疫情影响较大的困难行业企业2020年度发生的亏损，最长结转年限由5年延长至8年。困难行业企业，包括交通运输、餐饮、住宿、旅游（指旅行社及相关服务、游览景区管理两类）四大类，具体判断标准按照现行《国民经济行业分类》执行。困难行业企业2020年度主营业务收入须占收入总额（剔除不征税收入和投资收益）的50%以上。

8.2　亏损弥补的特殊规定

8.2.1　政策性搬迁弥补期间的中断

《企业政策性搬迁所得税管理办法》（国家税务总局公告2012年第40号印发）规定，企业以前年度发生尚未弥补的亏损的，凡企业由于搬迁停止生产经营无所得的，从搬迁年度次年起，至搬迁完成年度前一年度止，可作为停止生产经营活动年度，从法定亏损结转弥补年限中减除；企业边搬迁边生产的，其亏损结转年度应连续计算。

【案例8-2-1】 A公司2013年发生亏损300万元，到2015年已弥补亏损200万元。2016年6月起发生政策性搬迁，到2018年5月完成，搬迁活动期间企业未发生生产经营活动，无所得。搬迁期间A公司亏损100万元。搬迁后，2019年，该公司当年实现应纳税所得额400万元。

【问题】 A公司如何弥补亏损？

【解析】 A公司2016年到2018年间发生政策性搬迁，且由于搬迁“停止生产经营”且“无所得”，应按照依照《企业政策性搬迁所得税管理办法》规定，从2017年1月1日到2017年12月31日，作为停止生产经营活动年度，中断弥补亏损年度的连续计算。该企业2013年未弥补亏损100万元，原弥补期限到2018年度，因搬迁延长一年到2019年。

因此，A公司2013年未弥补完的亏损100万元，以及搬迁期间的亏损100万元，可在2019年企业当年应纳税所得额中依次弥补。本案例中，搬迁开始的2016年，和搬迁结束的2018年当年，因发生了经营活动，不能中断弥补年限计算。

8.2.2 筹办期间损益年度的计算

《国家税务总局关于贯彻落实企业所得税法若干税收问题的通知》（国税函〔2010〕79号）规定，企业自开始生产经营的年度，为开始计算企业损益的年度。企业从事生产经营之前进行筹办活动期间发生筹办费用支出，不得计算为当期的亏损，应按照《国家税务总局关于企业所得税若干税务事项衔接问题的通知》（国税函〔2009〕98号）第九条规定执行。

企业筹办期间发生筹办费用的处理，详见本书“6.5　长期待摊费用的摊销”。

8.2.3 境外营业机构亏损

《企业所得税法》规定，企业在汇总计算缴纳企业所得税时，其境外营业机构的亏损不得抵减境内营业机构的盈利。

企业境外营业机构的亏损不能抵减境内营业机构的盈利，但是企业发生在境外同一个国家内的亏盈还是允许相互弥补的。这也体现了我国在处理跨国所得税事务时所坚持的“来源地优先”的原则，即发生在一国的亏损，应该用发生在该国的盈利进行弥补。《财政部　国家税务总局关于企业境外所得税收抵免有关问题的通知》（财税〔2009〕125号）规定，在汇总计算境外应纳税所得额时，企业在境外同一国家（地区）设立不具有独立纳税地位的分支机构，按照企业所得税法及实施条例的有关规定计算的亏损，不得抵减其境内或他国（地区）的应纳税所得额，但可以用同一国家（地区）其他项目或以后年度的所得按规定弥补。但对境内亏损既可以用境外盈利弥补，也可以用以后年度的境内、境外盈利弥补。

《企业境外所得税收抵免操作指南》（国家税务总局公告2010年第1号）规定，企业在同一纳税年度的境内外所得加总为正数的，其境外分支机构发生的亏损，由于上述结转弥补的限制而发生的未予弥补的部分（以下称为非实际亏损额），今后在该分支机构的结转弥补期限不受5年期限制，即：

（1）如果企业当期境内外所得盈利额与亏损额加总后和为零或正数，则其当年度境外分支机构的非实际亏损额可无限期向后结转弥补；

（2）如果企业当期境内外所得盈利额与亏损额加总后和为负数，则以境外分支机构的亏损额超过企业盈利额部分的实际亏损额，准予在以后5年内进行亏损弥补，未超过企业盈利额部分的非实际亏损额仍可无限期向后结转弥补。

【案例8-2-1】 中国居民A公司2008年度境内外净所得为160万元。其中，境内所得的应纳税所得额为300万元；设在甲国的分支机构当年度应纳税所得额为100万元；设在乙国的分支机构当年度应纳税所得额为-300万元；A公司当年度从乙国取得利息所得的应纳税所得额为60万元。

【问题】 请调整计算A公司当年度境内、外所得的应纳税所得额。

【解析】 （1）A公司当年度境内外净所得为160万元，但依据境外亏损不得在境内或他国盈利中抵减的规定，其发生在乙国分支机构的当年度亏损额300万元，仅可以用从该国取得的利息60万元弥补，未能弥补的非实际亏损额240万元，不得从当年度企业其他盈利中弥补。因此，相应调整后A公司当年境内、外应纳税所得额为：

境内应纳税所得额＝300万元；

甲国应纳税所得额=100 万元；

乙国应纳税所得额=-240 万元；

A 公司当年度应纳税所得总额=400 万元。

（2）A 公司当年度境外乙国未弥补的非实际亏损共 240 万元，允许 A 公司以其来自乙国以后年度的所得无限期结转弥补。

8.2.4 科技资格企业结转弥补亏损年限延长至 10 年

《财政部　国家税务总局关于延长高新技术企业和科技型中小企业亏损结转年限的通知》（财税〔2018〕76 号）规定，自 2018 年 1 月 1 日起，当年具备高新技术企业或科技型中小企业资格的企业，其具备资格年度之前五个年度发生的尚未弥补完的亏损，准予结转以后年度弥补，最长结转年限由 5 年延长至 10 年。

《国家税务总局关于延长高新技术企业和科技型中小企业亏损结转弥补年限有关企业所得税处理问题的公告》（国家税务总局公告 2018 年第 45 号）进一步规定，当年具备高新技术企业或科技型中小企业资格的企业，其具备资格年度之前五个年度，无论是否具备资格，发生的尚未弥补完的亏损均准予结转以后年度弥补，最长结转年限为 10 年。

其中高新技术企业按照其取得的高新技术企业证书注明的有效期所属年度，确定其具备资格的年度。科技型中小企业按照其取得的科技型中小企业入库登记编号注明的年度，确定其具备资格的年度。

高新技术企业，是指按照《科技部　财政部　国家税务总局关于修订印发〈高新技术企业认定管理办法〉的通知》（国科发火〔2016〕32 号）规定认定的高新技术企业；所称科技型中小企业，是指按照《科技部　财政部　国家税务总局关于印发〈科技型中小企业评价办法〉的通知》（国科发政〔2017〕115 号）规定取得科技型中小企业登记编号的企业。

【案例 8-2-2】 A 公司自 2013 年成立以来，一直进行技术研发，2013 年亏损 500 万元到 2018 年尚有 400 万元未弥补完。企业 2018 年被认定的高新技术企业。企业 2020 年未通过高新技术企业认定。

B 公司 2016 年到 2018 年持续亏损，2016 年亏损 300 万元，2017 年亏损 100 万元，2018 年亏损 50 万元，2019 年企业登记为科技型中小企业。B 公司预计会在2020年起实现盈利。

【问题】 请帮助A、B公司处理弥补亏损事项。

【解析】 （1）A公司

A公司2018年取得高新技术企业认定，在取得认定的2018年度前五个年度内发生的未弥补完亏损，准予结转以后最长不超过10个年度弥补。该公司2013年未弥补完的亏损，符合前五个年度条件，可以在该公司2023年之前（含）取得的应纳税所得额中弥补亏损。

A公司2018年到2020年均为高新技术企业，因此，对其2018到2020年，每个年度前五个年度发生的尚未弥补完的亏损，准予结转以后年度弥补，最长结转年限由5年延长至10年。

A公司自2021年起，恢复弥补亏损年限最长不超过5年。

（2）B公司

B公司2019年登记为科技型中小企业，对2019年以前五个年度内发生的未弥补完亏损，准予结转以后最长不超过10个年度弥补。B公司2016年到2018年期间发生亏损，可以在10年内弥补计算。

8.2.5 研发费用加计形成的亏损

《企业所得税法》规定，企业开发新技术、新产品、新工艺发生的研究开发费用，可以在计算应纳税所得额时加计扣除。《财政部　国家税务总局关于提高研究开发费用税前加计扣除比例的通知》（财税〔2018〕99号）规定，在2018年1月1日至2020年12月31日期间，企业开展研发活动中实际发生的研发费用，未形成无形资产计入当期损益的，在按规定据实扣除的基础上，在2018年1月1日至2020年12月31日期间，再按照实际发生额的75%在税前加计扣除；形成无形资产的，在上述期间按照无形资产成本的175%在税前摊销。

研发费用的加计扣除是税法支持企业创新发展的一项税收优惠，是税收和会计的永久性差异，企业会计上无须处理，只需要在企业所得税年度申报时申报扣除。企业申报研发费加计扣除后，形成的亏损，符合企业所得税法关于“亏损”的规定，可以结转以后年度弥补。《国家税务总局关于企业所得税若干税务事项衔接问题的通知》（国税函〔2009〕98号）规定，企业技术开发费加计扣除部分已形成企业年度亏损，可以用以后年度所得弥补，但结转年限最长不得超过5年。

如果企业在弥补亏损期间取得高新技术企业认定或登记为科技型中小企业，结转弥补亏损期限可延长到10年。

【案例8-2-3】 A公司2019年实现利润500万元，当年符合规定的研发费用投入1000万元，假定无其他纳税调整事项。

【问题】 计算A公司2019年应纳税所得额并处理。

【解析】 A公司2019年投入符合规定的研发费用1000万元，按照《财政部 国家税务总局关于提高研究开发费用税前加计扣除比例的通知》（财税〔2018〕99号）规定，可加计扣除750万元。公司2019年利润500万元，在无其他纳税调整事项的前提下，加计扣除后，当年企业所得税申报亏损250万元。

A公司2019年度申报亏损250万元，可结转以后年度扣除，最长不超过5年。

8.2.6 核定征收亏损不得弥补

实行企业所得税核定征收的纳税人，其以前年度应弥补而未弥补的亏损不能在核定征收年度弥补。但在以后转换为查账征收年度时，在政策规定的期限内仍可继续弥补亏损。

《国家税务总局关于印发〈企业所得税核定征收办法〉（试行）的通知》（国税发〔2008〕30号）规定，采用应税所得率方式核定征收企业所得税的，应纳所得税额计算公式如下：

应纳所得税额=应纳税所得额×适用税率

在应税收入的确认上，《国家税务总局关于企业所得税核定征收若干问题的通知》（国税函〔2009〕377号）规定，应税收入额等于收入总额减去不征税收入和免税收入后的余额。用公式表示为：

应税收入额=收入总额-不征税收入-免税收入

其中，收入总额为企业以货币形式和非货币形式从各种来源取得的收入。

企业征收方式由查账征收改为核定征收，其实行核定征收年度的应纳税所得额不得用于弥补此前年度发生的尚在法定弥补亏损期内的亏损；此前实行查账征收期间发生的亏损可以结转，用以后再次采取查账征收方式年度取得的应纳税所得额弥补，弥补期限应自发生亏损年度的次年起连续计算，最长不得超过5年。

8.3 合伙企业亏损的处理

《财政部 国家税务总局关于合伙企业合伙人所得税问题的通知》（财税〔2008〕159号）规定，合伙企业的合伙人是法人和其他组织的，合伙人在计算其缴纳企业所得税时，不得用合伙企业的亏损抵减其盈利。（详见“11.4 法人投资者从合伙企业分回利润所得税处理”。）

9

税收优惠的处理

9.1 税收优惠的办理

2018 年，国家税务总局发布了修订后的《企业所得税优惠政策事项办理办法》（国家税务总局公告 2018 年第 23 号），简化企业所得优惠事项办理流程，在 2017 年及以后年度企业所得税汇算清缴申报中，企业向税务机关申报税收优惠，采取“自行判别、申报享受、相关资料留存备查”的办理方式，不再备案。

企业所得税税收优惠事项的申报简化，在切切实实地为纳税人带来办税便利的同时，也对纳税人遵从税法提出了更高的要求。企业在充分享受便利的同时，要特别注意以下六个要点。

9.1.1 简化申报办理不是简化资料归集

企业所得税优惠事项的办理，有着严格的条件控制和资料、证据要求。在《企业所得税优惠政策事项办理办法》中，仅仅是取消了原汇算清缴申报时需要提交优惠事项相关材料的备案事项，并没有简化相关资料、证据材料的归集要求。企业涉及税收优惠事项的相关资料，仍然需要对照政策规定予以收集，由企业留存备查。

对于企业享受企业所得税免税收入、减计收入、加计扣除、加速折旧、所得减免、抵扣应纳税所得额、减低税率、税额抵免等优惠事项的，在“自行判别、申报享受”的同时，与企业享受优惠事项有关的合同、协议、凭证、证书、文件、账册、说明等资料，仍然需要依法归集并留存备查。

9.1.2 纳税人承担真实性和合法性责任

如实办理纳税申报，报送纳税申报表，提供纳税资料，是纳税人的基本义务。《税收征管法》及其实施细则明确规定了账簿、记账凭证、报表、完税凭证、发票、出口凭证以及其他有关涉税资料应当合法、真实、完整。纳税人、扣缴义务人和其他有关单位如实向税务机关提供与纳税和代扣代缴、代收代缴税款有关的信息、资料的义务。

企业申报优惠事项的，应当在完成年度汇算清缴后，将留存备查资料归集齐全并整理完成，以备税务机关核查。申报后，企业应当完整保存优惠事项备查资料，对留存备查资料的真实性、合法性承担法律责任。

9.1.3 留存资料需要分项依规留存 10 年

对于企业同时享受多项优惠事项、或者享受的优惠事项按照规定需要分项目进行核算的，应当按照优惠事项或者项目分别归集留存备查资料。所需的资料按照《企业所得税优惠政策事项办理办法》所附《企业所得税优惠事项管理目录（2017 年版）》（以下简称《目录》）清单，进行归集整理。

《税收征管法实施细则》规定，账簿、记账凭证、报表、完税凭证、发票、出口凭证以及其他有关涉税资料应当保存 10 年。《企业所得税优惠政策事项办理办法》也明确规定，企业留存备查资料应从企业享受优惠事项当年的企业所得税汇算清缴期结束次日起保留 10 年。

对于优惠事项资料留存，还需注意区分不同的情况，在不同的场所留存。税务机关核查时，相应留存场所具有提供相关留存备查资料的义务。《企业所得税优惠政策事项办理办法》规定，设有非法人分支机构的居民企业以及实行汇总纳税的非居民企业机构、场所享受优惠事项的，由居民企业的总机构以及汇总纳税的主要机构、场所负责统一归集并留存备查资料。分支机构以及被汇总纳税的非居民企业机构、场所按照规定可独立享受优惠事项的，由分支机构以及被汇总纳税的非居民企业机构、场所负责归集并留存备查资料，同时分支机构以及被汇总纳税的非居民企业机构、场所应在当完成年度汇算清缴后将留存的备查资料清单送总机构以及汇总纳税的主要机构、场所汇总。

9.1.4 后续管理中需要依法提供留存资料

留存备查，重点在备查。税务机关在后续管理中，企业应当按照税务机关管理服务的需要，按照规定的期限和方式提供留存备查资料，证实优惠事项的合规有效。

企业未能按照税务机关要求提供留存备查资料，或者提供的留存备查资料与实际生产经营情况、财务核算情况、相关技术领域、产业、目录、资格证书等不符，无法证实其享受税收优惠事项符合规定条件的，或者存在弄虚作假情况的，税务机关将依法追缴其已享受的企业所得税优惠，并按照《税收征管法》等相关规定处理。

在企业所得税优惠事项后续管理中，享受集成电路生产企业、集成电路设计企业、软件企业、国家规划布局内的重点软件企业和集成电路设计企业等优惠事项的企业，应当在完成年度汇算清缴后，按照《企业所得税优惠政策事项办理办法》所附《目录》“后续管理要求”项目中列示的清单向税务机关提交资料。

9.1.5 未享受优惠可在规定期限内追溯减免

《税收征管法》规定，纳税人必须依照法律、行政法规的规定缴纳税款，少缴税款予以追征，多缴税款予以退还。在企业所得税优惠事项中，不仅纳税人未享受研发费用加计扣除可以追溯优惠，其他的税收优惠事项也应当遵循这一税收征管规定。近几年来，国家一系列减费降税措施，给广大纳税人发放了一大批实实在在的政策红包，进一步激发市场活力，推进供给侧结构性改革，促进经济转型升级，鼓励“双创”。企业在纳税申报过程中，常常会因为税收专业能力的不足而未享受优惠政策。纳税人由于未享受税收优惠而多缴的税款，属于《税收征管法》规定的“纳税人超过应纳税额缴纳的税款”。

《税收征管法》规定，纳税人超过应纳税额缴纳的税款，税务机关发现后应当立即退还；纳税人自结算缴纳税款之日起 3 年内发现的，可以向税务机关要求退还多缴的税款并加算银行同期存款利息，税务机关及时查实后应当立即退还；涉及从国库中退库的，依照法律、行政法规有关国库管理的规定退还。《税收征管法实施细则》规定，加算银行同期存款利息的多缴税款退税，不包括依法预缴税款形成的结算退税、出口退税和各种减免退税。

因此，对于纳税人依法可以享受税收优惠，但是未享受而多缴税款的，纳税人可以在 3 年内申请减免税，并要求退还多缴的税款，但是不得加算银行同期存款利息。

9.1.6 相关法律责任必须清楚明白

（1）提供虚假资料或拒绝提供资料的。《税收征管法》及其实施细则规定，对纳税人、扣缴义务人提供虚假资料，不如实反映情况，或者拒绝提供有关资料的，由税务机关责令改正，可以处1万元以下的罚款；情节严重的，处1万元以上5万元以下的罚款。

（2）企业享受优惠事项后发现其不符合优惠事项规定条件，或是纳税人提供的留存资料不符合规定，或是纳税人优惠事项发生变化未及时申报的。应当依法及时自行调整并补缴税款及滞纳金。《税收征管法》规定，因纳税人、扣缴义务人计算错误等失误，未缴或者少缴税款的，税务机关在3年内可以追征税款、滞纳金；未缴少缴税款累计金额10万元以上的，追征期可以延长到5年。

（3）纳税人存在弄虚作假的。应依据《税收征管法》规定认定为偷税。对纳税人偷税的，由税务机关追缴其不缴或者少缴的税款、滞纳金，并处不缴或者少缴的税款50%以上5倍以下的罚款；构成犯罪的，依法追究刑事责任。

9.2 固定资产加速折旧

9.2.1 固定资产加速折旧的规定

允许企业对符合规定的固定资产进行加速折旧，是促进企业技术改造，支持创业创新的一项重要的企业所得税优惠政策。企业的研发活动，也会使用到大量的仪器、设备，这些仪器和设备中，有相当一部分既符合企业所得税加速折旧优惠的条件，同时又符合研究开发费用税前加计扣除政策规定。

自2014年以来，财政部、国家税务总局连续印发了一系列固定资产加速折旧的规定，具体包括：

（1）《财政部 国家税务总局关于完善固定资产加速折旧企业所得税政策

的通知》（财税〔2014〕75号）；

（2）《国家税务总局关于固定资产加速折旧税收政策有关问题的公告》（国家税务总局公告2014年第64号）；

（3）《财政部 国家税务总局关于进一步完善固定资产加速折旧企业所得税政策的通知》（财税〔2015〕106号）；

（4）《国家税务总局关于进一步完善固定资产加速折旧企业所得税政策有关问题的公告》（国家税务总局公告2015年第68号）；

（5）《财政部 国家税务总局关于设备 器具扣除有关企业所得税政策的通知》（财税〔2018〕54号）；

（6）《国家税务总局关于设备 器具扣除有关企业所得税政策执行问题的公告》（国家税务总局公告2018年第46号）；

（7）《财政部 税务总局关于扩大固定资产加速折旧优惠政策适用范围的公告》（财政部 税务总局公告2019年第66号）。

这些政策明确了以下内容：

第一，企业在2014年1月1日后购进并专门用于研发活动的仪器、设备，单位价值不超过100万元的，可以一次性在计算应纳税所得额时扣除；单位价值超过100万元的，允许按不低于企业所得税法规定折旧年限的60%缩短折旧年限，或选择采取双倍余额递减法或年数总和法进行加速折旧。

第二，对生物药品制造业，专用设备制造业，铁路、船舶、航空航天和其他运输设备制造业，计算机、通信和其他电子设备制造业，仪器仪表制造业，信息传输、软件和信息技术服务业等6个行业中的小型微利企业，2014年1月1日后新购进的研发和生产经营共用的仪器、设备，单位价值不超过100万元的，允许一次性计入当期成本费用在计算应纳税所得额时扣除，不再分年度计算折旧；单位价值超过100万元的，可缩短折旧年限或采取加速折旧的方法。自2015年1月1日起，小型微利企业新购进的研发和生产经营共用的仪器、设备固定资产加速折旧范围，扩大到轻工、纺织、机械、汽车四个领域重点行业105个中小类别行业。自2019年1月1日起，上述固定资产加速折旧优惠的行业范围，扩大至全部制造业领域，制造业按照国家统计局《国民经济行业分类与代码（GB/4754—2017）》确定。2019年以前制造业企业未享受固定资产加速折旧优惠的，可在2019年月（季）度预缴申报时享受优惠或在2019年度汇算清缴时享受优惠。

第三，企业在2018年1月1日至2020年12月31日期间新购进的设备、器具，单位价值不超过 500 万元的，允许一次性计入当期成本费用在计算应纳税所得额时扣除，不再分年度计算折旧。

9.2.2 设备器具一次性扣除的误区

《财政部 国家税务总局关于设备 器具扣除有关企业所得税政策的通知》（财税〔2018〕54 号，以下简称财税〔2018〕54 号文件）规定，对企业在 2018 年 1 月 1 日至 2020 年 12 月 31 日期间新购进的设备、器具，单位价值不超过 500 万元的，允许一次性计入当期成本费用在计算应纳税所得额时扣除，不再分年度计算折旧。此外，《国家税务总局关于设备 器具扣除有关企业所得税政策执行问题的公告》（国家税务总局公告 2018 年第 46 号，以下简称国家税务总局公告 2018 年第 46 号）明确规定了设备、器具扣除有关企业所得税政策执行中的范围、行为、价值等问题。

享受该项税收优惠时，需要注意避开以下五个方面的误区。

（1）新购进设备器具不是新的设备器具。

财税〔2018〕54 号文件所称的“新购进的设备、器具”不一定是新的器具，而是指企业的购进行为是新近发生的。企业购进设备、器具，一般有两种方式：购买或自行建造。企业因为生产经营的需要，购买设备、器具时，不一定都是全新的设备、器具，而是根据企业发展的需要，买进最合适自身生产经营需要的设备、器具。这些设备、器具，既可能是全新的，也可能是其他单位或个人使用过的旧的设备、器具。无论是新的还是旧的设备、器具，只要购进行为发生在 2018 年 1 月 1 日至 2020 年 12 月 31 日期间的，就符合政策规定的行为要求。

财税〔2018〕54 号文件规定，设备、器具，是指除房屋、建筑物以外的固定资产。主要包括三个方面的内涵：①与生产经营有关。②符合《企业所得税法》的固定资产规定，为生产产品、提供劳务、出租或者经营管理而持有的、使用时间超过 12 个月的非货币性资产，包括房屋、建筑物、机器、机械、运输工具以及其他与生产经营活动有关的设备、器具、工具等。③除房屋、建筑物以外非不动产资产。对于专门用于企业福利的设备、器具，也可以一次性计入当期福利费，在企业当年福利费支出限额内扣除。超出限额的部分，不予所得税前扣除。

（2）购进时点按购进方式确认不是按到货或完工确认。

购进时点不是简单地以设备、器具购买到货或是建造完工投入使用确定。企业购买或建造设备、器具的方式不同，其购进时点的确认也各不相同。国家税务总局公告2018年第46号在购进时点的确认上，最大程度地立足企业经营实际，规定：以货币形式购进的固定资产，除采取分期付款或赊销方式购进外，按发票开具时间确认；以分期付款或赊销方式购进的固定资产，按固定资产到货时间确认；自行建造的固定资产，按竣工结算时间确认。

（3）一次性扣除时间是使用次月不是购进时间。

符合条件的设备、器具，允许一次性计入当期成本费用在计算应纳税所得额时扣除，不再分年度计算折旧，也是一项固定资产加速折旧的形式。企业对符合政策规定的设备、器具是否享受一次性扣除，具有选择权，既可以选择一次性扣除，也可以选择正常的固定资产折旧扣除方式。但是，企业的选择权只有一次，在固定资产投入使用月份的次月选择并申报。无论企业如何选择，以后年度不得再变更。按照《国家税务总局关于发布修订后的〈企业所得税优惠政策事项办理办法〉的公告》（国家税务总局公告2018年第23号），固定资产加速折旧或一次性扣除，纳税人可在预缴申报时享受的规定，在该项固定资产投入使用月份的次月所属年度一次性税前扣除。假定A公司企业所得税按季预缴申报，该公司某符合规定的设备、器具在2018年12月投入使用，企业在2019年4月预缴申报2019年一季度企业所得税时，一次性扣除该项固定资产费用。

（4）一次性扣除是加速折旧不是“加计”折旧。

企业选择享受一次性税前扣除政策的，其资产的税务处理可与会计处理不一致。会计处理与税务处理不一致的，企业选择一次性扣除的设备、器具，在企业依法确定的该项设备、器具的折旧年限内计提的折旧，在企业所得税纳税申报（预缴、年报）时不得重复扣除，需要进行纳税调整。对于企业一次性扣除的设备、器具，在折旧期限内转让给其他单位和个人的，因该项固定资产价值已全部税前扣除，其税收净值为0，其转让收入应全额计入企业应税收入，相关税费（除增值税外）计入当期费用，该项财产的当期未纳税调整折旧和未折旧净值不得税前重复扣除，应当进行纳税调整。

（5）纳税申报是自行扣除留存备查不是备案扣除。

自2017年度企业所得税汇算清缴起，企业享受企业所得税优惠事项均采取“自行判别、申报享受、相关资料留存备查”的方式办理。企业应当根据经营情况以及相关税收规定自行判断是否符合优惠事项规定的条件，自行计算减免税额，通过填报企业所得税纳税申报表享受税收优惠。企业享受税收优惠的相关资料，应当从企业享受优惠事项当年的企业所得税汇算清缴期结束次日起在10年内留存备查。企业符合条件的设备、器具一次性扣除，需要按照《企业所得税优惠政策事项办理办法》（国家税务总局公告2018年第23号印发）的规定办理享受政策的相关手续，主要留存备查资料包括：①有关固定资产购进时点的资料（如以货币形式购进固定资产的发票，以分期付款或赊销方式购进固定资产的到货时间说明，自行建造固定资产的竣工决算情况说明等）；②固定资产记账凭证；③核算有关资产税务处理与会计处理差异的台账。企业未能按照税务机关要求提供留存备查资料，或者提供的留存备查资料不实，无法证实符合优惠事项规定条件的，或者存在弄虚作假情况的，税务机关将依法追缴其已享受的企业所得税优惠，并按照税收征管法等相关规定处理。

9.3 研发费用加计扣除的税务处理

2018年，财政部、国家税务总局出台了《关于提高研究开发费用税前加计扣除比例的通知》（财税〔2018〕99号），进一步激励企业研发投入，支持科技创新，对企业开展研发活动中实际发生的研发费用，未形成无形资产计入当期损益的，在按规定据实扣除的基础上，在2018年1月1日至2020年12月31日期间，再按照实际发生额的75%在税前加计扣除；形成无形资产的，在上述期间按照无形资产成本的175%在税前摊销。

但是在执行过程中，除了需要按照《财政部 国家税务总局 科技部关于完善研究开发费用税前加计扣除政策的通知》（财税〔2015〕119号）、《国家税务总局关于企业研究开发费用税前加计扣除政策有关问题的公告》（国家税务总局公告2015年第97号）、《国家税务总局关于研发费用税前加计扣除归集范围有关问题的公告》（国家税务总局公告2017年第40号）、《财政部 税务总局 科技部关于企业委托境外研究开发费用税前加计扣除有关政策问题的通知》（财税〔2018〕64号）等文件规定的政策口径和管理要求执行外，其中的一些具体的细节，还需要进一步依法甄别。

9.3.1 人员人工费用中的“五险一金”如何计算确定

2017年，国家税务总局发布《关于研发费用税前加计扣除归集范围有关问题的公告》（国家税务总局公告2017年第40号），对财税〔2015〕119号文件和国家税务总局2015年第97号公告中有关研发费用税前加计扣除归集范围进行了修正和明确。其中第一项规定，“人员人工费用”是指直接从事研发活动人员的工资薪金、基本养老保险费、基本医疗保险费、失业保险费、工伤保险费、生育保险费和住房公积金，以及外聘研发人员的劳务费用。并就直接从事研发活动人员的范围，工资薪金的计算范围和研发费用分摊方式进行了明确。

《社会保险法》《住房公积金管理条例》等规定，对于企业来说，社会保险费和住房公积金都存在两类缴费（存）人，一是企业，二是职工个人。其中企业缴纳基本养老保险、基本医疗保险、失业保险、工伤保险、生育保险，以及企业为职工缴存的住房公积金；而职工则需要缴纳基本养老保险、基本医疗保险、失业保险和个人缴存的住房公积金。《国家税务总局关于研发费用税前加计扣除归集范围有关问题的公告》（国家税务总局公告2017年第40号）中可以加计扣除社会保险费和住房公积金，只是企业缴纳（存）的部分，不包括个人缴纳（存）的部分。

单位和职工个人的社会保险缴费基数的确认。《劳动和社会保障部 社会保险事业管理中心关于规范社会保险缴费基数有关问题的通知》（劳社险中心函〔2006〕60号）规定，企业缴纳的社会保险费基数，一般按照职工工资总额确定；职工个人的“三险”缴费基数，原则上以上一年度本人月平均工资为基础，在当地职工平均工资的60%—300%的范围内进行核定。

直接从事研发活动的人员、外聘研发人员同时从事非研发活动的，企业应对其人员活动情况做必要记录，并将其实际发生的相关费用按实际工时占比等合理方法在研发费用和生产经营费用间分配，未分配的不得加计扣除。直接研发人员的工资可以按照研发活动和非研发活动的实际工时占比等合理方法，进行费用分配，对于企业缴纳（存）的“五险一金”，也可以按照直接研发人员的活动情况，采用与工资费用分配相同的实际工时占比法等合理方法来计算并确认。

9.3.2 企业享受研发费用加计扣除规定

《财政部 国家税务总局关于提高研究开发费用税前加计扣除比例的通知》(财税〔2018〕99号，以下简称财税〔2018〕99号文件）规定，企业开展研发活动中实际发生的研发费用，未形成无形资产计入当期损益的，在按规定据实扣除的基础上，在2018年1月1日至2020年12月31日期间，再按照实际发生额的75%在税前加计扣除；形成无形资产的，在上述期间按照无形资产成本的175%在税前摊销。

（1）六个行业受限研发费加计扣除

财税〔2015〕119号文件明确规定了六个不适用税前加计扣除政策的行业，具体包括：烟草制造业，住宿和餐饮业，批发和零售业，房地产业，租赁和商务服务业，娱乐业，以及财政部和国家税务总局规定的其他行业。并明确企业所属行业按照《国民经济行业分类与代码（GB/4754—2017）》的规定执行。

财税〔2018〕99号文件并没有取消研发费用加计扣除的企业行业限制。文件规定：企业享受研发费用税前加计扣除政策的其他政策口径和管理要求按照《财政部 国家税务总局 科技部关于完善研究开发费用税前加计扣除政策的通知》(财税〔2015〕119号)、《财政部 税务总局 科技部关于企业委托境外研究开发费用税前加计扣除有关政策问题的通知》（财税〔2018〕64号)、《国家税务总局关于企业研究开发费用税前加计扣除政策有关问题的公告》(国家税务总局公告2015年第97号）等文件规定执行。

也就是说，除了在2018年1月1日至2020年12月31日期间，企业研发费用加计扣除的比例由原先的50%上调到75%（科技型中小企业已由财税〔2017〕34号上调）外，其他的各项口径范围仍然是按照财税〔2015〕119号文件的规定执行。

（2）企业所属行业确定有玄机

企业所属国民行业，并不是简单地按照企业税务登记时的所属行业确定。国家税务总局2015年第97号公告明确规定，财税〔2015〕119号文件中不适用税前加计扣除政策行业的企业，是指以财税〔2015〕119号文件所列行业业务为主营业务，其研发费用发生当年的主营业务收入，占企业当年依法取得的、不同来源、不同形式的全部收入总额减除不征税收入和投资收益的余额50%（不含）以上的企业。只要不属于上述条件范围内的企业，其研究开发费用均可以适用加计扣除的税收优惠政策。

【案例9-3-1】 A公司营业执照中，主营业务是住宿和餐饮业。该公司2016年发生研发费用200万元，当年该公司住宿和餐饮业销售收入3000万元，研发的宾馆ERP管理软件销售收入5000万元，没有其他不征税收入和投资收益。

【问题】 A公司研发费用能否加计扣除？

【解析】 A公司当年住宿和餐饮业的销售收入，占全部收入总额不足50%，因此A公司不属于财税〔2015〕119号文件中“不适用税前加计扣除政策的行业”的企业，其当年200万元的研究开发费用可以依法加计扣除。

9.3.3 当“加计”遇见“加速”需要关注的问题

允许企业对符合规定的固定资产进行加速折旧，是促进企业技术改造，支持创业创新的一项重要的企业所得税优惠政策。企业的研发活动，也会使用到大量的仪器、设备，这些仪器和设备中，有相当一部分既符合企业所得税加速折旧优惠的条件，同时又符合财税〔2015〕119号文件规定，是允许加计扣除的研发费用。

当加计扣除遇到加速折旧，需要重点关注四个问题：

9.3.3.1 企业研发仪器设备加速折旧政策

详见“9.2.1 固定资产加速折旧的规定”。

9.3.3.2 加速折旧仪器设备能够加计扣除的有哪些

《财政部 国家税务总局 科技部关于完善研究开发费用税前加计扣除政策的通知》（财税〔2015〕119号）规定，允许加计扣除的研发费用的折旧费用，是“用于研发活动的仪器、设备的折旧费”。也就是说，可以在企业所得税前加计扣除的折旧费用，既可以是来源于专门用于研发活动的专用的仪器、设备，也可以来源于同时用于研发活动和非研发活动的仪器、设备。满足加速折旧条件的研发仪器、设备，不仅可以依法享受一次性列支或是加速折旧政策优惠，还可以同时享受研发设备的加计扣除。

具体包括：

（1）所有企业的专用于研发活动的仪器、设备，自2014年1月1日起都可以依法加速折旧。

（2）“生物药品制造业，专用设备制造业，铁路、船舶、航空航天和其他运输设备制造业，计算机、通信和其他电子设备制造业，仪器仪表制造业，信息传输、软件和信息技术服务业等”六大行业，以及轻工、纺织、机械、汽车四个领域重点行业105个中小类别行业中的小型微利企业研发活动的仪器、设备，不受“专门用于研发”的条件限制，其新购进的研发和生产经营共用的仪器、设备，分别自2014年1月1日和2015年1月1日起，可以依法加速折旧。

（3）所有企业在2018年1月1日至2020年12月31日期间新购进的设备、器具，单位价值不超过500万元的，一次性计入当期成本费用。

对于上述三类可以加速折旧的研发设备以外，如在2018年1月1日至2020年12月31日期间，六大行业、四个领域小型微利企业范围以外，企业新购进的用研发活动的“生产与研发共用的设备”，单位价值超过500万元的，就不能加速折旧。但是在企业所得税申报中，就是归属于研发活动的税前折旧费用部分，仍然可以“按照本年度实际发生额的”规定比例，从本年度应纳税所得额中加计扣除。

9.3.3.3 加速折旧的仪器设备如何计算加计扣除金额

依法加速折旧的研发仪器、设备的加计扣除的计算，2017年前后，有着明显的变化。

2017年以前，《国家税务总局关于企业研究开发费用税前加计扣除政策有关问题的公告》（国家税务总局公告2015年第97号）规定，企业用于研发活动的仪器、设备，符合税法规定且选择加速折旧优惠政策的，在享受研发费用税前加计扣除时，就已经进行会计处理计算的折旧、费用的部分加计扣除，但不得超过按税法规定计算的金额。加速折旧的仪器、设备的加计扣除额需要按照会计处理计算的折旧、费用加计扣除，而不是按照税务规定的可扣除折旧费用加计扣除。在实际上，就造成了企业同一研发仪器、设备，在计算折旧费用和加计折旧费用时，采取了双重的标准。

2017年，国家税务总局发布《关于研发费用税前加计扣除归集范围有关问题的公告》（国家税务总局公告2017年第40号），解决了2015年第97号公告中加速折旧和加计扣除的双重标准的问题。规定：企业用于研发活动的仪器、设备，符合税法规定且选择加速折旧优惠政策的，在享受研发费用税前加计扣除政策时，就税前扣除的折旧部分计算加计扣除。

也就是说，自 2017 年度及以后年度汇算清缴中，企业可依法加速折旧的研发仪器、设备，都可以按照加速折旧费用的金额计算加计扣除的费用金额。

9.3.3.4 “加速折旧+加计扣除”纳税申报注意事项

（1）加速折旧方法一经选定，不得改变。企业可对照加速折旧的政策规定，依法选择并采取一次性计入当期成本费用、缩短折旧年限法、双倍余额递减法或者年数总和法等加速折旧的计算方法，对新购进的仪器和设备加速折旧的费用扣除。如果新购进的仪器、设备同时满足多种加速折旧政策条件的，可由企业选择其中最优惠的政策执行。但是，加速折旧方法一经选定，一般不得变更。

（2）加速折旧实行“自行判别、申报享受、相关资料留存备查”办理方式。依据《企业所得税优惠政策事项办理办法》（国家税务总局公告 2018 年第 23 号印发）规定，自 2017 年度企业所得税汇算清缴起，纳税人可对照政策规定，根据经营情况以及相关税收规定自行判断、选择适用加速折旧政策，自行计算减免税额，并通过填报企业所得税纳税申报表享受税收优惠。同时，将企业属于重点行业领域企业的说明材料、购进固定资产的发票、记账凭证等有关凭证、凭据（购入已使用过的固定资产，应提供已使用年限的相关说明）、核算有关资产税法与会计差异的台账等资料留存备查。

（3）依法进行研发费用加计扣除的汇算清缴申报。在企业所得税汇算清缴时，企业在做好加速折旧的优惠事项申报备查外，还需要同时按照企业所得税汇算清缴的要求，将加速折旧的研发费用与其他可加计扣除的研发费用一起归集并申报。

（4）要注意重要税会差异的跟踪和调整。企业选择加速折旧优惠政策时，其资产的税务处理可与会计处理不一致，企业需要特别关注会计处理与税务处理差异，及时做好纳税调整，避免在企业所得税纳税申报（预缴、年报）时出现重复扣除的情况。对于企业采取加速折旧的仪器、设备，在折旧期限内转让给其他单位和个人的，也需要就其当期未纳税调整折旧和未折旧净值进行纳税调整。

9.3.4 正确理解研发无形资产加计摊销

《财政部 国家税务总局关于提高研究开发费用税前加计扣除比例的通知》（财税〔2018〕99号）规定，在2018年1月1日至2020年12月31日期间，对企业开展研发活动中实际发生的研发费用，形成无形资产的，在上述期间按照无形资产成本的175%在税前摊销。企业研发费用，未形成无形资产计入当期损益的，在按规定据实扣除的基础上，再按照发生额的一定比例加计扣除，理解和执行起来，并没有太大的问题。对于形成无形资产的“按照无形资产成本的175%在税前摊销”，在政策执行过程中，却经常错误地将加计摊销混淆成加速摊销。

9.3.4.1 研发无形资产加计摊销要注意摊销跨期

《企业所得税法实施条例》中明确规定，研究开发费用的加计扣除，是指企业为开发新技术、新产品、新工艺发生的研究开发费用，形成无形资产的，按照无形资产成本的150%摊销。

《财政部 国家税务总局 科技部关于完善研究开发费用税前加计扣除政策的通知》（财税〔2015〕119号）规定，自2016年1月1日起，企业开展研发活动中实际发生的研发费用，形成无形资产的，按照无形资产成本的150%在税前摊销。还规定：烟草制造业、住宿和餐饮业、批发和零售业、房地产业、租赁和商务服务业、娱乐业以及财政部和国家税务总局规定的其他行业不适用税前加计扣除政策。

《财政部 国家税务总局 科技部关于提高科技型中小企业研究开发费用税前加计扣除比例的通知》（财税〔2017〕34号）规定：科技型中小企业开展研发活动中实际发生的研发费用，形成无形资产的，在2017年1月1日至2019年12月31日期间，按照无形资产成本的175%在税前摊销。《国家税务总局关于提高科技型中小企业研究开发费用税前加计扣除比例有关问题的公告》（国家税务总局公告2017年第18号）进一步明确：科技型中小企业开展研发活动实际发生的研发费用，在2019年12月31日以前形成的无形资产，在2017年1月1日至2019年12月31日期间发生的摊销费用，可适用财税〔2017〕34号文件规定的优惠政策。

《财政部 国家税务总局关于提高研究开发费用税前加计扣除比例的通

知》（财税〔2018〕99 号）规定，在 2018 年 1 月 1 日至 2020 年 12 月 31 日期间，对企业开展研发活动中实际发生的研发费用，形成无形资产的，在上述期间按照无形资产成本的 175%在税前摊销。

《企业所得税法》规定，无形资产按照直线法计算的摊销费用，准予扣除。无形资产的摊销年限不得低于 10 年。在企业所得税年度申报中，企业研发形成的无形资产的加计摊销，科技型中小企业摊销期限跨在 2017 年到 2020 年期间内、其他企业摊销期限跨在 2018 年到 2020 年期间内的，“按无形资产成本的 175%”摊销。跨其他年度的期间，仍“按无形资产成本的 150%”摊销。加计扣除比例的适用，不仅取决于企业的类型，也取决于无形资产形成后直线摊销的年限是否跨期 2017—2020 年，没有跨期的，那就只能“按无形资产成本的 150%”摊销（见表 9-1）。

表 9-1　　研发无形资产加计摊销处理

企业类型	时段	加计摊销比例	备注
负面清单外所有企业	2017 年 12 月 31 日以前	150%	
	2018 年 1 月 1 日至 2020 年 12 月 31 日	175%	
	2021 年 1 月 1 日后	150%	无新政策回归原规定
科技型中小企业	2017 年 12 月 31 日以前	150%	
	2017 年 1 月 1 日至 2020 年 12 月 31 日	175%	其中 2017 年 1 月 1 日至 2017 年 12 月 31 日期间必需取得科技型中小企业登记编号
	2021 年 1 月 1 日后	150%	无新政策回归原规定

9. 3. 4. 2　研发无形资产加计摊销没有用途限制

无形资产的取得方式不同，加计摊销的优惠政策也各不相同。对于企业自行研发费用形成的无形资产，其加计摊销时，没有无形资产使用范围上的限制，也就是只要是企业研发形成的无形资产，不论该无形资是用于企业管理、还是用于生产活动，是用于再研发还是用于生产经营，都可以加计摊销。而对于企业购入的无形资产，只有在研发过程中，用于研发活动的软件、专利权、非专利技术（包括许可证、专有技术、设计和计算方法等），其按规定摊销的金额，可以作为研发费用的一部分，予以加计扣除。

研发活动加计扣除的无形资产摊销费用只能是实际发生的摊销费用或是依法加速摊销的摊销费用。企业自行研发形成的无形资产再用于企业研发活动的，不能叠加加计摊销或扣除。

《国家税务总局关于研发费用税前加计扣除归集范围有关问题的公告》（国家税务总局公告2017年第40号）规定，用于研发活动的软件、专利权、非专利技术（包括许可证、专有技术、设计和计算方法等）的摊销费用，按照其实际发生的用于研发活动的摊销费部分加计扣除。对于符合税法规定且选择缩短摊销年限的，在享受研发费用税前加计扣除政策时，就税前扣除的摊销部分计算加计扣除。

9.3.4.3 正确区别加计摊销与加速摊销

企业的无形资产摊销的税收优惠，既有加计摊销扣除优惠，也有符合税法规定的可以缩短摊销年限实行加速摊销扣除优惠。加计摊销与加速摊销不可混为一谈。

按照企业所得税法的规定，无形资产按照直线法计算的摊销费用，准予扣除。无形资产的摊销年限不得低于10年。“按无形资产成本的175%（或150%）”摊销，实际上该项无形资产仍然是按照原成本10年直线摊销记账，只是在计算企业所得税税前扣除时，按照该项无形资产成本确定的年度摊销额，加计摊销75%（或50%），不形成递延所得税资产。

【案例9-3-2】 A公司研发费用2015年底形成某项无形资产，成本100万元，该项无形资产按10年平均摊销，会计年摊销额10万元。2017年A公司经公示取得科技型中小企业登记编号，2018年以后企业均未取得科技型中小企业登记编号。

【问题】 请帮助A公司计算三年来的无形资产加计摊销。

【解析】 按税法规定，A公司2016年度企业所得税汇算清缴，在计算无形资产摊销扣除额时，按照15万元（10×150%）扣除。2017年A公司经公示取得科技型中小企业登记编号，2017年度企业所得税汇算清缴时，在计算无形资产摊销扣除额时，按照17.5万元（10×175%）扣除。如果2018年以后企业均未取得科技型中小企业登记编号，在计算无形资产摊销扣除额时，2018—2020年期间仍然按照17.5万元（10×175%）扣除，2021年起如果没有新政规定，回归按照15万元（10×150%）扣除。

【案例9-3-3】 B公司研发费用2015年底形成某项无形资产，成本120万元，会计核算按10年平均摊销，每年摊销12万元。但该项无形资产符合税法规定的加速摊销规定，其税法摊销年限缩短为6年，税前扣除摊销费用20万元。2017年B公司经公示取得科技型中小企业登记编号，2018年以后企业均未取得科技型中小企业登记编号。

【问题】 请帮助B公司计算三年来的无形资产加计摊销。

【解析】 B公司2016年度企业所得税汇算清缴，在计算无形资产摊销扣除额时，按照30万元（20×150%）扣除。2017年B公司经公示取得科技型中小企业登记编号，2017年度企业所得税汇算清缴时，在计算无形资产摊销扣除额时，按照35万元（20×175%）扣除。如果2018年以后企业均未取得科技型中小企业登记编号，在计算无形资产摊销扣除额时，2018—2020年期间仍然按照35万元（20×175%）扣除，2021年起如果没有新政规定，回归按照30万元（20×150%）扣除。2022—2025年，企业该项无形资产会计核算中，仍然每年计提摊销费12万元，但该项资产已在企业所得税前全部加速摊销，其税前扣除摊销金额为0。

9.4 软件企业和集成电路设计企业所得税优惠

9.4.1 软件企业

9.4.1.1 软件企业的判定标准

从2011年到2019年，软件企业的税收优惠政策几经变化，软件企业认定也几经变化，2013年4月以前，按照《软件企业认定标准及管理办法（试行）》（信部联产〔2000〕968号印发）认定，2013年4月到2016年5月31

日，按照《关于印发〈软件企业认定管理办法〉的通知》（工信部联软〔2013〕64号）认定。2015年，国务院取消了软件企业、国家规划布局内的重点软件企业税收优惠资格认定等非行政许可审批后，财政部、国家税务总局、发展改革委、工业和信息化部就落实软件企业所得税优惠政策，印发《关于软件和集成电路产业企业所得税优惠政策有关问题的通知》（财税〔2016〕49号），自2015年1月1日起，软件企业的认定按照该文件规定执行。同时，国家发展改革委、工业和信息化部、财政部、税务总局等四部委联合印发《关于印发国家规划布局内重点软件和集成电路设计领域的通知》（发改高技〔2016〕1056号），明确了国家规划布局内重点软件领域。

（1）软件企业

《关于软件和集成电路产业企业所得税优惠政策有关问题的通知》（财税〔2016〕49号）规定，《关于进一步鼓励软件产业和集成电路产业发展企业所得税政策的通知》（财税〔2012〕27号）所称软件企业是指以软件产品开发销售（营业）为主营业务并同时符合下列条件的企业：

①在中国境内（不包括港、澳、台地区）依法注册的居民企业。

②汇算清缴年度具有劳动合同关系且具有大学专科以上学历的职工人数占企业月平均职工总人数的比例不低于40%，其中研究开发人员占企业月平均职工总数的比例不低于20%。

③拥有核心关键技术，并以此为基础开展经营活动，且汇算清缴年度研究开发费用总额占企业销售（营业）收入总额的比例不低于6%；其中，企业在中国境内发生的研究开发费用金额占研究开发费用总额的比例不低于60%。

④汇算清缴年度软件产品开发销售（营业）收入占企业收入总额的比例不低于50%［嵌入式软件产品和信息系统集成产品开发销售（营业）收入占企业收入总额的比例不低于40%］，其中：软件产品自主开发销售（营业）收入占企业收入总额的比例不低于40%［嵌入式软件产品和信息系统集成产品开发销售（营业）收入占企业收入总额的比例不低于30%］。

⑤主营业务拥有自主知识产权。

⑥具有与软件开发相适应软硬件设施等开发环境（如合法的开发工具等）。

⑦汇算清缴年度未发生重大安全、重大质量事故或严重环境违法行为。

新标准中，取消了软件企业资质认定，同时在强调主营业务具有自主知识产权的同时，取消了“软件产品拥有省级软件产业主管部门认可的软件检测机构出具的检测证明材料和软件产业主管部门颁发的《软件产品登记证书》”的条件，在文件所附备案材料明细表中，对软件企业按照主营业务的不同，分别要求：主营业务为软件产品开发的企业，提供至少1个主要产品的软件著作权或专利权等自主知识产权的有效证明文件，以及第三方检测机构提供的软件产品测试报告；主营业务仅为技术服务的企业提供核心技术说明。

（2）重点软件企业

《关于软件和集成电路产业企业所得税优惠政策有关问题的通知》（财税〔2016〕49号）规定，国家规划布局内重点软件企业是除符合软件企业的条件外，还应至少符合下列条件中的一项：

①汇算清缴年度软件产品开发销售（营业）收入不低于2亿元，应纳税所得额不低于1000万元，研究开发人员占企业月平均职工总数的比例不低于25%。

②在国家规定的重点软件领域内，汇算清缴年度软件产品开发销售（营业）收入不低于5000万元，应纳税所得额不低于250万元，研究开发人员占企业月平均职工总数的比例不低于25%，企业在中国境内发生的研究开发费用金额占研究开发费用总额的比例不低于70%；如业务范围涉及多个领域，仅选择其中一个领域向税务机关备案。选择领域的销售（营业）收入占本企业软件产品开发销售（营业）收入或集成电路设计销售（营业）收入的比例不低于20%。

③汇算清缴年度软件出口收入总额不低于800万美元，软件出口收入总额占本企业年度收入总额比例不低于50%，研究开发人员占企业月平均职工总数的比例不低于25%。

《国家发展改革委　工业和信息化部　财政部　税务总局关于印发国家规划布局内重点软件和集成电路设计领域的通知》（发改高技〔2016〕1056号）规定，国家规定的重点软件领域包括：

A. 基础软件：操作系统、数据库、中间件。

B. 工业软件和服务：研发设计类、经营管理类和生产控制类产品和服务。

C. 信息安全软件产品研发应用及工业控制系统咨询设计、集成实施和运行维护等服务。

D. 数据分析处理软件和数据获取、分析、处理、存储服务。

E. 移动互联网：移动支付、地图导航、浏览器、数字创意、移动应用开发工具及环境类软件。

F. 嵌入式软件（软件收入比例不低于50%）。

G. 高技术服务软件：研发设计、知识产权、检验检测和生物技术服务软件。

H. 语言文字信息处理软件：汉语和少数民族语言相关文字编辑处理、语音识别/合成、机器翻译软件。

I. 云计算：大型公有云IaaS、PaaS服务。

国家发展改革委、工业和信息化部会同财政部、税务总局，根据国家产业政策规划和布局，对上述领域实行动态调整。

9.4.1.2 软件企业的税收优惠

依据《关于进一步鼓励软件产业和集成电路产业发展企业所得税政策的通知》（财税〔2012〕27号）、《关于软件和集成电路产业企业所得税优惠政策有关问题的通知》（财税〔2016〕49号），以及《关于集成电路设计和软件产业企业所得税政策的公告》（财政部　税务总局公告2019年第68号），软件企业可以享受以下企业所得税优惠：

（1）我国境内新办的符合条件的软件企业，在2018年12月31日前自获利年度起计算优惠期，第一年至第二年免征企业所得税，第三年至第五年按照25%的法定税率减半征收企业所得税，并享受至期满为止。

（2）国家规划布局内的重点软件企业，如当年未享受免税优惠的，无论其是否在软件企业减半征收的优惠期限内、还是高新技术企业实行优惠税率，可减按10%的税率征收企业所得税。

（3）符合条件的软件企业按照《财政部　国家税务总局关于软件产品增值税政策的通知》（财税〔2011〕100号）规定取得的即征即退增值税款，由企业专项用于软件产品研发和扩大再生产并单独进行核算，可以作为不征税收入，在计算应纳税所得额时从收入总额中减除。

（4）符合条件软件企业的职工培训费用，应单独进行核算并按实际发生额在计算应纳税所得额时扣除，不受职工教育经费扣除标准的限制。

（5）企业外购的软件，凡符合固定资产或无形资产确认条件的，可以按照固定资产或无形资产进行核算，其折旧或摊销年限可以适当缩短，最短可为2年（含）。

(6) 软件企业规定条件中所称研究开发费用政策口径，2016年及以后年度按照《财政部　国家税务总局　科技部关于完善研究开发费用税前加计扣除政策的通知》（财税〔2015〕119号）的规定执行。在2017年1月1日至2019年12月31日期间，满足科技型中小企业条件的软件企业，享受研发费用税前加计扣除政策的其他政策口径按照《财政部　国家税务总局　科技部关于提高科技型中小企业研究开发费用税前加计扣除比例的通知》（财税〔2017〕34号）的规定执行。2018年财政部、税务总局、科技部印发《关于提高研究开发费用税前加计扣除比例的通知》（财税〔2018〕99号），在2018年1月1日至2020年12月31日期间，企业开展研发活动中实际发生的研发费用，未形成无形资产计入当期损益的，在按规定据实扣除的基础上，再按照实际发生额的75%在税前加计扣除；形成无形资产的，在上述期间按照无形资产成本的175%在税前摊销。

9.4.2 集成电路设计企业

9.4.2.1 集成电路企业的判定标准

(1) 集成电路生产企业

《关于软件和集成电路产业企业所得税优惠政策有关问题的通知》（财税〔2016〕49号）规定，财税〔2012〕27号文件所称集成电路生产企业，是指以单片集成电路、多芯片集成电路、混合集成电路制造为主营业务并同时符合下列条件的企业。

①在中国境内（不包括港、澳、台地区）依法注册并在发展改革、工业和信息化部门备案的居民企业。

②汇算清缴年度具有劳动合同关系或劳务派遣、聘用关系且具有大学专科以上学历职工人数占企业月平均职工总人数的比例不低于40%，其中研究开发人员占企业月平均职工总数的比例不低于20%。

③拥有核心关键技术，并以此为基础开展经营活动，且汇算清缴年度研究开发费用总额占企业销售（营业）收入（主营业务收入与其他业务收入之和，下同）总额的比例不低于2%；其中，企业在中国境内发生的研究开发费用金额占研究开发费用总额的比例不低于60%。

④汇算清缴年度集成电路制造销售（营业）收入占企业收入总额的比例

不低于60%。

⑤具有保证产品生产的手段和能力，并获得有关资质认证（包括ISO质量体系认证）。

⑥汇算清缴年度未发生重大安全、重大质量事故或严重环境违法行为。

（2）集成电路设计企业

《关于软件和集成电路产业企业所得税优惠政策有关问题的通知》（财税〔2016〕49号）规定，财税〔2012〕27号文件所称集成电路设计企业是指以集成电路设计为主营业务并同时符合下列条件的企业：

①在中国境内（不包括港、澳、台地区）依法注册的居民企业。

②汇算清缴年度具有劳动合同关系且具有大学专科以上学历的职工人数占企业月平均职工总人数的比例不低40%，其中研究开发人员占企业月平均职工总数的比例不低于20%。

③拥有核心关键技术，并以此为基础开展经营活动，且汇算清缴年度研究开发费用总额占企业销售（营业）收入总额的比例不低于6%；其中，企业在中国境内发生的研究开发费用金额占研究开发费用总额的比例不低于60%。

④汇算清缴年度集成电路设计销售（营业）收入占企业收入总额的比例不低于60%，其中集成电路自主设计销售（营业）收入占企业收入总额的比例不低于50%。

⑤主营业务拥有自主知识产权。

⑥具有与集成电路设计相适应的软硬件设施等开发环境（如EDA工具、服务器或工作站等）。

⑦汇算清缴年度未发生重大安全、重大质量事故或严重环境违法行为。

（3）重点集成电路设计企业

《关于软件和集成电路产业企业所得税优惠政策有关问题的通知》（财税〔2016〕49号）规定，国家规划布局内重点集成电路设计企业除符合集成电路设计企业条件外，还应至少符合下列条件中的一项：

①汇算清缴年度集成电路设计销售（营业）收入不低于2亿元，年应纳税所得额不低于1000万元，研究开发人员占月平均职工总数的比例不低于25%。

②在国家规定的重点集成电路设计领域内，汇算清缴年度集成电路设计销售（营业）收入不低于2000万元，应纳税所得额不低于250万元，研究开发人员占月平均职工总数的比例不低于35%，企业在中国境内发生的研发开

发费用金额占研究开发费用总额的比例不低于70%。

《国家发展改革委　工业和信息化部　财政部　税务总局关于印发国家规划布局内重点软件和集成电路设计领域的通知》（发改高技〔2016〕1056号）规定，国家规定的重点集成电路设计领域包括：

A. 高性能处理器和FPGA芯片；

B. 存储器芯片；

C. 物联网和信息安全芯片；

D. EDA、IP及设计服务；

E. 工业芯片。

9.4.2.2　税收优惠

依据《关于进一步鼓励软件产业和集成电路产业发展企业所得税政策的通知》（财税〔2012〕27号）、《关于软件和集成电路产业企业所得税优惠政策有关问题的通知》（财税〔2016〕49号）、《关于集成电路生产企业有关企业所得税政策问题的通知》（财税〔2018〕27号），以及《关于集成电路设计和软件产业企业所得税政策的公告》（财政部　税务总局公告2019年第68号），集成电路产业可以享受以下企业所得税优惠：

（1）集成电路线宽小于0.8微米（含）的集成电路生产企业，经认定后，在2017年12月31日前自获利年度起计算优惠期，第一年至第二年免征企业所得税，第三年至第五年按照25%的法定税率减半征收企业所得税，并享受至期满为止。

（2）集成电路线宽小于0.25微米或投资额超过80亿元的集成电路生产企业，经认定后，减按15%的税率征收企业所得税，其中经营期在15年以上的，在2017年12月31日前自获利年度起计算优惠期，第一年至第五年免征企业所得税，第六年至第十年按照25%的法定税率减半征收企业所得税，并享受至期满为止。

（3）我国境内新办的集成电路设计企业，经认定后，在2018年12月31日前自获利年度起计算优惠期，第一年至第二年免征企业所得税，第三年至第五年按照25%的法定税率减半征收企业所得税，并享受至期满为止。

（4）国家规划布局内的重点集成电路设计企业，如当年未享受免税优惠的，可减按10%的税率征收企业所得税。

（5）集成电路设计企业的职工培训费用，应单独进行核算并按实际发生额在计算应纳税所得额时扣除。

（6）企业外购的软件，凡符合固定资产或无形资产确认条件的，可以按照固定资产或无形资产进行核算，其折旧或摊销年限可以适当缩短，最短可为2年（含）。

（7）集成电路生产企业的生产设备，其折旧年限可以适当缩短，最短可为3年（含）。

（8）2018年1月1日后投资新设的集成电路线宽小于130纳米，且经营期在10年以上的集成电路生产企业或项目，第一年至第二年免征企业所得税，第三年至第五年按照25%的法定税率减半征收企业所得税，并享受至期满为止。优惠期自企业获利年度起计算，按照集成电路生产项目享受优惠的，优惠期自项目取得第一笔生产经营收入所属纳税年度起计算。

（9）2018年1月1日后投资新设的集成电路线宽小于65纳米或投资额超过150亿元，且经营期在15年以上的集成电路生产企业或项目，第一年至第五年免征企业所得税，第六年至第十年按照25%的法定税率减半征收企业所得税，并享受至期满为止。优惠期自企业获利年度起计算，按照集成电路生产项目享受优惠的，优惠期自项目取得第一笔生产经营收入所属纳税年度起计算。

（10）2017年12月31日前设立但未获利的集成电路线宽小于0.25微米或投资额超过80亿元，且经营期在15年以上的集成电路生产企业，自获利年度起第一年至第五年免征企业所得税，第六年至第十年按照25%的法定税率减半征收企业所得税，并享受至期满为止。

（11）2017年12月31日前设立但未获利的集成电路线宽小于0.8微米（含）的集成电路生产企业，自获利年度起第一年至第二年免征企业所得税，第三年至第五年按照25%的法定税率减半征收企业所得税，并享受至期满为止。

9.4.3 新办企业的通用标准

财政部、国家税务总局《关于享受企业所得税优惠政策的新办企业认定标准的通知》（财税〔2006〕1号），重新明确了享受企业所得税定期减税或免税的新办企业的认定标准：

（1）新办企业是按照国家法律、法规以及有关规定办理设立登记，新注册成立的企业。

（2）新办企业的权益性出资人（股东或其他权益投资方）实际出资中固定资产、无形资产等非货币性资产的累计出资额占新办企业注册资金的比例一般不得超过25%。

新办企业在享受企业所得税定期减税或免税优惠政策期间，从权益性投资人及其关联方累计购置的非货币性资产超过注册资金25%的，将不再享受相关企业所得税减免税政策优惠。

9.4.4 纳税申报和后续管理

（1）软件企业享受企业所得税税收优惠的，每年汇算清缴时应按照《企业所得税优惠政策事项办理办法》（国家税务总局公告2018年第23号印发）规定，软件企业在汇算清缴期结束前向税务机关提交以下资料：

①企业开发销售的主要软件产品列表或技术服务列表。

②主营业务为软件产品开发的企业，提供至少1个主要产品的软件著作权或专利权等自主知识产权的有效证明文件，以及第三方检测机构提供的软件产品测试报告；主营业务仅为技术服务的企业提供核心技术说明。

③企业职工人数、学历结构、研究开发人员及其占企业职工总数的比例说明，以及汇算清缴年度最后一个月社会保险缴纳证明等相关证明材料。

④经具有资质的中介机构鉴证的企业财务会计报告（包括会计报表、会计报表附注和财务情况说明书）以及软件产品开发销售（营业）收入、软件产品自主开发销售（营业）收入、研究开发费用、境内研究开发费用等情况说明。

⑤与主要客户签订的一至两份代表性的软件产品销售合同或技术服务合同复印件。

⑥企业开发环境相关证明材料。

（2）国家规划布局内重点软件企业减按10%的税率征收企业所得税的，在汇算清缴期结束前向税务机关提交以下资料：

①企业开发销售的主要软件产品列表或技术服务列表。

②主营业务为软件产品开发的企业，提供至少1个主要产品的软件著作权或专利权等自主知识产权的有效证明文件，以及第三方检测机构提供的软件产品测试报告；主营业务仅为技术服务的企业提供核心技术说明。

③企业职工人数、学历结构、研究开发人员及其占企业职工总数的比例说明，以及汇算清缴年度最后一个月社会保险缴纳证明等相关证明材料。

④经具有资质的中介机构鉴证的企业财务会计报告（包括会计报表、会计报表附注和财务情况说明书）以及软件产品开发销售（营业）收入、软件产品自主开发销售（营业）收入、研究开发费用、境内研究开发费用等情况说明。

⑤与主要客户签订的一至两份代表性的软件产品销售合同或技术服务合同复印件。

⑥企业开发环境相关证明材料。

⑦符合财税〔2016〕49 号文件第六条规定的第二类条件的，应提供在国家规定的重点软件领域内销售（营业）情况说明。

⑧符合财税〔2016〕49 号文件第六条规定的第三类条件的，应提供商务主管部门核发的软件出口合同登记证书，以及有效出口合同和结汇证明等材料。向税务机关备案，同时提交《享受企业所得税优惠政策的软件和集成电路企业备案资料明细表》规定的备案资料。

（3）线宽小于 130 纳米的集成电路生产项目的所得减免企业所得税，在汇算清缴期结束前向税务机关提交以下资料：

①在发展改革或工业和信息化部门立项的备案文件（应注明总投资额、工艺线宽标准）复印件以及企业取得的其他相关资质证书复印件等。

②企业职工人数、学历结构、研究开发人员情况及其占企业职工总数的比例说明，以及汇算清缴年度最后一个月社会保险缴纳证明等相关证明材料。

③加工集成电路产品主要列表及国家知识产权局（或国外知识产权相关主管机构）出具的企业自主开发或拥有的一至两份代表性知识产权（如专利、布图设计登记、软件著作权等）的证明材料。

④经具有资质的中介机构鉴证的企业财务会计报告（包括会计报表、会计报表附注和财务情况说明书）以及集成电路制造销售（营业）收入、研究开发费用、境内研究开发费用等情况说明。

⑤与主要客户签订的一至两份代表性销售合同复印件。

⑥保证产品质量的相关证明材料（如质量管理认证证书复印件等）。

（4）线宽小于 65 纳米或投资额超过 150 亿元的集成电路生产项目的所得减免企业所得税，在汇算清缴期结束前向税务机关提交以下资料：

①在发展改革或工业和信息化部门立项的备案文件（应注明总投资额、

工艺线宽标准）复印件以及企业取得的其他相关资质证书复印件等。

②企业职工人数、学历结构、研究开发人员情况及其占企业职工总数的比例说明，以及汇算清缴年度最后一个月社会保险缴纳证明等相关证明材料。

③加工集成电路产品主要列表及国家知识产权局（或国外知识产权相关主管机构）出具的企业自主开发或拥有的一至两份代表性知识产权（如专利、布图设计登记、软件著作权等）的证明材料。

④经具有资质的中介机构鉴证的企业财务会计报告（包括会计报表、会计报表附注和财务情况说明书）以及集成电路制造销售（营业）收入、研究开发费用、境内研究开发费用等情况说明。

⑤与主要客户签订的一至两份代表性销售合同复印件。

⑥保证产品质量的相关证明材料（如质量管理认证证书复印件等）。

（5）新办集成电路设计企业减免企业所得税，在汇算清缴期结束前向税务机关提交以下资料：

①企业职工人数、学历结构、研究开发人员情况及其占企业职工总数的比例说明，以及汇算清缴年度最后一个月社会保险缴纳证明等相关证明材料。

②企业开发销售的主要集成电路产品列表，以及国家知识产权局（或国外知识产权相关主管机构）出具的企业自主开发或拥有的一至两份代表性知识产权（如专利、布图设计登记、软件著作权等）的证明材料。

③经具有资质的中介机构鉴证的企业财务会计报告（包括会计报表、会计报表附注和财务情况说明书）以及集成电路设计销售（营业）收入、集成电路自主设计销售（营业）收入、研究开发费用、境内研究开发费用等情况表。

④第三方检测机构提供的集成电路产品测试报告或用户报告，以及与主要客户签订的一至两份代表性销售合同复印件。

⑤企业开发环境等相关证明材料。

（6）国家规划布局内集成电路设计企业可减按10%的税率征收企业所得税，在汇算清缴期结束前向税务机关提交以下资料：

①企业职工人数、学历结构、研究开发人员情况及其占企业职工总数的比例说明，以及汇算清缴年度最后一个月社会保险缴纳证明等相关证明材料。

②企业开发销售的主要集成电路产品列表，以及国家知识产权局（或国外知识产权相关主管机构）出具的企业自主开发或拥有的一至两份代表性知识产权（如专利、布图设计登记、软件著作权等）的证明材料。

③经具有资质的中介机构鉴证的企业财务会计报告（包括会计报表、会计报表附注和财务情况说明书）以及集成电路设计销售（营业）收入、集成电路自主设计销售（营业）收入、研究开发费用、境内研究开发费用等情况表。

④第三方检测机构提供的集成电路产品测试报告或用户报告，以及与主要客户签订的一至两份代表性销售合同复印件。

⑤企业开发环境等相关证明材料。

⑥符合财税〔2016〕49号文件第五条规定的第二类条件的，应提供在国家规定的重点集成电路设计领域内销售（营业）情况说明。

（7）线宽小于0.8微米（含）的集成电路生产企业减免企业所得税，在汇算清缴期结束前向税务机关提交以下资料：

①在发展改革或工业和信息化部门立项的备案文件（应注明总投资额、工艺线宽标准）复印件以及企业取得的其他相关资质证书复印件等。

②企业职工人数、学历结构、研究开发人员情况及其占企业职工总数的比例说明，以及汇算清缴年度最后一个月社会保险缴纳证明等相关证明材料。

③加工集成电路产品主要列表及国家知识产权局（或国外知识产权相关主管机构）出具的企业自主开发或拥有的一至两份代表性知识产权（如专利、布图设计登记、软件著作权等）的证明材料。

④经具有资质的中介机构鉴证的企业财务会计报告（包括会计报表、会计报表附注和财务情况说明书）以及集成电路制造销售（营业）收入、研究开发费用、境内研究开发费用等情况说明。

⑤与主要客户签订的一至两份代表性销售合同复印件。

⑥保证产品质量的相关证明材料（如质量管理认证证书复印件等）。

（8）线宽小于0.25微米的集成电路生产企业减按15%税率征收企业所得税，在汇算清缴期结束前向税务机关提交以下资料：

①在发展改革或工业和信息化部门立项的备案文件（应注明总投资额、工艺线宽标准）复印件以及企业取得的其他相关资质证书复印件等。

②企业职工人数、学历结构、研究开发人员情况及其占企业职工总数的比例说明，以及汇算清缴年度最后一个月社会保险缴纳证明等相关证明材料。

③加工集成电路产品主要列表及国家知识产权局（或国外知识产权相关主管机构）出具的企业自主开发或拥有的一至两份代表性知识产权（如专利、布图设计登记、软件著作权等）的证明材料。

④经具有资质的中介机构鉴证的企业财务会计报告（包括会计报表、会计报表附注和财务情况说明书）以及集成电路制造销售（营业）收入、研究开发费用、境内研究开发费用等情况说明。

⑤与主要客户签订的一至两份代表性销售合同复印件。

⑥保证产品质量的相关证明材料（如质量管理认证证书复印件等）。

(9) 投资额超过80亿元的集成电路生产企业减按15%税率征收企业所得税，在汇算清缴期结束前向税务机关提交以下资料：

①在发展改革或工业和信息化部门立项的备案文件（应注明总投资额、工艺线宽标准）复印件以及企业取得的其他相关资质证书复印件等。

②企业职工人数、学历结构、研究开发人员情况及其占企业职工总数的比例说明，以及汇算清缴年度最后一个月社会保险缴纳证明等相关证明材料。

③加工集成电路产品主要列表及国家知识产权局（或国外知识产权相关主管机构）出具的企业自主开发或拥有的一至两份代表性知识产权（如专利、布图设计登记、软件著作权等）的证明材料。

④经具有资质的中介机构鉴证的企业财务会计报告（包括会计报表、会计报表附注和财务情况说明书）以及集成电路制造销售（营业）收入、研究开发费用、境内研究开发费用等情况说明。

⑤与主要客户签订的一至两份代表性销售合同复印件。

⑥保证产品质量的相关证明材料（如质量管理认证证书复印件等）。

(10) 线宽小于0.25微米的集成电路生产企业减免企业所得税，在汇算清缴期结束前向税务机关提交以下资料：

①在发展改革或工业和信息化部门立项的备案文件（应注明总投资额、工艺线宽标准）复印件以及企业取得的其他相关资质证书复印件等。

②企业职工人数、学历结构、研究开发人员情况及其占企业职工总数的比例说明，以及汇算清缴年度最后一个月社会保险缴纳证明等相关证明材料。

③加工集成电路产品主要列表及国家知识产权局（或国外知识产权相关主管机构）出具的企业自主开发或拥有的一至两份代表性知识产权（如专利、布图设计登记、软件著作权等）的证明材料。

④经具有资质的中介机构鉴证的企业财务会计报告（包括会计报表、会计报表附注和财务情况说明书）以及集成电路制造销售（营业）收入、研究开发费用、境内研究开发费用等情况说明。

⑤与主要客户签订的一至两份代表性销售合同复印件。

⑥保证产品质量的相关证明材料（如质量管理认证证书复印件等）。

（11）投资额超过80亿元的集成电路生产企业减免企业所得税，在汇算清缴期结束前向税务机关提交以下资料：

①在发展改革或工业和信息化部门立项的备案文件（应注明总投资额、工艺线宽标准）复印件以及企业取得的其他相关资质证书复印件等。

②企业职工人数、学历结构、研究开发人员情况及其占企业职工总数的比例说明，以及汇算清缴年度最后一个月社会保险缴纳证明等相关证明材料。

③加工集成电路产品主要列表及国家知识产权局（或国外知识产权相关主管机构）出具的企业自主开发或拥有的一至两份代表性知识产权（如专利、布图设计登记、软件著作权等）的证明材料。

④经具有资质的中介机构鉴证的企业财务会计报告（包括会计报表、会计报表附注和财务情况说明书）以及集成电路制造销售（营业）收入、研究开发费用、境内研究开发费用等情况说明。

⑤与主要客户签订的一至两份代表性销售合同复印件。

⑥保证产品质量的相关证明材料（如质量管理认证证书复印件等）。

（12）线宽小于130纳米的集成电路生产企业减免企业所得税，在汇算清缴期结束前向税务机关提交以下资料：

①在发展改革或工业和信息化部门立项的备案文件（应注明总投资额、工艺线宽标准）复印件以及企业取得的其他相关资质证书复印件等。

②企业职工人数、学历结构、研究开发人员情况及其占企业职工总数的比例说明，以及汇算清缴年度最后一个月社会保险缴纳证明等相关证明材料。

③加工集成电路产品主要列表及国家知识产权局（或国外知识产权相关主管机构）出具的企业自主开发或拥有的一至两份代表性知识产权（如专利、布图设计登记、软件著作权等）的证明材料。

④经具有资质的中介机构鉴证的企业财务会计报告（包括会计报表、会计报表附注和财务情况说明书）以及集成电路制造销售（营业）收入、研究开发费用、境内研究开发费用等情况说明。

⑤与主要客户签订的一至两份代表性销售合同复印件。

⑥保证产品质量的相关证明材料（如质量管理认证证书复印件等）。

（13）线宽小于65纳米或投资额超过150亿元的集成电路生产企业减免企业所得税，在汇算清缴期结束前向税务机关提交以下资料。

①在发展改革或工业和信息化部门立项的备案文件（应注明总投资额、

工艺线宽标准）复印件以及企业取得的其他相关资质证书复印件等。

②企业职工人数、学历结构、研究开发人员情况及其占企业职工总数的比例说明，以及汇算清缴年度最后一个月社会保险缴纳证明等相关证明材料。

③加工集成电路产品主要列表及国家知识产权局（或国外知识产权相关主管机构）出具的企业自主开发或拥有的一至两份代表性知识产权（如专利、布图设计登记、软件著作权等）的证明材料。

④经具有资质的中介机构鉴证的企业财务会计报告（包括会计报表、会计报表附注和财务情况说明书）以及集成电路制造销售（营业）收入、研究开发费用、境内研究开发费用等情况说明。

⑤与主要客户签订的一至两份代表性销售合同复印件。

⑥保证产品质量的相关证明材料（如质量管理认证证书复印件等）。

在软件、集成电路企业享受优惠政策后，税务部门转请发展改革委、工业和信息化部门进行核查。对经核查不符合软件、集成电路企业条件的，由税务部门追缴其已经享受的企业所得税优惠，并按照《税收征管法》的规定进行处理。

9.5 企业所得税税收优惠事项

2018 年，《企业所得税优惠政策事项办理办法》发布了 2017 年版《企业所得税优惠事项管理目录》，共 69 项内容。本书在此基础上对截至 2020 年 5 月底的企业所得税优惠政策事项进行了整理，共计 79 项内容，可扫描下方二维码查看具体内容。

10

征收管理

10.1 企业所得税申报

企业所得税按纳税年度计算，分月或者分季预缴。企业在纳税年度内无论盈利或者亏损，都应当依照企业所得税法规定的期限，办理企业所得税纳税申报，向税务机关报送预缴企业所得税纳税申报表、年度企业所得税纳税申报表、财务会计报告和税务机关规定应当报送的其他有关资料。

10.1.1 申报类型

企业所得税的申报分为预缴申报、年度汇算清缴申报和清算申报。

第五十四条　企业所得税分月或者分季预缴。

企业应当自月份或者季度终了之日起十五日内，向税务机关报送预缴企业所得税纳税申报表，预缴税款。

企业应当自年度终了之日起五个月内，向税务机关报送年度企业所得税纳税申报表，并汇算清缴，结清应缴应退税款。

企业在报送企业所得税纳税申报表时，应当按照规定附送财务会计报告和其他有关资料。

——《企业所得税法》

10.1.1.1 预缴申报

企业按照各自情况，选择分月或者分季预缴企业所得税。企业应当自月份或者季度终了之日起 15 日内，向税务机关报送预缴企业所得税纳税申报表，预缴税款。预缴时，应当按照月度或者季度的实际利润额预缴；按照月度或者季度的实际利润额预缴有困难的，可以按照上一纳税年度应纳税所得额的月度或者季度平均额预缴，或者按照经税务机关认可的其他方法预缴。预缴方法一经确定，该纳税年度内不得随意变更。

企业所得以人民币以外的货币计算的，预缴企业所得税时，应当按照月度或者季度最后一日的人民币汇率中间价，折合成人民币计算应纳税所得额。年度终了汇算清缴时，对已经按照月度或者季度预缴税款的，不再重新折合计算，只就该纳税年度内未缴纳企业所得税的部分，按照纳税年度最后一日的人民币汇率中间价，折合成人民币计算应纳税所得额。

经税务机关检查确认，企业少计或者多计上述规定的所得的，应当按照检查确认补税或者退税时的上一个月最后一日的人民币汇率中间价，将少计或者多计的所得折合成人民币计算应纳税所得额，再计算应补缴或者应退的税款。

10.1.1.2 汇算清缴申报

企业所得税居民企业纳税人应按照规定进行企业所得税年度汇算清缴。企业应当自年度终了之日起 5 个月内，向税务机关报送年度企业所得税纳税申报表，并汇算清缴，结清应缴应退税款。

《国家税务总局关于印发〈企业所得税汇算清缴管理办法〉的通知》（国税发〔2009〕79 号）规定，企业所得税汇算清缴，是指纳税人自纳税年度终了之日起 5 个月内或实际经营终止之日起 60 日内，依照税收法律、法规、规章及其他有关企业所得税的规定，自行计算本纳税年度应纳税所得额和应纳所得税额，根据月度或季度预缴企业所得税的数额，确定该纳税年度应补或者应退税额，并填写企业所得税年度纳税申报表，向主管税务机关办理企业所得税年度纳税申报、提供税务机关要求提供的有关资料、结清全年企业所得税税款的行为。

（1）汇算清缴由纳税人自行开展

纳税人应当按照《企业所得税法》及其实施条例和企业所得税的有关规定，自行正确计算应纳税所得额和应纳所得税额，自行如实、正确填写企业所得税年度纳税申报表及其附表，完整、及时报送相关资料，并对纳税申报的真实性、准确性和完整性负法律责任。

（2）纳税人都应依法汇算清缴

凡在纳税年度内从事生产、经营（包括试生产、试经营），或在纳税年度中间终止经营活动的纳税人，无论是否在减税、免税期间，也无论盈利或亏损，均应按照相关规定进行企业所得税汇算清缴。

（3）不同情形汇算清缴的期限有差异

正常经营的纳税人应当自纳税年度终了之日起5个月内，进行汇算清缴，结清应缴应退企业所得税税款。纳税人在年度中间发生解散、破产、撤销等终止生产经营情形，需进行企业所得税清算的，应在清算前报告主管税务机关，并自实际经营终止之日起60日内进行汇算清缴，结清应缴应退企业所得税款；纳税人有其他情形依法终止纳税义务的，应当自停止生产、经营之日起60日内，向主管税务机关办理当期企业所得税汇算清缴。

（4）汇算清缴不免除预缴申报义务

汇算清缴并不免除纳税人12月或者第四季度的预缴申报义务。纳税人12月或者第四季度的企业所得税预缴纳税申报，应在纳税年度终了后15日内完成，预缴申报后进行当年企业所得税汇算清缴。

10.1.1.3 清算申报

企业在不再持续经营，发生结束自身业务、处置资产、偿还债务以及向所有者分配剩余财产等企业清算行为时，应对清算所得、清算所得税、股息分配等事项进行处理。《企业所得税法》规定，企业应当在办理注销登记前，就其清算所得向税务机关申报并依法缴纳企业所得税。清算所得，是指企业的全部资产可变现价值或者交易价格减除资产净值、清算费用以及相关税费等后的余额。

企业应将整个清算期作为一个独立的纳税年度计算清算所得。企业清算时，应当以整个清算期间作为一个纳税年度，依法计算清算所得及其应纳所得税。企业应当自清算结束之日起15日内，向主管税务机关报送企业清算所得税纳税申报表，结清税款。进入清算期的企业应对清算事项，报主管税务机关备案。

企业未按照规定的期限办理纳税申报或者未按照规定期限缴纳税款的，应根据《税收征管法》的相关规定加收滞纳金。

10.1.2 申报方式

依据《税收征管法》规定，企业可以采取直接申报、邮寄申报和电子申报等方式申报企业所得税。

直接申报，也称上门申报，是指纳税人和扣缴义务人在规定的申报期限内，自行到税务机关指定的办税服务场所报送纳税申报表，代扣代缴、代收代缴报告表及有关资料。

邮寄申报，是指经税务机关批准，纳税人、扣缴义务人使用统一的纳税申报专用信封，通过邮政部门办理交寄手续，并以邮政部门收据作为申报凭据的一种申报方式。

电子申报，也称数据电文申报，是指纳税人、扣缴义务人在规定的申报期限内，通过与税务机关接受办理纳税申报、代扣代缴及代收代缴税款申报的电子系统联网的电脑终端，按照规定和系统发出的指示输入申报内容，以完成纳税申报或者代扣代缴及代收代缴税款申报的方式。

10.1.3 报送资料

纳税人办理企业所得税年度汇算清缴申报时，应如实填写和报送下列有关资料：

（1）企业所得税年度纳税申报表及其附表；

（2）财务报表；

（3）备案事项相关资料；

（4）总机构及分支机构基本情况、分支机构征税方式、分支机构的预缴税情况；

（5）委托中介机构代理纳税申报的，应出具双方签订的代理合同，并附送中介机构出具的包括纳税调整的项目、原因、依据、计算过程、调整金额等内容的报告；

（6）涉及关联方业务往来的，同时报送《中华人民共和国企业年度关联业务往来报告表》；

（7）主管税务机关要求报送的其他有关资料。

纳税人采用电子方式办理企业所得税年度纳税申报的，应按照有关规定保存有关资料或附报纸质纳税申报资料。

10.1.4 延期申报和延期缴纳

纳税人因不可抗力，不能在汇算清缴期内办理企业所得税年度纳税申报或备齐企业所得税年度纳税申报资料的，应按照《税收征管法》及其实施细则的规定，申请办理延期纳税申报。

纳税人因有特殊困难，不能在汇算清缴期内补缴企业所得税款的，应按照《税收征管法》及其实施细则的有关规定，办理申请延期缴纳税款手续。

第三十七条　纳税人、扣缴义务人因不可抗力，不能按期办理纳税申报或者报送代扣代缴、代收代缴税款报告表的，可以延期办理；但是，应当在不可抗力情形消除后立即向税务机关报告。税务机关应当查明事实，予以核准。

第四十一条　纳税人有下列情形之一的，属于税收征管法第三十一条所称特殊困难：

（一）因不可抗力，导致纳税人发生较大损失，正常生产经营活动受到较大影响的；

（二）当期货币资金在扣除应付职工工资、社会保险费后，不足以缴纳税款的。

计划单列市国家税务局、地方税务局可以参照税收征管法第三十一条第二款的批准权限，审批纳税人延期缴纳税款。

——《税收征管法实施细则》

10.1.5　更正申报

纳税人在汇算清缴期内发现当年企业所得税申报有误的，可在汇算清缴期内重新办理企业所得税年度纳税申报。

10.1.6　风险管理

主管税务机关受理纳税人年度纳税申报后，应对纳税人年度纳税申报表的逻辑性和有关资料的完整性、准确性进行审核。审核重点主要包括：

（1）纳税人企业所得税年度纳税申报表及其附表与企业财务报表有关项目的数字是否相符，各项目之间的逻辑关系是否对应，计算是否正确。

（2）纳税人是否按规定弥补以前年度亏损额和结转以后年度待弥补的亏损额。

（3）纳税人是否符合税收优惠条件、税收优惠的确认和申请是否符合规定程序。

（4）纳税人税前扣除的财产损失是否真实、是否符合有关规定程序。跨地区经营汇总缴纳企业所得税的纳税人，其分支机构税前扣除的财产损失是否由分支机构所在地主管税务机关出具证明。

（5）纳税人有无预缴企业所得税的完税凭证，完税凭证上填列的预缴数额是否真实。跨地区经营汇总缴纳企业所得税的纳税人及其所属分支机构预缴的税款是否与《中华人民共和国企业所得税汇总纳税分支机构分配表》中分配的数额一致。

（6）纳税人企业所得税和其他各税种之间的数据是否相符、逻辑关系是否吻合。

汇算清缴工作结束后，税务机关应组织开展汇算清缴数据分析、纳税评估和检查。

10.2 跨地区经营汇总纳税

居民企业在中国境内设立不具有法人资格的营业机构的，应当汇总计算并缴纳企业所得税。这个规定也符合企业所得税法人所得税制的要义。但是对于跨地区经营的企业，如果非法人的分支机构将全部税款缴到总公司所在地入库，将不可避免地出现地区间的利益转移，同时由于分支机构分享了地方提供的公共产品和公共服务，如果没有税收贡献，便制约了地方经济建设及全国经济均衡高效地运行。

为妥善处理好地区间利益分配关系，在《企业所得税法》及其实施条例的基础上，财政部、国家税务总局、中国人民银行出台了《跨省市总分机构企业所得税分配及预算管理暂行办法》（财预〔2008〕10 号印发，2013 年 1 月 1 日起失效）和《跨省市总分机构企业所得税分配及预算管理办法》（财预〔2012〕40 号印发，以下简称财预〔2012〕40 号文件），国家税务总局出台了《跨地区经营汇总纳税企业所得税征收管理暂行办法》（国税发〔2008〕28 号印发，2013 年 1 月 1 日起失效）和《跨地区经营汇总纳税企业所得税征收管理办法》（国家税务总局公告 2012 年第 57 号印发），分别从财政预算和税收征管两方面作出规定，旨在合理妥善处理地区间的利益分配，有效解决法人税制带来的税源跨地区转移问题。

跨地区经营汇总纳税的税法规定为：

居民企业在中国境内跨地区（指跨省、自治区、直辖市和计划单列市）设立不具有法人资格分支机构的，该居民企业为跨地区经营汇总纳税企业，简称汇总纳税企业。汇总纳税企业实行“统一计算、分级管理、就地预缴、汇总清算、财政调库”的企业所得税征收管理办法。按照这个办法，总机构统一计算包括汇总纳税企业所属各个不具有法人资格分支机构在内的全部应纳税所得额、应纳税额，然后由总机构和分支机构分月或分季分别向所在地主管税务机关申报预缴企业所得税。在年度终了后，总机构统一计算汇总纳税企业的年度应纳税所得额、应纳所得税额，抵减总机构、分支机构当年已就地分期预缴的企业所得税款后，多退少补，财政部定期将缴入中央国库的汇总纳税企业所得税待分配收入，按照核定的系数调整至地方国库。总机构和分支机构分别接受机构所在地主管税务机关的管理。

10.2.1 汇总纳税和就地分摊纳税的总分机构范围

总机构和具有主体生产经营职能的二级分支机构，就地分摊缴纳企业所得税。二级分支机构，是指汇总纳税企业依法设立并领取非法人营业执照（登记证书），且总机构对其财务、业务、人员等直接进行统一核算和管理的分支机构。

《跨地区经营汇总纳税企业所得税征收管理办法》还规定了一种视同二级分支机构的情形，属于二级分支机构特例。即：总机构设立具有主体生产经营职能的部门，且该部门的营业收入、职工薪酬和资产总额与管理职能部门分开核算的，可将该部门视同一个二级分支机构，按规定计算分摊并就地缴纳企业所得税；该部门与管理职能部门的营业收入、职工薪酬和资产总额不能分开核算的，该部门不得视同一个二级分支机构，不得计算分摊并就地缴纳企业所得税。

并不是所有的二级分支机构都需要依规计算分摊并就地缴纳企业所得税。《跨地区经营汇总纳税企业所得税征收管理办法》规定，不就地分摊缴纳企业所得税的二级分支机构有五类：

（1）不具有主体生产经营职能，且在当地不缴纳增值税的产品售后服务、内部研发、仓储等汇总纳税企业内部辅助性的二级分支机构，不就地分摊缴纳企业所得税。

（2）上年度认定为小型微利企业的，其二级分支机构不就地分摊缴纳企业所得税。

（3）新设立的二级分支机构，设立当年不就地分摊缴纳企业所得税。

（4）当年撤销的二级分支机构，自办理注销税务登记之日所属企业所得税预缴期间起，不就地分摊缴纳企业所得税。

（5）汇总纳税企业在中国境外设立的不具有法人资格的二级分支机构，不就地分摊缴纳企业所得税。

新设立的二级分支机构中，有两种例外情形不应作为规定的新设分支机构，应该继续计算分摊并就地缴纳税款。具体包括：

汇总纳税企业当年由于重组等原因从其他企业取得重组当年之前已存在的二级分支机构，并作为本企业二级分支机构管理的，该二级分支机构不视同当年新设立的二级分支机构，应按相关规定计算分摊并就地缴纳企业所得税。

汇总纳税企业内就地分摊缴纳企业所得税的总机构、二级分支机构之间，发生合并、分立、管理层级变更等形成的新设或存续的二级分支机构，不视同当年新设立的二级分支机构，应按相关规定计算分摊并就地缴纳企业所得税。

10.2.2 预缴申报和汇算清缴

10.2.2.1 基本分配格局

汇总纳税企业按照《企业所得税法》规定汇总计算的企业所得税，包括预缴税款和汇算清缴应缴应退税款，50%在各分支机构间分摊，各分支机构根据分摊税款就地办理缴库或退库；50%由总机构分摊缴纳，其中25%就地办理缴库或退库，25%就地全额缴入中央国库或退库。具体的税款缴库或退库程序按照财预〔2012〕40号文件第五条等相关规定执行。

五、税款缴库程序

（一）分支机构分摊的预缴税款、汇算补缴税款、查补税款（包括滞纳金和罚款）由分支机构办理就地缴库。分支机构所在地税务机关开具税收缴款书，预算科目栏按企业所有制性质对应填写1010440项“分支机构预缴所得税”、1010449项“分支机构汇算清缴所得税”和1010450项“企业所得税查补税款、滞纳金、罚款收入”下的有关目级科目名称及代码，“级次”栏填写“中央60%、地方40%”。

（二）总机构就地预缴、汇算补缴、查补税款（包括滞纳金和罚款）由总机构合并办理就地缴库。中央与地方分配方式为中央60%，企业所得税待分配收入（暂列中央收入）20%，总机构所在地20%。总机构所在地税务机关开具税收缴款书，预算科目栏按企业所有制性质对应填写1010441项“总机构预缴所得税”、1010442项“总机构汇算清缴所得税”和1010450项“企业所得税查补税款、滞纳金、罚款收入”下的有关目级科目名称及代码，“级次”栏按上述分配比例填写“中央60%、中央20%（待分配）、地方20%”。

国库部门收到税款（包括滞纳金和罚款）后，将其中60%列入中央级1010441项“总机构预缴所得税”、1010442项“总机构汇算清缴所得税”和1010450项“企业所得税查补税款、滞纳金、罚款收入”下有关目级科目，20%列入中央级1010443项“企业所得税待分配收入”下有关目级科目，20%列入地方级1010441项“总机构预缴所得税”、1010442项“总机构汇算清缴所得税”和1010450项“企业所得税查补税款、滞纳金、罚款收入”下有关目级科目。

（三）多缴的税款由分支机构和总机构所在地税务机关开具收入退还书并按规定办理退库。收入退还书预算科目按企业所有制性质对应填写，预算级次按原缴款时的级次填写。

——《跨省市总分机构企业所得税分配及预算管理办法》

（财预〔2012〕40号印发）

10.2.2.2 预缴申报

（1）分月还是分季预缴由总机构所在地主管税务机关具体核定。

（2）由总机构根据当期实际利润额计算总机构和分支机构的企业所得税预缴额，总机构就地预缴其中50%部分，在每月或季度终了后15日内就地申报预缴。本期企业应纳所得税额的另外50%部分，由总机构按照各分支机构应分摊的比例，在各分支机构之间进行分摊，各分支机构应在每月或季度终了之日起15日内，就其分摊的所得税额就地申报预缴。按实际利润额预缴有困难的，也可以按照上一年度应纳税所得额的1/12或1/4预缴。预缴方法一经确定，当年度不得变更。

（3）报送资料要求。总机构除报送企业所得税预缴申报表和企业当期财务报表外，还应报送汇总纳税企业分支机构所得税分配表和各分支机构上一年度的年度财务报表（或年度财务状况和营业收支情况）；分支机构除报送企业所得税预缴申报表（只填列部分项目）外，还应报送经总机构所在地主管税务机关受理的汇总纳税企业分支机构所得税分配表。

10.2.2.3 汇算清缴

（1）汇总纳税企业汇算清缴时，由总机构汇总计算企业年度应纳所得税额，扣除总机构和各分支机构已预缴的税款，计算出应缴应退税款，按照规定的税款分摊方法计算总机构和分支机构的企业所得税应缴应退税款，分别由总机构和分支机构就地办理税款缴库或退库。涉及退税时，也可经总、分机构同意后分别抵缴其下一年度应缴企业所得税税款。汇算清缴的主体仍然是总机构，分支机构并不需要进行年度纳税调整，自行计算应纳税所得额和应纳税额，但是为了保证汇缴工作的顺利进行，也需要分支机构填列年度纳税申报表，但只需要填列有限的几项。

（2）报送资料要求上，总机构除报送企业所得税年度纳税申报表和年度财务报表外，还应报送汇总纳税企业分支机构所得税分配表、各分支机构的年度财务报表和各分支机构参与企业年度纳税调整情况的说明；同时，为便利就地实施税务检查，也需要分支机构除报送企业所得税年度纳税申报表（只填列部分项目）外，还应报送分配表、年度财务报表（或年度财务状况和营业收支情况）和参与企业年度纳税调整情况的说明，该说明由总机构确认后提交。

（3）总分机构所在地主管税务机关会进行信息互通。分支机构未按规定报送分配表的，分支机构所在地主管税务机关除责成该分支机构在申报期内报送外，还同时提请总机构所在地主管税务机关督促总机构按照规定提供上述分配表；属于总机构未向分支机构提供分配表的，分支机构所在地主管税务机关还应提请总机构所在地主管税务机关对总机构按照《税收征管法》的有关规定予以处罚。

10.2.2.4 总分机构分摊税款的计算

(1) 总机构按以下公式计算分摊税款:

总机构分摊税款=汇总纳税企业当期应纳所得税额×50%

(2) 分支机构按以下公式计算分摊税款:

所有分支机构分摊税款总额=汇总纳税企业当期应纳所得税额×50%

某分支机构分摊税款=所有分支机构分摊税款总额×该分支机构分摊比例

(3) 分摊比例:

总机构应按照上年度分支机构的营业收入、职工薪酬和资产总额三个因素计算各分支机构分摊所得税款的比例;三级及以下分支机构,其营业收入、职工薪酬和资产总额统一计入二级分支机构;三因素的权重依次为0.35、0.35、0.30。计算公式如下:

某分支机构分摊比例=(该分支机构营业收入÷各分支机构营业收入之和)×0.35+(该分支机构职工薪酬÷各分支机构职工薪酬之和)×0.35+(该分支机构资产总额÷各分支机构资产总额之和)×0.30

分支机构分摊比例按上述方法一经确定后,除出现分支机构撤销或重组等情形外,当年不作调整。

分摊计算时注意:

①分支机构营业收入,是指分支机构销售商品、提供劳务、让渡资产使用权等日常经营活动实现的全部收入。职工薪酬,是指分支机构为获得职工提供的服务而给予各种形式的报酬以及其他相关支出。资产总额,是指分支机构在经营活动中实际使用的应归属于该分支机构的资产合计额。都是依照国家统一会计制度的规定核算的数据。

②一个纳税年度内,总机构首次计算分摊税款时采用的分支机构营业收入、职工薪酬和资产总额数据,与此后经过中国注册会计师审计确认的数据不一致的,不作调整。

③对于按照税收法律、法规和其他规定,总机构和分支机构处于不同税率地区的,先由总机构统一计算全部应纳税所得额,然后分别按各自的适用税率计算应纳税额后加总计算出汇总纳税企业的应纳所得税总额,再按规定的比例向总机构和分支机构分摊就地缴纳的企业所得税款。

分支机构所在地主管税务机关应根据经总机构所在地主管税务机关受理

的汇总纳税企业分支机构所得税分配表、分支机构的年度财务报表（或年度财务状况和营业收支情况）等，对其主管分支机构计算分摊税款比例的三个因素、计算的分摊税款比例和应分摊缴纳的所得税税款进行查验核对；对查验项目有异议的，应于收到汇总纳税企业分支机构所得税分配表后30日内向企业总机构所在地主管税务机关提出书面复核建议，并附送相关数据资料。

总机构所在地主管税务机关必须于收到复核建议后30日内，对分摊税款的比例进行复核，作出调整或维持原比例的决定，并将复核结果函复分支机构所在地主管税务机关。分支机构所在地主管税务机关应执行总机构所在地主管税务机关的复核决定。

总机构所在地主管税务机关未在规定时间内复核并函复复核结果的，上级税务机关应对总机构所在地主管税务机关按照有关规定进行处理。

复核期间，分支机构应先按总机构确定的分摊比例申报缴纳税款。

10.2.2.5 日常管理

跨地区汇总纳税企业总分机构的管理既要满足法人所得税制的要求，又要兼顾总分机构所在地的税收利益，还要确定总分机构所在地税务机关的监管责任。《跨地区经营汇总纳税企业所得税征收管理办法》搭建了一个涵盖税务登记信息沟通、二级分支机构判定、挂靠机构处理、资产损失管理、税收优惠管理、税务检查（税款计算、分配、信息沟通）、信息平台建设和维护、总分机构主管税务机关划分、征收方式鉴定等较为系统的日常管理体系，突出了沟通与协作的重要性，强调了就地监管机制中“二级分支机构判定”和“就地检查”的管理抓手作用。

《跨地区经营汇总纳税企业所得税征收管理办法》规定，汇总纳税企业总机构和分支机构应依法办理税务登记，接受所在地主管税务机关的监督和管理。

（1）对总分机构的税务信息备案要求

总机构的责任是应将其所有二级及以下分支机构（包括该办法第五条规定的分支机构）信息报其所在地主管税务机关备案，内容包括分支机构名称、层级、地址、邮编、纳税人识别号及企业所得税主管税务机关名称、地址和邮编。分支机构注销税务登记后15日内，总机构应将分支机构注销情况报所在地主管税务机关备案，并办理变更税务登记。

分支机构（包括该办法第五条规定的分支机构）应将其总机构、上级分支机构和下属分支机构信息报其所在地主管税务机关备案，内容包括总机构、上级机构和下属分支机构名称、层级、地址、邮编、纳税人识别号及企业所得税主管税务机关名称、地址和邮编。以总机构名义进行生产经营的非法人分支机构，无法提供汇总纳税企业分支机构所得税分配表，应在预缴申报期内向其所在地主管税务机关报送非法人营业执照（或登记证书）的复印件、由总机构出具的二级及以下分支机构的有效证明和支持有效证明的相关材料(包括总机构拨款证明、总分机构协议或合同、公司章程、管理制度等)，证明其二级及以下分支机构身份。无法证明身份的，应视同独立纳税人计算并就地缴纳企业所得税。

二级及以下分支机构所在地主管税务机关应对二级及以下分支机构进行审核鉴定，对应按该办法规定就地分摊缴纳企业所得税的二级分支机构，应督促其及时就地缴纳企业所得税。

上述备案信息发生变化的，除另有规定外，应在内容变化后30日内报总机构和分支机构所在地主管税务机关备案，并办理变更税务登记。

税务机关应将汇总纳税企业总机构、分支机构的税务登记信息、备案信息、总机构出具的分支机构有效证明情况及分支机构审核鉴定情况、企业所得税月（季）度预缴纳税申报表和年度纳税申报表、汇总纳税企业分支机构所得税分配表、财务报表（或年度财务状况和营业收支情况)、企业所得税款入库情况、资产损失情况、税收优惠情况、各分支机构参与企业年度纳税调整情况的说明、税务检查及查补税款分摊和入库情况等信息，定期分省汇总上传至国家税务总局跨地区经营汇总纳税企业管理信息交换平台。

（2）资产损失处理、税收优惠事项以及税务检查的处理

资产损失处理、税收优惠事项以及税务检查的处理，重点是把握一条原则，就是总分机构主管税务机关各负其责，各自加强后续管理。但是与完全独立的企业不同，在各自管理的基础上，也要进行合作和信息互通。

在资产损失处理中，总机构及二级分支机构发生的资产损失，一是各自向所在地主管税务机关申报；二是二级分支机构还应同时上报总机构；三是三级及以下分支机构发生的资产损失不需向所在地主管税务机关申报，应并入二级分支机构，由二级分支机构统一申报；四是总机构对各分支机构上报的资产损失，除税务机关另有规定外，应以清单申报的形式向所在地主管税务机关申报。总机构将分支机构所属资产捆绑打包转让所发生的资产损失，由总机构向所在地主管税务机关专项申报。

在税务检查中，总分机构所在地主管税务机关各自可以对企业自行实施税务检查，也可以联合实施税务检查。总机构所在地主管税务机关应对查实项目按照《企业所得税法》的规定统一计算查增的应纳税所得额和应纳税额。查补的税款也要按照比例进行分摊和缴纳。对二级分支机构的查补税款，50%应分配给总机构缴纳（总机构所在地和中央国库待分配账户各占25%），50%分配给参与检查的二级分支机构缴纳，没参与检查的其他二级分支机构不参与查补税款的分配。二级分支机构所在地主管税务机关自行开展的税务检查，如有需要由总机构统一计算的税前扣除项目，不得由分支机构自行计算调整。无论是哪一级税务检查，其检查结论应同时报送总分机构所在地主管税务机关。这样规定，既坚持了财预〔2012〕40号文件的基本分配格局，又适当体现了对就地监管努力的尊重，有利于提高征管效率，堵塞征管漏洞。

需要强调的是，以上均为对跨省、自治区、直辖市的汇总纳税企业的规定。居民企业在中国境内没有跨地区设立不具有法人资格分支机构，仅在同一省、自治区、直辖市和计划单列市内设立不具有法人资格分支机构的，其企业所得税征收管理办法，由各省、自治区、直辖市和计划单列市税务局参照制定。

10.3 企业所得税税前扣除凭证管理

2008年，《企业所得税法》及其实施条例统一并规范了税前扣除范围和标准，但是未对税前扣除凭证作出系统规定和具体解释，征管实践中主要依据《税收征管法》及其实施细则、《中华人民共和国发票管理办法》及其实施细则以及国家税务总局制定的税收规范性文件执行，存在管理规定较为分散、征纳双方认识存在分歧等情况。为了加强企业所得税税前扣除凭证管理，规范税收执法，优化营商环境，国家税务总局制定了《企业所得税税前扣除凭证管理办法》（国家税务总局公告2018年第28号印发，以下简称《办法》），2018年7月1日起实行，适用于企业所得税法规定的居民企业和非居民企业。《办法》从统一认识、易于判断、利于操作出发，对税前扣除凭证的相关概念、适用范围、管理原则、种类、基本情形税务处理、特殊情形税务处理等予以明确，并且从实质重于形式的精神出发，明确收款凭证、内部凭证、分割单等也可以作为税前扣除凭证，减轻纳税人的办税负担，也体现了对“放管服”改革精神的贯彻。

《办法》明确规定，企业发生支出，应取得税前扣除凭证，作为计算企业所得税应纳税所得额时扣除相关支出的依据。给《企业所得税法》第八条所称“企业实际发生的与取得收入有关的、合理的支出，包括成本、费用、税金、损失和其他支出，准予在计算应纳税所得额时扣除”这一规定，作了凭证规定上的补充。

10.3.1 基本原则

在企业所得税税前扣除凭证管理中要遵循真实性、合法性、关联性原则。真实性，是指税前扣除凭证反映的经济业务真实，且支出已经实际发生；合法性，是指税前扣除凭证的形式、来源符合国家法律、法规等相关规定；关联性，是指税前扣除凭证与其反映的支出相关联且有证明力。真实性是基础，合法性和关联性是核心。企业取得私自印制、伪造、变造、作废、开票方非法取得、虚开、填写不规范等不符合规定的发票，以及取得不符合国家法律、法规等相关规定的其他外部凭证，不得作为税前扣除凭证。

10.3.2 税前扣除凭证的分类

税前扣除凭证，是指企业在计算企业所得税应纳税所得额时，证明与取得收入有关的、合理的支出实际发生，并据以税前扣除的各类凭证。根据税前扣除凭证的取得来源，分为内部凭证和外部凭证。

内部凭证，是指企业根据国家会计法律、法规等相关规定，自制用于成本、费用、损失和其他支出核算的会计原始凭证。如企业支付员工工资的工资表等。

外部凭证，是指企业发生经营活动和其他事项时，从其他单位、个人取得的用于证明其支出发生的凭证，包括但不限于发票（包括纸质发票和电子发票）、财政票据、完税凭证、收款凭证、分割单等。

10.3.2.1 发票

一般情况下，企业在境内发生的支出项目属于增值税应税项目的，对方为已办理税务登记的增值税纳税人，其支出以发票（包括按照规定由税务机关代开的发票）作为税前扣除凭证。

税务总局对应税项目开具发票另有规定的，以规定的发票或者票据作为税前扣除凭证。如《国家税务总局关于铁路运输和邮政业营业税改征增值税发票及税控系统使用问题的公告》（国家税务总局公告2013年第76号）规定的中国铁路总公司及其所属运输企业（含分支机构）自行印制的铁路票据等。

企业在境内发生的支出项目虽不属于应税项目，但按税务总局规定可以开具发票的，可以发票作为税前扣除凭证。如《国家税务总局关于增值税发票管理若干事项的公告》（国家税务总局公告2017年第45号）附件《商品和服务税收分类编码表》中规定的不征税项目等。

10.3.2.2 代开发票或内部凭证

对方为依法无须办理税务登记的单位或者从事小额零星经营业务的个人，其支出以税务机关代开的发票或者收款凭证及内部凭证作为税前扣除凭证，收款凭证应载明收款单位名称、个人姓名及身份证号、支出项目、收款金额等相关信息。《办法》从实质重于形式的原则出发，对小额零星业务的扣除凭证问题作出了重大突破，解决了实务操作中企业和个人的小额交易无法取得发票，税前扣除有风险的难题。

小额零星经营业务的判断标准，是个人从事应税项目经营业务的销售额不超过增值税相关政策规定的起征点。在执行口径上，2019年1月1日后按期纳税的小规模纳税人起征点口径为按月不超过10万元，按季不超过30万元。

10.3.2.3 财政票据、完税凭证、收款凭证等

如果企业在境内发生的支出项目不属于应税项目，对方为单位的，以对方开具的发票以外的其他外部凭证作为税前扣除凭证。如工会组织开具的工会经费专用收据、社保机构或公积金管理机构开具的财政票据、银行转账单据等。对方为个人的，以内部凭证作为税前扣除凭证，如收款收据等。

10.3.2.4 分割单

企业与其他企业（包括关联企业）、个人在境内共同接受应纳增值税劳务发生的支出，采取分摊方式的，应当按照独立交易原则进行分摊，企业以发

票和分割单作为税前扣除凭证，共同接受应税劳务的其他企业以企业开具的分割单作为税前扣除凭证。

企业与其他企业、个人在境内共同接受非应税劳务发生的支出，采取分摊方式的，企业以发票外的其他外部凭证和分割单作为税前扣除凭证，共同接受非应税劳务的其他企业以企业开具的分割单作为税前扣除凭证。

10.3.2.5 水、电、气、通讯费用分割凭证

企业租用（包括企业作为单一承租方租用）办公、生产用房等资产发生的水、电、燃气、冷气、暖气、通讯线路、有线电视、网络等费用，出租方作为应税项目开具发票的，企业以发票作为税前扣除凭证；出租方采取分摊方式的，企业以出租方开具的其他外部凭证作为税前扣除凭证。

10.3.2.6 境外凭证

企业从境外购进货物或者劳务发生的支出，以对方开具的发票或者具有发票性质的收款凭证、相关税费缴纳凭证作为税前扣除凭证。

10.3.3 取得税前扣除凭证的时间要求

企业应在支出发生时取得符合规定的税前扣除凭证，但是考虑到在某些情形下企业可能需要补开、换开符合规定的税前扣除凭证，《办法》规定了企业应在当年度企业所得税法规定的汇算清缴期结束前取得符合规定的税前扣除凭证。这也就和2011年颁布的《国家税务总局关于企业所得税若干问题的公告》(国家税务总局公告2011年第34号，以下简称2011年第34号公告)中关于企业提供有效凭证时间问题的规定很好地衔接了起来。2011年第34号公告第七条规定：“企业当年度实际发生的相关成本、费用，由于各种原因未能及时取得该成本、费用的有效凭证，企业在预缴季度所得税时，可暂按账面发生金额进行核算；但在汇算清缴时，应补充提供该成本、费用的有效凭证。”

应当取得而未取得发票、其他外部凭证或者取得不合规发票、不合规其他外部凭证的，可以按照以下规定处理：

（1）当年度汇算清缴期结束前的税务处理

①业务真实发生，能够补开、换开符合规定的发票、其他外部凭证的，

取得对方补开、换开的符合规定的发票、其他外部凭证，可以作为税前扣除凭证。

②因对方注销、撤销、依法被吊销营业执照、被税务机关认定为非正常户等特殊原因无法补开、换开符合规定的发票、其他外部凭证的，凭相关资料证实支出真实性后，相应支出可以税前扣除。

第十四条　企业在补开、换开发票、其他外部凭证过程中，因对方注销、撤销、依法被吊销营业执照、被税务机关认定为非正常户等特殊原因无法补开、换开发票、其他外部凭证的，可凭以下资料证实支出真实性后，其支出允许税前扣除：

（一）无法补开、换开发票、其他外部凭证原因的证明资料（包括工商注销、机构撤销、列入非正常经营户、破产公告等证明资料）；

（二）相关业务活动的合同或者协议；

（三）采用非现金方式支付的付款凭证；

（四）货物运输的证明资料；

（五）货物入库、出库内部凭证；

（六）企业会计核算记录以及其他资料。

前款第一项至第三项为必备资料。

——《企业所得税税前扣除凭证管理办法》

上述规定需要掌握的核心要义，是判断企业真实发生的成本是否可以税前列支应遵循“发票优先”原则，如果无法取得发票，才考虑其他外部凭证证明交易真实性。因此，企业在现实交易中，要注重保存交易材料，一旦无法再取得重新开具的发票，这些备查资料将会是企业成本税前列支的关键材料。

③未能补开、换开符合规定的发票、其他外部凭证并且未能凭相关资料证实支出真实性的，相应支出不得在发生年度税前扣除。

（2）汇算清缴期结束后的税务处理

①由于一些原因（如购销合同、工程项目纠纷等），企业在规定的期限内未能取得符合规定的发票、其他外部凭证或者取得不合规发票、不合规其他

外部凭证，企业主动没有进行税前扣除的，待以后年度取得符合规定的发票、其他外部凭证后，相应支出可以追补至该支出发生年度扣除，追补扣除年限不得超过5年。其中，因对方注销、撤销、依法被吊销营业执照、被税务机关认定为非正常户等特殊原因无法补开、换开符合规定的发票、其他外部凭证的，企业在以后年度凭相关资料证实支出真实性后，相应支出也可以追补至该支出发生年度扣除，追补扣除年限不得超过5年。

②税务机关发现企业应当取得而未取得发票、其他外部凭证或者取得不合规发票、不合规其他外部凭证，企业自被告知之日起60日内补开、换开符合规定的发票、其他外部凭证或者按照《办法》第十四条规定凭相关资料证实支出真实性后，相应支出可以在发生年度税前扣除。否则，该支出不得在发生年度税前扣除，也不得在以后年度追补扣除。

10.3.4 留存备查资料要求

企业在经营活动、经济往来中常常伴生有合同协议、支出依据、付款凭证等相关资料，这些资料不属于税前扣除凭证，但属于与企业经营活动直接相关且能够证明税前扣除凭证真实性的资料。企业应将这些与税前扣除凭证相关的资料留存备查，以证实税前扣除凭证的真实性，以备包括税务机关在内的有关部门、机构或者人员核实。

10.3.5 税收政策风险提示服务

税收政策风险提示服务，是指纳税人进行企业所得税汇算清缴时，税务机关在纳税人正式申报纳税前，依据现行税收法律法规及相关管理规定，利用税务登记信息、纳税申报信息、财务会计信息、备案资料信息、第三方涉税信息等内在规律和联系，依托现代技术手段，就税款计算的逻辑性、申报数据的合理性、税收与财务指标关联性等，提供风险提示服务。

10.3.5.1 税收政策风险提示服务对象

税收政策风险提示服务对象为查账征收，且通过互联网进行纳税申报的居民企业纳税人。

10.3.5.2 税收政策风险提示服务流程

（1）纳税人在互联网上填报完成《中华人民共和国企业所得税年度纳税申报表（A类，2017年版）》后，选择“风险提示服务”，系统即对纳税人提交的申报表数据和信息进行风险扫描，并在很短时间内将风险提示信息推送给纳税人；

（2）针对系统推送的风险提示信息，由纳税人自愿选择是否修正，可以自行确定是否调整、修改、补充数据或信息，也可以直接进入纳税申报程序；

（3）纳税人完成风险提示信息修正后，可以再次选择“风险提示服务”，查看是否已经处理风险提示问题，也可以直接进入纳税申报程序。

需要注意的是，税收政策风险提示服务不改变纳税人依法自行计算申报缴纳税额、享受法定权益、承担法律责任的权利和义务。税收政策风险提示服务只是税务机关为纳税人提供的一项纳税服务，纳税人可以根据自身经营情况，自愿选择风险提示服务，自行决定风险修正。

如果纳税人选择接受风险提示服务，需要在正式申报纳税前，提前一天将本企业的财务报表、企业所得税优惠事项备案表等信息，通过互联网报送至税务机关。之前已经报送过的，无须重复报送。

10.4 申报表

10.4.1 预缴申报表

《中华人民共和国企业所得税月（季）度预缴纳税申报表（A类，2018年版）》及填报说明。可扫描下方二维码查看。

《中华人民共和国企业所得税月（季）度预缴纳税申报表（B类，2018年版）》及填报说明。可扫描下方二维码查看。

10.4.2 年度汇算清缴申报表

《中华人民共和国企业所得税年度纳税申报表（A类，2017年版）》及填报说明。可扫描下方二维码查看。

《中华人民共和国企业所得税月（季）度预缴纳税申报表（B类，2018年版）》及填报说明。

10.4.3 清算申报表

《中华人民共和国企业清算所得税申报表》。可扫描下方二维码查看。

11

特殊业务的处理

11.1 企业重组业务的企业所得税处理

企业重组是调整优化产业结构、转变经济发展方式的重要途径，是培育发展大企业大集团，提高产业集中度，提升产业竞争力的重要手段。2009 年 4 月 30 日，财政部和国家税务总局联合出台了《关于企业重组业务企业所得税处理若干问题的通知》（财税〔2009〕59 号，以下简称 59 号文件），明确了企业重组所得税政策，特别是重组税收优惠政策，极大地减轻了企业并购重组的税负。2010 年，国家税务总局发布了《企业重组业务企业所得税管理办法》（国家税务总局公告 2010 年第 4 号，以下简称 4 号公告），规定了企业重组税务处理的具体征管规定。2014 年底，财政部、税务总局联合发布了《关于促进企业重组有关企业所得税处理问题的通知》（财税〔2014〕109 号）和《关于非货币性资产投资企业所得税政策问题的通知》（财税〔2014〕116 号），将适用特殊性税务处理的股权收购和资产收购中被收购股权或资产比例由不低于 75%调整为不低于 50%，明确了股权或资产划转特殊性税务处理政策，以及非货币性资产投资递延纳税政策。2015 年，为了落实国务院行政审批制度改革要求，国家税务总局出台了《关于企业重组业务企业所得税征收管理若干问题的公告》（国家税务总局公告 2015 年第 48 号，以下简称 48 号公告），取消了 59 号文件和 4 号公告中关于税务机关事先核准的有关内容，对企业重组特殊性税务处理的申报管理和后续管理事项进行了规范与修订，改变了管理方式，重新设计了报告表和附表，规范了申报资料，优化了征管流程，明确了征收管理的相关要求。同时，为强化政策效应分析，还设计了专门的统计表，以利于重组递延纳税效果的总量分析和结构分析。税收政策在支持企业重组方面的力度越来越大，也体现了税务总局在落实"放管服"、优化政策、减轻企业负担方面的实干精神。

11.1.1 企业重组所得税处理的各类概念

11.1.1.1 企业重组的概念和基本类型

企业重组，是指企业在日常经营活动以外发生的法律结构或经济结构重大改变的交易，包括企业法律形式改变、债务重组、股权收购、资产收购、合并、分立等。

（1）企业法律形式改变

企业法律形式改变，是指企业注册名称、住所以及企业组织形式等的简单改变，但符合相关规定其他重组的类型除外。

（2）债务重组

债务重组，是指在债务人发生财务困难的情况下，债权人按照其与债务人达成的书面协议或者法院裁定书，就其债务人的债务作出让步的事项。

（3）股权收购

股权收购，是指一家企业（以下称为收购企业）购买另一家企业（以下称为被收购企业）的股权，以实现对被收购企业控制的交易。收购企业支付对价的形式包括股权支付、非股权支付或两者的组合。

（4）资产收购

资产收购，是指一家企业（以下称为受让企业）购买另一家企业（以下称为转让企业）实质经营性资产的交易。受让企业支付对价的形式包括股权支付、非股权支付或两者的组合。

实质经营性资产，是指企业用于从事生产经营活动、与产生经营收入直接相关的资产，包括经营所用各类资产、企业拥有的商业信息和技术、经营活动产生的应收款项、投资资产等。

（5）合并

合并，是指一家或多家企业（以下称为被合并企业）将其全部资产和负债转让给另一家现存或新设企业（以下称为合并企业），被合并企业股东换取合并企业的股权或非股权支付，实现两个或两个以上企业的依法合并。

（6）分立

分立，是指一家企业（以下称为被分立企业）将部分或全部资产分离转让给现存或新设的企业（以下称为分立企业），被分立企业股东换取分立企业的股权或非股权支付，实现企业的依法分立。

11.1.1.2 企业重组中“支付”的形式

企业重组业务中的支付包括股权支付和非股权支付。股权支付，是指企业重组中购买、换取资产的一方支付的对价中，以本企业或其控股企业的股权、股份作为支付的形式；非股权支付，是指以本企业的现金、银行存款、应收款项、本企业或其控股企业股权和股份以外的有价证券、存货、固定资产、其他资产以及承担债务等作为支付的形式。

11.1.1.3 重组当事各方和重组主导方

（1）重组当事各方的确定

企业重组涉及重组双方，有的涉及多方，具有纳税义务的可能是一方，但另一方也要按照规定对计税基础进行相应的税务处理，即重组各方应遵循“同一重组业务的当事各方应采取一致的税务处理”原则，即统一按一般性或特殊性税务处理。

①债务重组中当事各方，指债务人及债权人。主导方为债务人。

②股权收购中当事各方，指收购方、转让方及被收购企业。主导方为股权转让方，涉及两个或两个以上股权转让方的，由转让被收购企业股权比例最大的一方作为主导方（转让股权比例相同的可协商确定主导方）。

③资产收购中当事各方，指转让方、受让方。主导方为资产转让方。

④合并中当事各方，指合并企业、被合并企业及各方股东。主导方为被合并企业，涉及同一控制下多家被合并企业的，以净资产最大的一方为主导方。

⑤分立中当事各方，指分立企业、被分立企业及各方股东。主导方为被分立企业。

（2）重组主导方

重组主导方是资产（股权）转让方，是重组所得实现和递延的主体，48号公告规定：重组主导方申报后，其他当事方应持经重组主导方主管税务机关受理的报告表及附表和申报资料，向其主管税务机关申报。

重组交易中，股权收购中转让方、合并中被合并企业股东和分立中被分立企业股东，可以是自然人。当事各方中的自然人应按个人所得税的相关规定进行税务处理。

11.1.1.4 重组日的确定

企业重组，其重组日的确定，按以下规定处理：

（1）债务重组，以债务重组合同（协议）或法院裁定书生效日为重组日。

（2）股权收购，以转让合同（协议）生效且完成股权变更手续日为重组日。关联企业之间发生股权收购，转让合同（协议）生效后12个月内尚未完成股权变更手续的，应以转让合同（协议）生效日为重组日。

（3）资产收购，以转让合同（协议）生效且当事各方已进行会计处理的日期为重组日。

（4）合并，以合并合同（协议）生效、当事各方已进行会计处理且完成工商新设登记或变更登记日为重组日。按规定不需要办理工商新设或变更登记的合并，以合并合同（协议）生效且当事各方已进行会计处理的日期为重组日。

（5）分立，以分立合同（协议）生效、当事各方已进行会计处理且完成工商新设登记或变更登记日为重组日。

11.1.1.5 评估机构

评估机构，是指具有合法资质的中国资产评估机构。

11.1.2 企业重组税务处理方式

企业重组的税务处理区分不同条件，分别适用一般性税务处理规定和特殊性税务处理规定。

11.1.2.1 划分一般性税务处理和特殊性税务处理的条件

企业重组同时符合下列条件的，适用特殊性税务处理规定：

（1）具有合理的商业目的，且不以减少、免除或者推迟缴纳税款为主要目的。

（2）被收购、合并或分立部分的资产或股权比例符合规定的比例。

（3）企业重组后的连续12个月内不改变重组资产原来的实质性经营活动。

（4）重组交易对价中涉及股权支付金额符合规定比例。

（5）企业重组中取得股权支付的原主要股东，在重组后连续12个月内，不得转让所取得的股权。

当事各方应在完成重组业务后的下一年度的企业所得税年度申报时，向主管税务机关提交书面情况说明，以证明企业在重组后的连续12个月内，有关符合特殊性税务处理的条件未发生改变。

11.1.2.2 企业重组的一般性税务处理

一般性税务处理主要抓住公允价值计量这一核心，也就是说在一般性税务处理情况下，企业的重组业务要按照《企业所得税法》及其实施条例的规定，对发生资产所有权转移情况的，要按照转移资产的公允价值确认收益或损失，按照公允价值计算资产的计税基础并进行折旧和摊销。

（1）企业法律形式改变

企业法律形式改变，由法人转变为个人独资企业、合伙企业等非法人组织，或将登记注册地转移至中华人民共和国境外（包括港澳台地区），纳税人发生实质性变化，应视同企业进行清算、分配，股东重新投资成立新企业。企业的全部资产以及股东投资的计税基础均应以公允价值为基础确定。

企业发生其他法律形式简单改变的，可直接变更税务登记，除另有规定外，有关企业所得税纳税事项（包括亏损结转、税收优惠等权益和义务）由变更后企业承继，但因住所发生变化而不符合税收优惠条件的除外（按照48号公告的规定，企业发生其他法律形式的简单改变，属于重组的特殊性税务处理，但不需要进行单独申报）。

（2）债务重组

企业债务重组，相关交易应按以下规定处理：

①以非货币资产清偿债务，应当分解为转让相关非货币性资产、按非货币性资产公允价值清偿债务两项业务，确认相关资产的所得或损失。

②发生债权转股权的，应当分解为债务清偿和股权投资两项业务，确认有关债务清偿所得或损失。

③债务人应当按照支付的债务清偿额低于债务计税基础的差额，确认债务重组所得；债权人应当按照收到的债务清偿额低于债权计税基础的差额，确认债务重组损失。

④债务人的相关所得税纳税事项原则上保持不变。

【案例 11-1-1】 甲企业与乙企业达成债务重组协议，同意乙企业以一套设备清偿 100 万元的债务，该套设备账面原值 100 万元，已提折旧 25 万元，评估确认的价值为 80 万元。

【问题】 不考虑其他税费，乙企业如何进行会计处理以及所得税处理？

【解析】 《企业会计准则第 12 号——债务重组》规定，企业用固定资产清偿债务的，债务人应当将重组债务的账面价值超过清偿债务的固定资产的公允价值之间的差额，计入营业外收入（债务重组利得）。固定资产的公允价值和账面价值的差额，计入营业外收入或营业外支出。则债务人乙企业的会计分录为：

借：固定资产清理　　750000
　　累计折旧　　250000
　　贷：固定资产　　1000000

借：应付账款——甲企业　　1000000
　　贷：固定资产清理　　800000
　　　　营业外收入——债务重组利得　　200000

借：固定资产清理　　50000
　　贷：营业外收入——处置固定资产收益　　50000

税法对于该项业务收益的确认与会计上保持一致，因此不需要进行纳税调整。

【案例 11-1-2】 甲公司是一个上市公司，2017 年 6 月与乙公司达成债务重组协议，甲公司以其增发的普通股 20 万股，抵偿所欠乙公司货款 200 万元，甲公司股票市价每股 9 元，面值每股 2 元。

【问题】 不考虑其他税费。债务人甲公司如何进行会计处理以及所得税处理？

【解析】 根据企业会计准则，以债务转增股本清偿某项债务，债务人应将重组债务的账面价值与债权人因放弃债权而享有的股权的公允价值之间的差额，作为重组收益计入当期损益。公允价值与账面价值之差作为资产转让损益。债权人重组债权的账面余额与享有股权公允价值的差额，作为债务重组损失计入当期损益。

债务人甲公司会计处理为：

借：应付账款——乙公司　　2000000
　　贷：股本　　400000

资本公积——股本溢价　1400000

营业外收入——债务重组利得　200000

债权人乙公司会计处理为：

借：长期股权投资　1800000

营业外支出——债务重组损失　200000

贷：应收账款——甲公司　2000000

在这种情况下，债务重组双方均不再进行纳税调整。

(3) 股权收购和资产收购

企业股权收购、资产收购重组，相关交易应按以下规定处理：

①被收购方应确认股权、资产转让所得或损失。

②收购方取得股权或资产的计税基础应以公允价值为基础确定。

③被收购企业的相关所得税事项原则上保持不变。

【案例 11-1-3】 A 公司成立于 2014 年 1 月，注册资本 1000 万元，主营药品批发零售业务。股东 B 公司持有 A 公司 40%股权，为原始投入，投资成本为 400 万元。D 公司成立于 2011 年 3 月，主要从事药品研发、制造与销售业务。2015 年 7 月，为发展战略需要，拓宽市场销售渠道，D 公司与 B 公司签订股权收购协议，以 A 公司 2015 年 6 月 30 日账面净资产 1200 万元和公允价值 1500 万元为基准，D 公司以增发本公司股份 400 万股（每股面值 1 元，每股公允价值 1.5 元）的形式收购 B 公司持有的 A 公司 40%股权。B 公司取得 D 公司增发的股份后，对 D 公司不构成重大影响。

【问题】 收购各方如何进行会计处理和所得税处理？

【解析】 《企业会计准则第 2 号——长期股权投资》规定：换入方按换入股权的约定价格或公允价值，借记“长期股权投资”（成本法）、“长期股权投资——成本”（权益法）、“可供出售金融资产[①]——成本”等科目，按换出股权的账面价值，贷记“长期股权投资”（成本法）科目，贷（或借）记“长期股权投资——成本、损益调整、其他权益变动”“可供出售金融资产——成本、公允价值变动”科目，按支付的相关税费，贷记“银行存款”等

① 2017 年 3 月 31 日，财政部印发修订后的《企业会计准则第 22 号——金融工具确认和计量》（财会〔2017〕7 号）、《企业会计准则第 23 号——金融资产转移》（财会〔2017〕8 号）、《企业会计准则第 24 号——套期会计》（财会〔2017〕9 号），将可供出售金融资产记入“以公允价值计量且其变动计入其他综合收益的金融资产”。

科目，按其差额，贷记或借记“投资收益”科目。

(1) 会计核算

①转让方B公司会计处理

2014年1月，转让方B公司采用权益法核算A公司的股权投资，会计处理如下：

借：长期股权投资——成本（A公司） 4000000
　　贷：银行存款 4000000

假设2014年A公司利润120万元，B公司按权益法应计算48万元（120×40%）的投资收益，会计处理如下：

借：长期股权投资——损益调整（A公司） 480000
　　贷：投资收益 480000

假设2015年上半年A公司取得利润100万元，B公司按权益法应计算40万元（100×40%）的投资收益，会计处理如下：

借：长期股权投资——损益调整（A公司） 400000
　　贷：投资收益 400000

2015年7月，持有的40%股权被D公司收购，取得D公司发行的400万股股票，会计处理如下：

借：可供出售金融资产——成本（D公司） 6000000
　　贷：长期股权投资——成本（A公司） 4000000
　　　　长期股权投资——损益调整（A公司） 880000
　　　　投资收益 1120000

②收购方D公司会计处理

收购方D公司以增发本公司股份公允价值作为长期股权投资成本，会计处理如下：

借：长期股权投资——A公司 6000000
　　贷：股本——B公司 3000000
　　　　资本公积——股本溢价 3000000

(2) 税务处理

由于D公司收购股权的比例未达到50%，不符合特殊性税务处理的条件，交易双方只能按一般性税务处理方式进行税务处理。

①转让方B公司税务处理

B公司应按出售业务计算股权转让所得或损失。其投资成本400万元，转让收入600万元（300×1.5），股权转让所得200万元。

②收购方D公司税务处理

D公司是以增发股份的公允价值确定取得的股权计税基础，即其增发后持有的A公司40%股权的计税基础按所增发股份的公允价值确定，即600万元。

(3) 税会差异分析

①转让方B公司税会差异分析

由于B公司按照权益法核算对A公司的投资，B公司于2014年及2015年上半年在会计上分别计算了48万元和40万元持有期间投资收益，但该项投资收益在税收上并不需要确认所得，故在2014年度和2015年度企业所得税汇算清缴时，需分别调减持有期间的投资收益48万元和40万元。

股权转让时，B公司在会计上计算了112万元的投资收益，但在税收上需确认200万元的股权转让所得。故在2015年度汇算清缴时，需调增88万元的股权处置所得。

B公司取得的D公司增发的300万份股份，计税基础与会计成本均为600万元，税会一致，无差异。

②收购方D公司税会差异分析

D公司取得的A公司40%股权，计税基础与会计成本均为600万元，税会一致，无差异。

(4) 企业合并

企业合并，当事各方应按下列规定处理：

①合并企业应按公允价值确定接受被合并企业各项资产和负债的计税基础。

②被合并企业及其股东都应按清算进行所得税处理。

③被合并企业的亏损不得在合并企业结转弥补。

【案例11-1-4】 2019年6月，某房地产公司以7000万元货币资金购买A企业全资子公司B公司100%股权5000万元，B公司资产总额为8000万元，计税基础为7500万元，公允价值为9000万元，负债为2000万元，计税基础为2000万元，未分配利润为1000万元。购买完成后，B公司注销。B公司现有职工随着资产转让，一并由该房地产公司接收并负责安置。

【问题】 合并各方如何进行会计处理和所得税处理？

【解析】 (1) B公司转让后不再存在，要进行企业所得税清算处理。按照《财政部 国家税务总局关于企业清算业务企业所得税处理若干问题的通知》(财税〔2009〕60号，以下简称财税〔2009〕60号文件) 规定，企业全部资产的可变现价值或交易价格减除清算费用，职工的工资、社会保险费用和法定补偿金，结清清算所得税、以前年度欠税等税款，清偿企业债务，按规定计算可以向所有者分配的剩余资产。B公司首先进行清算处理。清算所得：(9000-7500) +(2000-2000) =1500 (万元)，清算所得税：1500×25%=375 (万元)，清算损益：1500-375=1125 (万元)，可向股东分配的剩余财产：9000-2000-375=6625 (万元)，其中累计未分配利润：1000+1125=2125 (万元)。

(2) 被合并企业股东A企业应按清算处理

根据财税〔2009〕60号文件规定，被清算企业的股东分得的剩余资产的金额，其中相当于被清算企业累计未分配利润和累计盈余公积中按该股东所占股份比例计算的部分，应确认为股息所得；剩余资产减除股息所得后的余额，超过或低于股东投资成本的部分，应确认为股东的投资转让所得或损失。该案例中，A企业作为原股东获得7000万元股权转让所得，375万元用于B企业缴纳清算所得税，实际确认所得为6625万元，其中2125万元为累计未分配利润，属于权益性投资所得，不用缴纳企业所得税，因6625-5000-2125=-500 (万元)，所以产生投资转让损失。根据《企业资产损失所得税税前扣除管理办法》(国家税务总局公告2011年第25号印发) 规定，可依据被投资方清算剩余资产分配情况的证明申请损失扣除。

(3) 合并企业的税务处理

该房地产公司接受被出售的B公司，以B公司全部资产的公允价值确定入账。会计处理为：

借：各项资产	90000000	
贷：库存现金（银行存款）		70000000
各项负债		20000000

(4) 企业分立

企业分立，当事各方应按下列规定处理：

①被分立企业对分立出去资产应按公允价值确认资产转让所得或损失。

②分立企业应按公允价值确认接受资产的计税基础。

③被分立企业继续存在时，其股东取得的对价应视同被分立企业分配进行处理。

④被分立企业不再继续存在时，被分立企业及其股东都应按清算进行所得税处理。

⑤企业分立相关企业的亏损不得相互结转弥补。

【案例 11-1-5】 为了经营需要，A 公司将某车间剥离出去，成立 B 公司、保留 A 公司，分立前后的股权情况及资产负债情况见表 1 和表 2。甲、乙均为法人，A、B 公司在未来 12 个月不会转让或者改变股权结构。协议约定本次分立涉及 A 公司的税收权利和义务均由乙股东承担。假设分立符合部分划转相关条件，不涉及增值税等问题。

表 1　分立前股权情况及资产负债情况　单位：万元

公司	股东及股权占比	项目	账面价值	公允价值
A 公司	甲：60%	资产	4000	4800
		负债	3000	3000
	乙：40%	所有者权益	1000	1800

表 2　分立后股权情况及资产负债情况　单位：万元

公司	股东及股权占比	项目	账面价值	公允价值
新 A 公司	甲：75%	资产	3200	3840
		负债	2400	2400
	乙：25%	所有者权益	800	1440
B 公司	乙：100%	资产	800	960
		负债	600	600
		所有者权益	200	360

【问题】 分立各方如何进行会计处理和所得税处理？

【解析】 （1）被分立企业（A 公司）的会计及税务处理：

①分立的会计处理

企业分立会计上一般不具有商业实质，按账面价值进行处理：

借：所有者权益类　　2000000

　　负债类　　6000000

　　贷：资产类　　8000000

②分立的税务处理

被分立企业对分立出去资产在税法上应按公允价值确认资产转让所得或损失。A公司分立出去的资产公允价值为960万元，账面价值为800万元，税法上应确认资产转让所得160万元，会计上没有确认收益，存在税会差异。汇缴申报时，甲公司应调增应纳税所得额160万元，由此产生应纳企业所得税：160×25%=40（万元），应计入递延所得税资产。

③应纳所得税的会计处理

协议约定本次分立涉及A公司的税收权利和义务均由乙股东承担。因此上述税会差异导致A公司应缴纳的40万元企业所得税由乙公司来支付。

借：应收账款——乙股东　　400000

　　贷：应交税费——应交所得税　　400000

借：银行存款　　400000

　　贷：应收账款——乙股东　　400000

借：应交税费——应交所得税　　400000

　　贷：银行存款　　400000

（2）分立企业（B公司）的会计及税务处理：

存续分立当无新的投资者加入时，分立企业可以将接收资产的账面价值或者评估价值作为入账价值。这里采用账面价值。

借：资产类　　8000000

　　贷：负债类　　6000000

　　　　所有者权益类　　2000000

B公司取得分立资产的计税基础按照公允价值为960万元，会计上按账面价值800万元入账，存在税会差异，后续计提折旧费用时需要进行纳税调整。

（3）存续分立中被分立企业股东（乙公司）的会计及税务处理：

借：递延所得税资产　　400000（承担的A公司分立涉及税款）

　　贷：银行存款　　400000

借：长期股权投资——B公司　　3600000

　　贷：长期股权投资——A公司（成本）　　3600000

11.1.2.3 企业重组的特殊性税务处理

企业重组同时符合以下五个条件的，适用特殊性税务处理规定：

（1）具有合理的商业目的，且不以减少、免除或者推迟缴纳税款为主要目的。

（2）被收购、合并或分立部分的资产或股权比例符合规定的比例。

（3）企业重组后的连续 12 个月内不改变重组资产原来的实质性经营活动。

（4）重组交易对价中涉及股权支付金额符合规定比例。

（5）企业重组中取得股权支付的原主要股东，在重组后连续 12 个月内，不得转让所取得的股权。

企业重组符合前述五个规定条件的，交易各方对其交易中的股权支付部分，可以按以下规定进行特殊性税务处理：

（1）企业债务重组

企业债务重组确认的应纳税所得额占该企业当年应纳税所得额 50%以上，可以在 5 个纳税年度的期间内，均匀计入各年度的应纳税所得额。

企业发生债权转股权业务，对债务清偿和股权投资两项业务暂不确认有关债务清偿所得或损失，股权投资的计税基础以原债权的计税基础确定。企业的其他相关所得税事项保持不变。

（2）股权收购

股权收购，收购企业购买的股权不低于被收购企业全部股权的 50%，且收购企业在该股权收购发生时的股权支付金额不低于其交易支付总额的 85%，可以选择按以下规定处理：

①被收购企业的股东取得收购企业股权的计税基础，以被收购股权的原有计税基础确定。

②收购企业取得被收购企业股权的计税基础，以被收购股权的原有计税基础确定。

③收购企业、被收购企业的原有各项资产和负债的计税基础和其他相关所得税事项保持不变。

【案例 11-1-6】 A 公司成立于 2014 年 7 月，注册资本 1000 万元，主营软件研发业务。股东 B 公司持有 A 公司 60%股权，为原始投入，投资成本为 600 万元。

D 公司成立于 2010 年 4 月，主要从事游戏开发业务。2019 年 5 月 20 日，为发展战略需要，拓宽市场销售渠道，D 公司与 B 公司签订股权收购协议（约定当日生效），以 A 公司 2019 年 4 月 30 日账面净资产 1300 万元和公允价值 2000 万元为基准，D 公司以增发本公司股份 400 万股（每股面值 1 元，每股公允价值 3 元）的形式收购 B 公司持有的 A 公司 60%股权。2019 年 6 月 30 日完成股权变更登记。B 公司取得 D 公司增发的股份后，对 D 公司不构成重大影响。

【问题】 收购各方如何进行会计处理和所得税处理？

【解析】 （1）税务处理

假设其他条件符合的情况下，D 公司收购 A 公司 60%的股权，收购的股权比例符合 50%的比例要求，B 公司与 D 公司一致选择按照特殊性税务处理。

①转让方 B 公司税务处理

特殊性税务处理情况下，B 公司出让持有的 60%股权交易不计算股权转让所得，同时其取得 D 公司增发的股份的计税基础，按照其原持有的 A 公司股权的计税基础确定，即 600 万元。

②收购方 D 公司税务处理

特殊性税务处理情况下，D 公司以增发股份的形式收购 B 公司持有的股权，无须计算所得，但其取得的 A 公司 60%股权的计税基础，按照被收购股权的原计税基础确定，即 600 万元，不能按增发股权的公允价值 1200 万元确定计税基础。

（2）会计核算

①转让方 B 公司会计处理

初始投资时，转让方 B 公司采用成本法核算 A 公司的股权投资，会计处理如下：

借：长期股权投资——A 公司　　6000000

　　贷：银行存款　　6000000

2019 年 5 月，持有的 A 公司 60%股权被收购，取得 D 公司增发的 400 万股股份时按公允价值确认成本，会计处理如下：

借：以公允价值计量且其变动计入其他综合收益的金融资产——成本——D 公司　　12000000

　　贷：长期股权投资——A 公司　　6000000

　　　　投资收益　　6000000

②收购方 D 公司会计处理

收购方 D 公司以增发本公司股份公允价值作为长期股权投资成本，会计处理如下：

借：长期股权投资——A 公司　　12000000

贷：股本——B公司　　　　4000000

　　资本公积——股本溢价　　　　8000000

（3）税会差异分析

①转让方B公司税会差异分析

B公司对原持有的A公司股权按成本法核算，故持有期间没有税会差异。

B公司处置A公司股权时，在会计上确认了600万元的投资收益，但在特殊性税务处理情况下，B公司在税务上无须计算和确认股权转让所得。故在2019年度企业所得税汇算清缴时，应调减600万元的股权处置所得。

B公司取得的D公司增发的400万份股份，计税基础为600万元。但会计成本为1200万元，存在600万元的税会差异，需要在日后处置该项股权时进行纳税调整。

②收购方D公司税会差异分析

D公司取得的A公司60%股权应按原计税基础确定，即计税基础为600万元。但会计成本为1200万元，存在600万元的税会差异，需要在日后处置该项股权时进行纳税调整。

（4）税会差异在年度企业所得税申报表的填报

在本案例中，D公司年度中无税会差异，无须调整。但B公司在股权转让时会计上确认了600万元的投资收益，但在税务上因适用特殊性税务处理方式，无须确认该笔处置收益，故应在2019年度企业所得税申报表中的A105100《企业重组纳税调整明细表》中进行调减处理。

（3）资产收购

资产收购，受让企业收购的资产不低于转让企业全部资产的50%，且受让企业在该资产收购发生时的股权支付金额不低于其交易支付总额的85%，可以选择按以下规定处理：

①转让企业取得受让企业股权的计税基础，以被转让资产的原有计税基础确定。

②受让企业取得转让企业资产的计税基础，以被转让资产的原有计税基础确定。

（4）企业合并

企业合并，企业股东在该企业合并发生时取得的股权支付金额不低于其交易支付总额的85%，以及同一控制下且不需要支付对价的企业合并，可以选择按以下规定处理：

①合并企业接受被合并企业资产和负债的计税基础，以被合并企业的原有计税基础确定。

②被合并企业合并前的相关所得税事项由合并企业承继。

③可由合并企业弥补的被合并企业亏损的限额=被合并企业净资产公允价值×截至合并业务发生当年年末国家发行的最长期限的国债利率。

④被合并企业股东取得合并企业股权的计税基础，以其原持有的被合并企业股权的计税基础确定。

（5）企业分立

企业分立，被分立企业所有股东按原持股比例取得分立企业的股权，分立企业和被分立企业均不改变原来的实质经营活动，且被分立企业股东在该企业分立发生时取得的股权支付金额不低于其交易支付总额的85%，可以选择按以下规定处理：

①分立企业接受被分立企业资产和负债的计税基础，以被分立企业的原有计税基础确定。

②被分立企业已分立出去资产相应的所得税事项由分立企业承继。

③被分立企业未超过法定弥补期限的亏损额可按分立资产占全部资产的比例进行分配，由分立企业继续弥补。

④被分立企业的股东取得分立企业的股权（以下简称“新股”），如需部分或全部放弃原持有的被分立企业的股权（以下简称“旧股”），“新股”的计税基础应以放弃“旧股”的计税基础确定。如不需放弃“旧股”，则其取得“新股”的计税基础可从以下两种方法中选择确定：直接将“新股”的计税基础确定为零；或者以被分立企业分立出去的净资产占被分立企业全部净资产的比例先调减原持有的“旧股”的计税基础，再将调减的计税基础平均分配到“新股”上。

（6）重组交易各方税务处理

重组交易各方按特殊性税务处理规定对交易中股权支付暂不确认有关资产的转让所得或损失的，其非股权支付仍应在交易当期确认相应的资产转让所得或损失，并调整相应资产的计税基础。

非股权支付对应的资产转让所得或损失=（被转让资产的公允价值-被转让资产的计税基础）×（非股权支付金额÷被转让资产的公允价值）

【案例 11-1-7】 甲公司转让其持有的A公司100%的股权，获取的对价为B公司股权和50万元现金，并适用了特殊性税务处理。A公司股权账面价值100万元，公允价值500万元。

【问题】 甲公司在重组交易完成当年是否需要缴纳企业所得税？

【解析】 本例中甲公司虽然选择适用了特殊性税务处理，仍应按照规定就其取得的非股权支付的部分在重组完成当年缴纳企业所得税，即甲公司应在当期确认股权转让所得＝（500－100）×（50÷500）＝40（万元）。同时甲公司确认其取得的B公司股权的计税基础：100+40＝140（万元）。

11.1.2.4 企业重组所得税征收管理

4号公告和48号公告对企业重组的申报管理等事项进行了规定，其有效条款一起构成了完整的企业重组所得税管理制度体系。

(1) 规定了重组各方的申报责任

主要是资料报送、情况及情况变化报告以及专项说明等。

在资料报送方面，区分不同重组类型，申报要求不同。企业重组的当事各方应该取得并保管与该重组有关的凭证、资料，保管期限按照《税收征管法》的有关规定执行。对于适用一般性税务处理的企业重组，除了按规定要求进行清算的重组事项要按照财税〔2009〕60号文件规定向税务机关报送资料外，其余重组事项相关资料只需要企业留存备查，大大减轻了企业的申报负担；而对于适用特殊性税务处理的企业重组，由于其业务的复杂性，为减少税务风险，要求企业填报《企业重组所得税特殊性税务处理报告表及附表》，同时向税务机关报送相关资料。合并、分立中重组一方涉及注销的，应在尚未办理注销税务登记手续前进行申报。重组主导方申报后，其他当事方向其主管税务机关办理纳税申报。申报时还应附送重组主导方经主管税务机关受理的《企业重组所得税特殊性税务处理报告表及附表》(复印件)。

企业重组业务适用特殊性税务处理的，申报时，还应举证说明企业重组具有合理的商业目的；向主管税务机关提交重组前连续12个月内有无与该重组相关的其他股权、资产交易情况的说明，并说明这些交易与该重组是否构成分步交易，是否作为一项企业重组业务进行处理。

合理的商业目的应按照以下几项逐项说明：

①重组交易的方式；

②重组交易的实质结果；

③重组各方涉及的税务状况变化；

④重组各方涉及的财务状况变化；

⑤非居民企业参与重组活动的情况。

（2）规定了重组各方的后续报告责任

除了在重组发生年度要求重组各方按照上述要求申报外，在重组发生后的相应年度，特殊性税务处理的重组各方仍有后续报告责任，以证明重组后相应年度内仍按照特殊性税务处理的要求开展业务。

①重组后连续12个月重组企业情况报告。特殊性税务处理的当事各方应在完成重组业务后的下一年度的企业所得税年度申报时，向主管税务机关提交书面情况说明，以证明企业在重组后的连续12个月内，有关符合特殊性税务处理的条件未发生改变。如当事方的其中一方在规定时间内发生生产经营业务、公司性质、资产或股权结构等情况变化，致使重组业务不再符合特殊性税务处理条件的，发生变化的当事方应在情况发生变化的30天内书面通知其他所有当事方。主导方在接到通知后30日内将有关变化通知其主管税务机关。发生变化后60日内，应按照财税〔2009〕60号文件第四条的规定调整重组业务的税务处理。原交易各方应各自按原交易完成时资产和负债的公允价值计算重组业务的收益或损失，调整交易完成纳税年度的应纳税所得额及相应的资产和负债的计税基础，并向各自主管税务机关申请调整交易完成纳税年度的企业所得税年度申报表。逾期不调整申报的，按照《税收征管法》的相关规定处理。

②分年确认债务重组所得情况说明。企业发生符合特殊性税务处理条件的债务重组，应准确记录应予确认的债务重组所得，并在相应年度的企业所得税汇算清缴时对当年确认额及分年结转额的情况作出说明。

③跨境重组分年确认资产或股权转让收益情况说明。居民企业以其拥有的资产或股权向其100%直接控股的非居民企业进行投资，符合特殊性税务处理条件的，居民企业应准确记录应予确认的资产或股权转让收益总额，并在相应年度的企业所得税汇算清缴时对当年确认额及分年结转额的情况作出说明。

④资产（股权）转让情况专项说明。适用特殊性税务处理的企业，在以后年度转让或处置重组资产（股权）时，应在年度纳税申报时对资产（股权）转让所得或损失情况进行专项说明，包括特殊性税务处理时确定的重组资产（股权）计税基础与转让或处置时的计税基础的比对情况，以及递延所

得税负债的处理情况等。

11.1.3 企业重组相关所得税事项承继

特殊性税务处理下，被合并企业合并前的相关所得税事项由合并企业承继，已分立资产相应的所得税事项由分立企业承继，这些事项包括尚未确认的资产损失、分期确认收入的处理以及尚未享受期满的税收优惠政策承继处理问题等。

11.1.3.1 税收优惠政策承继

在企业吸收合并中，合并后的存续企业性质及适用税收优惠的条件未发生改变的，可以继续享受合并前该企业剩余期限的税收优惠，其优惠金额按存续企业合并前一年的应纳税所得额（亏损计为零）计算。

在企业存续分立中，分立后的存续企业性质及适用税收优惠的条件未发生改变的，可以继续享受分立前该企业剩余期限的税收优惠，其优惠金额按该企业分立前一年的应纳税所得额（亏损计为零）乘以分立后存续企业资产占分立前该企业全部资产的比例计算。如涉及资格认定需要重新确认的，经有关部门重新认定或备案后，可以继续享受有关优惠。有优惠期限的，在剩余优惠期限内享受。

【案例 11-1-8】 A 公司为高新技术企业，享受 15%的优惠税率。2016 年 6 月将其部分资产、业务分立出去成立 B 公司。A 公司本次分立业务符合特殊性税务处理的要求。

【问题】 A 公司还能继续享受高新技术企业的优惠税率吗？

【解析】 根据《科技部 财政部 国家税务总局关于修订印发〈高新技术企业认定管理办法〉的通知》（国科发火〔2016〕32 号）第十七条规定：高新技术企业发生更名或与认定条件有关的重大变化（如分立、合并、重组以及经营业务发生变化等）应在三个月内向认定机构报告。经认定机构审核符合认定条件的，其高新技术企业资格不变，对于企业更名的，重新核发认定证书，编号与有效期不变；不符合认定条件的，自更名或条件变化年度起取消其高新技术企业资格。A 公司应在分立完成后 3 个月内向认定机构报告，由认定机构对其资格进行审核。审核通过可继续享受高新技术企业税收优惠。

11.1.3.2 亏损弥补承继

特殊性税务处理情形下，合并企业可以在税法规定的剩余结转年限内弥补被合并企业在合并前的亏损，每年可由合并企业弥补的被合并企业亏损的限额=被合并企业净资产公允价值×截至合并业务发生当年年末国家发行的最长期限的国债利率。

一般性税务处理情形下，企业分立相关企业的亏损不得相互结转弥补。特殊性税务处理情形下，被分立企业未超过法定弥补期限的亏损额可按分立资产占全部资产的比例进行分配，由分立企业继续弥补。实务操作中，一般用资产的公允价值进行比例计算。

11.1.3.3 分步交易确认为“一揽子”交易

根据59号文件第十条规定，企业在重组发生前后连续12个月内分步对其资产、股权进行交易，应根据实质重于形式原则将上述交易作为一项企业重组交易进行处理。48号公告进一步细化规定为：若同一项重组业务涉及在连续12个月内分步交易，且跨两个纳税年度，则按如下规则处理：

（1）当事各方在首个纳税年度交易完成时，预计整个交易符合特殊性税务处理条件，经协商一致选择特殊性税务处理的，可以暂时适用特殊性税务处理，并在当年企业所得税年度申报时提交书面申报资料。

（2）在下一纳税年度全部交易完成后，企业应判断是否适用特殊性税务处理。如适用特殊性税务处理的，当事各方应按48号公告要求申报相关资料；如适用一般性税务处理的，应调整相应纳税年度的企业所得税年度申报表，计算缴纳企业所得税。

（3）若当事方在首个纳税年度不能预计整个交易是否符合特殊性税务处理条件，应适用一般性税务处理。在下一纳税年度全部交易完成后，适用特殊性税务处理的，可以调整上一纳税年度的企业所得税年度申报表，涉及多缴税款的，各主管税务机关应退税，或抵缴当年应纳税款。

这里主要把握三个要点：①必须是同一项重组业务；②分步交易必须是连续12个月以内完成且跨两个纳税年度；③必须当事各方协商一致选用何种税务处理。

【案例11-1-9】 A公司出于经营需要，制定了一揽子收购计划，分三次逐步收购B公司的股份，分别为2016年7月收购B公司30%的股权，2017年

3月收购B公司25%的股权，2017年9月收购B公司20%的股权。

【问题】 若上述收购全部通过股权支付的方式完成，A公司能否适用特殊性税务处理？A公司在12个月内连续发生多笔股权交易，或者同一股权12个月内连续被交易，能否认定为同一项重组业务？

【解析】 企业在重组发生前后连续12个月内分步对其股权进行交易，应根据实质重于形式原则将上述交易作为一项企业重组交易进行处理。

因此，A公司自2016年7月至2017年3月发生的两笔收购业务可以作为一项重组业务，收购股权比例为55%，收购比例符合特殊性税务处理要求；2017年9月发生的第三笔收购业务因超过12个月，无法和第一笔收购业务合并计算，且不符合收购比例的要求，仅能适用一般性税务处理。

A公司在2016年第一笔收购交易完成时，如果预计整个交易符合特殊性税务处理条件，经和转让方协商一致选择特殊性税务处理的，可以暂时适用特殊性税务处理，并在当年企业所得税年度申报时提交书面申报资料。

2017年全部交易完成后，A公司应判断是否适用特殊性税务处理。如适用特殊性税务处理的，A公司和各转让方应按要求申报相关资料；如适用一般性税务处理的，应调整2016年度的企业所得税年度申报表，计算缴纳企业所得税。

11.1.3.4 后续管理

重组各当事方的主管税务机关应当对企业申报或确认适用特殊性税务处理的重组业务进行跟踪监管，了解重组企业的动态变化情况。发现问题，应及时与其他当事方主管税务机关沟通联系，并按照规定给予调整。

（1）主管税务机关应对采用特殊性税务处理的企业债务重组建立台账，对企业每年申报的债务重组所得与台账进行比对分析，加强后续管理。

（2）主管税务机关应对采用特殊性税务处理的企业资产或股权收购业务建立台账，对居民企业取得股权的计税基础和每年确认的资产或股权转让收益进行比对分析，加强后续管理。在企业以后年度转让或处置重组资产（股权）时，应加强评估和检查，将企业特殊性税务处理时确定的重组资产（股权）计税基础与转让或处置时的计税基础及相关的年度纳税申报表比对，发现问题的，应依法进行调整。

（3）税务机关应对适用特殊性税务处理的企业重组做好统计和相关资

料的归档工作。各省、自治区、直辖市和计划单列市税务局应于每年8月底前将《企业重组所得税特殊性税务处理统计表》上报税务总局（所得税司）。

11.1.4　申报资料

11.1.4.1　一般性税务处理

适用一般性税务处理的重组，应根据不同的重组类型提供相关的资料。一般性税务处理中不需要清算的，如债务重组和股权、资产收购业务，相关资料留存备查即可。需要进行清算的，如合并分立各方，要按照财税〔2009〕60号文件规定，报送《企业清算所得纳税申报表》同时附送相关资料。

（1）企业改变法律形式

企业发生由法人转变为个人独资企业、合伙企业等非法人组织，或将登记注册地转移至中华人民共和国境外（包括港、澳、台地区）、合并、分立等业务，转变企业性质的企业、被合并方、被分立方应在报送《企业清算所得纳税申报表》时，附送以下资料：

①企业改变法律形式的工商部门或其他政府部门的批准文件，企业合并、分立的工商部门或其他政府部门的批准文件；

②企业全部资产的计税基础以及评估机构出具的资产评估报告；

③企业债权、债务处理或归属情况说明；

④主管税务机关要求提供的其他资料证明。

（2）债务重组，股权收购、资产收购重组

企业发生债务重组，股权收购、资产收购重组业务，应准备以下相关资料，以备税务机关检查。

①以非货币资产清偿债务的，应保留当事各方签订的清偿债务的协议或合同，以及非货币资产公允价格确认的合法证据等；

②债权转股权的，应保留当事各方签订的债权转股权协议或合同。

③股权收购、资产收购当事各方所签订的股权收购、资产收购业务合同或协议；

④相关股权、资产公允价值的合法证据。

11.1.4.2 特殊性税务处理

表 11-1　　企业重组所得税特殊性税务处理申报资料一览表

重组类型	资料提供方	申报资料
债务重组	当事各方	1. 债务重组的总体情况说明，包括债务重组方案、基本情况、债务重组所产生的应纳税所得额，并逐条说明债务重组的商业目的；以非货币资产清偿债务的，还应包括企业当年应纳税所得额情况
		2. 清偿债务或债权转股权的合同（协议）或法院裁定书，需有权部门（包括内部和外部）批准的，应提供批准文件
		3. 债权转股权的，提供相关股权评估报告或其他公允价值证明；以非货币资产清偿债务的，提供相关资产评估报告或其他公允价值证明
		4. 重组当事各方一致选择特殊性税务处理并加盖当事各方公章的证明资料
		5. 债权转股权的，还应提供工商管理部门等有权机关登记的相关企业股权变更事项的证明材料，以及债权人 12 个月内不转让所取得股权的承诺书
		6. 重组前连续 12 个月内有无与该重组相关的其他股权、资产交易，与该重组是否构成分步交易、是否作为一项企业重组业务进行处理情况的说明
		7. 按会计准则规定当期应确认资产（股权）转让损益的，应提供按税法规定核算的资产（股权）计税基础与按会计准则规定核算的相关资产（股权）账面价值的暂时性差异专项说明
股权收购	当事各方	1. 股权收购业务总体情况说明，包括股权收购方案、基本情况，并逐条说明股权收购的商业目的
		2. 股权收购、资产收购业务合同（协议），需有权部门（包括内部和外部）批准的，应提供批准文件
		3. 相关股权评估报告或其他公允价值证明
		4. 12 个月内不改变重组资产原来的实质性经营活动、原主要股东不转让所取得股权的承诺书
		5. 工商管理部门等有权机关登记的相关企业股权变更事项的证明材料
		6. 重组当事各方一致选择特殊性税务处理并加盖当事各方公章的证明资料
		7. 涉及非货币性资产支付的，应提供非货币性资产评估报告或其他公允价值证明
		8. 重组前连续 12 个月内有无与该重组相关的其他股权、资产交易，与该重组是否构成分步交易、是否作为一项企业重组业务进行处理情况的说明

续表

重组类型	资料提供方	申报资料
股权收购	当事各方	9. 按会计准则规定当期应确认资产（股权）转让损益的，应提供按税法规定核算的资产（股权）计税基础与按会计准则规定核算的相关资产（股权）账面价值的暂时性差异专项说明
资产收购	当事各方	1. 资产收购业务总体情况说明，包括资产收购方案、基本情况，并逐条说明资产收购的商业目的
		2. 资产收购业务合同（协议），需有权部门（包括内部和外部）批准的，应提供批准文件
		3. 相关资产评估报告或其他公允价值证明
		4. 被收购资产原计税基础的证明
		5. 12 个月内不改变资产原来的实质性经营活动、原主要股东不转让所取得股权的承诺书
		6. 工商管理部门等有权机关登记的相关企业股权变更事项的证明材料
		7. 重组当事各方一致选择特殊性税务处理并加盖当事各方公章的证明资料
		8. 涉及非货币性资产支付的，应提供非货币性资产评估报告或其他公允价值证明
		9. 重组前连续 12 个月内有无与该重组相关的其他股权、资产交易，与该重组是否构成分步交易、是否作为一项企业重组业务进行处理情况的说明
		10. 按会计准则规定当期应确认资产（股权）转让损益的，应提供按税法规定核算的资产（股权）计税基础与按会计准则规定核算的相关资产（股权）账面价值的暂时性差异专项说明
合并	当事各方	1. 企业合并的总体情况说明，包括合并方案、基本情况，并逐条说明企业合并的商业目的
		2. 企业合并协议或决议，需有权部门（包括内部和外部）批准的，应提供批准文件
		3. 企业合并当事各方的股权关系说明，若属同一控制下且不需支付对价的合并，还需提供在企业合并前，参与合并各方受最终控制方的控制在 12 个月以上的证明材料
		4. 被合并企业净资产、各单项资产和负债的账面价值和计税基础等相关资料
		5. 12 个月内不改变资产原来的实质性经营活动、原主要股东不转让所取得股权的承诺书

续表

重组类型	资料提供方	申报资料
合并	当事各方	6. 工商管理部门等有权机关登记的相关企业股权变更事项的证明材料
		7. 合并企业承继被合并企业相关所得税事项（包括尚未确认的资产损失、分期确认收入和尚未享受期满的税收优惠政策等）情况说明
		8. 涉及可由合并企业弥补被合并企业亏损的，需要提供其合并日净资产公允价值证明材料及主管税务机关确认的亏损弥补情况说明
		9. 重组当事各方一致选择特殊性税务处理并加盖当事各方公章的证明资料
		10. 涉及非货币性资产支付的，应提供非货币性资产评估报告或其他公允价值证明
		11. 重组前连续12个月内有无与该重组相关的其他股权、资产交易，与该重组是否构成分步交易、是否作为一项企业重组业务进行处理情况的说明
		12. 按会计准则规定当期应确认资产（股权）转让损益的，应提供按税法规定核算的资产（股权）计税基础与按会计准则规定核算的相关资产（股权）账面价值的暂时性差异专项说明
分立	当事各方	1. 企业分立的总体情况说明，包括分立方案、基本情况，并逐条说明企业分立的商业目的
		2. 被分立企业董事会、股东会（股东大会）关于企业分立的决议，需有权部门（包括内部和外部）批准的，应提供批准文件
		3. 被分立企业的净资产、各单项资产和负债账面价值和计税基础等相关资料
		4. 12个月内不改变资产原来的实质性经营活动、原主要股东不转让所取得股权的承诺书
		5. 工商管理部门等有权机关认定的分立和被分立企业股东股权比例证明材料；分立后，分立和被分立企业工商营业执照复印件
		6. 重组当事各方一致选择特殊性税务处理并加盖当事各方公章的证明资料
		7. 涉及非货币性资产支付的，应提供非货币性资产评估报告或其他公允价值证明
		8. 分立企业承继被分立企业所分立资产相关所得税事项（包括尚未确认的资产损失、分期确认收入和尚未享受期满的税收优惠政策等）情况说明
		9. 若被分立企业尚有未超过法定弥补期限的亏损，应提供亏损弥补情况说明、被分立企业重组前净资产和分立资产公允价值的证明材料

续表

重组类型	资料提供方	申报资料
合并	当事各方	10. 重组前连续12个月内有无与该重组相关的其他股权、资产交易，与该重组是否构成分步交易、是否作为一项企业重组业务进行处理情况的说明
		11. 按会计准则规定当期应确认资产（股权）转让损益的，应提供按税法规定核算的资产（股权）计税基础与按会计准则规定核算的相关资产（股权）账面价值的暂时性差异专项说明

11.1.5 跨境重组

企业发生涉及中国境内与境外之间（包括港、澳、台地区）的股权和资产收购交易，除应符合59号文件规定的条件外，还应同时符合下列条件，才可选择适用特殊性税务处理规定：

（1）非居民企业向其100%直接控股的另一非居民企业转让其拥有的居民企业股权，没有因此造成以后该项股权转让所得预提税负担变化，且转让方非居民企业向主管税务机关书面承诺在3年（含3年）内不转让其拥有受让方非居民企业的股权；

（2）非居民企业向与其具有100%直接控股关系的居民企业转让其拥有的另一居民企业股权；

（3）居民企业以其拥有的资产或股权向其100%直接控股的非居民企业进行投资；

（4）财政部、国家税务总局核准的其他情形。

居民企业以其拥有的资产或股权向其100%直接控股关系的非居民企业进行投资，其资产或股权转让收益如选择特殊性税务处理，可以在10个纳税年度内均匀计入各年度应纳税所得额。同时居民企业应向其所在地主管税务机关报送以下资料：

（1）当事方的重组情况说明，申请文件中应说明股权转让的商业目的；

（2）双方所签订的股权转让协议；

（3）双方控股情况说明；

（4）由评估机构出具的资产或股权评估报告，报告中应分别列示涉及的各单项被转让资产和负债的公允价值；

（5）证明重组符合特殊性税务处理条件的资料，包括股权或资产转让比例，支付对价情况，以及12个月内不改变资产原来的实质性经营活动、不转让所取得股权的承诺书等；

（6）税务机关要求的其他材料。

11.2 政府补助的企业所得税处理

11.2.1 政府补助的概念和特征

财政部《企业会计准则第16号——政府补助》（财会〔2017〕15号，以下简称第16号准则）规定，政府补助是指企业从政府无偿取得货币性资产或非货币性资产。政府补助具有下列特征：

（1）来源于政府的经济资源。对于企业收到的来源于其他方的补助，有确凿证据表明政府是补助的实际拨付者，其他方只起到代收代付作用的，该项补助也属于来源于政府的经济资源。

（2）无偿性。无偿性是政府补助的基本特征。企业取得来源于政府的经济资源，不需要向政府交付商品或服务等对价。政府并不因此享有企业的所有权，企业将来也不需要偿还。这一特征将政府补助与政府作为企业所有者投入的资本、政府采购等政府与企业之间双向、互惠的经济活动区分开来。政府补助通常附有一定的条件，这与政府补助的无偿性并无矛盾，并不表明该项补助有偿，而是企业经法定程序申请取得政府补助后，应当按照政府规定的用途使用该项补助。

11.2.2 政府补助的形式和分类

第16号准则将政府补助分为与资产相关的政府补助和与收益相关的政府补助。与收益相关的政府补助，会计上视为收益或成本补偿。与资产相关的政府补助暂时作为递延收益处理，在相关资产形成、投入使用并提取折旧或摊销时从递延收益转入当期损益。

政府补助的主要形式有：财政拨款、财政贴息、税收返还、无偿划拨非货币性资产。

需要注意的是，不涉及资产直接转移的经济支持不属于准则规范的政府补助，比如政府与企业间的债务豁免，除税收返还外的税收优惠，如直接减征、免征、增加计税抵扣额、抵免部分税额等。实务中经常有企业将增值税退税作为政府补助记账，但是，增值税出口退税不属于政府补助。理由是，由于增值税是价外税，出口货物前道环节所含的进项税额是抵扣项目，体现为企业垫付资金的性质，增值税出口退税实质上是政府归还企业事先垫付的资金，因此不属于政府补助。

11.2.3 政府补助的企业所得税处理

企业所得税中没有专门的政府补助的概念，对于纳税主体来源于政府的收入，依据受让主体、资金用途等不同，提出财政性资金、不征税收入等概念，并规定了不同的企业所得税处理方式。

11.2.3.1 财政性资金

《财政部 国家税务总局关于财政性资金 行政事业性收费 政府性基金有关企业所得税政策问题的通知》（财税〔2008〕151号，以下简称财税〔2008〕151号文件）规定，财政性资金，是指企业取得的来源于政府及其有关部门的财政补助、补贴、贷款贴息，以及其他各类财政专项资金，包括直接减免的增值税和即征即退、先征后退、先征后返的各种税收，但不包括企业按规定取得的出口退税款。

这个口径和第16号准则的基本相同，但是在收入的确认上却有不同的要求。第16号准则在政府补助收入的确认上是按照权责发生制的要求，对企业取得的与资产有关的补偿，或者与企业以后年度费用或损失有关的补偿，会计上计入“递延收益”。财税〔2008〕151号文件则规定企业取得的各类财政性资金，除属于国家投资和资金使用后要求归还本金的以外，均应计入企业当年收入总额，这是典型的收付实现制。两者在收入确认上存在税会差异，需要在年度申报时进行纳税调整。

【案例11-2-1】 A公司是符合条件的生产、生活性服务业企业，增值税一般纳税人，可享受进项税额“加计抵减”优惠。2019年7月初无待抵扣进项税额，公司取得生活性服务业收入100万元并开具发票，当月取得符合规定的增值税专用发票上记载可抵扣进项税额3万元，所有款项收付已完成。

【问题】 A公司7月加计抵减的增值税额企业所得税如何处理？

【解析】 A公司符合《财政部　税务总局　海关总署关于深化增值税改革有关政策的公告》（财政部　税务总局 海关总署公告2019年第39号）规定：自2019年4月1日至2021年12月31日，允许生产、生活性服务业纳税人按照当期可抵扣进项税额加计10%，抵减应纳税额。

2019年7月可加计抵减税额＝3×10%＝0.3（万元）

2019年7月应纳增值税额＝100×6%－3－0.3＝2.7（万元）

对于实际已经抵扣的加计抵减进项税额0.3万元，计入“其他收益”。即：

借：应交税费——未交增值税　　3000

　　贷：其他收益　　3000

11.2.3.2 《企业所得税法》中的“不征税收入”

《企业所得税法》及其实施条例规定：企业所得税纳税人收入总额中的财政拨款、依法收取并纳入财政管理的行政事业性收费、政府性基金以及企业取得的，由国务院财政、税务主管部门规定专项用途并经国务院批准的财政性资金作为不征税收入。其中，财政拨款特指各级人民政府对纳入预算管理的事业单位、社会团体等组织拨付的财政资金；行政事业性收费，是指照法律法规等有关规定，按照国务院规定程序批准，在实施社会公共管理，以及在向公民、法人或者其他组织提供特定公共服务过程中，向特定对象收取并纳入财政管理的费用。

在企业所得税法中，财政拨款的受让主体是纳入预算管理的事业单位、社会团体等组织。财税〔2008〕151号文件规定，纳入预算管理的事业单位、社会团体等组织按照核定的预算和经费报领关系收到的由财政部门或上级单位拨入的财政补助收入，准予作为不征税收入，在计算应纳税所得额时从收入总额中减除，但国务院和国务院财政、税务主管部门另有规定的除外。

企业收到的来自政府的资金称之为财政性资金，企业收到的财政性资金要区分用途等情况分别判定为应税收入和不征税收入。对企业取得的由国务院财政、税务主管部门规定专项用途并经国务院批准的财政性资金，准予作为不征税收入，在计算应纳税所得额时从收入总额中减除。

11.2.3.3 专项用途财政性资金

《财政部 国家税务总局关于专项用途财政性资金企业所得税处理问题的通知》（财税〔2011〕70号）给出了判定标准，规定企业从县级以上各级人民政府财政部门及其他部门取得的应计入收入总额的财政性资金，凡同时符合以下条件的，可以作为不征税收入，在计算应纳税所得额时从收入总额中减除：

（1）企业能够提供规定资金专项用途的资金拨付文件；

（2）财政部门或其他拨付资金的政府部门对该资金有专门的资金管理办法或具体管理要求；

（3）企业对该资金以及以该资金发生的支出单独进行核算。

在理解上述规定时，重点把握以下两点：一是资金来源必须是县级以上各级人民政府财政部门及其他部门拨付；二是以上3个条件必须同时满足。

专项用途资金作为不征税收入，也要遵循不征税收入的企业所得税处理：企业不征税收入用于支出所形成的费用，不得在计算应纳税所得额时扣除；用于支出所形成的资产，其计算的折旧、摊销不得在计算应纳税所得额时扣除。另外，如该资金被认定为不征税收入后，在5年（60个月）内未发生支出且未缴回财政部门或其他拨付资金的政府部门的部分，应计入取得该资金第6年的应税收入总额；计入应税收入总额的财政性资金发生的支出，允许在计算应纳税所得额时扣除。

11.2.4 政府补助的纳税调整

如前文所述，会计准则和税法上对企业来源于政府的补助的确认原则不同，导致年度计算应税收入时存在税会差异，需要进行纳税调整。

11.2.4.1 政府补助的会计处理

（1）与收益相关的政府补助。用于补偿企业已发生费用或损失的，在取得时直接计入当期“营业外收入”或“其他收益”。用于补偿企业以后期间费用或损失的，在取得时先确认为“递延收益”，然后在确认相关费用的期间计入当期“营业外收入”。

（2）与资产相关的政府补助。企业取得与资产相关的政府补助，不能全额确认为当期收益，应当随着相关资产的使用逐渐计入以后各期的收益。也就是说，这类补助应当先确认为“递延收益”，然后自相关资产可供使用时起，在该项资产使用寿命内平均分配，计入当期营业外收入。

（3）企业取得针对综合性项目的政府补助，需要将其分解为与资产相关的部分和与收益相关的部分的，分别进行会计处理；难以区分的，将政府补助整体归类为与收益相关的政府补助，视情况不同计入当期损益，或者在项目期内分期确认为当期收益。

11.2.4.2 税会差异处理

（1）纳税人计入收入总额但是税法上作为不征税收入的税会差异处理

纳税人计入收入总额但属于税收规定不征税的财政拨款、依法收取并纳入财政管理的行政事业性收费以及政府性基金和国务院规定的其他不征税收入，填报 A105000《纳税调整项目明细表》第 8 行“（七）不征税收入”。

①纳税人以前年度取得财政性资金且已作为不征税收入处理，在 5 年（60 个月）内未发生支出且未缴回财政部门或其他拨付资金的政府部门，应计入第 6 年的应税收入，列“调增金额”作纳税调增处理。

②纳税人当年符合税收规定不征税收入条件并作为不征税收入处理，且会计上已计入当期损益的金额，列“调减金额”作纳税调减处理。同时对应的不征税支出在 A105000《纳税调整项目明细表》第 24 行“（十二）不征税收入用于支出所形成的费用”作“调增金额”填报。

（2）专项用途财政性资金的处理

若取得的政府补助符合税法上“专项用途财政性资金”的 3 个条件，则作为不征税收入申报，填报 A105040《专项用途财政性资金纳税调整明细表》，（见表 11-2）并带入 A105000《纳税调整项目明细表》第 9 行“其中：专项用途财政性资金（填写 A105040）”。如果还有资本化的专项支出所形成的折旧，还需要填写 A105080《资产折旧、摊销情况及纳税调整明细表》。

表 11-2　　**A105040 专项用途财政性资金纳税调整明细表**

行次	项目	取得年度	财政性资金	其中：符合不征税收入条件的财政性资金		以前年度支出情况					本年支出情况		本年结余情况		
				金额	其中：计入本年损益的金额	前五年度	前四年度	前三年度	前二年度	前一年度	支出金额	其中：费用化支出金额	结余金额	其中：上缴财政金额	应计入本年应税收入金额
		1	2	3	4	5	6	7	8	9	10	11	12	13	14
1	前五年度														
2	前四年度					*									
3	前三年度					*	*								
4	前二年度					*	*	*							
5	前一年度					*	*	*	*						
6	本　年					*	*	*	*	*					
7	合计（1+2+…+6）	*				*	*	*	*	*					

（3）会计上作为“递延收益”处理而税法上确认为当期应税收入的政府补助的税会差异处理

第 16 号准则在政府补助收入的确认上是按照权责发生制的要求进行的，与税法上对该类型收入按照收付实现制确认的原则有差异，因此在企业所得税年度申报表中需将此税会差异进行申报，在附表 A101010《一般企业收入明细表》（节选见表 11-3）和 A105020《未按权责发生制确认收入纳税调整明细表》（见表 11-4）中进行反映。

A101010《一般企业收入明细表》第 20 行“政府补助利得”，填报纳税人从政府无偿取得货币性资产或非货币性资产应确认的净收益。

表 11-3　　**A101010 一般企业收入明细表（节选）**

行次	项目	金额
…	……	
16	二、营业外收入（17+18+19+20+21+22+23+24+25+26）	
17	（一）非流动资产处置利得	

续表

行次	项目	金额
18	（二）非货币性资产交换利得	
19	（三）债务重组利得	
20	（四）政府补助利得	
21	（五）盘盈利得	
22	（六）捐赠利得	
23	（七）罚没利得	
24	（八）确实无法偿付的应付款项	
25	（九）汇兑收益	
26	（十）其他	

表 11-4　A105020 未按权责发生制确认收入纳税调整明细表

行次	项目	合同金额（交易金额）	账载金额		税收金额		纳税调整金额
			本年	累计	本年	累计	
		1	2	3	4	5	6（4-2）
1	一、跨期收取的租金、利息、特许权使用费收入（2+3+4）						
2	（一）租金						
3	（二）利息						
4	（三）特许权使用费						
5	二、分期确认收入（6+7+8）						
6	（一）分期收款方式销售货物收入						
7	（二）持续时间超过 12 个月的建造合同收入						
8	（三）其他分期确认收入						
9	三、政府补助递延收入（10+11+12）						
10	（一）与收益相关的政府补助						
11	（二）与资产相关的政府补助						
12	（三）其他						
13	四、其他未按权责发生制确认收入						
14	合计（1+5+9+13）						

纳税人按权责发生制计入“递延收益”而税法上确认为当期收入的，填报A105020《未按权责发生制确认收入纳税调整明细表》第9行“政府补助递延收入”、第10行“与收益相关的政府补助”、第11行“与资产相关的政府补助”、第12行“其他”。其中“账载金额—本年”填报纳税人会计处理按权责发生制在本期确认金额；“账载金额—累计”填报纳税人会计处理按权责发生制累计确认金额（含本年）；“税收金额—本年”填报纳税人按税收规定未按权责发生制在本期确认金额；“税收金额—累计”填报纳税人按税收规定未按权责发生制累计确认金额（含本年）。“纳税调整金额”填报纳税人会计处理按权责发生制确认收入、税收规定未按权责发生制确认收入的差异须纳税调整金额，为本年确认的税收金额与账载金额的差额，由系统自动带入A105000《纳税调整项目明细表》。

【案例11-2-2】 A公司于2018年1月收到政府拨付的扶持企业发展专项资金100万元，用于扶持A公司的生产经营发展及补偿各项费用支出，没有专门的资金管理办法或具体管理要求。企业当月购进一台不需安装设备，价值48万元（使用寿命5年，采用直线法计提折旧，假定无残值），当年用于弥补生产经营费用20万元。2019年8月，支付生产经营相关费用32万元。

【问题】 A公司企业所得税如何处理？

【解析】 （1）2018年，该企业用于弥补费用的20万元应在当期会计上确认为收入，购买的设备按照设备使用年限分期确认收入，当年确认收入8.8万元（48/5×11/12），未确认的39.2万元计入“递延收益”。因为该笔收入不符合专项财政性资金的要求，税收上要求在政府补助收入当年确认收入，企业应在收到当年计入当年的应税收入总额。

2018年申报填A105020《未按权责发生制确认收入纳税调整明细表》：

A105020 未按权责发生制确认收入纳税调整明细表 单位：元

行次	项目	合同金额（交易金额）	账载金额		税收金额		纳税调整金额
			本年	累计	本年	累计	
		1	2	3	4	5	6（4-2）
…	……						
9	三、政府补助递延收入（10+11+12）	1000000	28800	28800	1000000	1000000	712000
10	（一）与收益相关的政府补助	200000	200000	200000	200000	200000	0

续表

行次	项目	合同金额（交易金额）	账载金额		税收金额		纳税调整金额
			本年	累计	本年	累计	
		1	2	3	4	5	6（4-2）
11	（二）与资产相关的政府补助	480000	88000	88000	480000	480000	392000
12	（三）其他	320000	0	0	320000	320000	320000
13	四、其他未按权责发生制确认收入						
14	合计（1+5+9+13）	1000000	28800	28800	1000000	1000000	712000

2018年应调增712000元，该金额由系统带入A105000《纳税调整项目明细表》第3行“（二）未按权责发生制原则确认的收入（填写A105020）”调增金额。

（2）2019年申报填A105020《未按权责发生制确认收入纳税调整明细表》：

2019年确认资产的递延收益为本年收入9.6万元（48/5），确认当年补偿费用开支的补偿收入32万元。

A105020 未按权责发生制确认收入纳税调整明细表 单位：元

行次	项目	合同金额（交易金额）	账载金额		税收金额		纳税调整金额
			本年	累计	本年	累计	
		1	2	3	4	5	6（4-2）
…	……						
9	三、政府补助递延收入（10+11+12）	1000000	416000	704000	0	1000000	-416000
10	（一）与收益相关的政府补助	520000	320000	520000	0	520000	-320000
11	（二）与资产相关的政府补助	480000	96000	184000	0	480000	-96000
12	（三）其他						
13	四、其他未按权责发生制确认收入						
14	合计（1+5+9+13）	1000000	416000	704000	0	1000000	-416000

2019年应调减416000元，该金额由系统带入A105000《纳税调整项目明细表》第3行“（二）未按权责发生制原则确认的收入（填写A105020）”调减金额。

11.3 企业清算涉税处理

公司结束经营、合并、分立和重组都会面临对公司进行清算，清算必然涉及所得税处理。公司注销清算所得税的处理包括两个方面：企业层面，是从事实体生产经营的公司（清算的公司）应进行企业所得税的清算；股东层面，是企业投资者的投资行为而取得的所得进行企业（个人）所得税清算。

在现行税收政策中，纳税人需要进行企业所得税清算的情形主要有两类：

（1）按《中华人民共和国公司法》（以下简称《公司法》）、《中华人民共和国企业破产法》等规定需要进行清算的企业。包括：公司章程规定的营业期限届满或者公司章程规定的其他解散事由出现；股东会或者股东大会决议解散；因公司合并或者分立需要解散；依法被吊销营业执照、责令关闭或者被撤销；公司经营管理发生严重困难，继续存续会使股东利益受到重大损失，通过其他途径不能解决的，持有公司全部股东表决权10%以上的股东，请求人民法院解散公司；以及企业法人不能清偿到期债务，并且资产不足以清偿全部债务或者明显缺乏清偿能力的，债务人向人民法院提出破产清算申请。

（2）企业重组中需要按清算处理的企业。主要包括：企业由法人转变为个人独资企业、合伙企业等非法人组织，或将登记注册地转移至中华人民共和国境外（包括港、澳、台地区），应视同企业进行清算、分配，股东重新投资成立新企业；以及不满足特殊性税务处理条件的合并和分立。企业合并时，被合并企业及其股东都应按清算进行所得税处理。企业分立时，被分立企业不再继续存在时，被分立企业及其股东都应按清算进行所得税处理。

11.3.1 企业清算的概述

企业清算，需要清理企业财产，处置资产、追索债权、清偿债务，然后对剩余财产按照股东的出资比例分配后，办理注销手续。其财产清理、处理的过程中、结束时、分配后，都可能涉及税收事项。一般来说，企业清算可能会涉及三个方面的税收事项：

（1）财产清理过程中的涉税事项。被清算企业在处理、处置企业房产土地、机器设备、存货材料、家具用具以及其他资产等过程中，涉及增值税及附加税费、印花税、土地增值税等税种的计算与缴纳。

（2）清算企业所得税款计缴和申报。被清算企业按照《企业所得税法》规定，自清算开始到清算结束为一个纳税年度，在办理注销登记前，就其清算所得向税务机关申报并依法缴纳企业所得税的过程中，包括清算并依法确认所得，计算并缴纳清算所得税。

（3）分配剩余财产及股东涉税事项。被清算企业全部资产的可变现价值或交易价格减除清算费用，职工的工资、社会保险费用和法定补偿金，结清清算所得税、以前年度欠税等税款，清偿企业债务后，就其剩余资产向企业全体股东进行分配的税务处理。其中，针对法人和其他组织股东、非法人组织（个人独资企业、合伙企业）股东以及自然人股东的不同，其涉税事项的处理也各不相同。

11.3.2 企业清算的所得税处理

11.3.2.1 内容

企业清算的所得税处理具体内容为：

（1）全部资产均应按可变现价值或交易价格，确认资产转让所得或损失；

（2）确认债权清理、债务清偿的所得或损失；

（3）改变持续经营核算原则，对预提或待摊性质的费用进行处理；

（4）依法弥补亏损，确定清算所得；

（5）计算并缴纳清算所得税；

（6）确定可向股东分配的剩余财产、应付股息等。

以上企业清算的所得税处理内容，实际上也是企业计算清算所得的处理顺序：企业的全部资产可变现价值或交易价格，减除资产的计税基础、清算费用、相关税费，加上债务清偿损益等后的余额即为清算所得。

11.3.2.2 清算申报

企业应将整个清算期作为一个独立的纳税年度计算清算所得。也就是说，企业清算当年，在企业所得税处理上会有两个申报年度。《企业所得税法》第五十三条规定：企业依法清算时，应当以清算期间作为一个纳税年度。

具体时间划分根据《国家税务总局关于印发〈企业所得税汇算清缴管理办法〉的通知》(国税发〔2009〕79号)和《国家税务总局关于印发〈中华人民共和国企业清算所得税申报表〉的通知》(国税函〔2009〕388号)的规定进行判断。

《国家税务总局关于印发〈企业所得税汇算清缴管理办法〉的通知》(国税发〔2009〕79号)规定，纳税人在年度中间发生解散、破产、撤销等终止生产经营情形，需进行企业所得税清算的，应在清算前报告主管税务机关，并自实际经营终止之日起60日内进行汇算清缴，结清应缴应退企业所得税款；纳税人有其他情形依法终止纳税义务的，应当自停止生产、经营之日起60日内，向主管税务机关办理当期企业所得税汇算清缴。《国家税务总局关于印发〈中华人民共和国企业清算所得税申报表〉的通知》(国税函〔2009〕388号)规定，“清算期间”是指纳税人实际生产经营终止之日至办理完毕清算事务之日止的期间。

可见，企业清算当年应按照两个纳税年度进行税款计算和申报。

(1) 第一个纳税年度是企业发生清算的当年1月1日起至实际经营终止之日止。企业应于实际经营终止之日起60日内完成当年度企业所得税汇算清缴，结清当年度应缴(应退)企业所得税税款。

通常企业终止生产经营的开始清算之日一般为以下日期之一：

①企业章程规定的经营期限届满之日；

②企业股东会、股东大会或类似机构决议解散之日；

③企业依法被吊销营业执照、责令关闭或者被撤销之日；

④企业被人民法院依法予以解散或宣告破产之日。

(2) 第二个纳税年度是实际经营终止之日至办理完毕清算事务之日止的期间，此期间被视为清算年度，按照清算的企业所得税处理要求单独进行汇算清缴。但是何时为办理完毕清算事务之日，文件规定较为笼统，实际操作中一般以企业办理税务注销之日为标志。根据《企业所得税法》第五十五条“企业应当在办理注销登记前，就其清算所得向税务机关申报并依法缴纳企业所得税”的规定，以企业办理税务注销登记为清算期结束日也较为容易理解和操作。

11.3.2.3 股东方的清算与税款缴纳

企业全部资产的可变现价值或交易价格减除清算费用，职工的工资、社会保险费用和法定补偿金，结清清算所得税、以前年度欠税等税款，清偿企业债务，按规定计算可以向所有者分配的剩余资产。

被清算企业的股东分得的剩余资产的金额，其中相当于被清算企业累计未分配利润和累计盈余公积中按该股东所占股份比例计算的部分，应确认为股息所得；剩余资产减除股息所得后的余额，超过或低于股东投资成本的部分，应确认为股东的投资转让所得或损失。

被清算企业的股东从被清算企业分得的资产应按可变现价值或实际交易价格确定计税基础。

11.3.2.4　股东层面的企业所得税清算

企业的全部资产的可变现价值或交易价格减除清算费用，职工的工资、社会保险费用和法定补偿金，结清清算所得税、以前年度欠税等税款，清偿企业债务后的余额为可以向企业所有者分配的剩余财产。

被清算企业的股东分得的剩余资产的金额，其中相当于被清算企业累计未分配利润和累计盈余公积中按该股东所占股份比例计算的部分，应确认为股息所得；剩余资产减除股息所得后的余额，超过或低于股东投资成本的部分，应确认为股东的投资转让所得或损失。

被清算企业的股东从被清算企业分得的资产应按可变现价值或实际交易价格确定计税基础。

11.3.3　不动产的处置

被清算企业的财产，一般包括房产土地、机器设备、存货材料、家具用具以及其他资产等。下面介绍对房产土地等不动产处置会涉及哪些税收。

企业处理自己的房产土地一般会有两种方式，一是转让给第三方，二是作为剩余资产分配给股东。无论怎样处理，都会发生产权上的转移，需要依法按次序申报缴纳增值税及附加税费、印花税、土地增值税，并将其转让所得并入企业清算所得缴纳企业所得税。

11.3.3.1　增值税

依据《财政部　国家税务总局关于全面推开营业税改征增值税试点的通知》(财税〔2016〕36号)、《国家税务总局关于发布〈纳税人转让不动产增值税征收管理暂行办法〉的公告》(国家税务总局公告2016年第14号，国家税务总局公告2018年第31号修订），纳税人转让其房产土地等不动产，应按照纳税人增值税纳税资格、不动产取得时间、不动产取得类型的不同，适用不同的计税方法，计算并缴纳增值税。具体见表11-5［增值税率已按《财政部 税务总局 海关总署关于深化增值税改革有关政策的公告》（财政部 税务总局 海关总署公告2019年第39号），调整为9%；2016年5月1日到2018年4月30日间，增值税率为11%；2018年5月1日到2019年3月31日间，增值税率为10%］：

表11-5 纳税人转让不动产计算缴纳增值税相关政策

计税方法	纳税人资格	不动产取得时间	取得类型	税款的计算	发票及申报
一般计税方法	一般纳税人	2016年4月30日前取得的不动产可选择简易计税方法，2016年5月1日后取得的不动产不可选择	自建	应预缴税款=全部价款和价外费用÷（1+5%）×5% 销项税额=全部价款和价外费用÷（1+9%）×9% 申报补缴税款=当期全部销项税额-预缴税款-当期进项税额	1. 自开发票 2. 到不动产所在地税务机关办理预缴申报 3. 回机构所在地主管税务机关申报，须并入当期增值税申报并补缴税款
			购入	应预缴税款=（全部价款和价外费用-不动产购置原价或者取得不动产时的作价）÷（1+5%）×5% 销项税额=全部价款和价外费用÷（1+9%）×9% 申报补缴税款=当期全部销项税额-预缴税款-当期进项税额	
简易计税方法	一般纳税人，小规模纳税人	一般纳税人转让2016年4月30日前取得的不动产； 小规模纳税人转让不动产	自建	应预缴税款=全部价款和价外费用÷（1+5%）×5% 应申报税款=应预缴税款	1. 一般纳税人自开发票，小规模纳税人在不动产所在地代开发票 2. 到不动产所在地税务机关办理预缴申报 3. 回机构所在地主管税务机关进行简易纳税申报，无须补缴税款
			购入	应预缴税款=（全部价款和价外费用-不动产购置原价或者取得不动产时的作价）÷（1+5%）×5% 应申报税款=应预缴税款	

11.3.3.2 增值税附加税费及印花税

《财政部 国家税务总局关于纳税人异地预缴增值税有关城市维护建设税和教育费附加政策问题的通知》(财税〔2016〕74号)规定，在不动产所在地预缴增值税时，以预缴增值税税额为计税依据，并按预缴增值税所在地的城市维护建设税适用税率和教育费附加征收率就地计算缴纳城市维护建设税和教育费附加。回机构所在地申报缴纳增值税时，以其实际缴纳的增值税税额为计税依据，并按机构所在地的城市维护建设税适用税率和教育费附加征收率就地计算缴纳城市维护建设税和教育费附加。

按照《中华人民共和国城市维护建设税暂行条例》，城市维护建设税以纳税人实际缴纳的增值税税额为计税依据，与增值税同时缴纳。其税率如下：纳税人所在地在市区的，税率为7%；纳税人所在地在县城、镇的，税率为5%；纳税人所在地不在市区、县城或镇的，税率为1%。

按照国务院《征收教育费附加的暂行规定》(国务院令第588号)，以各单位和个人实际缴纳的增值税税额为计征依据，教育费附加率为3%，与增值税同时缴纳。

按照《财政部关于统一地方教育附加政策有关问题的通知》(财综〔2010〕98号)，统一按照单位和个人(包括外商投资企业、外国企业及外籍个人)实际缴纳的增值税税额的2%征收地方教育附加。

按照《中华人民共和国印花税暂行条例》中“产权转移书收据”税目，按所载金额万分之五贴花。

11.3.3.3 土地增值税

纳税人清算转让不动产，应当按旧房转让的规定计算并缴纳土地增值税。在现行土地增值税制度中，旧房转让土地增值税的计算，依次有三种方式：

(1) 能够提供旧房及建筑物的评估价格的。《财政部 国家税务总局关于土地增值税一些具体问题规定的通知》(财税字〔1995〕48号)规定，转让旧房的，应按房屋及建筑物的评估价格、取得土地使用权所支付的地价款和按国家统一规定交纳的有关费用以及在转让环节缴纳的税金作为扣除项目金额计征土地增值税。

(2) 不能提供评估价格但能提供购房发票的。《财政部 国家税务总局关于土地增值税若干问题的通知》（财税〔2006〕21号，以下简称财税〔2006〕21号文件）进一步规定：纳税人转让旧房及建筑物，凡不能取得评估价格，但能提供购房发票的，经当地税务部门确认，可按发票所载金额并从购买年度起至转让年度止每年加计5%计算。

（3）既没有评估价格又不能提供购房发票的。财税〔2006〕21号文件规定，对于转让旧房及建筑物，既没有评估价格，又不能提供购房发票的，税务机关可以根据《税收征管法》第三十五条的规定，实行核定征收。国家税务总局规定，核定征收率原则上不低于5%。具体征收率，需参考不动产所在地省区市的规定执行。

对于企业自建的厂房用房，在目前的政策规定下，只能采取提供旧房及建筑物的评估价格，或是核定征收的方法计算并缴纳土地增值税。

11.3.4 其他财产的处置

被清算企业的财产，一般包括房产土地、机器设备、存货材料、家具用具以及其他资产等。下面介绍对存货材料、机器设备、办公设施以及其他财产的处置会涉及哪些税收。

11.3.4.1 存货材料的处置

按照《增值税暂行条例》规定，纳税人在处理存货材料、库存商品（产品）等物资时，应当按照销售货物计算并缴纳增值税。纳税人具有增值税一般纳税人资格的，其应纳税额为当期销项税额抵扣当期进项税额后的余额。应纳税额计算公式：

应纳税额=当期销项税额-当期进项税额；销项税额=销售额×税率

纳税人是增值税小规模纳税人的，其发生应税销售行为，实行按照销售额和征收率计算应纳税额的简易办法，并不得抵扣进项税额。应纳税额计算公式：

应纳税额=销售额×征收率

值得注意的是，《财政部 国家税务总局关于增值税若干政策的通知》（财税〔2005〕165号）规定，一般纳税人注销时，其存货不作进项税额转出处理，其留抵税额也不予以退税。

11.3.4.2 机器设备和办公设施的处置

《财政部 国家税务总局关于全国实施增值税转型改革若干问题的通知》(财税〔2008〕170号)、《财政部 国家税务总局关于部分货物适用增值税低税率和简易办法征收增值税政策的通知》(财税〔2009〕9号)、《财政部 国家税务总局关于简并增值税征收率政策的通知》(财税〔2014〕57号)等文件规定:

(1)一般纳税人销售自己使用过的属于《增值税暂行条例》第十条规定不得抵扣且未抵扣进项税额的固定资产,按照简易办法依照3%征收率减按2%征收增值税。包括:用于简易计税方法计税项目、免征增值税项目、集体福利或者个人消费的购进货物、劳务、服务、无形资产和不动产;非正常损失的购进货物,以及相关的劳务和交通运输服务;非正常损失的在产品、产成品所耗用的购进货物(不包括固定资产)、劳务和交通运输服务;以及国务院规定的其他项目。

(2)一般纳税人销售自己使用过的其他固定资产,应区分三种情况纳税。①销售自己使用过的2009年1月1日以后购进或者自制的固定资产,按照适用税率征收增值税。②2008年12月31日以前未纳入扩大增值税抵扣范围试点的纳税人,销售自己使用过的2008年12月31日以前购进或者自制的固定资产,按照简易办法依照3%征收率减按2%征收增值税。③2008年12月31日以前已纳入扩大增值税抵扣范围试点的纳税人,销售自己使用过的在本地区扩大增值税抵扣范围试点以前购进或者自制的固定资产,按照简易办法依照3%征收率减按2%征收增值税;销售自己使用过的在本地区扩大增值税抵扣范围试点以后购进或者自制的固定资产,按照适用税率征收增值税。

(3)全面营改增后,一般纳税人销售自己使用过的、纳入营改增试点之日前取得的固定资产,按照现行旧货相关增值税政策执行。

(4)一般纳税人销售自己使用过的除固定资产以外的物品,应当按照适用税率征收增值税。

(5)小规模纳税人销售自己使用过的固定资产,减按2%征收率征收增值税。

(6)小规模纳税人销售自己使用过的除固定资产以外的物品,应按3%的征收率征收增值税。

(7)纳税人销售旧货,按照简易办法依照3%征收率减按2%征收增值税。旧货,是指进入二次流通的具有部分使用价值的货物(含旧汽车、旧摩托车和旧游艇），但不包括自己使用过的物品。

使用过的固定资产，是指使用期限超过12个月的机器、机械、运输工具以及其他与生产经营有关的设备、工具、器具等有形动产，且纳税人根据财务会计制度已经计提折旧。

在发票开具上，《国家税务总局关于营业税改征增值税试点期间有关增值税问题的公告》（国家税务总局公告2015年第90号）规定，纳税人销售自己使用过的固定资产，适用简易办法依照3%征收率减按2%征收增值税政策的，可以放弃减税，按照简易办法依照3%征收率缴纳增值税，并可以开具增值税专用发票。

11.3.4.3 其他资产的处置

对企业现金、银行存款、应收账款、应收票据以及准备持有至到期的债券投资等货币性资产，以及房产土地、机器设备、存货材料、家具用具等资产以外的非货币资产，也需要进行清理处置。对于货币性资产，需要做好资产盘点工作，其处理过程一般不涉及税收。对于其他的非货币性资产，除无形资产和金融产品的处置需要计算并缴纳增值税外，其他的在处置时一般不涉及流转税，只需要按照相应的税法规定计算并确认清算所得即可。

11.3.5 清算并依法确认所得

《企业所得税法》规定，纳税人在停止经营活动后，应当就其当年实际经营期间视同一个纳税年度进行企业所得税汇算清缴。依法清算时，应当自清算开始到清算结束为一个纳税年度，在办理注销登记前，就其清算所得向税务机关申报并依法缴纳企业所得税。

那么清算所得是什么呢？清算所得是指企业的全部资产可变现价值或者交易价格减除资产净值、清算费用以及相关税费等后的余额。

企业清算所得税申报前，需要做好以下四个方面的清算并依法确认所得：

11.3.5.1 全部资产均应按可变现价值或交易价格，确认资产转让所得或损失

资产，涉及企业所有的各类财产，包括前述的房产土地、机器设备、存

货材料、家具用具、其他资产等。其价值，可通过交易实现，或是以抵偿债务、向股东分配等方式处理，按照可变现估值计价，同时对其销售或是转移等行为缴纳的除增值税以外的各种税费予以扣除。

11.3.5.2 确认债权清理、债务清偿的所得或损失

纳税人进入清算程序，一般都会存在经营上的困难，存在大量的无法收回的债权以及需要清偿的债务。企业在清算期间，应当积极追索债权、清偿债务。对确实无法追索的债权，按照《国家税务总局关于企业所得税资产损失资料留存备查有关事项的公告》（国家税务总局公告 2018 年第 15 号）和《国家税务总局关于发布〈企业资产损失所得税税前扣除管理办法〉的公告》（国家税务总局公告 2011 年第 25 号）的规定，进行损失处理，并将相关证据材料留存备查。

对企业应收及预付款项坏账损失，应取得并依据以下相关证据材料确认：相关事项合同、协议或说明；属于债务人破产清算的，应有人民法院的破产、清算公告；属于诉讼案件的，应出具人民法院的判决书或裁决书或仲裁机构的仲裁书，或者被法院裁定终（中）止执行的法律文书；属于债务人停止营业的，应有工商部门注销、吊销营业执照证明；属于债务人死亡、失踪的，应有公安机关等有关部门对债务人个人的死亡、失踪证明；属于债务重组的，应有债务重组协议及其债务人重组收益纳税情况说明；属于自然灾害、战争等不可抗力而无法收回的，应有债务人受灾情况说明以及放弃债权申明。

清算期间，按照《企业所得税法实施条例》规定，企业发生的资产溢余收入、逾期未退包装物押金收入、确实无法偿付的应付款项、已作坏账损失处理后又收回的应收款项、债务重组收入、补贴收入、违约金收入、汇兑收益等其他收入，应当依法确认清算所得。

11.3.5.3 改变持续经营核算原则，对预提或待摊性质的费用进行处理

在企业持续经营期间，常常会发生一些已经支出但应由本期和以后各期分别负担的各项费用，如低值易耗品摊销、一次支出数额较大的财产保险费、排污费、技术转让费、广告费、固定资产日常修理费、预付租入固定资产的租金等。同时还有一些按照权责发生制原则，已经发生的应当计入产品成本

或费用在本期和以前期间受益，但要到以后期间才实际支付的费用，最典型的就是银行存款利息的费用。企业清算时，需要对这些已经支付但尚未入账的待摊费用一次性予以列支，对于尚未支付但已计提的费用也需要进行支付。新会计准则已经取消了“预提费用”和“待摊费用”的科目，原待摊、预提性质的费用，按照各自的经济性质分别记入“周转材料”“预付账款”“应付利息”“其他应付款”等科目，其同样需要按照经济实质，在清算期间予以确认成本费用或是予以支付。对不再支付的预提性质的费用，应记入清算所得。

预提费用，是指应由受益期分担计入产品成本或商品流通费，而以后月份才实际支付的费用。

待摊费用，是指已经支出但应由本期和以后各期分别负担的各项费用，如低值易耗品摊销、一次支出数额较大的财产保险费、排污费、技术转让费、广告费、固定资产日常修理费、预付租入固定资产的租金等。企业单位在筹建期间发生的开办费，以及在生产经营期间发生的摊销期限在1年以上的各项费用，应作为“长期待摊费用”。

11.3.5.4　依法弥补亏损，确定清算所得

《企业所得税法》规定，企业纳税年度发生的亏损，准予向以后年度结转，用以后年度的所得弥补，但结转年限最长不得超过5年。清算期间应视同一个纳税年度申报企业所得税，同样可以对其以前5个纳税年度发生的亏损，予以弥补。清算期有长有短，因此对其以前5个年度的亏损予以弥补，不是按照清算所得税申报时间往前5个年度，而是包括企业在停止经营活动后，当年实际经营期间视同的一个纳税年度在内的前5个纳税年度。比如，企业2010年5月登记开业，2017年4月终止经营，2018年7月清算申报，其前5个纳税年度为：2013年、2014年、2015年、2016年、2017年1-4月（视同一个纳税年度）。

11.3.6　企业清算所得税的计缴

2009年，税务总局制定了企业清算所得税申报表及其附表（一主三附），规范企业清算所得税申报。企业清算所得税的申报表填报，要按照先资产处置损益、负债清偿损益，再清算所得税申报，最后进行剩余财产清算及分配的顺序进行。

11.3.6.1 填报资产处置损益明细

将企业货币资金、短期投资、交易性金融资产、应收票据、应收账款、预付账款、应收利息、应收股利、应收补贴、其他应收款、存货、待摊费用、一年内到期的非流动资产、其他流动资产、可供出售金融资产、持有至到期投资、长期应收款、长期股权投资、长期债权投资、投资性房地产、固定资产、在建工程、工程物资、固定资产清理、生物资产、油气资产、无形资产、开发支出、商誉、长期待摊费用、其他非流动资产等31个项目处置情况进行填报。按照资产的计税基础、可变现价值或交易资格，计算资产处置损益。

11.3.6.2 填报负债清偿损益明细

需要对企业短期借款、交易性金融负债、应付票据、应收账款、预收账款、应付职工薪酬、应付工资、应付福利费、应交税费、应付利息、应付股利、其他应交款、其他应付款、预提费用、一年内到期的非流动负债、其他流动负债、长期借款、应付债券、长期应付款、专项应付款，预计负债、其他非流动负债等22个项目清偿情况进行填报。按照计税基础、清偿金额，计算负债清偿损益。对确实无法清偿的负债，在表间直接确认为清算收益。

11.3.6.3 填报企业清算所得税申报表

(1) 计算清算所得。将前两表的清算结果，记入“资产处置损益”“负债清偿损益”，在此基础上，扣除清算费用、清算税金及附加，加上“其他所得或支出”后，计算“清算所得”。公式为：

清算所得=资产处置损益+负债清偿损益-清算费用-清算税金及附加+其他所得或支出

其中，“清算费用”是指纳税人清算过程中发生的与清算业务有关的费用支出，包括清算组组成人员的报酬，清算财产的管理、变卖及分配所需的评估费、咨询费等费用，清算过程中支付的诉讼费用、仲裁费用及公告费用，以及为维护债权人和股东的合法权益支付的其他费用。

“清算税金及附加”是指纳税人清算过程中发生的除企业所得税和允许抵扣的增值税以外的各项税金及其附加。其中，包括企业注销时，依据《财政部 国家税务总局关于增值税若干政策的通知》（财税〔2005〕165号）规定，不予退税的留抵税额。

（2）计算应纳税所得额。清算所得扣除免税收入、不征税收入、其他免税所得和弥补以前年度亏损后，即为清算应纳税所得额。公式为：

应纳税所得额=清算所得-免税收入-不征税收入-其他免税所得-弥补以前年度亏损

其中，“免税收入”是指纳税人清算过程中取得的按税收规定免税收入。“不征税收入”是指纳税人清算过程中取得的按税收规定不征税收入。“其他免税所得”是指纳税人清算过程中取得的按税收规定免税的所得。“弥补以前年度亏损”是指纳税人按税收规定可在税前弥补的以前纳税年度尚未弥补的亏损额，一般是指纳税人清算申报前5个纳税年度的未弥补完亏损；2018年起，对于当年具备高新技术企业或科技型中小企业资格（以下统称资格）的企业，其具备资格年度之前5个年度发生的尚未弥补完的亏损，准予结转以后年度弥补，最长结转年限由5年延长至10年。

（3）应补（退）税款计算。应补（退）税款的计算，按照下列公式进行：

实际应补（退）所得税额=应纳所得税-减（免）企业所得税额+境外应补所得税额-以前纳税年度应补（退）所得税额

11.3.6.4 三个问题

（1）税款的追征与退税要注意时限。“以前纳税年度应补（退）所得税额”是指纳税人因以前纳税年度损益调整、汇算清缴多缴、欠税等在清算期间应补（退）企业所得税额。以前纳税年度应补（退）所得税额应当考虑税款的追征与退税期限。按照《税收征管法》的规定，对于纳税人超过应纳税额缴纳的税款，纳税人自结算缴纳税款之日起3年内发现的，可以向税务机关要求退还多缴的税款并加算银行同期存款利息，税务机关及时查实后应当立即退还。对于因纳税人、扣缴义务人计算错误等失误，未缴或者少缴税款的，税务机关在3年内可以追征税款、滞纳金；有特殊情况的，追征期可以延长到5年。

（2）清算期间也能享受小型微利企业优惠。对于企业清算期间能否享受小型微利企业税收优惠，争议较大，有人认为清算期间是纳税人非持续经营期间，不能享受任何税收优惠。本书认为，纳税人在清算期间只要符合小型微利企业标准，就应当享受小型微利企业税收优惠。理由有二：一是小型微利企业标准没有限定纳税人期间。一直以来，符合小型微利企业的条件只涉及“从事国家非限制和禁止行业、年度应纳税所得额、从业人数、资产总额”四项指标，并没有对纳税人所处期间的限定。二是清算申报表“减（免）企业所得税额”是指纳税人按税收规定准予减免的企业所得税额，这里的“按税收规定”指的是《企业所得税法》及其实施条例，以及其他各项行政法规、规范性文件，其中也包括小型微利企业所得税优惠政策。除明文规定需要在持续生产经营期间才能享受的税收优惠政策外，各项政策都应适用于清算期间。

（3）清算所得税要注意事前备案按期申报。企业在停止经营进入清算期后应就企业清算事项，向主管税务机关备案。清算结束后，企业以整个清算期间作为一个纳税年度，依法计算清算所得及其应纳所得税，填报《中华人民共和国企业清算所得税申报表》，自清算结束之日起 15 日内，向主管税务机关报送企业清算所得税纳税申报表，结清税款。

11.3.7 剩余财产分配及股东涉税事项

企业全部资产的可变现价值或交易价格减除清算费用，职工的工资、社会保险费用和法定补偿金，结清清算所得税、以前年度欠税等税款，清偿企业债务，按规定计算可以向所有者分配的剩余资产。

《公司法》规定，公司财产在分别支付清算费用、职工的工资、社会保险费用和法定补偿金，缴纳所欠税款，清偿公司债务后的剩余财产，有限责任公司按照股东的出资比例分配，股份有限公司按照股东持有的股份比例分配。企业的股东，一般有三种类型：

（1）企业和其他组织，依据《企业所得税法》为企业所得税的纳税人。

（2）非法人组织，即个人独资企业和合伙企业，其本身不是企业所得税纳税人也不是个人所得税纳税人。个人独资企业以其投资人为个人所得税纳税人，而合伙企业的生产经营所得和其他所得，按照国家有关税收规定，由合伙人分别缴纳所得税，合伙人是企业或其他组织的，其所得并入应税所得额缴纳企业所得税，合伙人是自然人的，其所得按现行税法规定的不同项目缴纳个人所得税。

（3）自然人，其所得按现行税法规定的不同项目缴纳个人所得税。

需要注意的是，企业清算后的剩余资产和企业清算所得不是一个概念。清算所得是所得税计税依据的概念，在计算过程中存在准予扣除、不准予扣除、税收优惠等依据相关税收政策作出的判定。而企业清算后的剩余财产，是企业在清算处置全部资产，结清清算费用、清算税款、债权债务、欠缴税款等各项支出后，所结余的财产。这些企业清算后的最终剩余资产，可按照股份比例或约定分配给股东。股东在收到这些剩余资产时，也需要进行相应的所得税处理，对于不同类型的股东，其所得税的处理也各不相同。

11.3.7.1　股东是“企业和其他组织”的

对于应纳企业所得税的企业和其他组织的股东分得的剩余资产的金额，其所得应当划分为两个部分确认所得：

（1）相当于被清算企业累计未分配利润和累计盈余公积中按该股东所占股份比例计算的部分，应确认为股息所得。按照《企业所得税法》的规定，这部分所得属于“符合条件的居民企业之间的股息、红利等权益性投资收益”，应当作为股东的免税收入。

（2）剩余资产减除股息所得后的余额，超过或低于股东投资成本的部分，应确认为股东的投资转让所得或损失。这部分所得应当记入股东企业的当期所得，计算应纳税所得额予以缴纳企业所得税。股权转让损失，减少股东企业的当期应纳税所得额；股权转让所得，增加股东企业的当期应纳税所得额。

其中，涉及非货币资产分配的，被清算企业的股东从被清算企业分得的资产应按可变现价值或实际交易价格确定计税基础。

11.3.7.2　股东是“非法人组织”的

对于股东是个人独资企业和合伙企业等非法人组织的，股东分得的剩余资产的全部金额，其超过或低于股东投资成本的部分，应确认为股东的投资转让所得或损失，作为非法人组织股东当年的生产经营所得。个人独资企业当年经营所得作为投资者个人的生产经营所得，按照个人所得税法的“个体工商户的生产经营所得”应税项目征税。合伙企业应按照“先分后税”对合伙企业当年留存的所得（利润），予以计算并分配，合伙企业合伙人是自然人的，缴纳个人所得税；合伙人是法人和其他组织的，缴纳企业所得税。

《关于个人独资企业和合伙企业投资者征收个人所得税的规定》（财税〔2000〕91号印发）规定，个人独资企业和合伙企业每一纳税年度的收入总额减除成本、费用以及损失后的余额，作为投资者个人的生产经营所得，比照个人所得税法的“个体工商户的生产经营所得”应税项目，适用5%～35%的五级超额累进税率，计算征收个人所得税。收入总额，是指企业从事生产经营以及与生产经营有关的活动所取得的各项收入，包括商品（产品）销售收入、营运收入、劳务服务收入、工程价款收入、财产出租或转让收入、利息收入、其他业务收入和营业外收入。

因此，对于非法人组织股东来说，被清算企业清算后剩余财产的分配，应当全部视为一次股权转让行为，其收入应全部计为个人独资企业和合伙企业一项经营收入，每一纳税年度的收入总额减除成本、费用以及损失后的余额，作为个人独资企业投资者个人和合伙企业自然人合伙人的生产经营所得，按照个人所得税法的“个体工商户的生产经营所得”应税项目课征个人所得税。对合伙企业的法人和其他组织的合伙人，计入《中华人民共和国企业所得税年度纳税申报表（A类，2017年版）》中附表A105000《纳税调整项目明细表》第41行“（五）有限合伙企业法人合伙方应分得的应纳税所得额”，予以征收企业所得税。

11.3.7.3 股东是“自然人”的

被清算企业的自然人股东，分回剩余财产的税务处理，与法人和其他组织以及非法人组织（个人独资企业和合伙企业）相比，又不相同。

《国家税务总局关于个人终止投资经营收回款项征收个人所得税问题的公告》（国家税务总局公告2011年第41号）规定，个人因各种原因终止投资、联营、经营合作等行为，从被投资企业或合作项目、被投资企业的其他投资者以及合作项目的经营合作人取得股权转让收入、违约金、补偿金、赔偿金及以其他名目收回的款项等，均属于个人所得税应税收入，应按照“财产转让所得”项目适用的规定计算缴纳个人所得税。

因此，对于被清算企业自然人股东，其分回被清算企业的剩余资产，应当视为一次转让全部股权的行为，以其分得的剩余资产的全部金额，减除股权原值和合理费用后的余额为应纳税所得额，按“财产转让所得”缴纳个人所得税。对于被清算企业分回剩余资产中，相当于股息、红利的部分，也作为股权转让收入的一部分，不再单独作为股息、红利所得项目单独缴纳个人所得税。

应纳税所得额的计算公式如下：

应纳税所得额=个人取得的股权转让收入、违约金、补偿金、赔偿金及以其他名目收回款项合计数-原实际出资额（投入额）及相关税费

【案例 11-3-1】 甲公司由A有限责任公司、B合伙企业（两名自然人合伙人各出资25万元成立）、C自然人共同投资成立，注册资本200万元，A出资100万元拥有50%股权、B出资60万元拥有30%股权、C股东出资40万元拥有20%股权。2017年3月，甲公司经股东大会同意，决定自3月31日起停止经营，清算解散。4月1日，甲公司向主管税务机关备案后，开始清算。2018年6月5日，甲公司清算结束，并向主管税务机关申报清算所得税。具体情况如下：

（1）甲公司拥有经营用房产一套，系甲公司2014年3月购入，购入价格300万元，到2017年3月31日，已计提折旧45万元。清算期间，甲公司将该房产作为清算剩余财产，作价600万元清偿给A公司，约定A公司先期支付200万元，清算结束后，按A公司最终分得剩余资产份额多退少补给其他股东。（甲公司选择简易计税方法，过户时，甲公司不能向税务机关提供评估价格。）

（2）甲公司停止经营后，尚结余存货50万元（不含税），该项存货由公司在清算期内（2017年底前）全部销售清理完毕，取得收入70万元。甲公司2017年3月增值税申报表列留抵进项税额20万元。

（3）甲公司2017年4月纳税申报后，银行存款24万元。

（4）甲公司截至2017年3月31日，尚有应付账款48万元未支付，因对方单位原因无法支付。另有2015年某企业拖欠货款30万元未收回，多次催收无果。

（5）甲公司2017年3月资产负债表记载，股本200万元，未分配利润100万元，盈余公积50万元。

（6）主管税务机关记录，公司2016年4月欠税10万元，于2018年1月5日清缴欠税、滞纳金。企业发生清算费用45万元。

【问题】 假定甲公司无其他清算事项，公司清算应纳税款，分配剩余资产，以及股东应如何纳税？

【解析】 （1）处置资产应纳税

①处置房产

A. 增值税（简易计税方法）：（600-300）÷（1+5%）×5%=14.26（万元），不参与进项抵扣。

B. 增值税附加税费（不考虑水利基金）：14.26×（7%+3%+2%）=1.71（万元）

C. 印花税：600×0.05%=0.3（万元）

D. 土地增值税。甲公司不能提供评估价格，但有购房发票，购房时间已满3年。

扣除项目金额=300×（1+3×5%）=345（万元）

增值额=（600-14.26）-345-1.71-0.3=238.73（万元）

增值率=238.73÷345=69.20%，税率为40%，速算扣除系数5%。

土地增值税款=238.73×40%-345×5%=78.24（万元）

②处置存货

销项税额=70×17%=11.9（万元）

应纳增值税=销项税额-进项税额=11.9-20=-8.1（万元）

尚有8.1万元进项税额留抵。

③处置债务

对企业无法收回的2015年某企业拖欠货款30万元，按照《企业资产损失所得税税前扣除管理办法》（国家税务总局公告2011年第25号印发）和《国家税务总局关于企业所得税资产损失资料留存备查有关事项的公告》（国家税务总局公告2018年第15号），备齐资料，列为清算损失。

（2）处置企业负债

依据《企业所得税法实施条例》规定，《企业所得税法》所称其他收入，是指企业取得的除企业所得税法规定的销售货物收入、提供劳务收入、转让财产收入、股息红利等权益性投资收益、利息收入、租金收入、特许权使用费收入、接受捐赠收入等收入外的其他收入，包括企业资产溢余收入、逾期未退包装物押金收入、确实无法偿付的应付款项、已作坏账损失处理后又收回的应收款项、债务重组收入、补贴收入、违约金收入、汇兑收益等。

对因债权人原因确实无法支付的应付款项48万元，作为企业清算收入。

（3）其他事项处理

2016年4月欠税10万元，申报限期为2016年5月15日（不考虑顺延），到2018年1月5日，共滞纳600天。

清缴税款及滞纳金=10+10×0.05%×600=13（万元）

（4）申报并缴纳清算所得税

资产处置损益明细表（节选）

填报时间：2018 年 6 月 20 日　　金额单位：万元

行次	项目	账面价值 （1）	计税基础 （2）	可变现价值或交易价格 （3）	资产处置损益 （4）＝（3）－（2）
1	货币资金	24	24	24	0
5	应收账款	30	30	0	-30
11	存货	50	50	70	20
21	固定资产	300	255	585.74	330.74
32	总计	404	359	679.74	320.74

负债清偿损益明细表（节选）

填报时间：2018 年 6 月 20 日　　金额单位：万元

行次	项目	账面价值 （1）	计税基础 （2）	清偿金额 （3）	负债清偿损益 （4）＝（2）－（3）
4	应付账款	48	48		48
23	总计	48	48		48

中华人民共和国企业清算所得税申报表（节选）

清算期间：2017 年 4 月 1 日至 2018 年 6 月 5 日　　单位：万元

类别	行次	项目	金额
应纳税所得额计算	1	资产处置损益（填附表一）	320.74
	2	负债清偿损益（填附表二）	48
	3	清算费用	45
	4	清算税金及附加	88.35
	5	其他所得或支出	
	6	清算所得（1+2-3-4+5）	235.39
	7	免税收入	
	8	不征税收入	
	9	其他免税所得	

续表

类别	行次	项目	金额
应纳税所得额计算	10	弥补以前年度亏损	
	11	应纳税所得额（6-7-8-9-10）	235.39
应纳所得税额计算	12	税率（25%）	25%
	13	应纳所得税额（11×12）	58.85
应补（退）所得税额计算	14	减（免）企业所得税额	
	15	境外应补所得税额	
	16	境内外实际应纳所得税额（13-14+15）	
	17	以前纳税年度应补（退）所得税额	
	18	实际应补（退）所得税额（16+17）	58.85

注：清算税金及附加，为不含增值税的其他清算期间应纳税金及附加，包括清算注销时留抵不退的增值税进项税额，即：1.71+0.3+78.24+8.1=88.35（万元）。

（5）分配剩余财产及股东计税

剩余财产计算和分配明细表（节选）

填报时间：2018年6月20日　　金额单位：万元

类别	行次	项目	金额
剩余财产计算	1	资产可变现价值或交易价格	679.74
	2	清算费用	45
	3	职工工资	
	4	社会保险费用	
	5	法定补偿金	
	6	清算税金及附加	88.35
	7	清算所得税额	58.85
	8	以前年度欠税额	13
	9	其他债务	
	10	剩余财产（1-2-…-9）	474.54
	11	其中：累计盈余公积	50
	12	累计未分配利润	100

续表

类别	行次	项目			金额	
		股东名称	持有清算企业权益性投资比例（%）	投资额	分配的财产金额	其中：确认为股息金额
剩余财产分配	13	A 公司	50%	100	237.27	75
	14	B 合伙企业	30%	60	142.36	
	15	C 自然人	20%	40	94.91	
	16					
	17					

①A 公司

应确认股权转让所得：237.27−75−100=62.27（万元），股权转让所得并入当年应纳税所得额计算并缴纳企业所得税。分回股息红利不征税。

②B 合伙企业

应确认 B 合伙企业经营收入 142.36 万元，经营成本 60 万元。假定该合伙企业本年无其他收入及费用，合伙人为 2 个自然人，且各出资 25 万元。两个自然人合伙人应按照“先分后税”原则，按照“个体工商户生产经营所得”分别缴纳个人所得税：

每个自然人合伙人分得所得：（142.36−60）÷2=41.18（万元），税率 35%，速算扣除数 14750。

每个自然人合伙人应纳个人所得税：(41.18−4.2)×35%−1.4750=11.47(万元)

③C 自然人

应按“财产转让所得”缴纳个人所得税：(94.91−40)×20%=10.98(万元)

11.4 法人投资者从合伙企业分回利润所得税处理

随着经济多元化发展，投资的多元化也越来越普遍。2006 年修订的《合伙企业法》规定：“合伙企业，是指自然人、法人和其他组织依照本法在中国境内设立的普通合伙企业和有限合伙企业”。但国有独资公司、国有企业、上市公司以及公益性的事业单位、社会团体投资不得成为普通合伙人。

《企业所得税法》规定，个人独资企业、合伙企业不适用《企业所得税法》，对于合伙企业的法人和其他组织的有限合伙人，从合伙企业分得的生产经营所得和其他所得，按照国家有关税收规定，由合伙人分别缴纳所得税。

《财政部　国家税务总局关于合伙企业合伙人所得税问题的通知》（财税〔2008〕159号）规定，合伙企业以每一个合伙人为纳税义务人。合伙企业合伙人是自然人的，缴纳个人所得税；合伙人是法人和其他组织的，缴纳企业所得税。

企业投资合伙企业分回利润，该如何申报缴纳企业所得税？

11.4.1　合伙企业所得的分配

法人和其他组织从合伙企业分得的生产经营所得和其他所得，应当缴纳企业所得税。

在所得分配上。合伙企业生产经营所得和其他所得采取“先分后税”的原则进行。生产经营所得和其他所得，包括合伙企业分配给所有合伙人的所得和企业当年留存的所得（利润）。合伙企业的合伙人按照“先协议，次协商，再出资，后人数”的顺序确定应纳税所得额，即：

（1）合伙企业的合伙人以合伙企业的生产经营所得和其他所得，按照合伙协议约定的分配比例确定应纳税所得额。

（2）合伙协议未约定或者约定不明确的，以全部生产经营所得和其他所得，按照合伙人协商决定的分配比例确定应纳税所得额。

（3）协商不成的，以全部生产经营所得和其他所得，按照合伙人实缴出资比例确定应纳税所得额。

（4）无法确定出资比例的，以全部生产经营所得和其他所得，按照合伙人数量平均计算每个合伙人的应纳税所得额。

合伙协议不得约定将全部利润分配给部分合伙人。

在所得额的确定上。按照《关于个人独资企业和合伙企业投资者征收个人所得税的规定》（财税〔2000〕91号）及《财政部　国家税务总局关于调整个体工商户个人独资企业和合伙企业个人所得税税前扣除标准有关问题的通知》（财税〔2008〕65号）的规定，合伙企业每一纳税年度的收入总额减除成本、费用以及损失后的余额，作为投资者的生产经营所得。合伙企业的投资者按照合伙企业的全部生产经营所得和合伙协议约定的分配比例确定应纳税所得额，合伙协议没有约定分配比例的，以全部生产经营所得和合伙人数量平均计算每个投资者的应纳税所得额。

11.4.2 合伙企业盈利的处理

法人和其他组织从合伙企业分得的生产经营所得和其他所得，应当缴纳企业所得税。需要注意的是：

（1）合伙企业的法人和其他组织合伙人不是独立的企业所得税纳税人。

（2）合伙企业的法人和其他组织合伙人从合伙企业分回利润不属于“居民企业直接投资于其他居民企业取得的投资收益”的免税收入。

（3）合伙企业的法人和其他组织合伙人从合伙企业分得的生产经营所得和其他所得，应当与企业当年的应纳税所得额合并后缴纳企业所得税。

（4）合伙企业“先分后税”不是先分配再并入纳税，而是不考虑是否分红，直接就合伙企业年度应税利润进行分配后并入纳税。

（5）合伙企业亏损的，合伙企业的法人和其他组织合伙人，不得用合伙企业的亏损抵减其盈利。

【案例 11-4-1】 A 公司与 B 自然人合伙成立了甲合伙企业，约定按照出资比 1∶2 分配利润。2019 年 A 公司亏损 1000 万元，从投资成立的甲合伙企业分回利润 1500 万元。（A 公司企业所得税税率 25%。）

【问题】 计算 A 公司 2019 年应纳企业所得税额。

【解析】 A 公司从甲合伙企业分回利润 1500 万元，不属于“居民企业直接投资于其他居民企业取得的投资收益”的免税收入，应当并入企业当年应税所得。A 公司当年亏损 1000 万元，并入从甲合伙企业分回利润后，2019 年 A 公司的应纳税所得额 = 1500 - 1000 = 500（万元）。

因此，A 公司 2019 年应纳税所得额为 500 万元，应纳税额 = 500×25% = 125（万元）。

【案例 11-4-2】 A 公司与 B 自然人合伙成立了甲合伙企业，约定按照出资比 1∶2 分配利润。2019 年 A 公司亏损 2000 万元；甲合伙企业生产经营所得 1500 万元，未分配。（A 公司企业所得税税率 25%。）

【问题】 计算 A 公司 2019 年应纳企业所得税额。

【解析】 甲合伙企业2019年生产经营所得1500万元，按照约定，应分回A公司利润500万元，不属于“居民企业直接投资于其他居民企业取得的投资收益”的免税收入，应当并入A公司当年应税所得。A公司当年亏损2000万元，并入从甲合伙企业分回利润后，2019年A公司的应纳税所得额=500-2000=-1500（万元）。

因此，A公司2019年度亏损1500万元，依法结转以后年度弥补，结转年限最长不得超过5年。

11.4.3 合伙企业亏损的处理

《财政部 国家税务总局关于合伙企业合伙人所得税问题的通知》（财税〔2008〕159号）规定：合伙企业的合伙人是法人和其他组织的，合伙人在计算其缴纳企业所得税时，不得用合伙企业的亏损抵减其盈利。

【案例11-4-3】 A公司与B自然人合伙成立了甲合伙企业，约定按照出资比1∶2分配利润。2019年A公司应纳税所得额2000万元，投资成立的甲合伙企业亏损1500万元。（A公司企业所得税税率25%。）

【问题】 计算A公司2019年应纳企业所得税额。

【解析】 甲合伙企业亏损1500万元，按照约定的分配方案，A公司应承揽1000万元亏损。A公司投资甲合伙企业的亏损，只能由甲合伙企业以后年度利润弥补，或是在退伙转让合伙企业份额时扣除，在2019年不得以合伙企业的亏损抵减A公司的应纳税所得额。

因此，A公司2019年应纳税所得额为2000万元，应纳税额=2000×25%=500（万元）。

11.4.4 合伙企业对外投资分红的处理

《企业所得税法》规定“符合条件的居民企业之间的股息、红利等权益性投资收益为免税收入”。而在《企业所得税法实施条例》中，明确规定“符合条件的居民企业之间的股息、红利等权益性投资收益，是指居民企业直接投资于其他居民企业取得的投资收益”，对于居民企业间的权益性投资收益，只要是直接投资取得的，均属于免税收入的范围。

法人和其他组织合伙人取得合伙企业对外投资分回的利息或者股息、红利，尽管按照《国家税务总局关于执行口径的通知》（国税函〔2001〕84号）规定，是投资人取得的“利息、股息、红利所得”。但是，由于该项投资是通过合伙企业间接进行，且合伙企业不适用《企业所得税法》，不是企业所得税的居民企业纳税人，法人和其他组织合伙人从合伙企业取得的此项利息、股息、红利所得，不属于法人企业直接投资收益，不构成免税收入。法人企业应将其从有限合伙企业分得的红利所得计入其应纳税所得额，缴纳企业所得税。

法人和其他组织合伙人从合伙企业分回所得，应在《中华人民共和国企业所得税年度纳税申报表（A类，2017年版）》中《纳税调整项目明细表》（A105000）第41行“（五）有限合伙企业法人合伙方应分得的应纳税所得额”填报。该项目填报说明：第1列“账载金额”填报有限合伙企业法人合伙方本年会计核算上确认的对有限合伙企业的投资所得；第2列“税收金额”填报纳税人按照“先分后税”原则和《财政部 国家税务总局关于合伙企业合伙人所得税问题的通知》（财税〔2008〕159号）第四条规定计算的从合伙企业分得的法人合伙方应纳税所得额；若第1列≤第2列，将第2-1列余额填入第3列“调增金额”，若第1列>第2列，将第2-1列余额的绝对值填入第4列“调减金额”。

【案例11-4-4】 A公司（税率25%）与B自然人合伙成立了甲合伙企业，约定按照出资比1：2分配利润。2019年A公司年度应纳税所得额1000万元，投资成立的甲合伙企业盈利1200万元。其中包括甲合伙企业投资C上市公司获得C公司分红，甲合伙企业当年向所有投资人分配720万元，A公司分得240万元。

【问题】 A公司2019年年度汇算清缴应如何申报？

【解析】 根据“先分后税”的原则和《财政部 国家税务总局关于合伙企业合伙人所得税问题的通知》（财税〔2008〕159号）有关规定，合伙企业生产经营所得和其他所得包括合伙企业分配给所有合伙人的所得和企业当年留存的所得（利润），则A公司2019年从甲合伙企业确认的应纳税所得：1200÷3=400（万元）。

A公司确认的400万元所得中包含甲合伙企业投资C上市公司获得分红240万元，不属于A公司直接投资于C公司获得的投资收益，因此不能享受企业所得税免税待遇。

A公司在2019年年度纳税申报表填报时，应确认所得400万元，A105000《纳税调整项目表》第41行“（五）有限合伙企业法人合伙方应分得的应纳税所得额”第1列“账载金额”填240万元，第2列“税收金额”填400万元，因第1列≤第2列，将第2-1列余额填入第3列“调增金额”，即160万元（400-240）。

A105000 纳税调整项目明细表

单位：元

行次	项目	账载金额	税收金额	调增金额	调减金额
		1	2	3	4
…	…				
36	四、特殊事项调整项目（37+38+…+43）	*	*		
…	…				
41	（五）合伙企业法人合伙人应分得的应纳税所得额	2400000	4000000	160000	
…	…				
46	合计（1+12+31+36+44+45）	*	*		

11.5 借款利息的涉税处理

在企业生产经营过程中，企业间相互借款是一项经常发生的事项，收取和支付借款利息也是理所当然的。对于利息收入和利息支出税前扣除，需要针对业务本身进行分析后，对应处理，否则就会带来较大的风险。

11.5.1 利息收入的处理

企业取得利息收入，一定是有相应的资金业务发生。是企业让渡资金使用权、把资金出借给他人使用而收取的利息？还是企业银行存款的存款利息？企业存款的银行利息收入，是企业的非经营性收入，在收入利息的时候记入“财务费用”的贷方，冲减“财务费用”即可。分录如下：

借：银行存款

　　贷：财务费用——银行利息

对于企业让渡资金使用权而收取的利息，就不能简单记入“财务费用”的贷方，而是应当开具发票并记入“其他业务收入”，依法申报缴纳增值税和其他附加税费，增值税记入“应交增值税”，其他附加税费记入“税金及附加”核算。

【案例 11-5-1】 税务机关在对某企业进行风险分析时发现，其借款利息的处理存在较大疑点。经核实发现，该企业既有为建造固定资产向银行借款的利息支出，也有将企业自有资金临时借贷给其他企业取得的利息收入。企业在财务处理时，将取得的利息收入直接冲减了财务费用，对应当予以资本化的利息支出未进行资本化。利息支出予以资本化调增应纳税所得额后，企业的财务费用为负。

【问题】 该企业利息收入要不要调增应纳税所得额？

【解析】 利息收入是企业所得税的一项收入，需要计入应税所得并依法计算缴纳企业所得税。对于该企业来说，借款给其他企业取得的利息收入应计入收入，不能直接冲减利息支出。对应当予以资本化的利息支出应全额资本化，不能直接作为财务费用扣除。两项均应作纳税调整。

11.5.2 利息支出的处理

11.5.2.1 利息支出的情形与扣除

利息支出，一般可能存在三种情况，一是投资人未足额出资而发生的贷款利息；二是已缴足资本金的纳税人正常经营活动发生的贷款利息；三是纳税人支付的应当予以资本化的贷款利息。

对于“企业投资者投资未到位而发生的利息支出”，《企业所得税法实施条例》规定：凡企业投资者在规定期限内未缴足其应缴资本额的，该企业对外借款所发生的利息，相当于投资者实缴资本额与在规定期限内应缴资本额的差额应计付的利息，其不属于企业合理的支出，应由企业投资者负担，不得在计算企业应纳税所得额时扣除。计算这部分不得扣除的利息，应当按照资本金与贷款余额保持不变的期间分期计算，按年合计调整。

【案例 11-5-2】

某企业 2019 年利息支出如下：

某企业 2019 年利息支出情况 单位：万元

期间	未缴资本金	贷款余额	利息支出
2019 年 1—3 月	200	500	7.5
2019 年 4 月	150	500	2.5
2019 年 5—12 月	100	400	16

【问题】 如何计算并确定该企业当年可扣除的利息支出？

【解析】 该企业 2019 年不得扣除的利息 $=7.5\times200\div500+2.5\times150\div500+16\times100\div400=7.75$（万元）

对于企业投资者已足额交纳出资，在生产经营活动中发生的合理的不需要资本化的借款费用，可以直接列支“财务费用”，准予扣除。

企业为购置、建造固定资产、无形资产和经过 12 个月以上的建造才能达到预定可销售状态的存货发生借款的，在有关资产购置、建造期间发生的合理的借款费用，应当作为资本性支出计入有关资产的成本，按照资产折旧（摊销）的规定分期扣除，不得直接列支“财务费用”。

11.5.2.2 利息支出的调整规则

利息的纳税调整规则很简单，“只管调整，不计其他”。对于企业已经记入“财务费用”的利息收入和利息支出，无论是否需要进行调整，在企业所得税汇算清缴进行纳税调整前，按照收入与支出的差额计算经营利润，如企业当年利息收入 5 万元，当年利息支出 20 万元，则在利润表计算企业利润时，列支财务费用 15 万元。在进行纳税调整时，只需要考虑纳税调整的利息收入或是利息支出即可，不需要考虑无须调整的部分，至于调整后“财务费用”是正数还是负数，则不必考虑。负数的费用，就是财务费用收益，正数的费用，就是财务费用支出，均已在计算利润时计算过，不需要重新计算。

这个规则不仅仅适用于财务费用，其他的一般性的所得税调整项目也同样适用，但是却不适用于加计扣除和减记收入的调整。

11.5.3 出资未到位遇上利息资本化的处理

【案例 11-5-3】

某企业 2019 年资本金和利息支出情况如下：

A 公司 2019 年资本金和利息支出情况　　　　单位：万元

期　间	未缴资本金	贷款余额	利息支出
2019 年 1—3 月	200	500	7.5
2019 年 4 月	150	500	2.5
2019 年 5—12 月	100	400	16

A 公司当年为建造固定资产贷款 200 万元，支出利息 12 万元；当年为购进材料贷款 300 万元，支出利息 14 万元。

【问题】 如何计算并确定 A 公司当年可扣除的利息支出？

【解析】 税收实务中，经常会遇到这种不同情形叠加的情况，对于该企业来说，资本金未到位前发生的借款利息需要资本化的，纳税调整需要抓住以下三个要点。

(1) 利息资本化与费用化最终都在企业所得税前扣除

利息支出要区分资本化与费用化。无论是资本化，还是费用化，最终都在企业所得税前予以扣除。其中的差别在于，资本化的利息支出需要计入有关资产的成本，按照资产折旧（摊销）的规定分期扣除，不得直接列支“财务费用”。而费用化的利息支出，则可以在当期直接扣除。两者所差别的只是扣除的方式和期间的不同。

(2) 理解“企业投资者投资未到位而发生的利息支出”不得扣除

对于“企业投资者投资未到位而发生的利息支出”，《企业所得税法实施条例》规定：凡企业投资者在规定期限内未缴足其应缴资本额的，该企业对外借款所发生的利息，相当于投资者实缴资本额与在规定期限内应缴资本额的差额应计付的利息，其不属于企业合理的支出，应由企业投资者负担，不得在计算企业应纳税所得额时扣除。计算这部分不得扣除的利息，应当按照资本金与贷款余额保持不变的期间分期计算，按年合计调整。

不得扣除的意思，指这部分已经发生的利息支出，不可以采用任何形式在计算企业所得税前予以扣除。也就是说：无论是费用化一次性扣除，还是资本化分期扣除，都不可以。

(3)“资本金未到位前发生的借款利息需要资本化”如何扣除

如果企业当期“财务费用”支出的利息中，既存在“资本金未到位”情况，又发生应当予以资本化的借款利息，首先，需要按照“企业投资者投资未到位而发生的利息支出”计算不得扣除的利息金额。其次，按照企业实际发生的利息支出，减除不得扣除的利息金额部分后的余额，予以资本化。前者调整的不得扣除的利息支出是永久性税会差异，后者予以资本化调整的利息支出，是时间性税会差异。如果企业即有资本化的利息支出，又有费用化的利息支出，其减除不得扣除的“资本金未到位前发生的借款利息”后的利息支出，可以由企业自行选择一种方式在资本化和费用化中分摊，但不得超过其中任一项利息支出的总额。

本案例中，按照《企业所得税法实施条例》规定，A公司2019年不得扣除的利息=7.5×200÷500+2.5×150÷500+16×100÷400=7.75（万元）

企业当年为建造固定资产贷款200万元，支出利息12万元；当年为购进材料贷款300万元，支出利息14万元。则该企业可以资本化和费用化的利息支出=12+14-7.75=18.25（万元），在资本化和费用化利息支出中分摊，分摊方式由企业根据借款合同的情况决定并留存备查。企业可选择资本化利息支出最大不超过12万元，可以选择费用化利息支出最大不超过14万元，总额不超过18.25万元。

11.5.4 关联企业借款利息的处理

关联方借款是向非金融企业借款的一种特殊形式，其利息扣除除了受“金融企业的同期同类贷款利率”的限制外，为了避免利润转移，维护国家的税收利益，还受到更为严格的限制。

第四十六条　企业从其关联方接受的债权性投资与权益性投资的比例超过规定标准而发生的利息支出，不得在计算应纳税所得额时扣除。

——《企业所得税法》

第一百一十九条　企业所得税法第四十六条所称债权性投资，是指企业直接或者间接从关联方获得的，需要偿还本金和支付利息或者需要以其他具有支付利息性质的方式予以补偿的融资。

企业间接从关联方获得的债权性投资，包括：

(一) 关联方通过无关联第三方提供的债权性投资；

(二) 无关联第三方提供的、由关联方担保且负有连带责任的债权性投资；

(三) 其他间接从关联方获得的具有负债实质的债权性投资。

企业所得税法第四十六条所称权益性投资，是指企业接受的不需要偿还本金和支付利息，投资人对企业净资产拥有所有权的投资。

企业所得税法第四十六条所称标准，由国务院财政、税务主管部门另行规定。

——《企业所得税法实施条例》

一、在计算应纳税所得额时，企业实际支付给关联方的利息支出，不超过以下规定比例和税法及其实施条例有关规定计算的部分，准予扣除，超过的部分不得在发生当期和以后年度扣除。

企业实际支付给关联方的利息支出，除符合本通知第二条规定外，其接受关联方债权性投资与其权益性投资比例为：

(一) 金融企业，为5∶1；

(二) 其他企业，为2∶1。

二、企业如果能够按照税法及其实施条例的有关规定提供相关资料，并证明相关交易活动符合独立交易原则的；或者该企业的实际税负不高于境内关联方的，其实际支付给境内关联方的利息支出，在计算应纳税所得额时准予扣除。

三、企业同时从事金融业务和非金融业务，其实际支付给关联方的利息支出，应按照合理方法分开计算；没有按照合理方法分开计算的，一律按本通知第一条有关其他企业的比例计算准予税前扣除的利息支出。

四、企业自关联方取得的不符合规定的利息收入应按照有关规定缴纳企业所得税。

——《财政部　国家税务总局关于企业关联方利息支出税前扣除标准有关税收政策问题的通知》（财税〔2008〕121号）

第八十五条　所得税法第四十六条所称不得在计算应纳税所得额时扣除的利息支出应按以下公式计算：

不得扣除利息支出=年度实际支付的全部关联方利息×（1-标准比例/关联债资比例）

其中：

标准比例是指《财政部　国家税务总局关于企业关联方利息支出税前扣除标准有关税收政策问题的通知》（财税〔2008〕121号）规定的比例。

关联债资比例是指根据所得税法第四十六条及所得税法实施条例第一百一十九的规定，企业从其全部关联方接受的债权性投资（以下简称关联债权投资）占企业接受的权益性投资（以下简称权益投资）的比例，关联债权投资包括关联方以各种形式提供担保的债权性投资。

第八十六条　关联债资比例的具体计算方法如下：

关联债资比例=年度各月平均关联债权投资之和/年度各月平均权益投资之和

其中：

各月平均关联债权投资=（关联债权投资月初账面余额+月末账面余额）/2

各月平均权益投资=（权益投资月初账面余额+月末账面余额）/2

权益投资为企业资产负债表所列示的所有者权益金额。如果所有者权益小于实收资本（股本）与资本公积之和，则权益投资为实收资本（股本）与资本公积之和；如果实收资本（股本）与资本公积之和小于实收资本（股本）金额，则权益投资为实收资本（股本）金额。

第八十七条　所得税法第四十六条所称的利息支出包括直接或间接关联债权投资实际支付的利息、担保费、抵押费和其他具有利息性质的费用。

第八十八条　所得税法第四十六条规定不得在计算应纳税所得额时扣除的利息支出，不得结转到以后纳税年度；应按照实际支付给各关联方利息占关联方利息总额的比例，在各关联方之间进行分配，其中，分配给实际税负高于企业的境内关联方的利息准予扣除；直接或间接实际支付给境外关联方的利息应视同分配的股息，按照股息和利息分别适用的所得税税率差补征企业所得税，如已扣缴的所得税税款多于按股息计算应征所得税税款，多出的部分不予退税。

——《国家税务总局关于印发〈特别纳税调整实施办法（试行）〉的通知》（国税发〔2009〕2号）

按照上述规定，关联企业间债资比超过上述标准，则应当按照规定计算不得扣除的利息支出，也不得结转到以后纳税年度扣除。但是，如果能提供同期资料证明交易活动符合独立交易原则或者企业的实际税负不高于境内关联方的，可以例外处理。

【案例 11-5-4】 生产企业 A 公司、B 公司于 2018 年 1 月共同投资 1000 万元设立甲公司（非金融企业）。2019 年甲公司向 A 公司借款 2000 万元、向 B 公司借款 600 万元，均按银行同期贷款利率 8%计息，其他条件不变。

【问题】 如何计算并确定甲公司当年可扣除的利息支出？

【解析】 借款利率不超过银行同期同类贷款利率 8%，支付的利息只需考虑债资比限制。

关联债资比例＝年度各月平均关联债权投资之和/年度各月平均权益投资之和＝2600÷1000＝2.6

超过 2∶1 的债资比，不得扣除的利息支出为：

不得扣除利息支出＝年度实际支付的全部关联方利息×（1-标准比例/关

联债资比例）=（2000×8%+600×8%）×（1-2÷2.6）=48（万元）

调增的利息支出为48万元。

如果一个纳税年度内，企业关联债权投资和权益投资发生变动，需要按照《特别纳税调整实施办法（试行）》规定按月计算并调整。公式如下：

各月平均关联债权投资=（关联债权投资月初账面余额+月末账面余额）/2

各月平均权益投资=（权益投资月初胀面余额+月末账面余额）/2

权益投资为企业资产负债表所列示的所有者权益金额。如果所有者权益小于实收资本（股本）与资本公积之和，则权益投资为实收资本（股本）与资本公积之和；如果实收资本（股本）与资本公积之和小于实收资本（股本）金额，则权益投资为实收资本（股本）金额。

【案例11-5-5】 生产企业A公司、B公司于2018年1月共同投资1000万元设立甲公司（非金融企业）。A公司权益性投资400万元，占40%股份；B公司权益性投资600万元，占60%股份。2019年1月1日，因业务需要，甲公司以10%年利率从A公司借款1000万元，以9%年利率从B公司借款600万元，银行同期贷款利率为8%。2019年，甲公司的税负为20%，A、B公司的税负为25%，A公司提供相关资料，并证明相关交易活动符合独立交易原则，B公司未提供相关资料，其他条件不变。

【问题】 甲公司支付的利息该如何税前扣除？

【解析】 （1）按照同期贷款利率确定可扣除利息支出

向A公司借款支付的利息可扣除：1000×8%=80（万元）

向B公司借款支付的利息可扣除：600×8%=48（万元）

符合同期借款利率利息合计=80+48=128（万元），纳税调增=（1000×10%+600×9%）-128=26（万元）。

（2）《财政部　国家税务总局关于企业关联方利息支出税前扣除标准有关税收政策问题的通知》（财税〔2008〕121号）规定：企业如果能够按照税法及其实施条例的有关规定提供相关资料，并证明相关交易活动符合独立交易原则的；或者该企业的实际税负不高于境内关联方的，其实际支付给境内关联方的利息支出，在计算应纳税所得额时准予扣除。

由于甲公司税负低于A、B公司的税负，其向A、B公司的借款，需要进一步查看是否符合独立交易原则。A公司提供相关资料，并证明相关交易活动动符合独立交易原则，则其全部的利息支出，可以在计算应纳税所得额时扣除。B公司未提供相关资料，证明其符合独立交易原则，则归属于支付给B公司的利息的部分，不得在计算应纳税所得额前扣除。

（3）支付给A公司的利息能够税前扣除的金额

《特别纳税调整实施办法（试行）》规定，企业所得税法规定不得在计算应纳税所得额时扣除的利息支出，不得结转到以后纳税年度；应按照实际支付给各关联方利息占关联方利息总额的比例，在各关联方之间进行分配，其中，分配给实际税负高于企业的境内关联方的利息准予扣除；直接或间接实际支付给境外关联方的利息应视同分配的股息，按照股息和利息分别适用的所得税税率差补征企业所得税，如已扣缴的所得税税款多于按股息计算应征所得税税款，多出的部分不予退税。

全部符合利率规定的利息合计128万元，按照合同实际支付的利息为：

支付给A公司利息=1000×10%=100（万元）

支付给B公司利息=600×9%=54（万元）

支付给A公司的利息可扣除金额=128×100÷（100+54）=83.12（万元）

（4）综上，甲公司在计算应纳税所得额时可扣除利息83.12万元，应纳税调增=154−83.12=70.88（万元）。

【案例11-5-6】 生产企业A公司、B公司于2018年1月共同投资1000万元设立甲公司（非金融企业）。A公司权益性投资400万元，占40%股份；B公司权益性投资600万元，占60%股份。2019年1月1日，因业务需要，甲公司以10%年利率从A公司借款1000万元，以9%年利率从B公司借款600万元，银行同期贷款利率为8%。A、B公司税负为20%，甲公司税负为25%，且未提供符合独立交易原则相关资料。假定年度各月关联债权投资之和与年度各月权益投资之和保持不变。

【问题】 如何计算并确定甲公司当年可扣除的利息支出？

【解析】 按照《特别纳税调整实施办法（试行）》规定，关联债资比不是以单项关联债权投资分别计算，而是以权益投资之和和关联债权投资之和来计算。计算不得扣除利息也是以全部关联方利息一起计算，不是以单项利息单独计算。

不得扣除利息支出=年度实际支付的全部关联方利息×（1−标准比例/关联债资比例）

关联债资比例=年度各月平均关联债权投资之和/年度各月平均权益投资

之和

(1) 按照同期贷款利率确定可扣除利息支出

向 A 公司借款支付的利息可扣除：1000×8%＝80（万元）

向 B 公司借款支付的利息调增：600×8%＝48（万元）

合计可扣除利息＝80＋48＝128（万元），纳税调增＝（1000×10%＋600×9%）－128＝26（万元）。

(2) 按照债资比确定可税前扣除利息费用

关联债资比例是指企业从其全部关联方接受的债权性投资占企业接受的权益性投资的比例，关联债权投资包括关联方以各种形式提供担保的债权性投资。虽然 A 公司借款 1000 万元，是其出资额 400 万元的 2.5 倍，但对于甲公司来说，关联借款总额＝1000＋600＝1600（万元），全部权益性投资总额 1000 万元。

债资比＝（1000+600）÷1000＝1.6

没有超过 2∶1 的限制，因此，只需要就超过银行同期同类贷款利率的部分调增，则合计调增利息支出 26 万元。

11.5.5 统借统还利息的处理

统借统还，是指企业主管部门或企业集团中的核心企业等单位向金融机构借款后，将所借资金分拨给下属单位（包括独立核算单位和非独立核算单位），并按支付给金融机构的借款利率水平向下属单位收取用于归还金融机构利息的情形。

统借统还是企业集团的一种资金管理方式，形式上的关联方借款，实质上的金融企业借款，所以在利息的税前扣除上具有一定的特殊性。

《房地产开发经营业务企业所得税处理办法》（国税发〔2009〕31 号）第二十一条规定，企业集团或其成员企业统一向金融机构借款分摊集团内部其他成员企业使用的，借入方凡能出具从金融机构取得借款的证明文件，可以在使用借款的企业间合理地分摊利息费用，使用借款的企业分摊的合理利息准予在税前扣除。

除房地产企业外，其他的企业集团中也存在统借统还资金的情形，2016 年全面营业税改征增值税试点后，《财政部　国家税务总局关于全面推开营业税改征增值税试点的通知》（财税〔2016〕36号）附件3《营业税改征增值税试点过渡政策的规定》将“统借统还”归属于免征增值税项目。按照增值税征收管理和发票管理的规定，统借方在收取利息时，可以开具零税率的增值税普通发票，统贷方凭统借方开具的增值税普通发票在税前扣除。

11.6 技术入股的涉税处理

技术成果投资入股，是指纳税人将技术成果所有权让渡给被投资企业、取得该企业股票（权）的行为。

《公司法》规定，企业注册时，除了法律、行政法规规定不得作为出资的财产外，可以以实物、知识产权和土地使用权出资，并且专利、专有技术、商标、软件著作权等知识产权可以100%作为注册资本注资。

《财政部 国家税务总局关于居民企业技术转让有关企业所得税政策问题的通知》（财税〔2010〕111号）对可以转让的技术进行了列举。可以转让的技术包括：专利技术，计算机软件著作权、集成电路布图设计专有权、植物新品种、生物医药新品种，以及财政部、国家税务总局确定的其他技术成果。这里，专利技术是指被处于有效期内的专利所保护的技术，主要包括发明专利和实用新型专利所保护的技术。

对企业而言，技术作为一种无形财产去换取被投资企业的股权，属于非货币性资产交换业务，在企业所得税处理上要按照《企业所得税法》及其实施条例有关规定处理。

11.6.1 非货币性资产交换业务的企业所得税规定

《企业所得税法实施条例》第二十五条规定：企业发生非货币性资产交换，以及将货物、财产、劳务用于捐赠、偿债、赞助、集资、广告、样品、职工福利或者利润分配等用途的，应当视同销售货物、转让财产或者提供劳务。

也就是说，企业发生非货币性资产交换交换业务，要将其拆分成视同销售和实现交换目的等两项业务进行所得税处理。在视同销售业务中要对实施交换的非货币性资产进行计价。

《财政部 国家税务总局关于非货币性资产投资企业所得税政策问题的通知》（财税〔2014〕116号，以下简称财税〔2014〕116号文件）第二条规定：企业以非货币性资产对外投资，应对非货币性资产进行评估并按评估后的公允价值扣除计税基础后的余额，计算确认非货币性资产转让所得。企业以非货币性资产对外投资，应于投资协议生效并办理股权登记手续时，确认非货币性资产转让收入的实现。这一规定阐明了非货币性资产交换中视同销售业务的收入计量和确认时间：一是按照评估公允价值进行计量；二是在投资协议生效并办理股权登记手续时，确认非货币性资产转让收入的实现（关联企业在投资协议生效后12个月内尚未完成股权变更登记手续的，于投资协议生效时，确认非货币性资产转让收入的实现）。

企业以技术入股，就是以企业所拥有的技术类无形资产换取被投资企业的股权，按照上述规定，应拆分成技术转让与投资两项业务进行所得税处理。用来投资的技术成果视同技术转让进行所得税处理后，以该技术的评估价作为投资的计税成本。

【案例11-6-1】 2018年6月，居民企业A公司与B公司共同投资成立C企业，注册资本2000万元。A公司以本公司所持有的某项专利技术投资入股，占C企业40%的股份。该项专利技术在A公司账面净值为100万元，评估确认的公允价值为800万元。假设A公司企业所得实行查账征收，一直盈利未有亏损，适用企业所得税税率为25%。

【问题】 A公司此项业务如何进行企业所得税处理（不考虑增值税等相关税费）？

【解析】 A公司要将其分解成技术转让与投资两项业务进行处理：

（1）计算技术转让所得和技术转让应纳企业所得税：

技术转让所得＝800－100＝700（万元）

根据《企业所得税法》及其实施条例规定，在一个纳税年度内，居民企业技术转让所得不超过500万元的部分，免征企业所得税；超过500万元的部分，减半征收企业所得税。

A公司该项所得700万元，其中500万元免征企业所得税，200万元可以减半征收企业所得税。

A公司该项业务缴纳企业所得税＝200×25%×50%＝25（万元）

（2）确定对C企业的投资的计税基础为800万元。

11.6.2 递延纳税企业所得税优惠政策

为支持大众创业、万众创新，促进我国经济结构转型升级，我国对企业以技术入股给予了很多的税收优惠。除了前文所述的《企业所得税法》及其实施条例规定的减免税政策外，还给予技术投资入股的企业递延纳税政策选择权。

财税〔2014〕116号文件规定，自2014年1月1日起，居民企业以非货币性资产对外投资确认的非货币性资产转让所得，可在不超过5年期限内，分期均匀计入相应年度的应纳税所得额，按规定计算缴纳企业所得税。这里要注意文件中的措辞是“可”，也就是说企业根据自身利益最大化的原则自主选择是否采用递延纳税的政策。如果企业选择5年分期纳税，则企业以非货币性资产对外投资而取得被投资企业的股权，应以非货币性资产的原计税成本为计税基础，加上每年确认的非货币性资产转让所得，逐年进行调整。

事实上，财税〔2014〕116号文件给予了企业两种选择权。对于企业发生非货币性资产投资，符合《财政部 国家税务总局关于企业重组业务企业所得税处理若干问题的通知》（财税〔2009〕59号）等文件规定的特殊性税务处理条件的，企业也可选择按特殊性税务处理规定执行。即投资和被投资企业都暂不确认资产转让所得，以投资资产的账面价值入账。特殊性税务处理在本章第一节已经有详细阐述，这里不做赘述。

2015年5月8日，国家税务总局下发了《国家税务总局关于非货币性资产投资企业所得税有关征管问题的公告》（国家税务总局公告2015年第33号，以下简称33号公告），进一步强调实行查账征收的居民企业以非货币性资产对外投资确认的非货币性资产转让所得，可自确认非货币性资产转让收入年度起不超过连续5个纳税年度的期间内，分期均匀计入相应年度的应纳税所得额，按规定计算缴纳企业所得税。33号公告与财税〔2014〕116号文件相比，明确了递延纳税的时间起点是“自确认非货币性资产转让收入年度起”，并且要求“不超过连续5个纳税年度的期间”，规定更加明确，增加了可操作性。

企业应慎重选择是否采取递延纳税，或者按照特殊性税务处理进行所得税处理。33号公告强调，企业符合财税〔2014〕116号文件规定的企业非货币性资产投资行为，同时又符合《财政部 国家税务总局关于企业重组业务企业所得税处理若干问题的通知》（财税〔2009〕59号）、《财政部 国家税务总局关于促进企业重组有关企业所得税处理问题的通知》（财税〔2014〕109号）等文件规定的特殊性税务处理条件的，可由企业选择其中一项政策执行，且一经选择，不得改变。

《财政部 国家税务总局关于完善股权激励和技术入股有关所得税政策的通知》（财税〔2016〕101号，以下简称财税〔2016〕101号文件）进一步对企业技术入股享受递延纳税进行了优化。规定：2016年9月1日起，企业选择技术成果投资入股递延纳税政策的，经向主管税务机关备案，投资入股当期可暂不纳税，允许递延至转让股权时，按股权转让收入减去技术成果原值和合理税费后的差额计算缴纳所得税。同时允许被投资企业按技术成果投资入股时的评估值入账并在企业所得税前摊销扣除。投资方递延纳税，被投资方不用"递延"摊销，这正是该政策给予企业以技术成果入股的特别优惠，体现了我国鼓励创新、企业技术成果转化以促进我国技术进步的政策导向。

需要注意的是，递延纳税优惠仅对于技术成果投资入股的时点，对于投资后的持有递延纳税的股权期间，因该股权产生的转增股本收入，以及以该递延纳税的股权再进行非货币性资产投资的，应在当期缴纳税款。

11.6.3 技术入股递延纳税的征管规定

对股权激励或技术成果投资入股选择适用递延纳税政策的，企业应在规定期限内到主管税务机关办理备案手续。未办理备案手续的，不得享受递延纳税优惠政策。

《国家税务总局关于股权激励和技术入股所得税征管问题的公告》（国家税务总局公告2016年第62号）规定了具体征管要求：

（1）选择适用财税〔2016〕101号文件中递延纳税政策的，应当为实行查账征收的居民企业以技术成果所有权投资。

（2）企业适用递延纳税政策的，应在投资完成后首次预缴申报时，将相关内容填入《技术成果投资入股企业所得税递延纳税备案表》（见表11-6）。

（3）企业接受技术成果投资入股，技术成果评估值明显不合理的，主管税务机关有权进行调整。

表 11-6 **技术成果投资入股企业所得税递延纳税备案表**

纳税人名称（盖章）： 纳税人识别号： 申报所属期：____年度

金额单位：人民币元（列至角分）

行次	投资企业信息							被投资企业信息				备注
	技术成果名称	技术成果类型	技术成果编号	公允价值	计税基础	取得股权时间	递延所得	企业名称	纳税人识别号	主管税务机关	与投资方是否为关联企业	
	1	2	3	4	5	6	7=4-5	8	9	10	11	
1												
2												
3												
4												
5												
6												
7												
8												
…												
合计												
谨声明：本人知悉并保证本表填报内容及所附证明材料真实、完整，并承担因资料虚假而产生的法律和行政责任。 法定代表人签章：年 月 日												

填表人： 填报日期：

国家税务总局监制

《技术成果投资入股企业所得税递延纳税备案表》填报说明如下：

（1）适用范围

该表适用于执行企业所得税技术成果投资递延政策的纳税人填报。

（2）报送期限

纳税人应在投资完成后首次预缴申报时向主管税务机关报送该表。

（3）表内各栏

①第 2 列“技术成果类型”：是指专利技术（含国防专利）、计算机软件著作权、集成电路布图设计权、植物新品种、生物医药新品种，以及科技部、财政部、国家税务总局确定的其他技术成果。

②第 4 列“公允价值”：是指企业以技术成果投资入股时，技术成果按照协议确定的评估值。

③第 5 列“计税基础”：是指企业以技术成果投资入股时，技术成果的税收金额。

④第 6 列“取得股权时间”：是指技术成果投资协议生效并办理股权登记手续的时间。关联企业之间非货币性资产投资，投资协议生效后 12 个月尚未完成股权变更登记手续的，确认年度为投资协议生效年度。

⑤第 7 列“递延所得” =第 4 列“公允价值”-第 5 列“计税基础”。

⑥第 11 列“与投资方是否为关联企业”：是指企业以技术成果投资入股前，投资企业与被投资企业是否为《企业所得税法》及其实施条例中明确的关联企业。

（4）该表一式二份。主管税务机关受理后，由纳税人和主管税务机关分别留存。

12

特定行业的企业所得税处理

12.1 房地产开发经营企业的企业所得税处理

为了加强从事房地产开发经营企业的企业所得税征收管理，规范从事房地产开发经营业务企业的纳税行为，根据《企业所得税法》及其实施条例、《税收征管法》及其实施细则等有关税收法律、行政法规的规定，结合房地产开发经营业务的特点，国家税务总局专门发文制定了《房地产开发经营业务企业所得税处理办法》（国税发〔2009〕31号印发，以下简称31号文）以明确房地产开发经营业务企业所得税处理，该文件在原国税发〔2006〕31号文件的基础上进行修订和补充。在房地产开发企业计税成本对象的确定原则、计税成本支出的内容、程序、核算方法上以及适用范围等方面进行了明确。此后税务总局又出台了《国家税务总局关于房地产开发企业开发产品完工条件确认问题的通知》（国税函〔2010〕201号）、《国家税务总局关于房地产开发企业成本对象管理问题的公告》（国家税务总局公告2014年第35号）等，形成了我国对房地产开发经营业务的企业所得税管理框架。

12.1.1 完工开发产品的确认

企业房地产开发经营业务包括土地的开发，建造、销售住宅、商业用房以及其他建筑物、附着物、配套设施等开发产品。房地产企业的成本和利润核算围绕开发产品来开展。房地产开发企业所得税处理以开发产品完工时点为分水岭，完工前后企业所得税处理方法不同。只要符合税法规定的完工开发产品的条件，房地产开发企业就应按规定及时结算开发产品计税成本，并计算此前以预售方式销售开发产品所取得收入的实际毛利额，同时将开发产品实际毛利额与其对应的预计毛利额之间的差额，计入当年（完工年度）应纳税所得额。

31号文规定，房地产企业除土地开发之外，其他开发产品符合下列条件之一的，应视为已经完工：

（1）开发产品竣工证明材料已报房地产管理部门备案。

（2）开发产品已开始投入使用。

（3）开发产品已取得了初始产权证明。

根据31号文，开发产品完工条件的确认是采用竣工、使用、产权孰早的原则。但在实务中，一些开发企业仍会采用种种手段，通过延迟办理竣工决算拖延收入结转的时间；通过迟迟不办理初始产权证明等手段，人为推迟结算成本，延迟结转收入。2009年6月26日，国家税务总局下发了《关于房地产企业开发产品完工标准税务确认条件的批复》（国税函〔2009〕342号，以下简称342号文），对海南永生实业投资有限公司偷税案中如何认定开发产品已开始投入使用问题批复：房地产开发企业建造、开发的开发产品无论工程质量是否通过验收合格，或是否办理完工（竣工）备案手续以及会计决算手续，当其开发产品开始投入使用时均应视为已经完工；并解释“开发产品开始投入使用”是指房地产开发企业开始办理开发产品交付手续（包括入住手续）或已开始实际投入使用。2010年，《国家税务总局关于房地产开发企业开发产品完工条件确认问题的通知》（国税函〔2010〕201号）进一步强调了342号文的规定，强调房地产企业开发的项目开始办理房屋交付（包括入住手续）或已开始实际投入使用时，应视为开发产品完工，并按规定及时结转开发产品计税成本并结算企业所得税，堵塞了房地产开发企业人为操纵所得税缴纳节奏的漏洞。

12.1.2 收入的税务处理

12.1.2.1 收入的确认

房地产企业开发产品销售收入的范围为销售开发产品过程中取得的全部价款，包括现金、现金等价物及其他经济利益。企业代有关部门、单位和企业收取的各种基金、费用和附加等，凡纳入开发产品价内或由企业开具发票的，应按规定全部确认为销售收入；未纳入开发产品价内并由企业之外的其他收取部门、单位开具发票的，可作为代收代缴款项进行管理。

不同于一般生产企业必须在产品完工后进行销售，房地产企业的产品是房屋等建筑物，可以在尚未完工时就进行销售，因此，房地产企业确认销售收入的实现与一般企业确认收入原则也有所不同。31号文规定，企业通过正式签订《房地产销售合同》或《房地产预售合同》所取得的收入，应确认为销售收入的实现，具体按以下规定确认：

（1）采取一次性全额收款方式销售开发产品的，应于实际收讫价款或取得索取价款凭据（权利）之日，确认收入的实现。

（2）采取分期收款方式销售开发产品的，应按销售合同或协议约定的价款和付款日确认收入的实现。付款方提前付款的，在实际付款日确认收入的实现。

（3）采取银行按揭方式销售开发产品的，应按销售合同或协议约定的价款确定收入额，其首付款应于实际收到日确认收入的实现，余款在银行按揭贷款办理转账之日确认收入的实现。

（4）采取委托方式销售开发产品的，应按以下原则确认收入的实现：

①采取支付手续费方式委托销售开发产品的，应按销售合同或协议中约定的价款于收到受托方已销开发产品清单之日确认收入的实现。

②采取视同买断方式委托销售开发产品的，属于企业与购买方签订销售合同或协议，或企业、受托方、购买方三方共同签订销售合同或协议的，如果销售合同或协议中约定的价格高于买断价格，则应按销售合同或协议中约定的价格计算的价款于收到受托方已销开发产品清单之日确认收入的实现；如果属于前两种情况中销售合同或协议中约定的价格低于买断价格，以及属于受托方与购买方签订销售合同或协议的，则应按买断价格计算的价款于收到受托方已销开发产品清单之日确认收入的实现。

③采取基价（保底价）并实行超基价双方分成方式委托销售开发产品的，属于由企业与购买方签订销售合同或协议，或企业、受托方、购买方三方共同签订销售合同或协议的，如果销售合同或协议中约定的价格高于基价，则应按销售合同或协议中约定的价格计算的价款于收到受托方已销开发产品清单之日确认收入的实现，企业按规定支付受托方的分成额，不得直接从销售收入中减除；如果销售合同或协议约定的价格低于基价的，则应按基价计算的价款于收到受托方已销开发产品清单之日确认收入的实现。属于由受托方与购买方直接签订销售合同的，则应按基价加上按规定取得的分成额于收到受托方已销开发产品清单之日确认收入的实现。

④采取包销方式委托销售开发产品的，包销期内可根据包销合同的有关约定，参照上述①至③项规定确认收入的实现；包销期满后尚未出售的开发产品，企业应根据包销合同或协议约定的价款和付款方式确认收入的实现。

租金收入。企业新建的开发产品在尚未完工或办理房地产初始登记、取得产权证前，与承租人签订租赁预约协议的，自开发产品交付承租人使用之日起，出租方取得的预租价款按租金确认收入的实现。

12.1.2.2 视同销售

企业将开发产品用于捐赠、赞助、职工福利、奖励、对外投资、分配给股东或投资人、抵偿债务、换取其他企事业单位和个人的非货币性资产等行为，应视同销售，于开发产品所有权或使用权转移，或于实际取得利益权利时确认收入（或利润）的实现。确认收入（或利润）的方法和顺序为：

（1）按本企业近期或本年度最近月份同类开发产品市场销售价格确定；

（2）由主管税务机关参照当地同类开发产品市场公允价值确定；

（3）按开发产品的成本利润率确定。开发产品的成本利润率不得低于15%，具体比例由主管税务机关确定。

31号文这一规定源于《企业所得税法实施条例》第二十五条的规定："企业发生非货币性资产交换，以及将货物、财产、劳务用于捐赠、偿债、赞助、集资、广告、样品、职工福利或者利润分配等用途的，应当视同销售货物、转让财产或者提供劳务。"

12.1.2.3 未完工开发产品计税毛利率和实际毛利额

企业销售未完工开发产品的计税毛利率由各省、自治区、直辖市税务局按下列规定进行确定：

（1）开发项目位于省、自治区、直辖市和计划单列市人民政府所在地城市城区和郊区的，不得低于15%。

（2）开发项目位于地及地级市城区及郊区的，不得低于10%。

（3）开发项目位于其他地区的，不得低于5%。

（4）属于经济适用房、限价房和危改房的，不得低于3%。

企业销售未完工开发产品取得的收入，应先按预计计税毛利率分季（或月）计算出预计毛利额，计入当期应纳税所得额。开发产品完工后，企业应及时结算其计税成本并计算此前销售收入的实际毛利额，同时将其实际毛利额与其对应的预计毛利额之间的差额，计入当年度企业本项目与其他项目合并计算的应纳税所得额。

在年度纳税申报时，企业须出具对该项开发产品实际毛利额与预计毛利额之间差异调整情况的报告以及税务机关需要的其他相关资料。

12.1.3 成本、费用扣除的税务处理

31号文第二十六条规定，房地产企业的成本对象是指为归集和分配开发产品开发、建造过程中的各项耗费而确定的费用承担项目。鉴于房地产企业开发产品往往有跨期开发、滚动开发、混合开发的特点，特别是对于不同业态开发项目并存的综合性房地产项目，不可能像一般生产型企业那样天然能够区分不同产品的成本和费用，为了方便核算每年的经营成果，需要在核算前就以一定的原则来划分成本归集对象，以确定成本费用归集和分配的范围。合理划分成本对象十分必要，它是准确反映不同结构类型、不同用途开发产品获利水平的基础，也是准确核算应纳企业所得税的基础。

12.1.3.1 划分成本核算对象的原则

31号文对于开发产品成本核算对象的划分，规定了可否销售原则、分类归集原则、功能区分原则、定价差异原则、成本差异原则和权益区分原则等六项原则。

（1）可否销售原则。开发产品能够对外经营销售的，应作为独立的计税成本对象进行成本核算；不能对外经营销售的，可先作为过渡性成本对象进行归集，然后再将其相关成本摊入能够对外经营销售的成本对象。

（2）分类归集原则。对同一开发地点、竣工时间相近、产品结构类型没有明显差异的群体开发的项目，可作为一个成本对象进行核算。

（3）功能区分原则。开发项目某组成部分相对独立，且具有不同使用功能时，可以作为独立的成本对象进行核算。

（4）定价差异原则。开发产品因其产品类型或功能不同等而导致其预期售价存在较大差异的，应分别作为成本对象进行核算。

（5）成本差异原则。开发产品因建筑上存在明显差异可能导致其建造成本出现较大差异的，要分别作为成本对象进行核算。

（6）权益区分原则。开发项目属于受托代建的或多方合作开发的，应结合上述原则分别划分成本对象进行核算。

12.1.3.2 确定成本核算对象

根据以上成本核算对象确定原则，房地产企业应结合项目开发地点、规模、周期、开发产品处理方式、功能设计、结构类型、装修档次、施工队伍等因素和管理需要等实际情况，确定具体成本核算对象。具体确定方法如下：

（1）单体开发项目，一般以每一独立编制设计概算或施工图预算的单项开发工程为成本核算对象。

（2）成片分期开发的项目，可以以各期为成本核算对象。

（3）在同一开发地点、结构类型相同、开竣工时间相近、由同一施工单位施工或总包的群体开发项目，可以合并为一个成本核算对象。

（4）开发规模较大、工期较长的开发项目，可以结合项目特点和成本管理的需要，按开发项目的一定区域或部位或周期划分成本核算对象。

（5）同一项目有裙楼、公寓、写字楼等不同功能的，在按期划分成本核算对象的基础上，还应按功能划分成本核算对象。

（6）同一分期有高层、多层、复式等不同结构类型的，还应按结构类型划分成本核算对象。

（7）独立编制设计概算或施工图预算的配套设施，不论其支出是否摊入房屋等开发产品成本，均应单独作为成本核算对象。

（8）只为一个单体开发项目服务的、应摊入开发项目成本且造价较低的配套设施，可以不单独作为成本核算对象，发生的开发费用直接计入单体开发项目的成本。（备注：此部分参阅了蔡昌的观点。）

需要注意的是，《国家税务总局关于房地产开发企业成本对象管理问题的公告》（国家税务总局公告 2014 年第 35 号，以下简称 2014 年第 35 号公告）发布以前，房地产开发企业开发产品计税成本对象要在开工之前合理确定，并报主管税务机关备案。2014 年 1 月 28 日，国务院发布《关于取消和下放一批行政审批项目的决定》（国发〔2014〕5 号），取消了“房地产开发企业开发产品成本对象事先备案”审批事项。2014 年第 35 号公告贯彻国务院文件精神，以“专项报告”取代“事先备案”。规定房地产开发企业应依据计税成本对象确定原则确定已完工开发产品的成本对象，并就确定原则、依据，共同成本分配原则、方法，以及开发项目基本情况、开发计划等出具专项报告，在开发产品完工当年企业所得税年度纳税申报时，随同《企业所得税年度纳税申报表》一并报送主管税务机关，相关证据材料留存以备税务机关检查。

此举减轻了房地产企业的负担，但是并不意味着房地产企业可以随意确定开发产品计税成本对象。房地产企业已确定的成本对象报送主管税务机关后，不得随意调整或相互混淆。除了专项报告制度外，房地产开发企业还应建立健全成本对象管理制度，以备税务机关检查。主管税务机关对房地产开发企业报送的成本对象确定专项报告负有后续管理责任。

12.1.3.3 开发产品计税成本支出的内容

确定了开发产品成本对象后，就需要将企业发生的各项成本费用进行归集，以确定计税成本。计税成本是指企业在开发、建造开发产品（包括固定资产）过程中所发生的按照税收规定进行核算与计量的应归入某项成本对象的各项费用。具体包括：

（1）土地征用费及拆迁补偿费。指为取得土地开发使用权（或开发权）而发生的各项费用，主要包括土地买价或出让金、大市政配套费、契税、耕地占用税、土地使用费、土地闲置费、土地变更用途和超面积补交的地价及相关税费、拆迁补偿支出、安置及动迁支出、回迁房建造支出、农作物补偿费、危房补偿费等。

（2）前期工程费。指项目开发前期发生的水文地质勘察、测绘、规划、设计、可行性研究、筹建、场地通平等前期费用。

（3）建筑安装工程费。指开发项目开发过程中发生的各项建筑安装费用。主要包括开发项目建筑工程费和开发项目安装工程费等。

（4）基础设施建设费。指开发项目在开发过程中所发生的各项基础设施支出，主要包括开发项目内道路、供水、供电、供气、排污、排洪、通信、照明等社区管网工程费和环境卫生、园林绿化等园林环境工程费。

（5）公共配套设施费。指开发项目内发生的、独立的、非营利性的，且产权属于全体业主的，或无偿赠与地方政府、政府公用事业单位的公共配套设施支出。

（6）开发间接费。指企业为直接组织和管理开发项目所发生的，且不能将其归属于特定成本对象的成本费用性支出。主要包括管理人员工资、职工福利费、折旧费、修理费、办公费、水电费、劳动保护费、工程管理费、周转房摊销以及项目营销设施建造费等。

31号文中规定的开发产品计税成本支出的内容与《房地产开发企业会计制度》中规定的开发产品的成本列支内容一致，因此在核算上基本不存在税会差异。

12.1.3.4 计税成本的核算程序

企业在进行成本、费用的核算与扣除时，必须按规定区分期间费用和开发产品计税成本、已销开发产品计税成本与未销开发产品计税成本。企业发生的期间费用、已销开发产品计税成本、税金及附加、土地增值税准予当期按规定扣除。

企业计税成本核算的一般程序如下：

（1）对当期实际发生的各项支出，按其性质、经济用途及发生的地点、时间进行整理、归类，并将其区分为应计入成本对象的成本和应在当期税前扣除的期间费用。同时还应按规定对有关预提费用和待摊费用进行计量与确认。

（2）对应计入成本对象中的各项实际支出、预提费用、待摊费用等合理的划分为直接成本、间接成本和共同成本，并按规定将其合理地归集、分配至已完工成本对象、在建成本对象和未建成本对象。

（3）对期前已完工成本对象应负担的成本费用按已销开发产品、未销开发产品和固定资产进行分配，其中应由已销开发产品负担的部分，在当期纳税申报时进行扣除，未销开发产品应负担的成本费用待其实际销售时再予扣除。

（4）对本期已完工成本对象分类为开发产品和固定资产并对其计税成本进行结算。其中属于开发产品的，应按可售面积计算其单位工程成本，据此再计算已销开发产品计税成本和未销开发产品计税成本。对本期已销开发产品的计税成本，准予在当期扣除，未销开发产品计税成本待其实际销售时再予扣除。

已销开发产品的计税成本，按当期已实现销售的可售面积和可售面积单位工程成本确认。可售面积单位工程成本和已销开发产品的计税成本按下列公式计算确定：

可售面积单位工程成本=成本对象总成本÷成本对象总可售面积

已销开发产品的计税成本=已实现销售的可售面积×可售面积单位工程成本

（5）对本期未完工和尚未建造的成本对象应当负担的成本费用，应按分别建立明细台账，待开发产品完工后再予结算。

通过上述成本归集流程，最终可以得出当年可以在税前扣除的已销开发产品的计税成本。但是，房地产企业发生的成本费用有些可以分清归属哪一类或者哪一个成本对象，有的却不能直接分清负担对象，比如土地支出、拆迁支出、大市政配套费等，作为整个项目发生的费用，不能直接分配到单个成本对象，这时候就需要对共同成本和不能分清负担对象的间接成本按一定原则进行分配。

12.1.3.5 共同（间接）成本的分摊

31 号文以受益原则和配比原则作为成本分配的基本原则，规定了占地面积法、建筑面积法、直接成本法和预算造价法等四种分配方法。

（1）占地面积法。指按已动工开发成本对象占地面积占开发用地总面积的比例进行分配。

①一次性开发的，按某一成本对象占地面积占全部成本对象占地总面积的比例进行分配。

②分期开发的，首先按本期全部成本对象占地面积占开发用地总面积的比例进行分配，然后再按某一成本对象占地面积占期内全部成本对象占地总面积的比例进行分配。

期内全部成本对象应负担的占地面积为期内开发用地占地面积减除应由各期成本对象共同负担的占地面积。

（2）建筑面积法。指按已动工开发成本对象建筑面积占开发用地总建筑面积的比例进行分配。

①一次性开发的，按某一成本对象建筑面积占全部成本对象建筑面积的比例进行分配。

②分期开发的，首先按期内成本对象建筑面积占开发用地计划建筑面积的比例进行分配，然后再按某一成本对象建筑面积占期内成本对象总建筑面积的比例进行分配。

（3）直接成本法。指按期内某一成本对象的直接开发成本占期内全部成本对象直接开发成本的比例进行分配。

（4）预算造价法。指按期内某一成本对象预算造价占期内全部成本对象预算造价的比例进行分配。

31 号文还明确规定：土地成本，一般按占地面积法进行分配，土地开发同时连结房地产开发的，属于一次性取得土地分期开发房地产的情况，其土地开发成本经商税务机关同意后可先按土地整体预算成本进行分配，待土地整体开发完毕再行调整；单独作为过渡性成本对象核算的公共配套设施开发成本，应按建筑面积法进行分配；借款费用属于不同成本对象共同负担的，按直接成本法或按预算造价法进行分配；其他成本项目的分配法由企业自行确定。

12.1.3.6 非货币性交易取得土地成本的确定

企业以非货币交易方式取得土地使用权的，应按下列规定确定其成本：

（1）企业、单位以换取开发产品为目的，将土地使用权投资企业的，按下列规定进行处理：

①换取的开发产品如为该项土地开发、建造的，接受投资的企业在接受土地使用权时暂不确认其成本，待首次分出开发产品时，再按应分出开发产品（包括首次分出的和以后应分出的）的市场公允价值和土地使用权转移过程中应支付的相关税费计算确认该项土地使用权的成本。如涉及补价，土地使用权的取得成本还应加上应支付的补价款或减除应收到的补价款。

②换取的开发产品如为其他土地开发、建造的，接受投资的企业在投资交易发生时，按应付出开发产品市场公允价值和土地使用权转移过程中应支付的相关税费计算确认该项土地使用权的成本。如涉及补价，土地使用权的取得成本还应加上应支付的补价款或减除应收到的补价款。

（2）企业、单位以股权的形式，将土地使用权投资企业的，接受投资的企业应在投资交易发生时，按该项土地使用权的市场公允价值和土地使用权转移过程中应支付的相关税费计算确认该项土地使用权的取得成本。如涉及补价，土地使用权的取得成本还应加上应支付的补价款或减除应收到的补价款。

12.1.3.7 预提费用

房地产开发经营企业的费用核算，除以下几项预提（应付）费用外，计税成本均应为实际发生的成本。

（1）出包工程未最终办理结算而未取得全额发票的，在证明资料充分的前提下，其发票不足金额可以预提，但最高不得超过合同总金额的10%。

（2）公共配套设施尚未建造或尚未完工的，可按预算造价合理预提建造费用。此类公共配套设施必须符合已在售房合同、协议或广告、模型中明确承诺建造且不可撤销，或按照法律法规规定必须配套建造的条件。

（3）应向政府上交但尚未上交的报批报建费用、物业完善费用可以按规定预提。

12.1.3.8 停车场所的扣除

企业单独建造的停车场所，应作为成本对象单独核算。利用地下基础设施形成的停车场所，作为公共配套设施进行处理。

12.1.3.9 配套设施成本费用核算

企业在开发区内建造的会所、物业管理场所、电站、热力站、水厂、文体场馆、幼儿园等配套设施，可以分为公共配套设施和单独核算成本的配套设施。属于非营利性且产权属于全体业主的，或无偿赠与地方政府、公用事业单位的，可将其视为公共配套设施。所谓单独核算成本的配套设施，指属于营利性的，或产权归企业所有的，或未明确产权归属的，或无偿赠与地方政府、公用事业单位以外其他单位的配套设施。对于性质不同的配套设施，成本核算遵循不同的处理方式：

（1）属于非营利性且产权属于全体业主的，或无偿赠与地方政府、公用事业单位的，可将其视为公共配套设施，其建造费用按公共配套设施费的有关规定进行处理。

（2）属于营利性的，或产权归企业所有的，或未明确产权归属的，或无偿赠与地方政府、公用事业单位以外其他单位的，应当单独核算其成本。除企业自用应按建造固定资产进行处理外，其他一律按建造开发产品进行处理。

（3）对于邮电通讯、学校、医疗设施三类公益性配套设施，税务上则明确规定需单独核算成本。其中，由企业与国家有关业务管理部门、单位合资建设，完工后有偿移交的，国家有关业务管理部门、单位给予的经济补偿可直接抵扣该项目的建造成本，抵扣后的差额应调整当期应纳税所得额。

（4）公共配套设施作为过渡性的成本对象，其成本要经过二次归集，最终计入开发产品成本。首先将土地征用及拆迁补偿费、前期工程费、建筑安装工程费、基础设施建设费、开发间接费和借款费用等 6 项费用归集到公共配套设施项下，然后根据一定的分配原则归集到不同开发产品成本。实务中，有房地产企业配套设施建设滞后于开发产品建设，税务上如何处理呢？31 号文规定，公共配套设施尚未建造或尚未完工的，可按预算造价合理预提建造费用。此类公共配套设施必须符合已在售房合同、协议或广告、模型中明确承诺建造且不可撤销，或按照法律法规规定必须配套建造的条件。基于此条规定，满足条件的公共配套设施可按预算造价合理预提建造费用，待可售开发产品完工结转成本时仍然可以分配计入开发产品的成本（公共配套设施费），以便较完整地反映可售开发产品的成本。

12.1.3.10 部分费用税前扣除规定

税收政策规定的计税成本中，要求发生的各项费用必须按照税收规定进行核算与计量。企业对尚未出售的已完工开发产品和按照有关法律、法规或合同规定对已售开发产品（包括共用部位、共用设施设备）进行日常维护、保养、修理等实际发生的维修费用，准予在当期据实扣除。

企业将已计入销售收入的共用部位、共用设施设备维修基金按规定移交给有关部门、单位的，应于移交时扣除。

企业采取银行按揭方式销售开发产品的，凡约定企业为购买方的按揭贷款提供担保的，其销售开发产品时向银行提供的保证金（担保金）不得从销售收入中减除，也不得作为费用在当期税前扣除，但实际发生损失时可据实扣除。

企业委托境外机构销售开发产品的，其支付境外机构的销售费用（含佣金或手续费）不超过委托销售收入10%的部分，准予据实扣除。

企业的利息支出按以下规定进行处理：

（1）企业为建造开发产品借入资金而发生的符合税收规定的借款费用，可按企业会计准则的规定进行归集和分配，其中属于财务费用性质的借款费用，可直接在税前扣除。

（2）企业集团或其成员企业统一向金融机构借款分摊集团内部其他成员企业使用的，借入方凡能出具从金融机构取得借款的证明文件，可以在使用借款的企业间合理地分摊利息费用，使用借款的企业分摊的合理利息准予在税前扣除。

（3）企业因国家无偿收回土地使用权而形成的损失，可作为财产损失按有关规定在税前扣除。

（4）企业开发产品（以成本对象为计量单位）整体报废或毁损，其净损失按有关规定审核确认后准予在税前扣除。

（5）企业开发产品转为自用的，其实际使用时间累计未超过12个月又销售的，不得在税前扣除折旧费用。

12.1.3.11 特定事项的税务处理

（1）联合开发项目

企业以本企业为主体联合其他企业、单位、个人合作或合资开发房地产项目，且该项目未成立独立法人公司的，按下列规定进行处理：

①凡开发合同或协议中约定向投资各方（即合作、合资方）分配开发产品的，企业在首次分配开发产品时，如该项目已经结算计税成本，其应分配给投资方开发产品的计税成本与其投资额之间的差额计入当期应纳税所得额；如未结算计税成本，则将投资方的投资额视同销售收入进行相关的税务处理。

②凡开发合同或协议中约定分配项目利润的，应按以下规定进行处理：

企业应将该项目形成的营业利润额并入当期应纳税所得额统一申报缴纳企业所得税，不得在税前分配该项目的利润。同时不能因接受投资方投资额而在成本中摊销或在税前扣除相关的利息支出。

投资方取得该项目的营业利润应视同股息、红利进行相关的税务处理。

（2）换取开发产品

企业以换取开发产品为目的，将土地使用权投资其他企业房地产开发项目的，按以下规定进行处理：

企业应在首次取得开发产品时，将其分解为转让土地使用权和购入开发产品两项经济业务进行所得税处理，并按应从该项目取得的开发产品（包括首次取得的和以后应取得的）的市场公允价值计算确认土地使用权转让所得或损失。

12.1.4 企业所得税预缴申报表和年度申报表的填报

12.1.4.1 预缴申报表的填报

房地产企业销售未完工开发产品，需要就取得的预售收入计算缴纳企业所得税，并按月（季）度填报企业所得税月（季）度预缴纳税申报表。《中华人民共和国企业所得税月（季）度预缴纳税申报表（A类，2018年版）》第4行“特定业务计算的应纳税所得额”一栏，是用来反映房地产开发企业销售未完工开发产品的预计毛利额的。国家税务总局发布了《关于修订2018年版企业所得税预缴纳税申报表部分表单及填报说明的公告》（国家税务总局公告2019年第23号，以下简称2019年第23号公告），对企业所得税预缴申报表以及填表说明进行了修订。

《国家税务总局关于发布〈中华人民共和国企业所得税月（季）度预缴纳税申报表（A类，2018年版）〉等报表的公告》（国家税务总局公告2018年第26号，以下简称2018年第26号公告）第4行“特定业务计算的应纳税所得额”的填报说明为：从事房地产开发等特定业务的纳税人，填报按照税收规定计算的特定业务的应纳税所得额。房地产开发企业销售未完工开发产品取得的预售收入，按照税收规定的预计计税毛利率计算的预计毛利额填入此行。企业开发产品完工后，其未完工预售环节按照税收规定的预计计税毛利率计算的预计毛利额在汇算清缴时调整，月（季）度预缴纳税申报时不调整。该行填报金额不得小于本年上期申报金额。

2019年第23号公告第4行“特定业务计算的应纳税所得额”的填报说明改变为：从事房地产开发等特定业务的纳税人，填报按照税收规定计算的特定业务的应纳税所得额。房地产开发企业销售未完工开发产品取得的预售收入，按照税收规定的预计计税毛利率计算出预计毛利额填入此行。

2019年第23号公告删除了2018年第26号公告填报说明中“企业开发产品完工后，其未完工预售环节按照税收规定的预计计税毛利率计算的预计毛利额在汇算清缴时调整，月（季）度预缴纳税申报时不调整”这一规定，被普遍认为是减轻房地产开发的企业的预缴纳税负担，避免了企业提前多缴税款，占用资金。2019年第23号公告自2019年7月1日起实施，也就是说企业在申报预缴第二季度税款时就可以适用该公告的规定。

【案例12-1-1】 某房地产公司，预计毛利率是15%，2019年第一季度一期预售房屋款15000万元，为一般计税企业，本季度产生的期间费用合计100万元。

【问题】 不考虑其他税费，请代该公司进行第一季度企业所得税预缴申报。

【解析】 特定业务计算应纳税所得额=15000×15%=2250（万元）

利润总额=-100（万元）

应纳企业所得税额=（-100+2250）×25%=537.5（万元）

不考虑其他税费，第一季度企业所得税预缴季报表如下：

某房地产公司2019年第一季度企业所得税预缴纳税申报表（节选）

单位：元

预缴税款计算		
行次	项　目	本年累计金额
1	营业收入	
2	营业成本	-1000000
3	利润总额	-1000000
4	加：特定业务计算的应纳税所得额	22500000
5	减：不征税收入	
6	减：免税收入、减计收入、所得减免等优惠金额（填写A201010）	
7	减：固定资产加速折旧（扣除）调减额（填写A201020）	
8	减：弥补以前年度亏损	
9	实际利润额（3+4-5-6-7-8）\ 按照上一纳税年度应纳税所得额平均额确定的应纳税所得额	21500000
10	税率（25%）	
11	应纳所得税额（9×10）	5375000
12	减：减免所得税额（填写A201030）	
13	减：实际已缴纳所得税额	
14	减：特定业务预缴（征）所得税额	
15	本期应补（退）所得税额（11-12-13-14）\ 税务机关确定的本期应纳所得税额	

【案例12-1-2】 接【案例12-1-1】2019年第二季度，预收房款为5500万元，确认结转第一季度销售收入8000万元，成本6000万元，期间费用为150万元。

【问题】 不考虑其他税费，请代该公司进行第二季度企业所得税预缴申报。

【解析】 特定业务计算应纳税所得额＝（5500＋15000－8000）×15%＝1875（万元）

利润总额＝8000－100－150－6000＝1750（万元）

应纳企业所得税额＝（1750+1875）×25%－537.5＝368.75（万元）

第二季度企业所得税预缴季报如下表：

某房地产公司 **2019** 年第二季度企业所得税预缴纳税申报表（节选）

单位：元

预缴税款计算		
行次	项　　目	本年累计金额
1	营业收入	80000000
2	营业成本	62500000
3	利润总额	17500000
4	加：特定业务计算的应纳税所得额	18750000
5	减：不征税收入	
6	减：免税收入、减计收入、所得减免等优惠金额（填写 A201010）	
7	减：固定资产加速折旧（扣除）调减额（填写 A201020）	
8	减：弥补以前年度亏损	
9	实际利润额（3+4-5-6-7-8）\ 按照上一纳税年度应纳税所得额平均额确定的应纳税所得额	36250000
10	税率（25%）	
11	应纳所得税额（9×10）	9062500
12	减：减免所得税额（填写 A201030）	
13	减：实际已缴纳所得税额	5375000
14	减：特定业务预缴（征）所得税额	
15	本期应补（退）所得税额（11-12-13-14）\ 税务机关确定的本期应纳所得税额	3687500

12.1.4.2 年度申报表的填报

房地产开发经营企业因为应税收入的确认存在税会差异，所以在年度申报表的填报上也有其特殊性，重点要关注销售未完工产品的预售收入的填报，注意税会差异调整。当年实现的销售收入体现在 A100000《中华人民共和国企业所得税年度纳税申报表（A 类，2017 年版）》，预售收入的增减变化在年度企业所得税申报时，要填写 A105010《视同销售和房地产开发企业特定业务纳税调整明细表》（见表 12-1，以下简称 A105010 表），并作为企业计算广告费、业务招待费的基数。

表 12-1　A105010 视同销售和房地产开发企业特定业务纳税调整明细表（节选）

…	…		
21	三、房地产开发企业特定业务计算的纳税调整额（22-26）		
22	（一）房地产企业销售未完工开发产品特定业务计算的纳税调整额（24-25）		
23	1. 销售未完工产品的收入		
24	2. 销售未完工产品预计毛利额		
25	3. 实际发生的税金及附加、土地增值税		
26	（二）房地产企业销售的未完工产品转完工产品特定业务计算的纳税调整额（28-29）		
27	1. 销售未完工产品转完工产品确认的销售收入		
28	2. 转回的销售未完工产品预计毛利额		
29	3. 转回实际发生的税金及附加、土地增值税		

A105010 表主要反映两个业务，一是企业销售的未完工开发产品的纳税调整额；二是企业销售的未完工产品转完工产品的纳税调整额。两者之间的差额计入 A105000《纳税调整项目明细表》第 40 行“（四）房地产开发企业特定业务计算的纳税调整额”中。在填报时重点关注四个指标对特定业务所得额的影响：

（1）“销售未完工产品预计毛利额”：预计毛利额 = 销售未完工开发产品取得的收入×预计计税毛利率。

（2）“实际发生的税金及附加、土地增值税”：销售未完工产品实际发生的税金及附加、土地增值税。

（3）“转回的销售未完工产品预计毛利额”：销售的未完工产品，此前年度已按预计毛利额征收所得税，本年结转完工产品，会计核算确认为销售收入，转回原按税收规定预计计税毛利率计算的金额。

（4）“转回实际发生的税金及附加、土地增值税”：销售的未完工产品结转完工产品后，会计核算确认为销售收入，同时将对应实际发生的税金及附加、土地增值税转入当期损益的金额。

12.2 建筑企业的企业所得税处理

建筑企业的企业所得税征收与计算具有明显的行业特点，特别是在成本核算和收入的确认上，和产品销售企业有很大的不同。建筑劳务大量存在跨年度的长期劳务，收入确认做法不一，成本票据跨期取得现象较为普遍，成本暂估入账是行业会计处理常态。《企业会计准则第 15 号——建造合同》（以下简称第 15 号准则）对建筑施工企业的会计业务处理作出了规定，其中有与税法一致的地方，也有与税法规定不一致的地方，需要企业在年度企业所得税汇算清缴时予以调整。

12.2.1 建筑安装劳务收入的确认

12.2.1.1 收入确认原则

按照第 15 号准则规定，会计上对建筑安装劳务收入与费用的确定原则是：在资产负债表日，建造合同的结果能够可靠估计的，应当根据完工百分比法确认合同收入和合同费用。合同的结果能够可靠估计，是指同时满足下列条件：

（1）合同总收入能够可靠地计量；

（2）与合同相关的经济利益很可能流入企业；

（3）实际发生的合同成本能够清楚地区分和可靠地计量；

（4）合同完工进度和为完成合同尚需发生的成本能够可靠地确定。

根据《国家税务总局关于确认企业所得税收入若干问题的通知》（国税函〔2008〕875 号），企业所得税上对跨期劳务的确认原则是：企业在各个纳税期末，提供劳务交易的结果能够可靠估计的，应采用完工进度（完工百分比）法确认提供劳务收入。提供劳务交易的结果能够可靠估计，是指同时满足下列条件：

（1）收入的金额能够可靠地计量；

（2）交易的完工进度能够可靠地确定；

（3）交易中已发生和将发生的成本能够可靠地核算。

与第15号准则相比，税法在收入的确认上没有“与合同相关的经济利益很可能流入企业”的规定，也就是说，税法规定不论相关经济利益能否流入企业，只要签订了合同，合同明确了工程总金额，劳务真实发生，就应该按照税法规定的收入确认条件确认收入。

第15号准则规定了建造合同的结果不能可靠估计的，应当分别按下列情况处理：

（1）合同成本能够收回的，合同收入根据能够收回的实际合同成本予以确认，合同成本在其发生的当期确认为合同费用。

（2）合同成本不可能收回的，在发生时立即确认为合同费用，不确认合同收入。

在此种情况下，税法与会计在收入确认上会存在差异。另外，实务中建筑企业除了按照完工百分比法确认收入外，还有工程结算法和按开票确认收入法等不同的收入确认方法。凡是采用完工百分比法以外的收入确认方法的，年度企业所得税汇算清缴时都要注意进行税会差异调整。

12.2.1.2 收入确认时间

《企业所得税法实施条例》第二十三条规定，企业受托加工制造大型机械设备、船舶、飞机等，以及从事建筑、安装、装配工程业务或者提供劳务等，持续时间超过12个月的，按照纳税年度内完工进度或者完成的工作量确认收入的实现。

《国家税务总局关于确认企业所得税收入若干问题的通知》（国税函〔2008〕875号）规定，企业提供劳务完工进度的确定，可选用下列方法：

（1）已完工作的测量；

（2）已提供劳务占劳务总量的比例；

（3）发生成本占总成本的比例。

企业应按照从接受劳务方已收或应收的合同或协议价款确定劳务收入总额，根据纳税期末提供劳务收入总额乘以完工进度扣除以前纳税年度累计已确认提供劳务收入后的金额，确认为当期劳务收入；同时，按照提供劳务估计总成本乘以完工进度扣除以前纳税期间累计已确认劳务成本后的金额，结转为当期劳务成本。

12.2.2 工程项目成本的确认

《企业所得税法》第八条规定，企业实际发生的与取得收入有关的、合理的支出，包括成本、费用、税金、损失和其他支出，准予在计算应纳税所得额时扣除。《国家税务总局关于确认企业所得税收入若干问题的通知》（国税函〔2008〕875号）第二条第（三）项规定，企业按照完工百分比法确认收入，同时按照提供劳务估计总成本乘以完工进度扣除以前纳税期间累计已确认劳务成本后的金额，结转为当期劳务成本。这与第15号准则中收入和成本都是根据完工百分比法，按照本年的完工进度与合同总收入和合同总成本计算得出的要求是一致的。可见，只要建筑业企业按照完工百分比法确认收入和成本，就与企业所得税的规定没有差异。但是实际操作中，按照“以票管税”的征管要求，一般要求企业根据合法有效的凭证进行税前扣除。但是建筑企业费用扣除凭证（主要是发票）滞后取得的情况较为普遍，当年度终了，企业取得成本费用扣除凭证与按照完工百分比法确认的成本金额存在差异，成本如何扣除呢?《国家税务总局关于企业所得税若干问题的公告》（国家税务总局公告2011年第34号）第六条规定：企业当年度实际发生的相关成本、费用，由于各种原因未能及时取得该成本、费用的有效凭证，企业在预缴季度所得税时，可暂按账面发生金额进行核算；但在汇算清缴时，应补充提供该成本、费用的有效凭证。2018年，国家税务总局发布了《企业所得税税前扣除凭证管理办法》（国家税务总局公告2018年第28号），进一步明确企业发生支出，应取得税前扣除凭证，作为计算企业所得税应纳税所得额时扣除相关支出的依据。企业应在当年度企业所得税法规定的汇算清缴期结束前取得税前扣除凭证。也就是说，建筑企业应根据真实合法的凭证税前扣除，如果未能在年度终了及时取得税前扣除凭证的，最迟应在年度汇算清缴前取得，否则不能在当年税前扣除。

因此建筑企业应遵守《企业所得税法》《企业所得税税前扣除凭证管理办法》以及企业会计制度及相关准则的规定，分工程项目正确归集和配比结转成本费用，特别要把握好发票等税前扣除凭证的合法性和及时性问题。

【案例12-1-3】 接【案例12-1-2】该房产公司2019年预售收入年末余额9000万元，缴纳各种税金、附加共计474.07万元。全年销售利润12000万元。2019年交付完工商品房并结转收入10000元，该批房屋在2018年已经全部预售完毕，发生各项税金及附加 526.74 万元。

【问题】 不考虑其他税费，请代该公司进行第一季度企业所得税预缴申报。

【解析】 （1）确定 2019 年销售未完工产品的预计毛利额：9000×15%＝1350（万元）

将预售收入 9000 万元填入 A105010 表第 23 行“1. 销售未完工产品的收入”，将预计毛利额 1350 万元填入 A105010 表第 24 行“2. 销售未完工产品预计毛利额”，将税金及附加 474.07 万元填入 A105010 表第 25 行“3. 实际发生的税金及附加、土地增值税”。

系统自动计算第 22 行“（一）房地产企业销售未完工开发产品特定业务计算的纳税调整额（24-25）”：1350-474.07＝875.93（万元）。

（2）确定 2019 年转回的销售未完工产品预计毛利额：10000×15%＝1500（万元）

将转回预售收入 10000 万元填入 A105010 表第 27 行“1. 销售未完工产品转完工产品确认的销售收入”，将预计毛利额 1500 万元填入 A105010 表第 28 行“2. 转回的销售未完工产品预计毛利额”，将税金及附加 526.74 万元填入 A105010 表第 29 行“3. 转回实际发生的税金及附加、土地增值税”。

系统自动计算“（二）房地产企业销售的未完工产品转完工产品特定业务计算的纳税调整额（28－29）”：1500－526.74＝973.26（万元），填入 A105010 表第 26 行。

（3）系统自动计算得出第 21 行“三、房地产开发企业特定业务计算的纳税调整额”第 1 列“税收金额”：875.93-973.26＝-97.33（万元）；第 2 列“纳税调整金额”等于第 1 列“税收金额”，为-97.33 万元。该行数据也被分别代入到 A105000《纳税调整项目明细表》和年度企业所得税纳税申报表主表相关栏次中。

某房地产公司特定业务纳税调整明细表 单位：元

…	…	税收金额	纳税调整金额
21	三、房地产开发企业特定业务计算的纳税调整额（22-26）	-973300	-973300
22	（一）房地产企业销售未完工开发产品特定业务计算的纳税调整额（24-25）	8759300	
23	1. 销售未完工产品的收入	90000000	
24	2. 销售未完工产品预计毛利额	13500000	

续表

…	…	税收金额	纳税调整金额
25	3. 实际发生的税金及附加、土地增值税	4740700	
26	（二）房地产企业销售的未完工产品转完工产品特定业务计算的纳税调整额（28-29）	9732600	
27	1. 销售未完工产品转完工产品确认的销售收入	100000000	
28	2. 转回的销售未完工产品预计毛利额	15000000	
29	3. 转回实际发生的税金及附加、土地增值税	5267400	

（4）系统自动填报A105000《纳税调整项目明细表》。

某房地产公司纳税调整项目明细表　　　　单位：元

行次	项　　目	账载金额	税收金额	调增金额	调减金额
		1	2	3	4
…	…				
36	四、特殊事项调整项目（37+38+…+42）	*	*		
37	（一）企业重组及递延纳税事项（填写A105100）				
38	（二）政策性搬迁（填写A105110）	*	*		
39	（三）特殊行业准备金（填写A105120）				
40	（四）房地产开发企业特定业务计算的纳税调整额（填写A105010）	*	-973300		973300
…	…				
45	合计（1+12+31+36+43+44）	*	*		

（5）系统自动填报主表第16行“纳税调整减少额（填写A105000表）”，与企业年度财务数据一起，计算出企业年度应缴纳企业所得税。

12.2.3 跨地区经营建筑企业所得税征收管理

建筑企业跨地区经营是业界常态。在2008年企业所得税法改革以前，根据《国家税务总局关于建筑安装企业所得税纳税地点问题的通知》（国税发〔1995〕227号）规定，建筑安装企业离开工商登记注册地或经营管理所在地到本县（区）以外地区施工的，应向其所在地的主管税务机关申请开具《外出经营活动税收管理证明》（简称外管证、外经证，曾称外销证、外出经营证等），其经营所得，由所在地主管税务机关一并计征所得税。否则，其经营所得由企业项目施工地主管税务机关就地征收所得税。据此，对于办理了外出经营证的企业，其企业所得税应由所在地主管税务机关征收，对于没有办理外出经营证的企业其企业所得税由施工地主管税务机关征收。2008年《企业所得税法》颁布后，按《跨省市总分机构企业所得税分配及预算管理暂行办法》（财预〔2008〕10号）及《跨地区经营汇总纳税企业所得税征收管理暂行办法》（国家税务总局公告2012年第57号印发）等规定，具有主体生产经营职能的分支机构，在分支机构所在地办理工商、税务登记，并领用税务发票的，其分支机构经营项目不需要开具《外管证》，适用总分机构所得税管理办法；对不具有主体生产经营职能的分支机构，适用外管证所得税管理办法；但是，建筑企业有项目部管理的行业特点，对于跨地区设立的项目部如何执行预缴在执行中仍然存在模糊。2010年，国家税务总局出台《关于跨地区经营建筑企业所得税征收管理问题的通知》（国税函〔2010〕156号），规定跨省、自治区、直辖市和计划单列市经营的建筑企业所属二级或二级以下分支机构直接管理的项目部（包括与项目部性质相同的工程指挥部、合同段等）不就地预缴企业所得税，其经营收入、职工工资和资产总额应汇总到二级分支机构统一核算，由二级分支机构按规定的办法预缴企业所得税。建筑企业总机构直接管理的跨省、自治区、直辖市和计划单列市设立的项目部，应按项目实际经营收入的0.2%按月或按季由总机构向项目所在地预分企业所得税，并由项目部向所在地主管税务机关预缴。建筑企业总机构应汇总计算企业应纳所得税，按照以下方法进行预缴：

（1）总机构只设跨地区项目部的，扣除已由项目部预缴的企业所得税后，按照其余额就地缴纳；

（2）总机构只设二级分支机构的，按照规定计算总、分支机构应缴纳的税款；

第六条　汇总纳税企业按照《企业所得税法》规定汇总计算的企业所得税，包括预缴税款和汇算清缴应缴应退税款，50%在各分支机构间分摊，各分支机构根据分摊税款就地办理缴库或退库；50%由总机构分摊缴纳，其中25%就地办理缴库或退库，25%就地全额缴入中央国库或退库。

第八条　总机构应将本期企业应纳所得税额的50%部分，在每月或季度终了后15日内就地申报预缴。总机构应将本期企业应纳所得税额的另外50%部分，按照各分支机构应分摊的比例，在各分支机构之间进行分摊，并及时通知到各分支机构；各分支机构应在每月或季度终了之日起15日内，就其分摊的所得税额就地申报预缴。

第十条　汇总纳税企业应当自年度终了之日起5个月内，由总机构汇总计算企业年度应纳所得税额，扣除总机构和各分支机构已预缴的税款，计算出应缴应退税款，按照本办法规定的税款分摊方法计算总机构和分支机构的企业所得税应缴应退税款，分别由总机构和分支机构就地办理税款缴库或退库。

汇总纳税企业在纳税年度内预缴企业所得税税款少于全年应缴企业所得税税款的，应在汇算清缴期内由总、分机构分别结清应缴的企业所得税税款；预缴税款超过应缴税款的，主管税务机关应及时按有关规定分别办理退税，或者经总、分机构同意后分别抵缴其下一年度应缴企业所得税税款。

第十三条　总机构按以下公式计算分摊税款：

总机构分摊税款=汇总纳税企业当期应纳所得税额×50%

第十四条　分支机构按以下公式计算分摊税款：

所有分支机构分摊税款总额=汇总纳税企业当期应纳所得税额×50%

某分支机构分摊税款=所有分支机构分摊税款总额×该分支机构分摊比例

第十五条　总机构应按照上年度分支机构的营业收入、职工薪酬和资产总额三个因素计算各分支机构分摊所得税款的比例；三级及以下分支机构，其营业收入、职工薪酬和资产总额统一计入二级分支机构；三因素的权重依次为0.35、0.35、0.30。

计算公式如下：

某分支机构分摊比例=（该分支机构营业收入/各分支机构营业收入之和）×0.35+（该分支机构职工薪酬/各分支机构职工薪酬之和）×0.35+（该分支机构资产总额/各分支机构资产总额之和）×0.30。

——《跨地区经营汇总纳税企业所得税征收管理暂行办法》

（国家税务总局公告2012年第57号印发）

（3）总机构既有直接管理的跨地区项目部，又有跨地区二级分支机构的，先扣除已由项目部预缴的企业所得税后，再按照规定计算总、分支机构应缴纳的税款。

跨省、自治区、直辖市和计划单列市经营的项目部（包括二级以下分支机构管理的项目部）应向项目所在地主管税务机关出具总机构所在地主管税务机关开具的外出经营活动税收管理证明，未提供上述证明的，项目部所在地主管税务机关应督促其限期补办；不能提供上述证明的，应作为独立纳税人就地缴纳企业所得税。同时，项目部应向所在地主管税务机关提供总机构出具的证明该项目部属于总机构或二级分支机构管理的证明文件。

建筑企业在同一省、自治区、直辖市和计划单列市设立的跨地（市、县）项目部，其企业所得税的征收管理办法，由各省、自治区、直辖市和计划单列市税务局自行制定。

12.2.4 跨区域涉税事项管理

2017年9月15日，随着《国家税务总局关于创新跨区域涉税事项报验管理制度的通知》（税总发〔2017〕103号）的颁布，《外出经营活动税收管理证明》完成其历史使命。

《外出经营活动税收管理证明》属于税务登记的范畴，外出经营活动税收管理作为现行税收征管的一项基本制度，曾经是《税收征管法实施细则》和《增值税暂行条例》规定的法定事项，也是纳税人主管税务机关与经营地税务机关管理权限界定和管理职责衔接的依据与纽带，对维持税收属地入库原则、防止漏征漏管和重复征收具有重要作用，是税务机关传统且行之有效的管理手段。在1993年制定的《税收征管法实施细则》《增值税暂行条例》都对《外出经营活动税收管理证明》作了规定。建筑安装企业离开工商登记注册地或经营管理所在地到本县（区）以外地区施工的，应向其所在地的主管税务机关申请开具《外出经营活动税收管理证明》，其经营所得，由所在地主管税务机关一并计征所得税。否则，其经营所得由企业项目施工地主管税务机关就地征收所得税。同时，按照营业税辖地管理原则，外出经营证也是在施工地申请开具发票时必具的证明。2002年《税收征管法实施细则》规定：从事生产、经营的纳税人到外县（市）临时从事生产、经营活动的，应当持税务登记证副本和所在地税务机关填开的《外出经营活动税收管理证明》，向营业地税务机关报验登记，接受税务管理。《国家税务总局关于跨地区经营建筑企业所得税征收管理问题的通知》（国税函〔2010〕156号）规定：跨地区经营的项目部（包括二级以下分支机构管理的项目部）应向项目所在地主管税务机关出具总机构所在地主管税务机关开具的《外出经营活动税收管理证明》（以下简称外管证），未提供上述证明的，项目部所在地主管税务机关应督促其限期补办；不能提供上述证明的，应作为独立纳税人就地缴纳企业所得税。同时，项目部应向所在地主管税务机关提供总机构出具的证明该项目部属于总机构或二级分支机构管理的证明文件。2016年，随着简政放权的推进和“放管服”的进一步深化，适应全面推开营改增试点工作的需要，国家税务总局出台了《关于优化〈外出经营活动税收管理证明〉相关制度和办理程序的意见》（税总发〔2016〕106号），创新了外管证管理制度。改进外管证开具范围界定，纳税人在省税务机关管辖区域内跨县（市）经营的，是否开具外管证由省税务机关自行确定。外出经营税收管理开始信息化管理，电子外管证面世。通过网络及时向经营地税务机关推送相关信息。延长建筑安装行业纳税人外管证有效期限，优化外管证办理程序等。

2017年9月，为了切实减轻纳税人办税负担，提高税收征管效率，国家税务总局出台了《关于创新跨区域涉税事项报验管理制度的通知》（税总发〔2017〕103号），将“外出经营活动税收管理”更名为“跨区域涉税事项报验管理”。2018年，为适应国地税合并新形势，又出台《国家税务总局关于明确跨区域涉税事项报验管理相关问题的公告》（国家税务总局公告2018年第38号），对税总发〔2017〕103号文件进行了调整。按照这两个文件，跨地区经营建筑企业需要进行跨区域涉税事项报验管理。

（1）纳税人跨区域经营前不再开具相关证明，改为填报《跨区域涉税事项报告表》。纳税人跨省（自治区、直辖市和计划单列市）临时从事生产经营活动的，不再开具外管证，改向机构所在地的税务机关填报《跨区域涉税事项报告表》见表12-2。纳税人在省（自治区、直辖市和计划单列市）内跨县（市）临时从事生产经营活动的，是否实施跨区域涉税事项报验管理由各省（自治区、直辖市和计划单列市）税务机关自行确定。

具备网上办税条件的，纳税人可通过网上办税系统，自主填报《跨区域涉税事项报告表》。不具备网上办税条件的，纳税人向主管税务机关（办税服务厅）填报《跨区域涉税事项报告表》，并出示加载统一社会信用代码的营业执照副本（未换照的出示税务登记证副本），或加盖纳税人公章的副本复印件

（以下统称税务登记证件）；已实行实名办税的纳税人只需填报《跨区域涉税事项报告表》。

（2）实行跨区域涉税事项报验管理信息电子化。跨区域报验管理事项的报告、报验、延期、反馈等信息，通过信息系统在机构所在地和经营地的税务机关之间传递，实时共享。

（3）取消跨区域涉税事项报验管理的固定有效期。税务机关不再按照180天设置报验管理的固定有效期，改按跨区域经营合同执行期限作为有效期限。合同延期的，纳税人可向经营地或机构所在地的税务机关办理报验管理有效期限延期手续。

（4）跨区域涉税事项由纳税人首次在经营地办理涉税事宜时，向经营地的税务机关报验。纳税人报验跨区域涉税事项时，应当出示税务登记证件。纳税人跨区域经营活动结束后，应当结清经营地的税务机关的应纳税款以及其他涉税事项，向经营地的税务机关填报《经营地涉税事项反馈表》见表12-3。

经营地的税务机关核对《经营地涉税事项反馈表》后，及时将相关信息反馈给机构所在地的税务机关。纳税人不需要另行向机构所在地的税务机关反馈。机构所在地的税务机关要设置专岗，负责接收经营地的税务机关反馈信息，及时以适当方式告知纳税人，并适时对纳税人已抵减税款、在经营地已预缴税款和应预缴税款进行分析、比对，发现疑点的，及时推送至风险管理部门或者稽查部门组织应对。

表12-2　　　　跨区域涉税事项报告表

纳税人名称		纳税人识别号（统一社会信用代码）			
经办人		座机		手机	
跨区域涉税事项联系人		座机		手机	
跨区域经营地址	________省（自治区/市）________市（地区/盟/自治州）________县（自治县/旗/自治旗/市/区）________乡（民族乡/镇/街道）________村（路/社区）________号				
经营方式	建筑安装□　装饰修饰□　修理修配□　加工□ 批发□　零售□　批零兼营□　零批兼营□　其他□				
合同名称		合同编号			
合同金额		合同有效期限	年　月　日至　年　月　日		

续表

<table>
<tr><td>合同相对方名称</td><td></td><td>合同相对方纳税人识别号
（统一社会信用代码）</td><td></td></tr>
<tr><td rowspan="2">延长有效期</td><td>跨区域涉税事项报验管理编号</td><td colspan="2">税跨报〔　〕号</td></tr>
<tr><td>最新有效期止</td><td colspan="2">至　　年　月　日</td></tr>
<tr><td colspan="4">纳税人声明：我承诺，上述填报内容是真实的、可靠的、完整的，并愿意承担相应法律责任。

经办人：　　　　纳税人（盖章）　　　　年　月　日
税务机关事项告知：纳税人应当在跨区域涉税事项报验管理有效期内在经营地从事经营活动，若合同延期，可向经营地或机构所在地的税务机关办理报验管理有效期的延期手续。</td></tr>
<tr><td colspan="4">以下由税务机关填写</td></tr>
<tr><td colspan="4">跨区域涉税事项报验管理编号：　　　　税跨报〔　〕　号

经办人：　　　　负责人：
税务机关（盖章）
年　月　日
税务机关联系电话：</td></tr>
<tr><td colspan="2">跨区域涉税事项报验管理有效日期</td><td colspan="2">自　　年　月　日起至　　年　月　日</td></tr>
<tr><td colspan="2">延长后的跨区域涉税事项报验管理有效日期</td><td colspan="2">自　　年　月　日起至　　年　月　日</td></tr>
</table>

《跨区域涉税事项报告表》的填表说明如下：

（1）该表由纳税人在跨区域经营活动前向税务机关报告时，以及在办理跨区域涉税事项报验管理有效期延期时填写。纳税人在跨区域经营活动前向机构所在地的税务机关填报，在办理报验管理有效期延期时向经营地或机构所在地的税务机关填报。

（2）该表一式二份，纳税人、机构所在地或经营地的税务机关各留存一份。

（3）“纳税人识别号（统一社会信用代码）”栏，未换领加载统一社会信用代码营业执照的纳税人填写原15位纳税人识别号，已领用加载统一社会信用代码营业执照的纳税人填写18位统一社会信用代码。

（4）“经办人”栏填写办理《跨区域涉税事项报告表》的人员；“跨区域涉税事项联系人”栏填写负责办理跨区域经营活动具体涉税事宜的人员。“座机”“手机”栏请务必准确填写，以方便联系沟通，尤其是方便税务机关及时反馈办理进程。

（5）“经营方式”栏，按照实际经营情况在对应选项“□”里打“√”。

（6）“合同名称”和“合同编号”栏，按照同一份合同的名称和编号填写。

（7）“合同相对方纳税人识别号（统一社会信用代码）”栏，根据合同相对方的实际情况填写，若合同相对方无纳税人识别号（统一社会信用代码），可不填写。

（8）“跨区域涉税事项报验管理编号”“最新有效期止”栏，由办理报验管理有效期延期的纳税人填写。

（9）纳税人因合同延期，需办理报验管理有效期延期的，重新使用该表，但只填写“纳税人名称”“纳税人识别号（统一社会信用代码）”以及“延长有效期”栏次，并签章。

表 12-3　　经营地涉税事项反馈表

<table>
<tr><td>纳税人名称</td><td colspan="5"></td></tr>
<tr><td>纳税人识别号
（统一社会信用代码）</td><td colspan="2"></td><td>跨区域涉税事项
报验管理编号</td><td colspan="2">税跨报〔　〕　号</td></tr>
<tr><td>实际经营期间</td><td colspan="5">自　年　月　日起至　年　月　日</td></tr>
<tr><td>货物存放地点</td><td colspan="5"></td></tr>
<tr><td>合同包含的项目名称</td><td>预缴税款
征收率</td><td>已预缴
税款金额</td><td>实际合同
执行金额</td><td>开具发票金额
（含自开和代开）</td><td>应补预缴
税款金额</td></tr>
<tr><td></td><td></td><td></td><td></td><td></td><td></td></tr>
<tr><td></td><td></td><td></td><td></td><td></td><td></td></tr>
<tr><td></td><td></td><td></td><td></td><td></td><td></td></tr>
<tr><td></td><td></td><td></td><td></td><td></td><td></td></tr>
<tr><td></td><td></td><td></td><td></td><td></td><td></td></tr>
<tr><td></td><td></td><td></td><td></td><td></td><td></td></tr>
<tr><td></td><td></td><td></td><td></td><td></td><td></td></tr>
<tr><td></td><td></td><td></td><td></td><td></td><td></td></tr>
<tr><td></td><td></td><td></td><td></td><td></td><td></td></tr>
<tr><td></td><td></td><td></td><td></td><td></td><td></td></tr>
<tr><td>合计金额</td><td></td><td></td><td></td><td></td><td></td></tr>
<tr><td colspan="3">经办人：
纳税人（盖章）：

年　月　日</td><td colspan="3">税务机关意见：

经办人：

税务机关（盖章）：

年　月　日</td></tr>
</table>

《经营地涉税事项反馈表》的填表说明如下：

（1）该表由纳税人在跨区域经营活动结束时填写，向经营地的税务机关填报。税务机关受理后，纳税人可索取《税务事项通知书》（受理通知）。

（2）该表一式一份，经营地的税务机关留存。

（3）“纳税人识别号（统一社会信用代码）”栏，未换领加载统一社会信用代码营业执照的纳税人填写原15位纳税人识别号，已领用加载统一社会信用代码营业执照的纳税人填写18位统一社会信用代码。

（4）“跨区域涉税事项报验管理编号”栏填写原《跨区域涉税事项报告表》中注明的管理编号。

（5）“实际经营期间”栏填写实际经营开始日期和经营结束日期。

（6）“货物存放地点”栏填写跨区域经营货物的具体存放地点，要明确填到区、街及街道号。若无跨区经营货物的，此栏不需要填写。

（7）“预缴税款征收率”栏按预缴税款时适用的征收率填写。

（8）“已预缴税款金额”栏填写已向经营地税务机关预缴的增值税税款的累计金额（金额单位：元）。

（9）纳税人结清经营地的税务机关应纳税款，以及办结其他涉税事项后，才能向经营地的税务机关填报该表。

13

境外抵免

13.1 境外抵免的概念

境外抵免，是指居民企业有来源于中国境外（包括港澳台地区，下同）的应税所得的，非居民企业在中国境内设立机构、场所，取得发生在中国境外但与该机构、场所有实际联系的应税所得的，已在境外缴纳的所得税税额，可以从其企业所得税应纳税额中抵免。

13.2 境外抵免的分类

境外抵免分为直接抵免、间接抵免和税收饶让。

13.2.1 直接抵免

直接抵免，是指企业直接作为纳税人，就其境外所得在境外缴纳的所得税额在我国应纳税额中抵免。直接抵免主要适用于企业就来源于境外的营业利润所得在境外所缴纳的企业所得税，以及就来源于或发生于境外的股息、红利等权益性投资所得，利息，租金，特许权使用费，财产转让等所得在境外被源泉扣缴的预提所得税。

13.2.2 间接抵免

间接抵免，是指境外企业就分配股息前的利润缴纳的外国所得税额中，由我国居民企业就该项分得的股息性质的所得间接负担的部分，在我国的应纳税额中抵免。例如，我国居民企业（母公司）的境外子公司在所在国（地区）缴纳企业所得税后，将税后利润的一部分作为股息、红利分配给该母公司，子公司在境外就其应税所得实际缴纳的企业所得税税额中，按母公司所得股息占全部税后利润之比的部分即属于该母公司间接负担的境外企业所得税额。

13.2.3 税收饶让

我国企业所得税法目前尚未建立税收饶让的一般制度，但我国与有关国家签订的税收协定规定有税收饶让抵免安排。居民企业从与我国政府订立税收协定（或安排）的国家（地区）取得的所得，按照该国（地区）税收法律享受了免税或减税待遇，且该免税或减税的数额按照税收协定规定应视同已缴税额在中国的应纳税额中抵免的，该免税或减税数额可作为企业实际缴纳的境外所得税额用于办理税收抵免。

税收饶让抵免应区别下列情况进行计算：

（1）税收协定规定定率饶让抵免的，饶让抵免税额为按该定率计算的应纳境外所得税额超过实际缴纳的境外所得税额的数额；

（2）税收协定规定列举一国税收优惠额给予饶让抵免的，饶让抵免税额为按协定国家（地区）税收法律规定税率计算的应纳所得税额超过实际缴纳税额的数额，即实际税收优惠额。

企业取得的境外所得根据来源国税收法律法规不判定为所在国应税所得，而按中国税收法律法规规定属于应税所得的，不属于税收饶让抵免范畴，应全额按中国税收法律法规规定缴纳企业所得税。

境外所得采用我国税法规定的简易办法计算抵免额的，不适用饶让抵免。

【案例 13-2-1】 中国居民企业 A 公司在乙国的分支机构 B 被乙国征收企业所得税 10 万元。A 公司在乙国的全资子公司 C 在乙国履行企业所得税年度报告后，被乙国税务当局征收企业所得税 100 万元，同年 C 公司支付 A 公司股息履行代扣代缴义务缴纳预提所得税 30 万元，同年 C 公司支付 A 公司利息履行代扣代缴义务缴纳预提所得税 2 万元，同年 C 公司支付 A 公司特许权使用费时根据中乙两国税收协定的规定扣缴预提所得税 1.5 万元（按乙国国内法应扣缴预提所得税 3 万元）。A 公司派驻丙国的工程队 D 在当地工作 4 个月后完工，取得丙国某公司支付的工程价款 50 万元，成本费用为 30 万元，丙国所得税税率为 20%（根据中丙税收协定判定 D 工程队取得的该笔收入不属于丙国所得）。

【问题】 请分别指出其中属于直接抵免、间接抵免和饶让抵免的部分。

【解析】 （1）区分直接抵免和间接抵免：

直接抵免与间接抵免的区别

抵免类型	境外所得税的范围	境外公司和国内公司的关系	对应所得在境外所得税法中的属性
直接抵免	来源于境外的营业利润所得所缴纳的企业所得税	境外公司和国内公司为同一经济实体（如总分公司）	属于“在当地设立机构、场所且有来源于当地所得”的非居民企业应税所得
	来源于或发生于境外的股息、红利等权益性投资所得，利息，租金，特许权使用费，财产转让等所得在境外被源泉扣缴的预提所得税	同一经济实体、不同经济实体均有可能	属于“在当地未设立机构、场所但有来源于当地所得”的非居民企业应税所得
间接抵免	境外企业就分配股息前的利润缴纳的外国所得税额中由我国居民企业就该项分得的股息性质的所得间接负担的部分	境外公司和国内公司为不同经济实体（如母子公司）	属于当地居民企业所得税范畴的应税所得

（2）结合饶让抵免的规定和计算规则：

居民企业从与我国订立税收协定（或安排）的对方国家取得所得，并按该国税收法律享受了免税或减税待遇，且该所得已享受的免税或减税数额按照税收协定（或安排）规定应视同已缴税额在我国应纳税额中抵免的，可在其申报境外所得税额时视为已缴税额。不判定为所在国应税所得，而按中国税收法律法规规定属于应税所得的，不属于税收饶让抵免范畴，应全额按中国税收法律法规规定缴纳企业所得税。

（3）据以上可以得出：

①属于直接抵免范围中营业利润的有：中国居民企业A公司在乙国的分支机构B被乙国征收企业所得税10万元；

②属于直接抵免范围中股息的有：同年C公司支付A公司股息履行代扣代缴义务缴纳预提所得税30万元；

③属于直接抵免范围中利息的有：同年C公司支付A公司利息履行代扣代缴义务缴纳预提所得税2万元；

④属于间接抵免范围的是：A公司在乙国的全资子公司C在乙国履行企业所得税年度报告后被乙国税务当局征收企业所得税100万元；

⑤属于饶让抵免范围的是：同年C公司支付A公司特许权使用费时根据中乙两国税收协定的规定扣缴预提所得税1.5万元（按乙国国内法应扣缴预

提所得税 3 万元)，金额是 3-1.5=1.5 (万元)。

⑥由于 A 公司派驻丙国的工程队 D 在当地取得的工程价款根据中丙税收协定判定为不属于丙国所得，则为中国所得，应全额在中国缴纳企业所得税，不属于任何抵免范围。

13.3 境外抵免的适用范围

13.3.1 境内企业的范围

13.3.1.1 居民企业

只要符合规定，直接抵免、间接抵免和饶让抵免对于居民企业均可适用。

13.3.1.2 符合规定的非居民企业

在中国境内设立的机构（场所）的非居民企业可以就其取得的发生在境外、但与其有实际联系的所得直接缴纳的境外企业所得税性质的税额进行抵免。此处，该部分非居民企业即可视为境外抵免的境内企业。

所谓实际联系，是指据以取得所得的权利、财产或服务活动由非居民企业在中国境内的分支机构拥有、控制或实施，如外国银行在中国境内分行以其可支配的资金向中国境外贷款，境外借款人就该笔贷款向其支付的利息，即属于发生在境外与该分行有实际联系的所得。

适用于非居民企业的境外抵免仅有直接抵免。

13.3.2 境外企业的适用范围

13.3.2.1 直接抵免中境外企业的范围

向境内企业支付来源于境外的营业利润所得，来源于或发生于境外的股息、红利等权益性投资所得，利息，租金，特许权使用费，财产转让等所得的被境外直接征收企业所得税或与企业所得税相似的税种（下同）的境外企业或境外经济实体。这些境外企业或境外经济实体在向境内企业支付上述所得被境外征收企业所得税时，在当地税法中的纳税人地位类似于我国税法意义中的“非居民企业”。

13.3.2.2 间接抵免中境外企业的范围

向境内企业分配股息（红利）所得的境外企业。这些境外企业在向境内企业支付上述所得被境外征收企业所得税时，在当地税法中的纳税人地位类似于我国税法意义中的“居民企业”。

13.4 境外抵免计算的基本项目

企业取得境外所得，其在中国境外已经实际直接缴纳和间接负担的企业所得税性质的税额，进行境外税额抵免计算的基本项目包括：

（1）境内所得的应纳税所得额（以下称境内应纳税所得额）和分国（地区）别的境外所得的应纳税所得额（以下称境外应纳税所得额）；

（2）分国（地区）别的可抵免境外所得税税额；

（3）分国（地区）别的境外所得税的抵免限额。

企业不能准确计算上述项目实际可抵免分国（地区）别的境外所得税税额的，在相应国家（地区）缴纳的税款均不得在该企业当期应纳税额中抵免，也不得结转以后年度抵免。

13.5 境外应纳税所得额的计算

13.5.1 计算方法的总框架

计算方法的总框架：先还原，后扣除，再计算。

根据《企业所得税法实施条例》第七条规定确定的境外所得，在计算适用境外税额直接抵免的应纳税所得额时，应为将该项境外所得直接缴纳的境外所得税额还原计算后的境外税前所得；上述直接缴纳税额还原后的所得中属于股息、红利所得的，在计算适用境外税额间接抵免的境外所得时，应再将该项境外所得间接负担的税额还原计算，即该境外股息、红利所得应为境外股息、红利税后净所得与就该项所得直接缴纳和间接负担的税额之和。

对上述税额还原后的境外税前所得，应再就计算企业应纳税所得总额时已按税法规定扣除的有关成本费用中与境外所得有关的部分进行对应调整扣除后，计算为境外应纳税所得额。

第三条　居民企业应当就其来源于中国境内、境外的所得缴纳企业所得税。

非居民企业在中国境内设立机构、场所的，应当就其所设机构、场所取得的来源于中国境内的所得，以及发生在中国境外但与其所设机构、场所有实际联系的所得，缴纳企业所得税。

非居民企业在中国境内未设立机构、场所的，或者虽设立机构、场所但取得的所得与其所设机构、场所没有实际联系的，应当就其来源于中国境内的所得缴纳企业所得税。

——《企业所得税法》

第七条　企业所得税法第三条所称来源于中国境内、境外的所得，按照以下原则确定：

（一）销售货物所得，按照交易活动发生地确定；

（二）提供劳务所得，按照劳务发生地确定；

（三）转让财产所得，不动产转让所得按照不动产所在地确定，动产转让所得按照转让动产的企业或者机构、场所所在地确定，权益性投资资产转让所得按照被投资企业所在地确定；

（四）股息、红利等权益性投资所得，按照分配所得的企业所在地确定；

（五）利息所得、租金所得、特许权使用费所得，按照负担、支付所得的企业或者机构、场所所在地确定，或者按照负担、支付所得的个人的住所地确定；

（六）其他所得，由国务院财政、税务主管部门确定。

——《企业所得税法实施条例》

13.5.2 权益性投资收益的扣除

居民企业应就其来源于境外的股息、红利等权益性投资收益，以及利息、租金、特许权使用费、转让财产等收入，扣除按照《企业所得税法》及其实施条例等规定计算的与取得该项收入有关的各项合理支出后的余额为应纳税所得额。

从境外收到的股息、红利、利息等境外投资性所得一般表现为毛所得，应对在计算企业总所得额时已作统一扣除的成本费用中与境外所得有关的部分，在该境外所得中对应调整扣除后，才能作为计算境外税额抵免限额的境外应纳税所得额。在就境外所得计算应对应调整扣除的有关成本费用时，应对如下成本费用（但不限于）予以特别注意：

（1）股息、红利，应对应调整扣除与境外投资业务有关的项目研究、融资成本和管理费用；

（2）利息，应对应调整扣除为取得该项利息而发生的相应的融资成本和相关费用；

（3）租金，属于融资租赁业务的，应对应调整扣除其融资成本；属于经营租赁业务的，应对应调整扣除租赁物相应的折旧或折耗；

（4）特许权使用费，应对应调整扣除提供特许使用的资产的研发、摊销等费用；

（5）财产转让，应对应调整扣除被转让财产的成本净值和相关费用。

涉及上述所得应纳税所得额中应包含的已间接负担税额的具体还原计算将在后文说明。

【案例 13-5-1】 中国A银行向甲国某企业贷出1000万元，合同约定的利率为5%。2009年A银行收到甲国企业就应付利息50万元扣除已在甲国扣缴的预提所得税 5 万元（预提所得税税率为 10%）后的 45 万元税后利息。A 银行应纳税所得总额为 2000 万元，已在应纳税所得总额中扣除的该笔境外贷款的融资成本为本金的 4%。

【问题】 分析并计算该银行应纳税所得总额中境外利息收入的应纳税所得额。

【解析】 来源于境外利息收入的应纳税所得额，应为已缴纳境外预提所得税前的就合同约定的利息收入总额，再对应调整扣除相关筹资成本费用等。

境外利息收入总额 = 税后利息 + 已扣除税额 = 45+5 = 50（万元）

对应调整扣除相关成本费用后的应纳税所得额 = 50−1000×4% = 10（万元）

该境外利息收入用于计算境外税额抵免限额的应纳税所得额为 10 万元，应纳税所得总额仍为 2000 万元不变。

13.5.3 权益性投资收益收入确认时间

来源于境外的股息、红利等权益性投资收益，应按被投资方作出利润分配决定的日期确认收入实现；来源于境外的利息、租金、特许权使用费、转让财产等收入，应按有关合同约定应付交易对价款的日期确认收入实现。

企业应根据《企业所得税法实施条例》第二章第二节中关于收入确认时间的规定确认境外所得的实现年度及税额抵免年度。

（1）企业来源于境外的股息、红利等权益性投资收益所得，若实际收到所得的日期与境外被投资方作出利润分配决定的日期不在同一纳税年度的，应按被投资方作出利润分配日所在的纳税年度确认境外所得。

（2）企业来源于境外的利息、租金、特许权使用费、转让财产等收入，若未能在合同约定的付款日期当年收到上述所得，仍应按合同约定付款日期所属的纳税年度确认境外所得。

（3）属于《企业所得税法》第四十五条以及《企业所得税法实施条例》第一百一十七条和第一百一十八条规定情形的，应按照有关法律法规的规定确定境外所得的实现年度。

（4）企业收到某一纳税年度的境外所得已纳税凭证时，凡是迟于次年 5 月 31 日汇算清缴终止日的，可以对该所得境外税额抵免追溯计算。

13.5.4 在中国境内设立机构、场所的非居民企业应比照居民企业处理

非居民企业在中国境内设立机构、场所，在享受境外税额抵免时，也应就其发生在境外但与境内所设机构、场所有实际联系的各项应税所得，按《企业所得税法》及其实施条例及相关税收法规规定计算境外所得的应纳税所得额。

13.5.5 居民企业在境外设立的不具有独立纳税地位的分支机构来源于境外所得的处理

13.5.5.1 不具有独立纳税地位的内涵

不具有独立纳税地位，是指根据企业设立地法律不具有独立法人地位或者按照税收协定规定不认定为对方国家（地区）的税收居民。

企业居民身份的判定，一般以国内法为准。如果一个企业同时被中国和其他国家认定为居民（即双重居民），应按中国与该国之间税收协定（或安排）的规定执行。

不具有独立纳税地位的境外分支机构特别包括企业在境外设立的分公司、代表处、办事处、联络处，以及在境外提供劳务、被劳务发生地国家（地区）认定为负有企业所得税纳税义务的营业机构和场所等。

13.5.5.2 居民企业境外非独立分支机构来源于境外所得的处理

居民企业在境外投资设立不具有独立纳税地位的分支机构，其来源于境外的所得，以境外收入总额扣除与取得境外收入有关的各项合理支出后的余额为应纳税所得额。各项收入、支出按《企业所得税法》及其实施条例的有关规定确定。

居民企业在境外设立不具有独立纳税地位的分支机构取得的各项境外所得，无论是否汇回中国境内，均应计入该企业所属纳税年度的境外应纳税所得额。

由于分支机构不具有分配利润职能，因此，境外分支机构取得的各项所得，不论是否汇回境内，均应当计入所属年度的企业应纳税所得额。

境外分支机构确认应纳税所得额时的各项收入与支出标准，须符合我国企业所得税法相关规定。

《企业所得税法实施条例》规定，确定与取得境外收入有关的合理的支出，应主要考察发生支出的确认和分摊方法是否符合一般经营常规和我国税收法律规定的基本原则。企业已在计算应纳税所得总额时扣除的，但属于应由各分支机构合理分摊的总部管理费等有关成本费用应作出合理的对应调整分摊。境外分支机构合理支出范围通常包括境外分支机构发生的人员工资、资产折旧、利息、相关税费和应分摊的总机构用于管理分支机构的管理费用等。

13.5.6 共同支出的分摊

在计算境外应纳税所得额时，企业为取得境内、外所得而在境内、境外发生的共同支出，与取得境外应税所得有关的、合理的部分，应在境内、境外（分国［地区）别］应税所得之间，按照合理比例进行分摊后扣除。

共同支出，是指与取得境外所得有关但未直接计入境外所得应纳税所得额的成本费用支出，通常包括未直接计入境外所得的营业费用、管理费用和财务费用等支出。

企业应对在计算总所得额时已统一归集并扣除的共同费用，按境外每一国（地区）别数额占企业全部数额的下列一种比例或几种比例的综合比例，在每一国别的境外所得中对应调整扣除，计算来自每一国别的应纳税所得额：

（1）资产比例；

（2）收入比例；

（3）员工工资支出比例；

（4）其他合理比例。

上述分摊比例确定后应报送主管税务机关备案；无合理原因不得改变。

13.5.7 可予抵免境外所得税额的确认

可抵免境外所得税税额，是指企业来源于中国境外的所得依照中国境外税收法律以及相关规定应当缴纳并已实际缴纳的企业所得税性质的税款。但不包括：

（1）按照境外所得税法律及相关规定属于错缴或错征的境外所得税税款。属于境外所得税法律及相关规定适用错误而且企业不应缴纳而错缴的税额，企业应向境外税务机关申请予以退还，而不应作为境外已交税额向中国申请抵免企业所得税。

（2）按照税收协定规定不应征收的境外所得税税款。根据中国政府与其他国家（地区）政府签订的税收协定（或安排）的规定不属于对方国家的应税项目，却被对方国家（地区）就其征收的企业所得税，对此，企业应向征税国家申请退还不应征收的税额；该项税额还应包括，企业就境外所得在来源国纳税时适用税率高于税收协定限定税率所多缴纳的所得税税额。

（3）因少缴或迟缴境外所得税而追加的利息、滞纳金或罚款。这是因为纳税人的原因造成的额外负担，不应成为可予抵免境外所得税额的组成部分。

（4）境外所得税纳税人或者其利害关系人从境外征税主体得到实际返还或补偿的境外所得税税款。如果有关国家为了实现特定目标而规定不同形式和程度的税收优惠，并采取征收后由政府予以返还或补偿方式退还的已缴税额，对此，企业应从其境外所得可抵免税额中剔除该相应部分。

（5）按照我国《企业所得税法》及其实施条例规定，已经免征我国企业所得税的境外所得负担的境外所得税税款。如果我国税收法律法规做出对某项境外所得给予免税优惠规定，企业取得免征我国企业所得税的境外所得的，该项所得的应纳税所得额及其缴纳的境外所得税额均应从计算境外所得税额抵免的境外应纳税所得额和境外已纳税额中减除。

（6）按照国务院财政、税务主管部门有关规定已经从企业境外应纳税所得额中扣除的境外所得税税款。如果我国税法规定就一项境外所得的已纳所得税额仅作为费用从该项境外所得额中扣除的，就该项所得及其缴纳的境外所得税额不应再纳入境外税额抵免计算。

可抵免的境外所得税税额的基本条件为：

（1）企业来源于中国境外的所得依照中国境外税收法律以及相关规定计算而缴纳的税额。

（2）缴纳的属于企业所得税性质的税额，而不拘泥于名称。在不同的国家，对于企业所得税的称呼有着不同的表述，如法人所得税、公司所得税等。判定是否属于企业所得税性质的税额，主要看其是否是针对企业净所得征收的税额。

【案例 13-5-2】 境内 A 公司在哈萨克斯坦的子公司 B 公司 2019 年被哈萨克斯坦税务机关征收超额利润税 100 万元。

【问题】 请问该 100 万元是否属于可抵免的境外所得税税额?

【解析】 根据《国家税务总局关于哈萨克斯坦超额利润税税收抵免有关问题的公告》(国家税务总局公告 2019 年第 1 号) 的规定，2019 年被征收的超额利润税 100 万元属于可抵免的境外所得税税额。

企业在哈萨克斯坦缴纳的超额利润税，属于企业在境外缴纳的企业所得税性质的税款，依据《企业所得税法》及其实施条例、《财政部 国家税务总局关于企业境外所得税收抵免有关问题的通知》(财税〔2009〕125 号)、《企业境外所得税收抵免操作指南》(国家税务总局公告 2010 年第 1 号) 和《财政部 税务总局关于完善企业境外所得税收抵免政策问题的通知》(财税〔2017〕84 号) 等有关规定，应纳入可抵免境外所得税税额范围，计算境外税收抵免。

(3) 限于企业应当缴纳且已实际缴纳的税额。税收抵免旨在解决重复征税问题，仅限于企业应当缴纳且已实际缴纳的税额（除另有饶让抵免或其他规定外）。

(4) 可抵免的企业所得税税额，若是税收协定非适用所得税项目，或来自非协定国家的所得，无法判定是否属于对企业征收的所得税税额的，应层报国家税务总局裁定。

13.5.8 境外所得已纳税额为外币的换算

企业取得的境外所得已直接缴纳和间接负担的税额为人民币以外货币的，在以人民币计算可予抵免的境外税额时，凡企业记账本位币为人民币的，应按企业就该项境外所得记入账内时使用的人民币汇率进行换算；凡企业以人民币以外其他货币作为记账本位币的，应统一按实现该项境外所得对应的我国纳税年度最后一日的人民币汇率中间价进行换算。

13.5.9 间接抵免中境外企业的持股比例和层级

境内企业在境外取得的股息所得，在按规定计算该企业境外股息所得的可抵免所得税额和抵免限额时，由该企业直接或者间接持有20%（含20%）以上股份的外国企业，限于按规定的持股方式确定的五层外国企业，即：

第一层：企业直接持有20%以上股份的外国企业；

第二层至第五层：单一上一层外国企业直接持有20%以上股份，且由该企业直接持有或通过一个或多个符合规定持股方式的外国企业间接持有总和达到20%以上股份的外国企业。

符合规定的持股方式是指，各层企业直接持股、间接持股以及为计算居民企业间接持股总和比例的每一个单一持股，均应达到20%的持股比例。

持股比例和层级历来属于学习的难点，现在通过三个案例来加深理解。

【案例13-5-3】 中国居民A企业直接持有甲国B企业20%股份，直接持有乙国C企业16%股份，并且B企业直接持有C企业20%股份。

【问题】 请判断B、C对于A的关系。

【解析】 (1) 中国居民A企业直接持有甲国B企业20%股份，满足直接持股20%（含20%）的条件。

(2) 中国居民A企业直接持有乙国C企业16%股份，间接持有乙国C企业股份=20%×20%=4%，由于A企业直接持有C企业的股份不足20%，故不能计入A企业对C企业直接持股或间接持股的总和比例之中。因此，C企业未满足居民企业通过一个或多个符合规定持股条件的外国企业间接持有总和达到20%以上股份的外国企业的规定。

【案例13-5-4】 中国居民A企业直接持有甲国B公司20%股份、乙国C公司30%股份、丙国D公司19%股份。B公司直接持有C公司10%股份、D公司50%股份。C公司直接持有丁国E公司100%股份。

【问题】 计算并分析A企业来源于中国境外的哪些企业的股息、红利等权益性投资收益实际缴纳的所得税税额可以被中国A企业用于抵免。

【解析】 我国《企业所得税法》规定，居民企业从其直接或者间接控制的外国企业分得的来源于中国境外的股息、红利等权益性投资收益，外国企业在境外实际缴纳的所得税税额中属于该项所得负担的部分，可以作为该居民企业的可抵免境外所得税税额。直接控制，是指居民企业直接持有外国企业20%以上股份。间接控制，是指居民企业以间接持股方式持有外国企业20%以上股份。

本案例中，A企业对B公司、C公司、D公司，“直接持股+间接持股”情况如下：

A 企业对境外公司持股情况 单位：%

境外公司	A 企业直接持股比例	A 企业间接持股具体情况	A 企业间接持股比例	A 企业合计持股比例
B 公司	20	—	0	20
C 公司	30	B 公司直接持有 C 公司 10%股份	2（20×10%）	32（30+2）
D 公司	19	B 公司直接持有 D 公司 50%股份	10（20×50%）	29（19+10）
E 公司	0	C 公司直接持有 E 公司 100%股份	30（30×100%）	30（0+30）

A 企业对 B 公司、C 公司、D 公司“直接持股+间接持股”尽管超过 20%，却不是全部符合税法规定的可抵免 B 公司、C 公司、D 公司实际缴纳的所得税税额中属于 A 企业投资所得负担的部分。分析可知：

对于甲国 B 公司，A 企业直接持有 B 公司 20%股份，满足直接持股 20%的条件。

对于乙国 C 公司，第一层，A 企业直接持有 C 公司 30%股份，满足直接持股 20%的条件。第二层，B 公司直接持有 C 公司股份 10%，不满足直接持股 20%的条件；A 企业通过 B 公司间接持有 C 公司的股份 20%×10%＝2%，不能计入 A 企业对 C 公司直接持股或间接持股的总和比例之中。

对于丙国 D 公司，第一层，A 企业直接持有 D 公司股份 19%，不满足直接持股 20%的条件。第二层，B 公司直接持有 D 公司股份 50%，满足直接持股 20%的条件；A 企业通过 B 公司间接持有 D 公司股份 20%×50%＝10%。尽管 A 公司“直接持股+间接持股”合计持有 D 公司股份超过 20%，但是由于 A 企业直接持有 D 公司的股份不足 20%，故不能计入 A 企业对 D 公司直接持股或间接持股的总和比例之中；B 公司持股 D 公司虽然满足超过 20%的条件，能够计入 A 企业对 D 公司间接持股的总和持股比例中，但 A 企业通过一个或多个符合规定持股条件的外国企业间接持有 D 公司的股份总和未达到 20%以上规定。

对于丁国 E 公司，第一层，A 企业不直接持有 E 公司股份，不满足直接持股 20%的条件。第二层，C 公司直接持有 E 公司 100%股份，满足直接持股

20%的条件；A 企业通过 C 公司间接持有 D 公司股份 30%×100%＝30%，可计入 A 企业对 E 公司间接持股的总和持股比例中，且 A 企业通过一个或多个符合规定持股条件的外国企业间接持有 E 公司的股份总和达到 20%以上规定。

A 企业符合抵免条件的持股情况

单位：%

	A 企业直接持股比例	A 企业间接持股具体情况	A 企业间接持股比例	A 企业符合抵免条件的合计持股比例
B 公司	20	—	0	20
C 公司	30	B 公司直接持有 C 公司 10%股份	2（20×10%）	30（30+2−2）
D 公司	19	B 公司直接持有 D 公司 50%股份	10（20×50%）	0（19+10−29）
E 公司	0	C 公司直接持有 E 公司 100%股份	30（30×100%）	30（0+30）

在判定居民企业直接或间接持有 20%以上股份的外国企业是否符合持股方式规定时，需要注意以下几点：

（1）居民企业对某外国企业总持股比例（直接持股+间接持股）要超过 20%。

（2）每一层级的持股企业，对下一层级的外国企业直接持有的股份比例要超过 20%。

（3）从第一层到第五层，单一居民企业直接持有或通过一个或多个符合规定持股条件的外国企业间接持有某外国企业的股份总和达到 20%以上。

（4）居民企业对某外国企业的持股比例的分析，要通过不同的持股通道逐层分析，不能简单地合并计算。

【案例 13-5-5】 中国居民企业 A 分别控股了四家公司甲国 B1、甲国 B2、乙国 B3、乙国 B4，持股比例分别为 50%、50%、100%、100%；B1 持有丙国 C1 公司 30%股份，B2 持有丙国 C2 公司 50%股份，B3 持有丁国 C3 公司 50%股份，B4 持有丁国 C4 公司 50%股份；C1、C2、C3、C4 分别持有戊国 D 公司 20%、40%、25%、15%股份；D 公司持有戊国 E 公司 100%股份；E 公司持有戊国 F 公司 100%股份；F 公司持有戊国 G 公司 100%股份。图示如下：

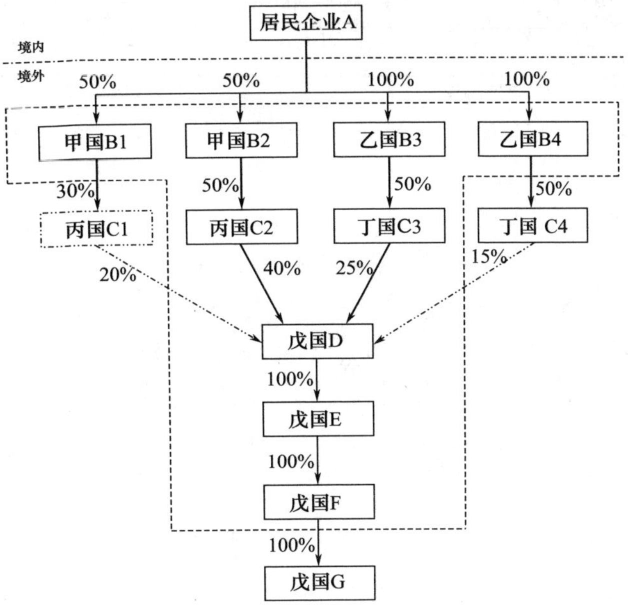

A 企业及境外持股公司组织架构

注："----" 内为判定符合间接持股条件的公司及可就分配的股息计算间接抵免税额的所持股份。

【问题】 计算并分析 A 企业来源于中国境外的哪些企业的股息、红利等权益性投资收益实际缴纳的所得税税额可以被中国 A 企业用于抵免。

【解析】 （1）B 层各公司间接抵免持股条件的判定：

B1、B2、B3、B4 公司分别直接被 A 公司控股 50%、50%、100%、100%，均符合间接抵免第一层公司的持股条件。

（2）C 层各公司间接抵免持股条件的判定：

①C1 公司虽然被符合条件的上一层公司 B1 持股 30%，但仅受居民企业 A 间接持股 15%（50%×30%），因此，属于不符合间接抵免持股条件的公司（但如果协定的规定为 10%，则符合间接抵免条件）；

②C2 公司被符合条件的上一层公司 B2 持股 50%，且被居民企业 A 间接持股达到 25%（50%×50%），因此，属于符合间接抵免持股条件的公司；

③C3 公司被符合条件的上一层公司 B3 持股 50%，且被居民企业 A 间接持股达到 50%（100%×50%），因此，属于符合间接抵免持股条件的公司；

④C4 公司情形与 C3 公司相同，属于符合间接抵免持股条件的公司。

(3) D公司间接抵免持股条件的判定：

①虽然D公司被C1持股达到了20%，但由于C1属于不符合持股条件的公司，所以，C1对D公司的20%持股也不得再计入D公司间接抵免持股条件的范围，来源于D公司20%部分的所得的已纳税额不能进入居民企业A的抵免范畴；

②D公司被C2持股达到40%，但被A通过符合条件的B2、C2间接持股仅10%，未达到20%，因此，还不能由此判定D是否符合间接抵免条件；

③D公司被C3持股达到25%，且由A通过符合条件的B3、C3间接持股达12.5%（100%×50%×25%），加上A通过B2、C2的间接持股10%，间接持股总和达到22.5%。因此，D公司符合间接抵免条件，其所纳税额中属于向C2和C3公司分配的65%股息所负担的部分，可进入A公司的间接抵免范畴。

④D公司被C4持股15%，虽然C4自身为符合持股条件的公司，但其对D公司的持股不符合直接控股达20%的持股条件。因此，该C4公司对D公司15%的持股，不能计入居民企业A对D公司符合条件的间接持股总和之中；同时，D公司所纳税额中属于向C4公司按其持股15%分配的股息所负担的部分，也不能进入居民企业A的间接抵免范畴。

(4) E公司间接抵免持股条件的判定：

居民企业A通过其他公司对E的间接控制虽然超过了三层，但是还在五层之内［居民企业A→B2（B3）→C2（C3）→D→E，E公司处于向下第四层］。A公司对E公司间接持股总和达到22.5%（50%×50%×40%×100%+100%×50%×25%×100%），且在持股链条（50%×50%×40%×100%+100%×50%×25%×100%）中每个环节都超过了20%，因此E公司符合规定的要求。

(5) F公司间接抵免持股条件的判定：

居民企业A通过其他公司对F的间接控制虽然超过了三层，但是还在五层之内［居民企业A→B2（B3）→C2（C3）→D→E→F，F公司处于向下第五层］。A公司对F公司间接持股总和达到22.5%（50%×50%×40%×100%×100%+100%×50%×25%×100%×100%），且在持股链条（50%×50%×40%×100%×100%+100%×50%×25%×100%×100%）中每个环节都超过了20%，因此F公司符合规定的要求。

(6) G公司间接抵免持股条件的判定：

居民企业A通过其他公司对E的间接控制由于超过了五层［居民企业A

→B2（B3）→C2（C3）→D→E→F→G，G公司处于向下第六层]，因此，G公司不能纳入A公司的间接抵免范畴；即使G公司和同国的F公司在戊国实行集团合并（汇总）纳税，F公司就G公司所得所汇总缴纳的税额部分，也须在计算A公司间接负担税额时从F公司合并（汇总）税额中扣除。

13.5.10　间接抵免负担税额的计算

《财政部　国家税务总局关于企业境外所得税收抵免有关问题的通知》（财税〔2009〕125号，以下简称财税〔2009〕125号文件）第五条规定，居民企业在按照《企业所得税法》第二十四条规定用境外所得间接负担的税额进行税收抵免时，其取得的境外投资收益实际间接负担的税额，是指根据直接或者间接持股方式合计持股20%以上（含20%）的规定层级的外国企业股份，由此应分得的股息、红利等权益性投资收益中，从最低一层外国企业起逐层计算的属于由上一层企业负担的税额，其计算公式如下：

本层企业所纳税额属于由一家上一层企业负担的税额=（本层企业就利润和投资收益所实际缴纳的税额+符合规定的由本层企业间接负担的税额）×本层企业向一家上一层企业分配的股息（红利）÷本层企业所得税后利润额

上述规定明确了境外所得间接负担的符合规定条件的下层企业税额的计算方式及公式，公式中：

（1）本层企业，是指实际分配股息（红利）的境外被投资企业。

（2）本层企业就利润和投资收益所实际缴纳的税额，是指本层企业按所在国税法就利润缴纳的企业所得税和在被投资方所在国就分得的股息等权益性投资收益被源泉扣缴的预提所得税。

（3）符合规定的由本层企业间接负担的税额，是指该层企业由于从下一层企业分回股息（红利）而间接负担的由下一层企业就其利润缴纳的企业所得税税额。

（4）本层企业向一家上一层企业分配的股息（红利），是指该层企业向上一层企业实际分配的扣缴预提所得税前的股息（红利）数额。

（5）本层企业所得税后利润额，是指该层企业实现的利润总额减去就其利润实际缴纳的企业所得税后的余额。

每一层企业从其持股的下一层企业在一个年度中分得的股息（红利），若是由该下一层企业不同年度的税后未分配利润组成，则应按该股息（红利）对应的每一年度未分配利润，分别计算就该项分配利润所间接负担的税额；按各年度计算的间接负担税额之和，即为取得股息（红利）的企业该一个年度中分得的股息（红利）所得所间接负担的所得税额。

境外第二层及以下层级企业归属不同国家的，在计算居民企业负担境外税额时，均以境外第一层企业所在国（地区）为国（地区）别划分进行归集计算，而不论该第一层企业的下层企业归属何国（地区）。

【案例 13-5-6】 中国居民企业A分别控股了四家公司甲国B1、甲国B2、乙国B3、乙国B4，持股比例分别为50%、50%、100%、100%；B1持有丙国C1公司30%股份，B2持有丙国C2公司50%股份，B3持有丁国C3公司50%股份，B4持有丁国C4公司50%股份；C1、C2、C3、C4分别持有戊国D公司20%、40%、25%、15%股份（如下图所示）。居民企业A集团公司组织架构及其对符合间接抵免持股条件的判定结果以本案例中有关的部分为例。

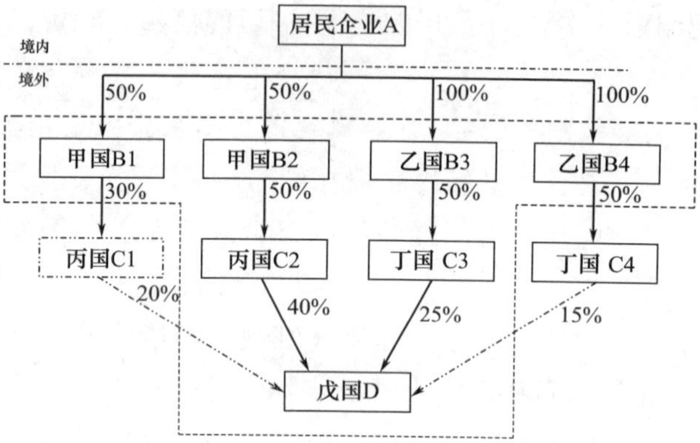

A公司及境外持股公司组织架构

【问题】 根据对A公司于2020年初申报的2019年度符合条件的各层公司生产经营及分配股息情况（对应的数据在解析中），计算A公司可进入抵免的间接负担的境外所得税额。

【解析】 （1）计算甲国B1及其下层各企业已纳税额中属于A公司可予抵免的间接负担税额

①C1公司及其对D公司20%持股税额的计算

由于C1不符合A公司的间接抵免条件，因此，其就利润所纳税额及其按持有D公司20%股份而分得股息直接缴纳的预提所得税及该股息所包含的D

公司税额，均不应计算为由A公司可予抵免的间接负担税额。

②B1公司税额的计算

B1公司符合A公司的间接抵免持股条件。B1公司应纳税所得总额为1000万元（假设该“应纳税所得总额”中在B1公司所在国计算税额抵免时已包含投资收益还原计算的间接税额，下同），其中来自C1公司的投资收益为300万元，按10%缴纳C1公司所在国预提所得税额为30万元（300×10%），无符合抵免条件的间接税额。

B1公司适用税率为30%，其当年在所在国按该国境外税收抵免规定计算后实际缴纳所在国所得税额为210万元；B1公司当年税前利润为1000万元，则其当年税后利润为760万元（税前利润1000万元-实际缴纳所在国税额210万元-缴纳预提税额30万元），且全部分配。

B1公司向A公司按其持股比例50%分配股息380万元。

将上述数据代入财税〔2009〕125号文件第五条公式［即：本层企业所纳税额属于由一家上一层企业负担的税额=（本层企业就利润和投资收益所实际缴纳的税额+符合规定的由本层企业间接负担的税额）×本层企业向一家上一层企业分配的股息（红利）÷本层企业所得税后利润额］计算，A公司就从B1公司分得股息间接负担的可在我国应纳税额中抵免的税额为120万元：

（210+30+0）×（380÷760）=120（万元）

（2）计算甲国B2及其下层各企业已纳税额中属于A公司可予抵免的间接负担税额

①D公司税额的计算

D公司符合A公司的间接抵免持股条件。D公司应纳税所得总额和税前会计利润均为1250万元，适用税率为20%，无投资收益和缴纳预提所得税项目。当年D公司在所在国缴纳企业所得税为250万元；D公司将当年税后利润1000万元全部分配；D公司向C2公司按其持股比例40%分配股息400万元。

将上述数据代入财税〔2009〕125号文件第五条公式计算，D公司已纳税额属于可由C2公司就分得股息间接负担的税额为100万元：

（250+0+0）×（400÷1000）=100（万元）

②C2公司税额的计算

C2公司符合A公司的间接抵免持股条件。C2公司应纳税所得总额为2000万元；其中从D公司分得股息400万元，按10%缴纳D公司所在国预提所得税额为 40 万元（400×10%），符合条件的间接负担下层公司税额 100 万元。

C2 公司适用税率为 25%，假设其当年享受直接和间接抵免后实际缴纳所在国所得税额为 360 万元；当年税前利润为 2000 万元，则其税后利润为 1600 万元（2000-360-40）。

C2 公司将当年税后利润的一半用于分配，C2 公司向 B2 公司按其持股比例 50%分配股息 400 万元（1600×50%×50%）；同时，将该公司 2008 年未分配税后利润 1600 万元（实际缴纳所得税额为 400 万元，且无投资收益和缴纳预提所得税项目）一并分配，向 B2 公司按其持股比例 50%分配股息 800 万元（1600×50%）。

C2 公司向 B2 公司按其持股比例分配股息 1200 万元。

将上述数据代入财税〔2009〕125 号文件第五条公式计算，C2 公司已纳税额属于可由 B2 公司就 2009 年度分得股息间接负担的税额共计为 325 万元，其中以 2009 年度利润分配股息间接负担的税额 125 万元［（360+40+100）×（400÷1600）］；以 2008 年度利润分配股息间接负担的税额 200 万元［（400+0+0）×（800÷1600）］。

③B2 公司税额的计算

B2 公司符合 A 公司的间接抵免持股条件。B2 公司应纳税所得总额为 5000 万元，其中来自 C2 公司的投资收益为 1200 万元，按 10%缴纳 C2 公司所在国预提所得税额为 120 万元（1200×10%），符合条件的间接负担下层公司税额 325 万元。

B2 公司适用税率为 30%，假设其当年享受直接和间接抵免后实际缴纳所在国所得税额为 1140 万元；当年税前利润为 5000 万元，则其税后利润为 3740 万元（5000-1140-120），且全部分配。

B2 公司向 A 公司按其持股比例 50%分配股息 1870 万元。

将上述数据代入财税〔2009〕125 号文件第五条公式计算，A 公司就从 B2 公司分得股息间接负担的可在我国应纳税额中抵免的税额为 792.5 万元：

（1140+120+325）×（1870÷3740）= 792.5（万元）

（3）计算乙国 B3 及其下层各企业已纳税额中属于 A 公司可予抵免的间接负担税额

①D 公司税额的计算

D 公司符合 A 公司的间接抵免持股条件。D 公司应纳税所得总额为 1250 万元，适用税率为20%，无投资收益和缴纳预提所得税项目。当年D公司在所在国缴纳企业所得税为250万元；D公司将当年税后利润1000万元全部分配。

D公司向C3公司按其持股比例25%分配股息250万元。

将上述数据代入财税〔2009〕125号文件第五条公式计算，D公司已纳税额属于可由C3公司就分得股息间接负担的税额为62.5万元：

(250+0+0) ×（250÷1000）=62.5（万元）

②C3公司税额的计算

C3公司符合A公司的间接抵免持股条件。C3公司应纳税所得总额为1000万元；其中从D公司分得股息250万元，按10%缴纳D公司所在国预提所得税额为25万元（250×10%），符合条件的间接负担下层公司税额62.5万元。

C3公司适用税率为30%，假设其当年享受直接和间接抵免后实际缴纳所在国所得税额为245万元；当年税前利润为1000万元，则其税后利润为730万元（1000−245−25），且全部分配。

C3公司向B3公司按其持股比例50%分配股息365万元。

将上述数据代入财税〔2009〕125号文件第五条公式计算，C3公司已纳税额属于可由B3公司就分得股息间接负担的税额为166.25万元：

(245+25+62.5) ×（365÷730）=166.25（万元）

③B3公司税额的计算

B3公司符合A公司的间接抵免持股条件。B3公司应纳税所得总额为2000万元，其中来自C3公司的投资收益为365万元，按10%缴纳C3公司所在国预提所得税额为36.5万元（365×10%），符合条件的间接负担下层公司税额166.25万元。

B3公司适用税率为30%，假设其当年享受直接和间接抵免后实际缴纳所在国所得税额为463.5万元；当年税前利润为2000万元，则其税后利润为1500万元（2000−463.5−36.5），且全部分配。

B3公司向A公司按其持股比例100%分配股息1500万元。

将上述数据代入财税〔2009〕125号文件第五条公式计算，A公司就从B3公司分得股息间接负担的可在我国应纳税额中抵免的税额为666.25万元：

(463.5+36.5+166.25) ×（1500÷1500）=666.25（万元）

(4) 计算乙国B4及其下层各企业已纳税额中属于A公司可予抵免的间接负担税额

①D 公司税额的计算

D 公司被 C4 公司持有的 15%股份不符合 A 公司享受间接抵免的持股比例条件，因此，其所纳税额中属于该 15%股息负担的部分不能通过 C4 等公司计入 A 公司可予抵免的间接负担税额。

②C4 公司税额的计算

C4 公司符合 A 公司的间接抵免持股条件。C4 公司应纳税所得总额为 1000 万元；其中从 D 公司分得股息 150 万元，其按 10%直接缴纳 D 公司所在国的预提所得税额 15 万元（150×10%）属于可计算 A 公司间接抵免的税额，无符合条件的间接负担税额。

C4 公司适用税率为 25%，假设其当年享受直接和间接抵免后实际缴纳所在国所得税额为 235 万元；当年税前利润为 1000 万元，则其税后利润为 750 万元（1000-235-15），且全部分配。

C4 公司向 B4 公司按其持股比例 50%分配股息 375 万元。

将上述数据代入财税〔2009〕125 号文件第五条公式计算，C4 公司已纳税额属于可由 B4 公司就分得股息间接负担的税额为 125 万元：

(235+15+0) ×（375÷750）= 125（万元）

③B4 公司税额的计算

B4 公司符合 A 公司的间接抵免持股条件。B4 公司应纳税所得总额为 2000 万元，其中来自 C4 公司的投资收益为 375 万元，按 10%缴纳 C4 公司所在国预提所得税额为 37.5 万元（375×10%），符合条件的间接负担下层公司税额 125 万元。

B4 公司适用税率为 30%，假设其当年享受直接和间接抵免后实际缴纳所在国所得税额为 462.5 万元；当年税前利润为 2000 万元，则其税后利润为 1500 万元（2000-462.5-37.5），且全部分配。

B4 公司向 A 公司按其持股比例 100%分配股息 1500 万元。

将将上述数据代入财税〔2009〕125 号文件第五条公式计算，A 公司就从 B4 公司分得股息间接负担的可在我国应纳税额中抵免的税额为 625 万元：

(462.5+37.5+125) ×（1500÷1500）= 625（万元）

（5）上述计算后，A 公司可适用间接抵免的境外所得及间接负担的境外已纳税额分国为

①可适用间接抵免的境外所得（含直接所缴预提所得税但未含间接负担的税额）为 5250 万元，其中：

来自甲国的境外所得为2250万元（B1股息380万元+B2股息1870万元）；

来自乙国的境外所得为3000万元（B3股息1500万元+B4股息1500万元）。

②可抵免的间接负担境外已纳税额为2203.75万元，其中：

来自甲国的可抵免间接负担境外已纳税额为912.5万元（间接负担B1税额120万元+间接负担B2税额792.5万元）；

来自乙国的可抵免间接负担境外已纳税额为1291.25万元（间接负担B3税额666.25万元+间接负担B4税额625万元）。

（6）计算A公司可适用抵免的全部境外所得税额为

①假设上项境外所得在来源国均按10%税率直接缴纳境外预提所得税合计为525万元，其中：

缴纳甲国预提所得税为225万元（2250×10%）；

缴纳乙国预提所得税为300万元（3000×10%）。

②来自甲乙两国所得的全部可抵免税额分别为：

甲国：直接缴纳税额+间接负担税额=225+912.5=1137.5（万元）

乙国：直接缴纳税额+间接负担税额=300+1291.25=1591.25（万元）

13.5.11 关于抵免限额的计算

企业可以选择按国（地区）别分别计算［即“分国（地区）不分项”］，或者不按国（地区）别汇总计算［即“不分国（地区）不分项”］其来源于境外的应纳税所得额，并按照财税〔2009〕125号文件第八条规定的税率（即为25%），分别计算其可抵免境外所得税税额和抵免限额。上述方式一经选择，5年内不得改变。

企业选择采用不同于以前年度的方式（以下简称新方式）计算可抵免境外所得税税额和抵免限额时，对该企业以前年度按照财税〔2009〕125号文件规定没有抵免完的余额，可在税法规定结转的剩余年限内，按新方式计算的抵免限额中继续结转抵免。

抵免限额为该项所得依照《企业所得税法》及其实施条例、《企业境外所得税收抵免操作指南》（国家税务总局公告2010年第1号印发）等规定计算的应纳税额；超过抵免限额的部分，可以在以后5个年度内，用每年度抵免限额抵免当年应抵税额后的余额进行抵补。

某国（地区）所得税抵免限额=中国境内、境外所得依照企业所得税法及实施条例的规定计算的应纳税总额×来源于某国（地区）的应纳税所得额÷中国境内、境外应纳税所得总额

据以计算上述公式中“中国境内、境外所得依照企业所得税法及实施条例的规定计算的应纳税总额”的税率，除国务院财政、税务主管部门另有规定外，应为《企业所得税法》第四条第一款规定的税率（即为25%）。

中国境内外所得依照《企业所得税法》及其实施条例的规定，计算的应纳税总额的税率是25%，即使企业境内所得按税收法规规定享受企业所得税优惠的，在进行境外所得税额抵免限额计算中的中国境内、外所得应纳税总额所适用的税率也应为25%。今后若国务院财政、税务主管部门规定境外所得与境内所得享受相同企业所得税优惠政策的，应按有关优惠政策的适用税率或税收负担率计算其应纳税总额和抵免限额；简便计算，也可以按该境外应纳税所得额直接乘以其实际适用的税率或税收负担率得出抵免限额。

【案例13-5-7】 以【案例13-5-6】中对居民企业A公司已确定的可予计算间接抵免的境外所得及税额为例，假设A公司申报的境内外所得总额为15796.25万元，其中取得境外股息所得为5250万元（已还原向境外直接缴纳10%的预提所得税525万元，但未含应还原计算的境外间接负担的税额），甲国2250万元，乙国3000万元；同时假设A公司用于管理四个B子公司的管理费合计为433.75万元，其中用于甲国B1、B2公司的管理费用为184.5万元，用于乙国B3、B4公司的管理费用为249.25万元，应在计算来自两个国家四个B子公司的股息应纳税所得时对应调整扣除。

【问题】 计算A公司可进入抵免的间接负担的境外所得税额。

【解析】 （1）境外股息所得应为境外股息净所得与境外直接缴纳税额和间接缴纳税额之和7453.75万元（5250+2203.75），其中：

来源于甲国股息所得为3162.5万元（2250+912.5）；

来源于乙国股息所得为4291.25万元（3000+1291.25）。

（2）境外股息所得对应调整扣除相关管理费后的应纳税所得额为7020万元（7453.75-433.75），其中：

来源于甲国股息所得对应调整后应纳税所得额为2978万元（3162.5-184.5）；

来源于乙国股息所得对应调整后应纳税所得额为4042万元（4291.25-249.25）。

（3）境外间接负担税额还原计算后境内、外应纳税所得总额为：

已还原直接税额的境内、外所得总额+可予计算抵免的间接税额=15796.25+2203.75=18000（万元）

（4）企业应纳税总额为：

应纳税所得总额×适用税率=18000×25%=4500（万元）

（5）计算抵免限额为：

①来源于甲国所得的抵免限额为：

应纳税总额×甲国的应纳税所得额÷中国境内、境外应纳税所得总额=4500×2978÷18000=744.5（万元）

②来源于乙国所得的抵免限额为：

应纳税总额×乙国的应纳税所得额÷中国境内、境外应纳税所得总额=4500×4042÷18000=1010.5（万元）

企业按照《企业所得税法》及其实施条例和财税〔2009〕125号文件的有关规定计算的当期境内、境外应纳税所得总额小于零的，应以零计算当期境内、境外应纳税所得总额，其当期境外所得税的抵免限额也为零。

若企业境内所得为亏损，境外所得为盈利，且企业已使用同期境外盈利全部或部分弥补了境内亏损，则境内已用境外盈利弥补的亏损不得再用以后年度境内盈利重复弥补。由此，在计算境外所得抵免限额时，形成当期境内、外应纳税所得总额小于零的，应以零计算当期境内、外应纳税所得总额，其当期境外所得税的抵免限额也为零。上述境外盈利在境外已纳的可予抵免但未能抵免的税额可以在以后5个纳税年度内进行结转抵免。

如果企业境内为亏损，境外盈利分别来自多个国家，则弥补境内亏损时，企业可以自行选择弥补境内亏损的境外所得来源国家（地区）顺序。

【案例13-5-8】 下表数据发生了境外盈利弥补境内亏损的情况。

境外盈利弥补境内亏损情况 **金额单位：万元**

项目	境内企业	境外营业机构	境外已纳税额	抵免限额	结转以后年度抵免余额
税率	25%	30%	—	—	—
第一年利润	-100	100	30	0	30
第二年利润	100	100	30	25	35

【问题】 请分析计算和处理境外已缴税额。

【解析】 第一年：应纳税所得额 = -100+100 = 0，抵免限额为 0，境外已缴税额结转下一年度抵补余额为 30 万元。

第二年：应纳税所得额 = 100+100 = 200（万元）

当年境外所得税税额 = 30 万元

抵免限额 = 200×25%×100÷200 = 25（万元）（<30 万元）

实际抵免境外所得税额 = 25 万元

留待以后结转抵免税额 = 30-25+30 = 35（万元）

13.5.12 关于实际抵免境外税额的计算

在计算实际应抵免的境外已缴纳和间接负担的所得税税额时，企业在境外一国（地区）当年缴纳和间接负担的符合规定的所得税税额低于所计算的该国（地区）抵免限额的，应以该项税额作为境外所得税抵免额从企业应纳税总额中据实抵免；超过抵免限额的，当年应以抵免限额作为境外所得税抵免额进行抵免，超过抵免限额的余额允许从次年起在连续五个纳税年度内，用每年度抵免限额抵免当年应抵税额后的余额进行抵补。

即企业每年应分国（地区）别在抵免限额内据实抵免境外所得税额，超过抵免限额的部分可在以后连续 5 个纳税年度延续抵免；企业当年境外一国（地区）可抵免税额中既有属于当年已直接缴纳或间接负担的境外所得税额，又有以前年度结转的未逾期可抵免税额时，应首先抵免当年已直接缴纳或间接负担的境外所得税额后，抵免限额有余额的，可再抵免以前年度结转的未逾期可抵免税额，仍抵免不足的，继续向以后年度结转。

【案例 13-5-9】 以【案例 13-5-7】对 A 公司计算的可抵免境外负担税额及【案例 13-5-8】对其计算的境外所得应纳税总额和境外税额抵免限额为例。

【问题】 计算 A 公司当年度可实际抵免的境外税额。

【解析】 （1）甲国

可抵免境外税额 = 直接缴纳税额+间接负担税额 = 225+912.5 = 1137.5（万元）

抵免限额 = 744.5 万元（<1137.5 万元）

当年可实际抵免税额 = 744.5 万元

可结转的当年度未抵免税额＝1137.5−744.5＝393（万元）

（2）乙国

可抵免境外税额＝直接缴纳税额＋间接负担税额＝300＋1291.25＝1591.25（万元）

抵免限额＝1010.5 万元（<1591.25 万元）

当年可实际抵免税额＝1010.5 万元

可结转的当年度未抵免税额＝1591.25−1010.5＝580.75（万元）

（3）当年度可实际抵免税额合计＝744.5＋1010.5＝1755（万元）

再以此例按财税〔2009〕125 号文件第十二条所列公式计算 A 公司 2020 年抵免境外所得税后应纳所得税额为（假设 A 公司没有适用税法规定的有关设备投资抵免税额等优惠）：

境内外应纳所得税总额−当年可实际抵免境外税额＝18000×25%−1755＝2745（万元）

13.5.13 简易办法计算抵免

（1）企业从境外取得营业利润所得以及符合境外税额间接抵免条件的股息所得，虽有所得来源国（地区）政府机关核发的具有纳税性质的凭证或证明［是指向境外所在国家政府实际缴纳了具有综合税额（含企业所得税）性质的款项的有效凭证］，但因客观原因无法真实、准确地确认应当缴纳并已经实际缴纳的境外所得税税额的，除就该所得直接缴纳及间接负担的税额在所得来源国（地区）的实际有效税率低于《企业所得税法》第四条第一款规定税率 50%以上的外，可按境外应纳税所得额的 12.5%作为抵免限额，企业按该国（地区）税务机关或政府机关核发具有纳税性质凭证或证明的金额，其不超过抵免限额的部分，准予抵免；超过的部分不得抵免。

（2）企业从境外取得营业利润所得以及符合境外税额间接抵免条件的股息所得，凡就该所得缴纳及间接负担的税额在所得来源国（地区）的法定税率且其实际有效税率（是指实际缴纳或负担的企业所得税税额与应纳税所得额的比率）明显高于我国的，可直接以按财税〔2009〕125 号文件规定计算的境外应纳税所得额和我国企业所得税法规定的税率计算的抵免限额作为可抵免的已在境外实际缴纳的企业所得税税额。

（3）属于前两条规定以外的股息、利息、租金、特许权使用费、转让财产等投资性所得，均应按财税〔2009〕125号文件的其他规定计算境外税额抵免，不能适用简易办法计算抵免。具体来说，一是居民企业从境外未达到直接持股20%条件的境外子公司取得的股息所得，二是居民企业从境外取得利息、租金、特许权使用费、转让财产等所得。此两项所得向来源国直接缴纳的预提所得税额应按我国税法中有关直接抵免的规定正常计算抵免。

（4）国家税务总局已经发布的法定税率明显高于我国的境外所得来源国（地区）名单：美国、阿根廷、布隆迪、喀麦隆、古巴、法国、日本、摩洛哥、巴基斯坦、赞比亚、科威特、孟加拉国、叙利亚、约旦、老挝。财政部、国家税务总局可根据实际情况适时对名单进行调整。各地税务机关不能自行作出判定，发现名单所列国家抵免异常的，应立即向国家税务总局报告。

13.5.14 申报抵免境外所得税收相关资料

企业申报抵免境外所得税收（包括按照财税〔2009〕125号文件第十条规定的简易办法进行的抵免）时应向其主管税务机关提交如下书面资料：

（1）与境外所得相关的完税证明或纳税凭证（原件或复印件）。

（2）不同类型的境外所得申报税收抵免还需分别提供：

①取得境外分支机构的营业利润所得需提供境外分支机构会计报表；境外分支机构所得依照中国境内《企业所得税法》及其实施条例的规定计算的应纳税额的计算过程及说明资料；具有资质的机构出具的有关分支机构审计报告等；

②取得境外股息、红利所得需提供集团组织架构图；被投资公司章程复印件；境外企业有权决定利润分配的机构作出的决定书等；

③取得境外利息、租金、特许权使用费、转让财产等所得需提供依照中国境内《企业所得税法》及其实施条例规定计算的应纳税额的资料及计算过程；项目合同复印件等。

（3）申请享受税收饶让抵免的还需提供：

①本企业及其直接或间接控制的外国企业在境外所获免税及减税的依据及证明或有关审计报告披露该企业享受的优惠政策的复印件；

②企业在其直接或间接控制的外国企业的参股比例等情况的证明复印件；

③间接抵免税额或者饶让抵免税额的计算过程；

④由本企业直接或间接控制的外国企业的财务会计资料。

（4）采用简易办法计算抵免限额的还需提供：

①取得境外分支机构的营业利润所得需提供企业申请及有关情况说明；来源国（地区）政府机关核发的具有纳税性质的凭证和证明复印件；

②取得符合境外税额间接抵免条件的股息所得需提供企业申请及有关情况说明；符合《企业所得税法》第二十四条条件的有关股权证明的文件或凭证复印件。

（5）主管税务机关要求提供的其他资料。

以上提交备案资料使用非中文的，企业应同时提交中文译本复印件。

上述资料已向税务机关提供的，可不再提供；上述资料若有变更的，须重新提供；复印件须注明与原件一致，译本须注明与原本无异义，并加盖企业公章。

税务机关、企业在年度企业所得税汇算清缴时，应对结转以后年度抵免的境外所得税额分国别（地区）建立台账管理（见表13-1），准确填写逐年抵免情况。

表13-1　　境外所得税额结转抵免管理台账

企业名称：

所得来源国别（地区）：　　　　　　金额单位：人民币元（列至角分）

行次	本年度未抵免税额		五年期结转抵扣额及余额									
	税额所属年度	未抵免额	第一年		第二年		第三年		第四年		第五年	
			抵免额	余额	抵免额	余额	抵免额	余额	抵免额	余额	抵免额	不得再结转额
1												
2												
3												
4												
5												

《境外所得税额结转抵免管理台账》的编制说明：

填报以前年度境外所得已纳税额未抵免部分的结转、抵扣情况。

（1）按分国不分项填报结转抵扣额的境外所得税在各年的抵扣情况；

（2）年度未抵免税额：填报税额所属年度未抵免结转以后年度抵扣的税额；

（3）五年结转抵扣额：填报按规定用本期税额扣除限额的余额抵扣以前年度结转的税额及抵扣后的余额。

13.5.15 “分国不分项”境外非独立分支机构的亏损不得跨境弥补

在汇总计算境外应纳税所得额时，企业在境外同一国家（地区）设立不具有独立纳税地位的分支机构，按照《企业所得税法》及其实施条例的有关规定计算的亏损，不得抵减其境内或他国（地区）的应纳税所得额，但可以用同一国家（地区）其他项目或以后年度的所得按规定弥补。

企业在同一纳税年度的境内外所得加总为正数的，其境外分支机构发生的亏损，由于上述结转弥补的限制而发生的未予弥补的部分（以下称为非实际亏损额），今后在该分支机构的结转弥补期限不受5年期限制。即：

（1）如果企业当期境内外所得盈利额与亏损额加总后和为零或正数，则其当年度境外分支机构的非实际亏损额可无限期向后结转弥补；

（2）如果企业当期境内外所得盈利额与亏损额加总后和为负数，则以境外分支机构的亏损额超过企业盈利额部分的实际亏损额，按《企业所得税法》第十八条规定的期限进行亏损弥补，未超过企业盈利额部分的非实际亏损额仍可无限期向后结转弥补。

企业应对境外分支机构的实际亏损额与非实际亏损额不同的结转弥补情况做好记录。

【案例 13-5-10】 中国居民A企业2008年度境内外净所得为160万元。其中，境内所得的应纳税所得额为300万元；设在甲国的分支机构当年度应纳税所得额为100万元；设在乙国的分支机构当年度应纳税所得额为-300万元；A企业当年度从乙国取得利息所得的应纳税所得额为60万元。

【问题】 请计算该企业当年度境内、外所得的应纳税所得额。

【解析】 调整计算该企业当年度境内、外所得的应纳税所得额如下：

（1）A企业当年度境内外净所得为160万元，但依据境外亏损不得在境内或他国盈利中抵减的规定，其发生在乙国分支机构的当年度亏损额300万元，仅可以用从该国取得的利息60万元弥补，未能弥补的非实际亏损额240万元，不得从当年度企业其他盈利中弥补。因此，相应调整后A企业当年境内、外应纳税所得额为：

境内应纳税所得额＝300 万元

甲国应纳税所得额＝100 万元

乙国应纳税所得额＝-240 万元

A 企业当年度应纳税所得总额＝400 万元

（2）A 企业当年度境外乙国未弥补的非实际亏损共 240 万元，允许 A 企业以其来自乙国以后年度的所得无限期结转弥补。

13.5.16　境外分支机构对应纳税年度的确定

企业在境外投资设立不具有独立纳税地位的分支机构，其计算生产、经营所得的纳税年度与我国规定的纳税年度不一致的，与我国纳税年度当年度相对应的境外纳税年度，应为在我国有关纳税年度中任何一日结束的境外纳税年度。

企业取得上述以外的境外所得实际缴纳或间接负担的境外所得税，应在该项境外所得实现日所在的我国对应纳税年度的应纳税额中计算抵免。

企业就其在境外设立的不具有独立纳税地位的分支机构每一纳税年度的营业利润，计入企业当年度应纳税所得总额时，如果分支机构所在国纳税年度的规定与我国规定的纳税年度不一致的，在确定该分支机构境外某一年度的税额如何对应我国纳税年度进行抵免时，境外分支机构按所在国规定计算生产经营所得的纳税年度与其境内总机构纳税年度相对应的纳税年度，应为该境外分支机构所在国纳税年度结束日所在的我国纳税年度。

【案例 13-5-11】 某居民企业在 A 国的分公司，按 A 国法律规定，计算当期利润年度为每年 10 月 1 日至次年 9 月 30 日。

【问题】 A 国分公司 2019/2020 年度的营业利润及其已纳税额应在我国哪一年度计算纳税和境外抵免？

【解析】 境外纳税年度结束日为 2020 年 9 月 30 日。按规定，A 国分公司 2019 年 10 月 1 日至 2020 年 9 月 30 日期间（即 A 国 2019/2020 年度）的营业利润及其已纳税额，应在我国 2020 年度计算纳税及境外税额抵免。

企业取得境外股息所得实现日为被投资方做出利润分配决定的日期，不论该利润分配是否包括以前年度未分配利润，均应作为该股息所得实现日所在的我国纳税年度所得计算抵免。

【案例 13-5-12】 某居民企业的境外子公司于 2020 年 5 月 1 日股东会决定，将分别属于 2017 年、2018 年的未分配利润共计 2000 万元分配。

【问题】 请指出这些分配利润应在我国的哪一年度计算？

【解析】 该 2000 万元均属于该居民企业 2020 年取得的股息，就该股息被扣缴的预提所得税以及该股息间接负担的由境外子公司就其 2018 年、2019 年度利润缴纳的境外所得税，均应按规定的适用条件在该居民企业 2020 年应纳我国企业所得税中计算抵免。

13.5.17 境外所得税抵免应纳所得税额的计算

企业抵免境外所得税额后实际应纳所得税额的计算公式为：

企业实际应纳所得税额=企业境内外所得应纳税总额-企业所得税减免、抵免优惠税额-境外所得税抵免额

公式中抵免优惠税额是指按《企业所得税法》第三十四条规定，企业购置用于环境保护、节能节水、安全生产等专用设备的投资额，可以按一定比例实行税额抵免。

境外所得税抵免额是指按照财税〔2009〕125 号文件和《企业境外所得税收抵免操作指南》（国家税务总局 2010 年第 1 号公告印发）计算的境外所得税额在抵免限额内实际可以抵免的税额。

13.5.18 来源于港、澳、台地区的所得的适用

企业取得来源于中国香港、澳门、台湾地区的应税所得，参照企业取得来源于外国（地区）的规定执行。

13.5.19 税收协定优先原则的适用

中华人民共和国政府同外国政府订立的有关税收的协定与我国税法有不同规定的，依照协定的规定办理。上述所称有关税收的协定包括，内地与中国香港、澳门地区等签订的相关税收安排。

14

国际税收概述

14.1 国际税收的概念

国际税收，是指两个或两个以上国家对纳税人跨境交易行使各自征税权力而形成的税收分配关系。国际税收是国家税收的国际方面。

对于国际税收的概念，可以从以下几个方面理解：

14.1.1 国际税收涉及的是国家与国家之间的税收分配关系

国际税收涉及国与国之间对同一课税对象由哪国征税或各征多少税的税收利益划分问题，如果一国征税使他国不能征税或者少征税时，国家间的税收分配关系就产生了。避免国际重复征税和国际避税是国际税收的主要课题，国际税收体现国家之间的税收分配关系。

14.1.2 国际税收涉及的纳税人具有跨国性

国际税收涉及的纳税人是从事跨国经营活动并且同时负有两个或两个以上国家纳税义务的自然人或法人。国际税收涉及的征税对象主要是跨国纳税人的跨国所得和跨国财产，离开了跨国纳税人这个因素，国际税收关系就不可能发生。

14.1.3 国际税收与国家税收的关系

国家税收，是指一个国家凭借其政治权力，按照法律预定的标准，强制无偿地向其管辖范围内的各类纳税人征收实物或货币而形成的特定分配关系。国家税收是国家财政的主要收入形式和来源。

国际税收与国家税收既有联系又有区别。

14.1.3.1 联系

一方面，国家税收是国际税收的基础，国际税收不能脱离国家税收而独立存在；另一方面，国家税收又受到国际税收方面一些因素的影响，国家在制定本国的税收制度时要考虑国际税收关系。

14.1.3.2 区别

(1) 体现的关系不同：国家税收反映的是国家与纳税人之间的利益分配关系，而国际税收反映的是国家与国家之间的税收分配关系和税收协调关系。

国际税收的实质是国家之间的税收分配关系和税收协调关系。国家间税收分配是国际协调的结果。

(2) 是否存在独立的税种：国家税收按课税对象不同可分为不同的税种，而国际税收没有自己单独的税种。

所得税、增值税、关税、财产税等诸多税种或税类都可能涉及国际税收，其中所得税中对居民纳税人的境外所得和对非居民纳税人的境内所得征税的法律法规是一个国家中国际税收最主要的方面。

国际重复征税、国际双重不征税、国际避税和反避税、国际税收合作是常见的国际税收问题和税收现象。

14.2 税收管辖权

14.2.1 税收管辖权的概念和分类

税收管辖权，是指主权国家根据其法律所拥有和行使的征税权力，是国际法公认的国家基本权利，属于国家主权在税收领域中的体现。

税收管辖权划分原则主要有属人原则和属地原则。

属人原则，亦称属人主义或属人主义原则，是指以纳税人的国籍和住所为标准，确定国家行使税收管辖权范围的一种原则。

属地原则，亦称属地主义或属地主义原则，是指以纳税人的收入来源地或经济活动所在地为标准，确定国家行使税收管辖权范围的一种原则。

依据上述原则，税收管辖权大致分为三类：居民管辖权、公民管辖权和地域管辖权。其中，前两者可以合称为居民（公民）管辖权，遵循的是属人原则，后者遵循的是属地原则。

14.2.1.1 居民管辖权

居民管辖权，是指一个国家对凡是属于本国的居民取得的来自世界范围的全部所得行使的征税权力。这里的居民包括自然人和法人。各国税法对居民身份的确认方法不尽相同，比如对自然人居民，有的是按居住期限确定，有的是依据是否有永久性住所确定。

14.2.1.2 公民管辖权

公民管辖权，是指一个国家对凡是属于本国的公民取得的来自世界范围的全部所得行使的征税权力。公民是指取得一国法律资格，具有一国国籍的人。需要指出的是，国际税收中所使用的公民概念不仅包括个人，也包括团体、企业或公司，是一个广义的公民概念。

14.2.1.3 地域管辖权

地域管辖权，是指一个国家对来源于本国领土范围内的全部收益、所得和财产征税。在地域管辖权下，通过确认所得的地域标志来确定该项所得的来源地，从而纳入所在地域的国家税收管辖范围。这种按地域确定的税收管辖权体现了有关国家维护本国经济利益的合理性，又符合国际经济交往的要求和国际惯例，为绝大多数国家所接受。

14.2.2 税收管辖权的行使

目前，各国对税收管辖权的行使主要有以下三种情况。

14.2.2.1 仅行使地域管辖权

这种情况下，一国只对来源于本国境内的所得行使征税权，其中包括本国居民的境内所得和外国居民的境内所得，但对本国居民的境外所得不行使征税权。

14.2.2.2 同时行使地域管辖权和居民管辖权

这种情况下，一国对本国居民的境内所得、境外所得，以及外国居民的境内所得这三类所得都行使征税权。其中，对本国居民境外所得征税所依据的是居民管辖权，对外国居民在本国境内所得征税所依据的是地域管辖权。目前我国采用的是这种方法。

14.2.2.3 同时行使地域管辖权、居民管辖权和公民管辖权

这种情况主要发生在个别强调本国征税范围的国家，其个人所得税除了行使地域管辖权和居民管辖权之外，还坚持行使公民管辖权。

大多数国家在兼用居民（公民）管辖权和地域管辖权的同时，认同并遵循地域税收管辖权优先原则。

14.3 国际税收规则

国际税收规则需要解决对跨境交易的收入按照什么标准进行征税、如何在跨境交易中的相关国家之间分配征税权这两个问题。

14.3.1 国际税收原则

国际税收的基本原则是：单一课税原则、受益原则和国际税收中性原则。

14.3.1.1 单一课税原则

单一课税原则，是指跨境交易产生的收入只应该被课征一道税和至少应该被课征一道税。只应该被课征一道税，要求国际税收规则应避免对跨境交易形成重复征税；至少应该被课征一道税，是指避免对跨境交易出现不课税或课税不足的问题。

14.3.1.2 受益原则

受益原则，是指纳税人以从政府公共支出中获得的利益大小为税收负担

分配的标准。受益多者多纳税，受益少者少纳税，受益相同者负担相同的税收，受益不同者负担不同的税收。国际税收规则将跨境交易中的积极所得（主要通过生产经营活动取得的收入）的征税权主要给予来源国，将消极所得（主要通过投资活动取得的收入）的征税权主要给予居住国，能较好地平衡来源国和居住国的税收利益。

跨境交易中，个人主要获得的是投资所得，企业主要获得的是生产经营所得。个人的居民和非居民身份比较容易区分，而且大多数个人只归属于一个国家，按照受益原则，居住国更关心对个人的征税权，将对个人的征税权分配给居住国比较合理。

企业则不然，企业的居民身份确认难度较大，不论是按注册地标准还是按实际管理机构标准，都容易被人为操纵。跨国企业在来源国使用了当地的公共服务和设施，就应该为这些公共服务和设施付费，按照受益原则，应将对企业的征税权分配给来源国；来源国优先征税还可获取对跨国所得税收管理上的优势。

按照单一原则和受益原则，所有跨境交易的所得，至少应按照来源国的税率征税，且不应超过居住国的税率。只有对跨境所得既不双重征税也不过低征税，才能保证资源在全球范围内有效配置。单一课税原则和受益原则是国际税收问题谈判的出发点，是来源国和居民国税收管辖权分配的国际惯例。

14.3.1.3 国际税收中性原则

国际税收中性原则，是指国际税收规则不应对涉外纳税人跨国经济活动的区位选择以及企业的组织形式等产生影响。

国际税收中性原则可以从来源国和居住国两个角度进行衡量。从来源国的角度看，就是资本输入中性。从居住国的角度看，就是资本输出中性。资本输出中性要求税法既不鼓励也不阻碍资本的输出，使国内投资者和海外投资者的相同税前所得适用相同的税率；资本输入中性要求位于同一国家内的本国投资者和外国投资者在相同税前所得情况下适用相同的税率。

14.3.2 国际税法原则

国际税法原则是普遍适用国际税收问题处理全过程和各个方面，具有指导意义的基本信念和习惯，包括优先征税原则、独占征税原则、税收分享原则和无差异原则等。

14.3.2.1 优先征税原则

优先征税原则，是指在国际税收关系中，确定将某项课税客体划归来源国，由来源国优先行使征税权的一项原则。在国际税收实践中，尽管可以实行不同的税收管辖权，但是通常偏重于运用来源地原则，因为对一个国家而言，采取来源地原则更直接、更有效。如果不允许收入来源地的国家优先征税，就无法对跨国纳税人在其他国家取得的收益予以课税，也无法行使优先征税的权力。因此在签订国际税收协定时，通常规定对常设机构的所得和非独立个人的劳务所得，如董事费、表演家和运动员的所得，由来源国优先征税。

14.3.2.2 独占征税原则

独占征税原则，是指在签订国际税收协定时，将某项税收客体排他性地划归某一国，由该国单独行使征税权力的一项原则。独占征税原则常用以调整由国际经济活动产生的国家与纳税人之间的税收法律关系和国家之间的税收权益分配关系。在国际税收实践中，一般是签订税收协议的双方明确将征税项目归属于收入来源国或纳税人居住国征税，另一国不再行使征税权，以此来解决重复征税的问题。如对营业所得的征税，通常规定对缔约国方境内企业取得的所得只能由缔约国一方独占征税；又如对退休金的征税，通常只能由居住国或支付国征税。

14.3.2.3 税收分享原则

税收分享原则，是指在签订国际税收协定时，将某些课税客体划归缔约国双方，由双方共同征税的一项原则。它是国际税收协定冲突规范的内容之一。但税收分享原则会导致一些矛盾，比如原则中规定的所得征税权，如对投资所得的征税权，既可以由居住国行使，也可以由来源国行使，即各相关国家都有资格行使征税权。为了解决这些矛盾，税收分享原则规定，各行使征税权的国家必须把适用税率降低，以利于共同征收。

14.3.2.4 无差异原则

无差异原则，是指对外国纳税人和本国纳税人实行平等对待，使两者在征收范围、税率和税收负担方面保持基本一致。当然，无差异原则并不意味着绝对平等，由于各国税制不同，有关规定相差很大，所以很难做到外国纳税人和本国纳税人所承担的税负绝对平等。不过，作为一项国际税收准则，无差异原则可以对相关国家起到约束作用。无差异原则在税制结构大体一致的国家之间可以起到促进资本自由流动的作用。但在税制结构差异较大的国家，由于税负水平悬殊，很难起到促进资本自由流动的作用。发达国家多愿意实行无差异原则，并将其作为本国制定涉外税制的基本原则；而发展中国家需考虑本国的实际情况，在不违背国际惯例的前提下确定对本国有利的涉外税收原则。

14.4 居民的判定标准

14.4.1 跨国自然人的居民身份判定标准

国际上对跨国自然人居民身份的判定，通常有两种标准。

14.4.1.1 国籍标准

国籍标准是以国籍为衡量依据的，主权国家只限于对本国宪法规定的公民个人行使居民（公民）管辖权，而不能扩大到对非公民按照国籍标准行使居民（公民）管辖权。

14.4.1.2 户籍标准

户籍标准是以居住状况为衡量依据的，主权国家对跨国自然人行使居民（公民）管辖权，应限于在本国境内有住所或居所，或者无居所但在本国境内实际停留的时间较长，超过规定天数的居民个人的范围以内。具体的判定标准有住所标准、居所标准、停留时间标准。

住所是指有永久居住意愿的住处，通常为配偶、家庭和财产的所在地；居所则是指有不定期居住意愿的住处，即为了某种目的，如谋生、经商、求学等而作为非永久性居住场所的所在地。停留时间标准是以在一国停留时间长短作为外籍个人是否具有本国居民身份的判别标准。

14.4.2 跨国法人的居民身份判定标准

国际上对跨国法人居民身份的判定，通常有四种标准。

14.4.2.1 注册地标准

注册地标准又称为法律标准或组建地标准，该标准以是否在本国依法注册成立来确定跨国纳税人是否为本国法人居民。凡依照本国的法律在本国注册成立的法人，无论其投资者归属哪个国家，都是本国的法人居民。

14.4.2.2 管理机构所在地标准

管理机构所在地标准以法人的管理机构是否设在本国境内，来确认跨国纳税人是否具有法人居民身份。凡是法人的管理机构设在本国的，无论其在哪个国家注册成立，都是本国的法人居民。

14.4.2.3 总机构所在地标准

总机构所在地标准以总机构是否设在本国境内，来确认跨国纳税人是否具有法人居民身份。凡是总机构设在本国的法人均为本国的法人居民。这里的总机构是指公司内进行重大经营决策，负责统一核算公司盈亏的总公司或总店等。

14.4.2.4 选举权标准

选举权标准又称为控股权标准，该标准是以拥有公司控股权或控制公司选举权的股东是否为本国居民来判断该跨国纳税人的法人居民身份，即法人的选举权和控制权如果被某国居民股东所掌握，则这个法人为该国法人居民。

14.4.3 双重税收居民的加比规则

税收协定中居民条款规定了有关双重税收居民的加比规则。对于同时为双方居民的自然人，协定一般规定应该按照下列顺序确定其仅为一方居民。

14.4.3.1 永久性住所

首先应认定跨国自然人属于其有永久性住所所在国的居民。

14.4.3.2 重要利益中心

如果跨国自然人在两个国家同时都有永久性居住意愿的住所，那么应认定他是属于其中与其本人经济关系更为密切的重要利益中心所在国的居民个人。

究竟哪一个国家与其本人经济关系更为密切，需要根据跨国自然人的家庭和社会关系、职业，政治、文化和其他活动，以及从事经营和管理财产的所在地等综合因素加以判断。

14.4.3.3 习惯性住所

如果跨国自然人的重要利益中心所在国也无法判定，或者在其中任何国家都没有永久性住所，应认定他是属于其中有习惯性住所的国家的居民个人。

14.4.3.4 国籍标准

如果跨国自然人在双方国家都有或者都没有习惯性住所，那么应认定他是属于自己国籍国的居民个人。

14.4.3.5 协商

如果跨国自然人在双方国家都有或者都没有国籍，那么最后应由双方国家主管当局通过相互协商解决。

对于同时为双方居民的企业，协定一般规定，应仅是其实际管理机构所在地的居民，或通过相互协商解决。

14.5 所得来源地的判定标准

14.5.1 经营所得

经营所得即营业利润，它是个人或公司法人从事各项生产性或非生产性经营活动所取得的纯收益。

经营所得来源地的判定通常有两个标准。

14.5.1.1 常设机构标准

对于大多数签订了税收协定的国家来说，常设机构是指企业进行全部或部分营业的固定营业场所，主要包括管理场所、分支机构、办事处、工厂、作业场所、矿场、油井或气井、采石场或者任何其他开采自然资源的场所以及达到一定时间标准的工程或劳务项目。

对于非居民企业不通过其常设机构取得的经营所得是否征税的问题，目前各国奉行两个原则：一是实际所得原则；二是引力原则。实际所得原则，是指一国只对非居民企业通过常设机构实际取得的经营所得征税。引力原则，是指非居民企业从事的一些经营活动没有通过常设机构，但只要这些经营活动与这个常设机构所从事的业务活动相同或相似，那么这些没有通过该常设机构的经营所得也要归入常设机构所得一并纳税。

有的国家对于来自非协定缔约国的税收居民在本国从事经营活动取得的所得，以其是否在本国构成机构、场所来判定在本国的纳税义务。

14.5.1.2 交易地点标准（英美法系国家比较侧重）

贸易活动以合同订立地点为标准；制造业以发生地为标准。

14.5.2 劳务所得

劳务所得来源地的判定包括以下三个标准。

14.5.2.1 劳务提供地标准

跨国纳税人在哪个国家提供劳务、在哪个国家工作，其获得的劳务报酬即为来源于哪个国家的所得。

14.5.2.2 劳务所得支付地标准

以支付劳务所得的居民或固定基地、常设机构的所在国为劳务所得的来源国。

14.5.2.3 劳务合同签订地标准

以劳务合同签订的地点来判定受雇劳务所得（工资、薪金）的来源地。

14.5.3 投资所得

投资所得，是指因拥有一定的产权而取得的收益。

投资所得来源地的判定包括以下四个标准。

14.5.3.1 股息

股息是投资者因拥有股权，以及其他与股权相似的公司权利而取得的所得，一般是以股息支付公司的所在国为标准。

14.5.3.2 利息

利息是投资者凭借各种债权而取得的所得。判定标准包括：

（1）以借款人的居住地或借款的使用地为标准。

（2）以用于支付债务利息的所得的来源地为标准。

（3）以借款合同的签订地为标准。

（4）以贷款的担保物所在地为标准。

14.5.3.3 特许权使用费

特许权使用费，是指因向他人提供专利权、商标权、商誉、版权、经销权、专有技术等无形资产的使用权而取得的所得。判定标准包括：

（1）以特许权使用地为标准。

（2）以特许权所有者的居住地为标准。

（3）以特许权使用费支付者的居住地为标准。

14.5.3.4 租金所得

租金所得是财产所有人向承租人收取的财产使用费。判定标准包括：

（1）以租赁财产的使用地为标准。

（2）以财产租赁的合同签订地为标准。

（3）以租金支付者的居住地为标准。

股息、利息、特许权使用费、租金等消极投资所得如果完全按照上述标准来判定来源地，容易被人们利用来规避有关国家的地域管辖权。为了管理这类操作，有些国家将发生在境外但与本国国内贸易或经营，以及与国内机构有实际联系的所得也推定为本国的所得，并对其征税。

14.5.4 财产所得

财产所得，是指纳税人因拥有、使用、转让手中的财产而取得的所得或收益（资本利得）。

不动产所得一般以不动产实际所在地为判断标准。动产的所得一般以销售或转让地、转让者居住地、被转让动产实际所在地为判断标准。

14.6 国际重复征税及其消除

国际重复征税，是指两个或两个以上税收管辖区对同一纳税人的同一征税对象分别课税所形成的交叉重叠征税，又称为国际双重课税。

14.6.1 国际重复征税产生的原因

各国行使税收管辖权的重叠是国际重复征税的根本原因。

依据税收管辖权相互重叠的形式，国际重复征税的产生主要有下述三种情形。

14.6.1.1 居民（公民）管辖权同地域管辖权的重叠

甲国行使居民（公民）管辖权，乙国行使地域管辖权，在这种情况下甲国对甲国居民来自境内外的全部所得征税，包括对甲国居民来自甲国境内的所得和来自乙国的所得征税。乙国对来自乙国境内的全部所得征税，包括对乙国居民来自乙国的所得和甲国居民来自乙国的所得征税。这样，就出现了两国对甲国居民在乙国取得的所得重复征税的情况。

14.6.1.2 居民（公民）管辖权与居民（公民）管辖权的重叠

由于各国法律规定及其确定纳税人居民身份的标准不同，会出现同一跨国纳税人被不同国家同时确认为其居民的现象，从而产生不同国家之间居民

（公民）管辖权与居民（公民）管辖权之间的重叠，导致国际重复征税问题的产生。例如，对于法人居民身份，甲国采用注册地标准，而乙国采用管理中心标准，则甲、乙两国均有可能视同一企业为本国居民企业而产生双重课税的问题。

14.6.1.3 地域管辖权与地域管辖权的重叠

行使地域管辖权的不同国家，如果确认境内所得或财产的标准不同，也可能导致国际重复征税。例如，对利息所得的课税，我国采用以借款人的居住地或借款的使用地为标准确认所得来源地，而美国则以用于支付债务利息的所得来源地为标准确认所得来源地，这就可能出现中美两国均认为该利息所得属于来源于本国的所得，而对其双重课税。

14.6.2 国际重复征税的影响

国际重复征税的存在，对投资者的利益、税负公平原则、国际经济交往以及国家间税收权益都会产生各种消极影响，主要表现在以下几个方面。

14.6.2.1 加重了跨国纳税人的税收负担

对同一课税对象的重复征税，不合理地加重了跨国纳税人的税收负担，削弱了跨国纳税人在国际竞争中的地位，影响投资者对外投资的积极性。

14.6.2.2 违背了税收公平原则

税收公平原则要求同等收入纳税人承担同等税负，无论收入来自国内还是国外。国际重复征税使跨国纳税人的国际性税负高于仅在一国应承担的税负，妨碍了公平竞争，违背了税收公平的原则。

14.6.2.3 阻碍了国际经济发展

国际重复征税打击了跨国投资者的投资愿望，妨碍了资金、技术、人员和商品在国家间的自由流动，阻碍国际经济的发展。

14.6.2.4 引起国家间税收摩擦

国际重复征税会引起国家与国家间的税收权益冲突，会使冲突双方认为他国征税是对自己权益的侵害，从而加剧国际关系的紧张。

14.6.2.5 导致国际避税行为增加

由于重复征税给跨国纳税人带来沉重负担，因此会促使跨国纳税人千方百计规避税收义务，给各国税收征管带来更多麻烦。

国际组织和各国政府非常重视国际重复征税问题，采取强有力措施避免国际重复征税。

14.6.3 国际重复征税的消除方法

国际重复征税的消除方法主要有扣除法、低税法、免税法和抵免法。各国的涉外税法和国际税收协定中，处理国际重复征税通常采用免税法和抵免法两种，其中普遍采用抵免法。

14.6.3.1 免税法

免税法，全称为外国税收豁免，是指实行居民管辖权的国家对本国居民的境外所得免予征税，完全放弃征税权，而仅对其来源于国内的所得征税。免税法可以有效消除国际重复征税。

免税法主要有全额免税法和累进免税法两种具体做法。

（1）全额免税法，指居住国政府对其居民来自国外的所得全部免予征税，只对其居民的国内所得征税，而且在决定对其居民的国内所得征税所适用的税率时，不考虑其居民已被免予征税的国外所得。

（2）累进免税法，指居住国政府对其居民来自国外的所得全部给予免税，只对其居民的国内所得征税，但在决定对其居民的国内所得征税所适用的税率时，有权将这笔免予征税的国外所得与国内所得汇总一并加以考虑，按国内、国外所得总额计征税款。计算公式为：

居住国应征所得税额＝居民的总所得×适用税率×国内所得÷总所得

14.6.3.2 抵免法

抵免法，是指行使居民税收管辖权的国家，对纳税人国内、国外的全部所得征税时，允许纳税人将其在国外已缴纳的所得税额从应向本国缴纳的税额中抵扣。计算公式为：

居住国应征所得税额=居民国内和国外的全部所得×居住国税率−允许抵免的已在来源国缴纳的税额

抵免法既可有效消除国际重复征税，又不要求居住国完全放弃对本国居民国外所得的征税权，有利于协调和维护各国的税收利益，也使本国纳税人在国际市场有较强的竞争力。目前我国实行抵免法。

在实际应用中，直接抵免和间接抵免是抵免法的两种具体运作形式。

(1) 直接抵免法

直接抵免法，是指企业直接作为纳税人就其境外所得在境外缴纳的所得税额，在本国应纳税额中抵免。直接抵免主要适用于自然人境外缴纳的个人所得税、企业就来源于境外的营业利润所得在境外缴纳的企业所得税，以及就来源于或发生于境外的股息、红利等权益性投资所得，利息，租金，特许权使用费，财产转让等所得在境外被源泉扣缴的预提所得税。抵免的是本国居民直接缴纳或实际负担的国外税收。计算公式为：

居住国应征所得税额=居民国内和国外的全部所得×居住国税率−允许抵免的已在来源国缴纳的税额

根据允许抵免的已缴来源国税额计算方法的不同，可以把直接抵免分为全额抵免和限额抵免两种方法。

①全额抵免法

全额抵免法，是指居住国政府对跨国纳税人征税时，允许纳税人将其在收入来源国缴纳的所得税从向本国缴纳的税额中全额扣除。计算公式为：

居住国应征所得税额=居民国内和国外的全部所得×居住国税率−在国外已缴纳的全部税额

②限额抵免法

限额抵免法，也叫普通抵免，是指居住国政府对跨国纳税人在国外直接缴纳的所得税款给予抵免时，不能超过最高抵免限额的方法。计算公式为：

居住国应征所得税额=居民国内和国外的全部所得×居住国税率−允许抵免的已在来源国缴纳的税额

允许抵免的已缴来源国税额（即允许抵免额）由抵免限额和纳税人已缴收入来源国所得税额两个指标的比较来确定。抵免限额的计算公式为：

抵免限额 = 收入来源国的所得 × 居住国税率

抵免限额根据限额的范围和计算方法不同，可以分为分国限额法与综合限额法、分项限额法与不分项限额法。我国主要采用限额抵免法。

（2）间接抵免法

间接抵免一般适用于母、子公司之间的税收抵免。它是指母公司所在的居住国政府，允许母公司将其子公司已缴东道国的所得税中应由母公司分得股息承担的那部分税额，来冲抵母公司应纳税额的办法。

此外，还存在税收饶让抵免问题。税收饶让抵免简称税收饶让，是指居民所在国政府对本国居民在国外得到减免税优惠的所得，视同已经缴纳，同样给予税收抵免待遇，不再按居民所在国税法规定的税率予以补征。税收饶让是配合抵免方法的一种特殊方式，是税收抵免内容的附加，是在抵免方法的规定基础上，为贯彻某种经济政策而采取的优惠措施。税收饶让的实行通常需要通过签订双边税收协定的方式予以确定。目前税收饶让抵免的方式主要有两种：一是对所得来源国给予本国纳税人的减免税或退税等税收优惠，按假如没有这些优惠措施时来源国应征的税款给予税收抵免；二是按税收协定规定的税率实行定率饶让抵免。

14.7 国际税收协定

14.7.1 国际税收协定及其法律地位

国际税收协定，又称国际税收条约，是指两个或两个以上主权国家或税收管辖区，为了协调相互之间处理跨境纳税人征税事务方面的税收关系，本着对等原则，经由政府谈判所签订的一种书面协议或条约。

国际税收协定是以国内法为基础的，在处理国际税收协定与国内法的地位关系时，有两种模式：第一种模式为国际税收协定优于国内法；第二种模式是国际税收协定与国内法具有同等的法律效力。当出现冲突时，按照新法优于旧法和特别法优于普通法等处理法律冲突的一般性原则来协调。在我国，当协定与国内法发生冲突时，协定优先，但国内法规定的待遇优于协定时，则适用国内法。

14.7.2 国际税收协定的两个范本

最早的国际双边税收协定是1843年比利时与法国政府签订的，该协定主要是为了解决两国之间在税务问题上的相互合作和情报交换。早期的国际税收协定并无一定之规，从具体内容上看存在的差异较大。为了规范国际税收协定的内容，简化国际税收协定的签订过程，一些国家和国际性组织很早就开始研究和制定国际税收协定范本。

20世纪60年代《经济合作与发展组织税收协定范本》（简称《OECD范本》）和《联合国税收协定范本》（简称《UN范本》）产生，两个范本的产生标志着国际税收关系的协调活动进入规范化阶段，推动了国际税收合作的发展。

14.7.2.1 《OECD范本》

1961年9月，经济合作组织更名为经济合作与发展组织（简称经合组织或OECD)。《OECD范本》起草之初主要立足于OECD成员之间的经济合作情况，旨在通过限制来源国依据国内法征税的权利，为跨境纳税人减轻税收负担，消除重复征税。1963年，OECD首次公布了《关于对所得和财产避免双重征税的协定范本（草案）》，1977年正式发布第一个范本，并于1992年完成第一次更新。以后每两三年更新一次，分别为1994年、1995年、1997年、2000年、2002年、2005年、2008年、2010年、2014年和2017年。

14.7.2.2 《UN范本》

《UN范本》旨在为发展中国家对外谈签税收协定提供可遵循的原则，因而比《OECD范本》更加注重维护来源国征税权。《UN范本》由联合国经济及社会理事会下属的国际税收专家委员会拟订，委员会委员来自不同国家和地区，反映不同国家的税制背景和不同区域之间的平衡。联合国于1980年正式发布了《UN范本》，之后分别于2001年、2011年和2017年进行了修订。

14.7.3 我国缔结税收协定（安排）的情况

我国税收协定谈签工作始于1981年，于1983年9月签署首个税收协定，即《中华人民共和国政府和日本国政府关于对所得避免双重征税和防止偷漏税的协定》。区别于国与国之间签订的税收协定，内地与香港、澳门特别行政区之间签订的为税收安排，如《内地和香港特别行政区关于对所得避免双重征税和防止偷漏税的安排》。截至2020年3月，我国已签署110个避免双重征税协定，包括内地与香港、澳门两个特别行政区签署的税收安排，大陆与台湾地区签署的税收协议。此外，我国还与多个国家和地区签署了税收情报交换协定。同时，在我国与其他国家和地区签署的海运、航空协定中也包括了一些税收条款。这些税收协定（安排）的签署，在加强我国与缔约国家（地区）间的经贸往来，尤其在吸引外资和促进我国企业“走出去”等方面发挥了重要作用。

我国税收协定工作文本是在参考《OECD范本》和《UN范本》的基础上，结合我国实际情况制定的，主要有以下几个特点：

（1）大多规定6个月或183天以上者构成常设机构。

（2）对股息、利息、特许权使用费等所得征收的预提税，大多依缔约双方税收权益分享的原则，实行限制税率，一般规定的预提税的限制税率不超过10%。

（3）对个人劳务所得的征税，大多分别针对独立个人劳务所得和非独立个人劳务所得实行不同的税收待遇：①对独立个人劳务所得，应仅由居住国行使征税权。但如取得独立劳务所得的个人在来源国设有固定基地或者连续或累计停留超过183天，则应由来源国征税。②对非独立个人劳务所得，一般规定可以由来源国行使征税权。但如该人在一个纳税年度内在来源国连续或累计停留不足183天，且该劳务报酬既非来源国的居民所支付，又非雇主设在来源国的常设机构或固定基地所负担，则来源国对其免税。